Truman Capote

Baum der Nacht

Alle Erzählungen

Aus dem Amerikanischen
von Ursula-Maria Mössner

GOLDMANN

*Herausgegeben
von Anuschka Roshani*

FSC
Mix
Produktgruppe aus vorbildlich
bewirtschafteten Wäldern und
anderen kontrollierten Herkünften
Zert.-Nr. SGS-COC-1940
www.fsc.org
© 1996 Forest Stewardship Council

Verlagsgruppe Random House FSC-DEU-0100
Das FSC-zertifizierte Papier *München Super* für dieses Buch
liefert Arctic Paper Mochenwangen GmbH.

1. Auflage
Taschenbuchausgabe September 2009
mit Genehmigung des Verlages Kein & Aber, Zürich
Wilhelm Goldmann Verlag, München,
in der Verlagsgruppe Random House GmbH
Copyright © dieser Ausgabe 2007
by Kein & Aber AG Zürich
Alle Rechte vorbehalten
Die Originalausgabe erschien unter dem Titel »The Complete Stories«
bei Random House, Inc., New York
Compilation Copyright © 2004 by Truman Capote Literary Trust
Originally published in hardcover
by Random House, Inc., New York, in 1948
This translation is published by arrangement with Random House,
an imprint of Random House Publishing Group,
a division of Random House, Inc.
Umschlaggestaltung: UNO Werbeagentur, München,
Umschlagfoto: Brand X Pictures
Th · Herstellung: Str.
Satz: IBV Satz- und Datentechnik GmbH, Berlin
Druck und Bindung: GGP Media GmbH, Pößneck
Printed in Germany
ISBN: 978-3-442-46905-5

www.goldmann-verlag.de

TRUMAN CAPOTE
Baum der Nacht

Buch

Gerade mal zweiundzwanzig war Truman Capote, als er für die Erzählung »Miriam« – seine erste Veröffentlichung überhaupt – mit dem renommierten O. Henry Price ausgezeichnet wurde. Es war der erste in einer langen Reihe von Erfolgen, die den exzentrischen Schriftsteller zu Weltruhm führen sollten.
An Capotes Erzählungen kommt man einfach nicht vorbei: In ihnen schildert er die verschiedensten Wege, lieben zu lernen; beschreibt Verirrte und Verlassene, das Straucheln zwischen Trotz und Traum; zeichnet Sonderlinge auf eine Weise, die den Lesern gar keine andere Wahl lässt, als mit ihnen zu fühlen … Doch so unterschiedlich Capotes Geschichten sein mögen – eines ist ihnen allen gemein und verleiht ihnen ihren einzigartigen Zauber: Sie besitzen Seele.
Der vorliegende Band vereint sämtliche Erzählungen des »vollkommensten Stilisten seiner Generation« (Norman Mailer) in einer komplett neuen Übersetzung. Sechs von ihnen waren dabei bislang den englischsprachigen Lesern vorbehalten und liegen nun erstmals auf Deutsch vor.

Autor

Truman Capote wurde am 30. September 1924 in New Orleans geboren, wuchs in den Südstaaten auf und ging 1934 nach New York. Dort entdeckte Capote das Theater und verschaffte sich schnell Eintritt in die High Society. Mit achtzehn Jahren begann Capote als Redaktionsgehilfe beim *New Yorker* zu arbeiten, bevor ihm 1945 mit einer Kurzgeschichte der literarische Durchbruch gelang. Seine Bücher, aber auch die Romanverfilmungen wie von »Frühstück bei Tiffany« und »Kaltblütig« brachten ihm Weltruhm ein, der bis heute andauert. Truman Capote starb 1984 in Los Angeles.

Außerdem bei Goldmann lieferbar:

Sommerdiebe. Roman (46482)
Frühstück bei Tiffany. Roman (46904)

INHALT

Die Wände sind kalt 7

Ein eigener Nerz 15

Der Stand der Dinge 23

Eine Flasche voll Silber 30

Miriam 54

Wie ich die Sache sehe 74

Preachers Begegnung 92

Baum der Nacht 112

Der kopflose Falke 131

Die Tür fällt zu 171

Kindergeburtstag 197

Der Schwarze Mann 228

Das Schnäppchen 262

Die Diamantgitarre 273

Ein Haus aus Blumen   290

Weihnachtserinnerungen   313

Wege ins Paradies   335

Der Thanksgiving-Gast   357

Wüste   398

Weihnachten mit Vater   428

Editorischer Nachweis   445

DIE WÄNDE SIND KALT

»... und Grant sagte einfach, dann kommt doch mit auf eine tolle Party, tja, und das war auch schon alles. Wirklich, ich finde, es war einfach genial, sie aufzugabeln, bei Gott, vielleicht bringen sie ja ein bisschen Leben in die Bude.« Das Mädchen, das sprach, schnippte Zigarettenasche auf den Perserteppich und sah die Gastgeberin leicht zerknirscht an.

Die Gastgeberin zog ihr adrettes schwarzes Kleid zurecht und schürzte nervös die Lippen. Sie war sehr jung und klein und makellos. Ihr Gesicht war blass und von glatten schwarzen Haaren umrahmt, und ihr Lippenstift war eine Spur zu dunkel. Es war schon nach zwei, und sie war müde und wünschte, alle würden gehen, aber es war gar nicht so einfach, an die dreißig Leute loszuwerden, besonders, da die meisten den Scotch ihres Vaters intus hatten. Der Fahrstuhlführer war schon zweimal oben gewesen, um sich über den Lärm zu beschweren; also mixte sie ihm einen Highball, weil es ihm ohnehin immer nur darum geht. Und jetzt auch noch Matrosen... ach, zum Teufel damit.

»Ist schon gut, Mildred, wirklich. Auf ein paar Matrosen mehr oder weniger kommt es nicht an. O Gott, hoffentlich machen sie nichts kaputt. Würdest du bitte kurz in die Küche gehen und dich um Eis kümmern? Ich will mal sehen, was ich für deine neuen Freunde tun kann.«

»Wirklich, Schätzchen, ich glaube nicht, dass das nötig ist. Soweit ich weiß, akklimatisieren sie sich sehr schnell.«

Die Gastgeberin ging zu ihren unerwarteten Gästen. Sie standen dicht zusammengedrängt in einer Ecke des Salons, machten große Augen und schienen sich nicht gerade wie zu Hause zu fühlen.

Der Gutaussehendste des Sextetts drehte nervös seine Mütze in der Hand und sagte: »Wir wussten ja nicht, dass es so 'ne Art von Party ist, Miss. Ich meine, Sie wollen uns hier doch gar nicht haben, stimmt's?«

»Aber natürlich sind Sie willkommen. Warum in aller Welt wären Sie denn hier, wenn ich Sie nicht hier haben wollte?«

Der Matrose war verlegen.

»Das Mädchen da, diese Mildred, und ihr Freund haben uns einfach irgendwo in 'ner Bar aufgegabelt, und wir hatten ja keine Ahnung, dass wir in so 'n Haus wie das da kommen.«

»Das ist doch lächerlich, absolut lächerlich«, sagte die Gastgeberin. »Sie sind aus den Südstaaten, habe ich recht?«

Er klemmte die Mütze unter den Arm und wirkte weniger befangen. »Ich bin aus Mississippi. Ich nehm' nicht an, dass Sie da schon mal waren, Miss, oder?«

Sie blickte hinüber zum Fenster und fuhr sich mit der Zunge über die Lippen. Sie hatte das satt, so furchtbar satt. »O doch«, log sie. »Ein wunderschöner Staat.«

Er grinste. »Dann verwechseln Sie ihn bestimmt mit woanders, Miss. In Mississippi gibt's nicht arg viel zu sehen, außer vielleicht um Natchez rum.«

»Natürlich, Natchez. Ich bin mit einem Mädchen aus Natchez zur Schule gegangen, Elizabeth Kimberly, kennen Sie sie?«

»Nein, nicht dass ich wüsste.«

Plötzlich merkte sie, dass sie und der Matrose allein waren; seine Kameraden hatten sich alle zum Klavier verzogen, wo Les gerade Cole Porter spielte. Mildred hatte recht mit dem Akklimatisieren.

»Kommen Sie«, sagte sie, »ich mache Ihnen einen Drink. Die anderen finden sich allein zurecht. Ich heiße Louise, also nennen Sie mich bitte nicht Miss.«

»Meine Schwester heißt auch Louise. Ich bin Jake.«

»Wirklich? Wie reizend! Ich meine, so ein Zufall.« Sie strich sich das Haar glatt und lächelte mit den zu dunklen Lippen.

Sie gingen in die Hausbar, und sie wusste, dass der Matrose beobachtete, wie ihr Kleid um ihre Hüften schwang. Sie duckte sich unter der Tür durch hinter die Bar.

»Nun«, sagte sie, »was darf's sein? Verzeihung, wir haben Scotch und Bourbon und Rum; wie wär's mit einem schönen Rum und Cola?«

»Wenn Sie meinen«, sagte er grinsend und ließ seine Hand über die verspiegelte Oberfläche der Theke gleiten, »also eine Wohnung wie die da hab ich noch nie gesehen. Die ist ja genau wie im Film.«

Sie wirbelte geschickt mit einem Rührstäbchen Eiswürfel in einem Glas herum. »Ich kann Sie ja ein wenig herumführen, wenn Sie möchten. Sie ist ziemlich geräumig, für eine Wohnung, meine ich. Wir haben ein Landhaus, das viel, viel größer ist.«

Das war nicht der richtige Ton. Es klang zu dünkelhaft. Sie drehte sich um und stellte die Rumflasche wieder in ihre Nische. Sie konnte im Spiegel sehen, dass er sie anstarrte, vielleicht durch sie hindurchsah.

»Wie alt sind Sie?«, fragte er.

Sie musste einen Moment nachdenken, wirklich nachdenken. Sie log diesbezüglich so konstant, dass sie gelegentlich selbst vergaß, wie alt sie war. Aber spielte es eine Rolle, ob er ihr wahres Alter kannte oder nicht? Also sagte sie es ihm.

»Sechzehn.«

»Süße sechzehn und nie geküsst…?«

Sie lachte, nicht über das Klischee, sondern über ihre Antwort.

»Vergewaltigt, meinen Sie.«

Sie hatte ihm das Gesicht zugewandt und sah, dass er schockiert war und dann amüsiert und dann noch etwas anderes.

»Um Himmels willen, schauen Sie mich nicht so an, ich bin kein schlimmes Mädchen.« Er wurde rot, und sie kroch wieder durch die Tür und nahm seine Hand. »Kommen Sie, ich zeige Ihnen die Wohnung.«

Sie führte ihn einen langen, in regelmäßigen Abständen mit Spiegeln versehenen Korridor hinunter und zeigte ihm Zimmer um Zimmer. Er bewunderte die weichen pastellfarbenen Teppiche und die harmonische Mischung aus modernen und antiken Möbeln.

»Das ist mein Zimmer«, sagte sie und hielt ihm die Tür auf, »entschuldigen Sie die Unordnung, sie stammt nicht nur von mir, die meisten Mädchen haben sich hier zurechtgemacht.«

Da war nichts, was er hätte entschuldigen müssen, im Zimmer herrschte peinliche Ordnung. Das Bett, die Tische, die Lampe waren allesamt weiß, aber die Wände und der Teppich waren in einem dunklen, kalten Grün gehalten.

»Nun, Jake... was meinen Sie, passt es zu mir?«

»So was hab ich noch nie gesehen, meine Schwester würd's mir nicht glauben, wenn ich's ihr erzählen tät... bloß die Wände gefallen mir nicht, wenn Sie verzeihen, dass ich das so sage... Das Grün da... die sehen so kalt aus.«

Das schien sie zu verwirren, und ohne recht zu wissen, warum, streckte sie die Hand aus und berührte die Wand neben ihrer Frisiertoilette.

»Sie haben recht, mit den Wänden, meine ich, sie sind kalt.« Sie blickte zu ihm auf, und einen Moment lang nahm ihr Gesicht einen Ausdruck an, dass er nicht recht wusste, ob sie lachen würde oder weinen.

»So hab ich das nicht gemeint. Ach, zum Teufel, ich weiß ja nicht mal recht, was ich gemeint hab!«

»Wissen Sie es nicht, oder wollen wir nur euphemistisch sein?« Das rief keine Reaktion hervor, und so setzte sie sich auf die Kante ihres weißen Bettes.

»Bitte«, sagte sie, »setzen Sie sich, und rauchen Sie eine Zigarette, wo ist eigentlich Ihr Drink geblieben?«

Er setzte sich neben sie. »Den hab ich draußen in der Bar gelassen. Ganz schön ruhig hier nach dem Radau da draußen.«

»Wie lange sind Sie schon bei der Marine?«

»Acht Monate.«

»Gefällt es Ihnen?«

»Es geht nicht drum, ob's einem gefällt oder nicht... Ich hab schon viel gesehen, wo ich sonst nie hingekommen wär.«

»Warum haben Sie sich dann dazu gemeldet?«

»Weil sie mich eingezogen hätten und ich gedacht hab, die Marine ist mehr nach meinem Geschmack.«

»Ist sie es?«

»Na ja, ich sag mal so, das Leben da ist nichts für mich, ich mag's nicht, von andern rumkommandiert zu werden. Sie vielleicht?«

Sie gab keine Antwort, sondern steckte sich stattdessen eine Zigarette in den Mund. Er hielt ihr ein Streichholz hin, und sie ließ ihre Hand die seine streifen. Seine Hand zitterte, und die Flamme war nicht sehr ruhig. Sie machte einen Lungenzug und sagte: »Sie würden mich gerne küssen, stimmt's?«

Sie beobachtete ihn scharf und sah, wie langsam Röte sein Gesicht überzog.

»Warum tun Sie es dann nicht?«

»Weil Sie kein Mädchen von *der* Sorte sind. Ich hätt Angst, ein Mädchen wie Sie zu küssen, und überhaupt machen Sie sich ja bloß lustig über mich.«

Sie lachte und blies den Rauch in einer Wolke zur Decke.

»Hören Sie auf, das klingt ja wie etwas aus einem uralten Melodram. Was ist eigentlich ›ein Mädchen von *der* Sorte‹? War nur so eine Idee. Ob Sie mich küssen oder nicht, hat nicht die geringste Bedeutung. Ich könnte es erklären, aber wozu? Am Ende würden sie mich womöglich noch für eine Nymphomanin halten.«

»Ich weiß ja nicht mal, was das ist.«

»Ach, zum Teufel, genau das meine ich. Sie sind ein Mann, ein richtiger Mann, und ich habe diese verweichlichten Schwächlinge wie Les so satt. Ich wollte einfach mal wissen, wie es wäre, mehr nicht.«

Er beugte sich über sie. »Sie sind schon komisch«, sagte er, und sie lag in seinen Armen. Er küsste sie, und seine Hand glitt ihre Schulter hinab und presste sich auf ihre Brust.

Sie entwand sich und versetzte ihm einen heftigen Stoß, und er fiel der Länge nach auf den kalten, grünen Teppich.

Sie stand auf und sah auf ihn hinunter, und sie starrten sich an. »Sie sind Dreck«, sagte sie. Dann schlug sie ihm in das verdutzte Gesicht.

Sie machte die Tür auf, hielt inne, zog ihr Kleid zurecht und ging zurück zu der Party. Er blieb noch einen Moment auf dem Boden sitzen, stand dann auf und fand den Weg in die Diele, und dann fiel ihm ein, dass er seine Mütze in dem weißen Zimmer vergessen hatte, aber es war ihm egal, er wollte nur noch hier raus.

Die Gastgeberin warf einen Blick in den Salon und bedeutete Mildred, zu ihr zu kommen.

»Um Gottes willen, Mildred, schaff diese Leute hier raus; was glauben diese Matrosen eigentlich, wo sie sind… in der Seemannsmission?«

»Was ist denn los, hat dich der Typ belästigt?«

»Nein, nein, das ist nichts weiter als ein Dorftrottel, der so etwas noch nie gesehen hat, und das ist ihm irgendwie zu Kopf gestiegen. Das Ganze ist nur so furchtbar lästig, und ich habe Kopfschmerzen. Würdest du sie bitte für mich loswerden… und zwar alle?«

Mildred nickte, und die Gastgeberin ging wieder den Korridor hinunter und betrat das Zimmer ihrer Mutter. Sie legte sich auf die Samt-Chaiselongue und starrte auf das abstrakte Picasso-Gemälde. Sie griff nach einem kleinen Spitzenkissen und drückte es sich, so fest sie konnte, auf das Gesicht. Sie würde heute Nacht hier schlafen, hier, wo die Wände blassrosa waren und warm.

EIN EIGENER NERZ

Mrs. Munson befestigte eine Leinenrose in ihrem kastanienbraunen Haar und trat einen Schritt vom Spiegel zurück, um die Wirkung zu begutachten. Dann strich sie sich mit den Händen über die Hüften... das Kleid war einfach zu eng, und damit war alles gesagt. »Nochmals ändern hilft auch nichts mehr«, dachte sie ungehalten. Mit einem letzten abschätzigen Blick auf ihr Spiegelbild drehte sie sich um und ging ins Wohnzimmer.

Die Fenster standen offen, und der Raum war erfüllt von lautem, gellendem Kreischen. Mrs. Munson wohnte im zweiten Obergeschoss, und auf der anderen Straßenseite lag der Pausenhof einer öffentlichen Schule. Am Spätnachmittag war der Lärm fast unerträglich. Herrgott, wenn sie das doch nur gewusst hätte, bevor sie den Mietvertrag unterschrieb! Leise stöhnend machte sie beide Fenster zu, und was sie anbelangte, konnten sie das die nächsten zwei Jahre gerne bleiben.

Doch Mrs. Munson war viel zu aufgeregt, um sich wirklich zu ärgern. Vini Rondo wollte sie besuchen kommen, man stelle sich das mal vor, Vini Rondo... und zwar an eben diesem Nachmittag! Wenn sie daran dachte, spürte sie ein Kribbeln im Bauch. Es war fast fünf Jahre her, und Vini war die ganze Zeit in Europa gewesen. Wann immer sich Mrs. Munson in einer Runde befand, in der über den Krieg gesprochen wurde, verkündete sie unweigerlich: »Tja, wissen Sie, ich habe eine sehr liebe Freundin, die derzeit in Paris lebt, Vini Rondo, sie war selbst dort, als die Deutschen einmarschiert sind! Ich habe wahre Albträume, wenn ich daran denke, was sie durchmachen muss!« Mrs. Munson sagte es, als wäre sie diejenige, deren Schicksal an einem seidenen Faden hing.

Falls sich jemand in der Gruppe befand, der die Geschichte noch nicht gehört hatte, beeilte sie sich, Näheres über ihre Freundin mitzuteilen. »Sehen Sie«, begann sie dann, »Vini war einfach unglaublich begabt, interessiert an Kunst und lauter solchen Sachen. Tja, sie war nicht unvermögend, und so fuhr sie mindestens einmal im Jahr nach Europa. Als dann ihr Vater starb, packte sie ihre Siebensachen und ging für immer. Meine Güte, was hat sie sich dort amüsiert, und dann heiratete sie einen Grafen oder Baron oder so ähnlich. Vielleicht haben Sie schon von ihr gehört… Vini Rondo… Cholly Knickerbocker erwähnte sie früher ständig.« Und so ging es immer weiter, wie in einer Geschichtsstunde.

»Vini wieder in Amerika«, dachte sie und konnte sich gar nicht genug an dieser wundervollen Tatsache weiden. Sie plusterte die kleinen, grünen Kissen auf der Couch auf und setzte sich. Mit durchdringendem Blick betrachtete sie prüfend das Zimmer. Komisch, dass man die eigene Umgebung nur dann richtig wahrnimmt, wenn Besuch erwartet wird. Tja, Mrs. Munson seufzte zufrieden, das neue Mädchen hatte, was heutzutage eine Seltenheit war, das Vorkriegsniveau wiederhergestellt.

Plötzlich läutete es an der Tür. Es klingelte zweimal, bevor sich Mrs. Munson rühren konnte, so aufgeregt war sie. Schließlich fasste sie sich und ging öffnen.

Zuerst erkannte Mrs. Munson sie nicht. Die Frau, die vor ihr stand, hatte keine schicke Hochfrisur... tatsächlich hing das Haar sogar schlaff herunter und machte einen ungepflegten Eindruck. Ein Kattunkleid im Januar? Mrs. Munson versuchte, ihrer Stimme die Enttäuschung nicht anmerken zu lassen, als sie sagte: »Vini, Schätzchen, ich hätte dich überall wiedererkannt.«

Die Frau stand noch immer auf der Schwelle. Unter dem Arm trug sie eine große, rosa Schachtel, und ihre grauen Augen sahen Mrs. Munson eigenartig an.

»Wirklich, Bertha?« Ihre Stimme war ein sonderbares Flüstern. »Das ist nett, sehr nett. Ich hätte dich auch wiedererkannt, obwohl du ziemlich dick geworden bist, stimmt's?« Dann ergriff sie Mrs. Munsons ausgestreckte Hand und trat ein.

Mrs. Munson war peinlich berührt und wusste nicht recht, was sie sagen sollte.

Arm in Arm gingen sie ins Wohnzimmer und nahmen Platz.

»Wie wäre es mit einem Sherry?«

Vini schüttelte den dunklen kleinen Kopf. »Nein, danke.«

»Tja, wie wäre es mit einem Scotch oder etwas anderem?«, fragte Mrs. Munson verzweifelt. Die Figurinen-Uhr auf dem unechten Kaminsims schlug leise. Mrs. Munson hatte noch nie bemerkt, wie laut das sein konnte.

»Nein«, sagte Vini entschieden, »nichts, danke.«

Resigniert lehnte sich Mrs. Munson auf der Couch zurück. »Und jetzt, Schätzchen, musst du mir alles erzählen. Seit wann bist du wieder in den Staaten?« Ihr gefiel, wie sich das anhörte. »In den Staaten.«

Vini stellte die große, rosa Schachtel zwischen ihren Beinen ab und faltete die Hände. »Ich bin schon fast ein Jahr wieder hier«, sie hielt inne, sprach dann hastig weiter, als ihr die verdutzte Miene ihrer Gastgeberin bewusst wurde, »aber ich war nicht in New York. Sonst hätte ich mich natürlich früher bei dir gemeldet, aber ich war drüben in Kalifornien.«

»Ah, Kalifornien, ich liebe Kalifornien!«, rief Mrs. Munson aus, obwohl sie in Wahrheit noch nie weiter westlich als Chicago gewesen war.

Vini lächelte, und Mrs. Munson bemerkte, wie unregelmäßig ihre Zähne waren, und kam zu dem Schluss, dass sie mal wieder gründlich geputzt werden müssten.

»Und«, fuhr Vini fort, »als ich letzte Woche nach New York zurückkam, habe ich sofort an dich gedacht. Ich hatte schreckliche Mühe, dich zu finden, weil ich mich nicht mehr an den Vornamen deines Mannes erinnern konnte…«

»Albert«, warf Mrs. Munson unnötigerweise ein.

»… aber dann fiel er mir wieder ein, und da bin ich. Weißt du, Bertha, ich habe wirklich sofort an dich gedacht, als ich beschloss, meinen Nerzmantel loszuwerden.«

Mrs. Munson sah die jähe Röte in Vinis Gesicht.

»Deinen Nerzmantel?«

»Ja«, sagte Vini und hob die rosa Schachtel hoch. »Du erinnerst dich doch an meinen Nerzmantel. Du hast ihn immer so bewundert. Du hast immer gesagt, das sei der schönste Mantel, den du je gesehen hast.« Sie begann das zerschlissene Satinband aufzuknüpfen, das die Schachtel zusammenhielt.

»Natürlich, aber natürlich«, sagte Mrs. Munson und ließ das »natürlich« sanft abwärts trillern.

»Ich sagte zu mir: ›Vini Rondo, wozu brauchst du eigentlich diesen Mantel? Warum soll ihn nicht Bertha haben?‹ Weißt du, Bertha, ich habe mir in Paris einen sagenhaften Zobel gekauft, und da kannst du dir sicher denken, dass ich wirklich keine zwei Pelzmäntel brauche. Außerdem habe ich ja noch meine Silberfuchsjacke.«

Mrs. Munson sah zu, wie sie das Seidenpapier in der Schachtel auseinanderschlug, sah den abgesplitterten Lack auf den Nägeln, sah, dass die Finger unberingt waren, und plötzlich wurde ihr noch sehr viel mehr klar.

»Also dachte ich an dich, und wenn du ihn nicht willst, dann behalte ich ihn eben, weil ich es nicht ertragen könnte, dass ihn eine andere hat.« Sie stand auf und hielt den Mantel hoch, drehte ihn hin und her. Der Mantel war wunderschön; das Fell glänzte seidig und sehr warm. Mrs. Munson streckte die Hand aus und ließ ihre Finger darübergleiten, fuhr gegen den Strich über die feinen Härchen. Ohne nachzudenken, sagte sie: »Wie viel?«

Mrs. Munson zog die Hand so schnell zurück, als hätte

sie sich verbrannt, und dann hörte sie Vinis Stimme, dünn und schwach.

»Ich habe fast tausend Dollar dafür bezahlt. Sind tausend zu viel?«

Drunten auf der Straße konnte Mrs. Munson den ohrenbetäubenden Lärm des Schulhofs hören, und ausnahmsweise war sie dankbar dafür. Er bot ihr eine Gelegenheit, sich auf etwas anderes zu konzentrieren, auf etwas, das die Heftigkeit ihrer Gefühle milderte.

»Tut mir leid, das ist zu viel. Das kann ich mir wirklich nicht leisten«, sagte Mrs. Munson zerstreut, noch immer auf den Mantel starrend, da sie Angst hatte, den Blick zu heben und das Gesicht der anderen Frau zu sehen.

Vini warf den Mantel auf die Couch. »Ich möchte aber, dass du ihn hast. Das Geld ist nicht so wichtig, ich finde nur, dass sich meine Investition irgendwie lohnen sollte … Wie viel könntest du dir denn leisten?«

Mrs. Munson schloss die Augen. O Gott, das war ja grauenhaft! Schlicht und einfach grauenhaft!

»Vielleicht vierhundert«, antwortete sie matt.

Vini nahm den Mantel wieder in die Hand und sagte munter: »Dann wollen wir mal sehen, wie er passt.«

Sie gingen ins Schlafzimmer, und Mrs. Munson probierte den Mantel vor dem Ganzkörperspiegel ihres Wandschranks an. Ein paar kleine Änderungen, die Ärmel kürzer, und vielleicht würde sie ihn auffrischen lassen. Ja, er machte wirklich etwas her.

»Ach, er ist wunderschön, Vini. Wie lieb von dir, dass du an mich gedacht hast.«

Vini lehnte sich an die Wand, und das durch die großen Schlafzimmerfenster einfallende Sonnenlicht machte ihr blasses Gesicht hart.

»Du kannst den Scheck auf mich ausstellen«, sagte sie desinteressiert.

»Ja, natürlich«, sagte Mrs. Munson, jäh aus ihren Träumen gerissen. Man stelle sich das mal vor, Bertha Munson mit einem eigenen Nerz!

Sie gingen zurück ins Wohnzimmer, und sie schrieb den Scheck für Vini aus. Nachdem Vini ihn sorgfältig zusammengefaltet hatte, verstaute sie ihn in ihrem perlenbesetzten Handtäschchen.

Mrs. Munson bemühte sich angestrengt, Konversation zu machen, stieß jedoch bei jedem Thema gegen eine kalte Wand. Einmal fragte sie: »Wo ist denn dein Mann, Vini? Du musst ihn einmal mitbringen, damit Albert sich mit ihm unterhalten kann.« Und Vini antwortete: »Ach, der! Den habe ich ewig nicht gesehen. Der ist immer noch in Lissabon, soviel ich weiß.« Und damit hatte es sich.

Schließlich, nachdem sie versprochen hatte, am nächsten Tag anzurufen, ging Vini. Als sie fort war, dachte Mrs. Munson: »Die arme Vini, die ist ja nichts weiter als ein Flüchtling!« Dann nahm sie ihren neuen Mantel und ging ins Schlafzimmer. Sie konnte Albert nicht sagen, wie sie dazu gekommen war, das stand fest. Du meine Güte, was würde er wegen des Geldes toben! Sie beschloss, den Mantel in der hintersten Ecke ihres Wandschranks zu verstecken und ihn dann eines Tages hervorzuholen und zu sagen: »Albert, schau dir diesen himmlischen Nerz an, den ich auf einer Auktion gekauft habe. Ich bekam ihn geradezu geschenkt.«

Während sie im Dunkel ihres Wandschranks herumtastete, verfing sich der Mantel an einem Haken. Sie zerrte kurz und hörte zu ihrem Entsetzen, dass etwas riss. Rasch knipste sie das Licht an und sah, dass der Ärmel ein Loch hatte. Sie hielt die Ränder auseinander und zog leicht. Das Loch wurde größer und dann noch größer. Mit einem Übelkeit erregenden Gefühl der Leere erkannte sie, dass das ganze Ding mürbe war. »O mein Gott«, sagte sie und griff nach der Leinenrose in ihrem Haar. »O mein Gott, man hat mich übers Ohr gehauen, und wie man mich übers Ohr gehauen hat, und ich kann nichts auf der Welt dagegen tun, nichts auf der Welt!« Denn plötzlich wurde Mrs. Munson klar, dass Vini weder morgen noch jemals wieder anrufen würde.

DER STAND DER DINGE

Eine kleine, schmächtige Frau mit weißer Pompadour-Frisur kam schwankend durch den Gang des Speisewagens und schob sich auf einen Platz am Fenster. Sie strich mit einem Bleistift ihre Bestellung an und spähte kurzsichtig über den Tisch, wo ein Marine-Infanterist mit roten Backen und ein Mädchen mit herzförmigem Gesicht saßen. Mit einem Blick bemerkte sie den goldenen Ring am Finger des Mädchens, das rote Stoffband, das in die Haare geflochten war, und kam zu dem Schluss, dass das Mädchen billig war; versah es innerlich mit dem Etikett Kriegsbraut. Sie lächelte zurückhaltend, signalisierte Gesprächsbereitschaft.

Das Mädchen strahlte sie an. »Sie ham Glück, dass Sie so früh dran sind, wo's doch so voll ist. Wir ham nix zu Mittag gekriegt, weil da ham die russischen Soldaten gegessen... oder was. Mann, die hätten Sie erleben sollen, die sehen alle aus wie Boris Karloff, ehrlich!«

Die Stimme glich einem pfeifenden Teekessel und veranlasste die Frau, sich zu räuspern. »Zweifellos«, sagte sie. »Vor dieser Reise hätte ich mir nie träumen lassen, dass es so viele auf der Welt gibt, Soldaten, meine ich. Man wird sich dessen erst bewusst, wenn man in einen Zug steigt.

Ich frage mich immer wieder, wo sie nur alle herkommen.«

»Vom Musterungsausschuss«, sagte das Mädchen und kicherte dann albern.

Der Ehemann errötete entschuldigend. »Fahr'n Sie die ganze Strecke, Ma'am?«

»Wahrscheinlich, aber der Zug ist ja so langsam wie... wie...«

»Wie Sirup!«, rief das Mädchen aus und fuhr atemlos fort mit: »Gott, bin ich aufgeregt, das können Sie sich nicht vorstellen. Ich schau mir schon den ganzen Tag die Landschaft an. Da, wo ich herkomm, in Arkansas, ist alles flach, drum kribbelt's bei mir bis in die Zehen, wenn ich die Berge da seh.« Und an den Ehemann gewandt: »Liebling, meinst du, wir sind in Carolina?«

Er schaute aus dem Fenster, wo sich die Abenddämmerung hinter der Scheibe verdichtete, rasch das blaue Licht und die Hügel aufsog, die miteinander verschmolzen und eins wurden. Er blickte blinzelnd wieder in die Helligkeit des Speisewagens. »Muss Virginia sein«, riet er und zuckte mit den Schultern.

Aus der Richtung der Personenwagen torkelte plötzlich unbeholfen ein Soldat auf sie zu und sackte auf dem freien Platz am Tisch zusammen wie eine Stoffpuppe. Er war klein, und seine Uniform hing in knitterigen Falten an ihm herunter. Sein Gesicht, hager und mit scharfgeschnittenen Zügen, stand in blassem Gegensatz zu dem des Marine-Infanteristen, und sein schwarzer Bürstenschnitt glänzte im Lampenlicht wie eine Mütze aus Seehundsfell. Mit müden Augen musterte er die drei benommen, als sähe er sie durch einen Schleier, und zupfte dabei nervös an den zwei Winkeln, die an seinem Ärmel aufgenäht waren.

Die Frau rückte unbehaglich etwas ab und drückte sich enger ans Fenster. Sie stempelte ihn taktvoll als betrunken ab, und als sie das Mädchen die Nase rümpfen sah, wusste sie, dass es zu dem gleichen Urteil gekommen war.

Während der Neger mit der weißen Schürze sein Tablett ablud, sagte der Korporal: »Ich will nur Kaffee, eine große Kanne voll, und eine doppelte Portion Sahne.«

Das Mädchen tunkte die Gabel in das Hühnerfrikassee. »Ich frag' Sie, was die hier für ihr Zeug verlangen, ist doch unverschämt, oder?«

Und dann fing es an. Der Kopf des Korporals begann ruckartig unkontrolliert zu zucken. Ein kurzes Baumeln, wobei sein Kopf grotesk nach vorn verrenkt war; eine Muskelkonvulsion, die seinen Hals seitwärts riss. Sein Mund verzog sich abstoßend, und die Halsadern traten hervor.

»Ach, du lieber Gott«, kreischte das Mädchen, und die Frau ließ ihr Buttermesser fallen und legte automatisch empfindsam die Hand vor die Augen. Der Marine-Infanterist schaute einen Moment ausdruckslos drein, fasste sich dann rasch wieder und holte ein Päckchen Zigaretten hervor.

»Da, Kumpel«, sagte er, »steck dir eine an.«

»Bitte, danke... sehr freundlich«, murmelte der Soldat und schlug dann mit der krampfhaft geballten Faust auf den Tisch. Silberbesteck wackelte, Wasser schwappte über Gläserränder. Eine jähe Stille hing in der Luft, und eine

Lachsalve weiter hinten drang ungehindert durch den Wagen.

Das Mädchen, sich der Aufmerksamkeit bewusst, schob sich eine Haarsträhne hinter das Ohr. Die Frau blickte auf und biss sich auf die Lippen, als sie sah, wie der Korporal versuchte, seine Zigarette anzuzünden.

»Lassen Sie mich das machen«, bot sie an.

Ihre Hand zitterte so heftig, dass das erste Streichholz ausging. Als es beim zweiten Versuch klappte, rang sie sich ein nichtssagendes Lächeln ab. Nach einer Weile beruhigte er sich. »Ich schäme mich so... bitte verzeihen Sie.«

»Aber das ist doch verständlich«, sagte die Frau. »Das ist doch absolut verständlich.«

»Hat's weh getan?«, fragte das Mädchen.

»Nein, nein, es tut nicht weh.«

»Ich hatt' schon Angst, weil ich gedacht hab, es tut weh. Es sieht jedenfalls so aus. Isses so ähnlich wie Schluckauf?« Sie zuckte plötzlich zusammen, als hätte ihr jemand einen Tritt gegeben.

Der Korporal fuhr mit dem Finger die Tischkante entlang, und danach sagte er: »Alles war gut, bis ich in den Zug gestiegen bin. Sie haben gesagt, ich schaffe das. Und: ›Sie sind völlig in Ordnung, Soldat.‹ Aber es ist die Aufregung, das Bewusstsein, dass man in den Staaten ist und frei und dass die gottverdammte Warterei ein Ende hat.« Er wischte sich über die Augen.

»Tut mir leid«, sagte er.

Der Kellner stellte ihm den Kaffee hin, und die Frau wollte ihm helfen. Mit einer ärgerlichen kleinen Bewegung stieß er ihre Hand weg. »Nein, bitte nicht. Ich kann das!« Peinlich berührt und verwirrt drehte sie sich zum Fenster und begegnete dort ihrem Spiegelbild. Das Gesicht war ruhig, und das überraschte sie, da ein flaues Gefühl der Unwirklichkeit sie erfasst hatte, als schwebte sie zwischen zwei Traumfetzen hin und her. Um ihre Gedanken auf etwas anderes zu lenken, verfolgte sie den gemessenen Weg der Gabel des Marine-Infanteristen vom Teller zum Mund. Das Mädchen aß jetzt sehr gierig, doch ihr eigenes Essen wurde kalt.

Dann fing es wieder an, nicht so heftig wie zuvor. Im grellen Scheinwerferlicht eines entgegenkommenden Zuges verschwamm das verzerrte Spiegelbild, und die Frau seufzte.

Er fluchte leise vor sich hin, und es klang eher, als ob er betete. Dann presste er die Hände schraubstockartig seitlich an den Kopf.

»Hör mal, Kumpel, du solltest besser zum Arzt gehen«, empfahl der Marine-Infanterist.

Die Frau legte ihre Hand auf den erhobenen Arm des Korporals. »Kann ich irgendetwas für Sie tun?«, sagte sie.

»Die haben mir immer in die Augen gesehen, damit es aufhört… solange ich jemand in die Augen sehe, ist es weg.«

Sie schob ihr Gesicht dicht vor seines. »Genau«, sagte er, auf der Stelle ruhiger, »genau so. Sie sind ein Engel.«

»Wo ist es passiert?«, fragte sie.

Er runzelte die Stirn und sagte: »Da waren viele Orte… es sind die Nerven. Sie sind völlig zerrüttet.«

»Und wohin fahren Sie jetzt?«

»Nach Virginia.«

»Und dort sind Sie daheim, stimmt's?«

»Ja, dort bin ich daheim.«

Die Frau spürte einen Schmerz in den Fingern und lockerte den Griff, mit dem sie plötzlich seinen Arm umklammert hatte. »Dort sind Sie daheim, und Sie müssen immer daran denken, dass alles andere unwichtig ist.«

»Ich sag Ihnen was«, wisperte er. »Ich liebe Sie. Ich liebe Sie, weil Sie sehr unbedarft und sehr naiv sind und weil Sie nichts anderes kennen, als was Sie im Kino sehen. Ich liebe Sie, weil wir in Virginia sind und ich fast daheim bin.« Die Frau blickte abrupt weg. Eine beleidigte Spannung schlich sich in die Stille.

»Und Sie glauben, damit hat es sich?«, sagte er. Er stützte sich auf den Tisch und betatschte apathisch sein Gesicht. »Das ist die eine Sache, aber es gibt auch so etwas wie Würde. Was ist, wenn es bei Menschen passiert, die ich schon immer kenne? Glauben Sie, ich will mich mit denen oder jemand wie Ihnen an einen Tisch setzen und sie anwidern? Glauben Sie, ich will einem jungen Ding wie der da drüben Angst einjagen und sie Vermutungen über ihren eigenen Kerl anstellen lassen? Ich habe monatelang gewartet, und die sagen mir, dass ich gesund bin, aber gleich beim ersten Mal…« Er brach ab, und seine Augenbrauen zogen sich angestrengt zusammen.

Die Frau legte zwei Scheine auf ihre Rechnung und schob ihren Stuhl zurück. »Würden Sie mich bitte durchlassen?«, sagte sie.

Der Korporal hievte sich hoch und sah hinunter auf den unangerührten Teller der Frau. »Nun essen Sie schon, verdammt nochmal«, sagte er. »Sie müssen essen!« Und ohne sich noch einmal umzublicken, verschwand er in Richtung der Personenwagen.

Die Frau bezahlte den Kaffee.

EINE FLASCHE VOLL SILBER

Nach der Schule arbeitete ich früher im Drugstore Valhalla. Er gehörte meinem Onkel, Mr. Ed Marshall. Ich nenne ihn Mr. Marshall, weil jeder, einschließlich seiner Frau, ihn Mr. Marshall nannte. Trotzdem war er ein netter Mensch.

Der Drugstore war vielleicht altmodisch, aber dafür groß und dunkel und kühl: In den Sommermonaten gab es keinen angenehmeren Ort im Städtchen. Zur Linken, wenn man eintrat, war der Tabak- und Zeitschriftenstand, hinter dem, in der Regel, Mr. Marshall saß: ein untersetzter Mann mit eckigem Gesicht, rosiger Haut und einem gezwirbelten, mannhaften weißen Schnurrbart. Nach diesem Stand kam der Ausschank mit der wunderschönen Theke. Sie war antik und aus edlem, vergilbtem Marmor, glatt anzufühlen, aber ohne eine Spur von billigem Glanz. Mr. Marshall hatte sie 1910 auf einer Auktion in New Orleans gekauft und war sichtlich stolz darauf. Wenn man auf den hohen, zierlichen Barhockern saß und über die Theke blickte, konnte man sich weich, wie bei Kerzenschein, in einer Reihe alter Spiegel mit Mahagonirahmen reflektiert sehen. Alle Artikel des täglichen Bedarfs waren in vitrinenartigen Schränken mit Glastüren ausgestellt, die mit Messingschlüsseln zugesperrt waren. Und immer hing in der Luft der Geruch von Sirup und Muskat und anderen Köstlichkeiten.

Das Valhalla war der Treffpunkt von Wachata County, bis ein gewisser Rufus McPherson in die Stadt kam und direkt gegenüber, auf der anderen Seite des Platzes vor dem Gerichtsgebäude, einen zweiten Drugstore eröffnete. Dieser Rufus McPherson war ein Schurke; das heißt, er nahm meinem Onkel Kundschaft weg. Er installierte neumodische Einrichtungen, wie elektrische Ventilatoren und bunte Lämpchen; er bot Bedienung im Auto und machte gegrillte Käsesandwiches auf Bestellung. Wenngleich auch manche Kunden Mr. Marshall treu blieben, so konnten doch die meisten Rufus McPherson nicht widerstehen.

Eine Zeitlang zog Mr. Marshall es vor, ihn zu ignorieren: Wenn McPhersons Name erwähnt wurde, stieß er eine Art Schnauben aus, fingerte an seinem Schnurrbart herum und blickte in die andere Richtung. Aber man merkte genau, dass er wütend war. Und immer wütender wurde. Als ich dann eines Tages Mitte Oktober ins Valhalla spazierte, sah ich ihn an der Theke sitzen, wo er mit Hamurabi Domino spielte und Wein trank.

Hamurabi war ein Ägypter und so etwas wie ein Dentist, obgleich er nicht viel zu tun hatte, da die Menschen hier bei uns ungewöhnlich gute Zähne haben, was auf ein Element im Wasser zurückzuführen ist. Er verbrachte einen Großteil seiner Zeit damit, im Valhalla herumzulungern, und war der beste Kumpel meines Onkels. Er war eine stattliche Erscheinung, dieser Hamurabi, dunkelhäutig und über zwei Meter groß; die Matronen der Stadt hielten ihre Töchter hinter Schloss und Riegel und machten ihm selbst schöne Augen. Er hatte überhaupt keinen ausländischen Akzent, und ich war immer der Meinung, dass er genauso wenig Ägypter war wie der Mann im Mond.

Jedenfalls saßen sie da und becherten italienischen Rotwein aus einer dickbauchigen Vierliterflasche. Es war ein beunruhigender Anblick, denn Mr. Marshall war als Abstinenzler bekannt. Also dachte ich natürlich: Auweia, Rufus McPherson hat ihm endgültig den Rest gegeben. Aber das war nicht der Fall.

»Komm her, Junge«, sagte Mr. Marshall, »nimm dir ein Glas Wein.«

»Klar«, sagte Hamurabi, »wir müssen die Flasche doch austrinken. Schließlich haben wir sie gekauft, da dürfen wir nichts verkommen lassen.«

Viel später, als die Flasche leer war, hob Mr. Marshall sie hoch und sagte: »Dann wollen wir mal sehen!« Und damit verschwand er hinaus in den Nachmittag.

»Wo will er denn hin?«, fragte ich.

»Ah«, war alles, was Hamurabi dazu sagte. Es machte ihm Spaß, mich auf die Folter zu spannen.

Eine halbe Stunde verstrich, ehe mein Onkel zurückkam. Er ging gebeugt und ächzte unter der Last, die er trug. Er stellte die Flasche auf der Theke ab, trat lächelnd einen Schritt zurück und rieb sich die Hände. »Na, was sagt ihr dazu?«

»Ah«, schnurrte Hamurabi.

»Mann…«, sagte ich.

Es war dieselbe Weinflasche, bei Gott, aber mit einem wundervollen Unterschied; denn nun war sie bis zum Rand mit silbernen Fünfcent- und Zehncentstücken gefüllt, die matt durch das dicke Glas schimmerten.

»Nicht übel, was?«, sagte mein Onkel. »Hab ich drüben in der First National Bank machen lassen. Was Größeres als Fünfer haben sie nicht reingekriegt. Trotzdem ist da 'ne Menge Geld drin, das könnt ihr mir glauben.«

»Aber wozu das Ganze, Mr. Marshall?«, sagte ich. »Ich meine, was ist der Sinn der Sache?«

Mr. Marshalls Lächeln verstärkte sich zu einem Grinsen. »Das hier ist eine Flasche voll Silber, könnte man sagen...«

»Der Pokal am Ende des Regenbogens«, warf Hamurabi ein.

»... und der Sinn der Sache, wie du es nennst, ist, dass die Leute raten sollen, wie viel Geld da drin ist. Zum Beispiel, sagen wir, du kaufst etwas im Wert von einem Vierteldollar – nun, dann darfst du einen Tipp abgeben. Je mehr du kaufst, desto mehr Chancen hast du. Und ich halte jeden Tipp in meinem Hauptbuch fest, bis dann an Weihnachten der, der dem richtigen Betrag am nächsten kommt, den ganzen Plunder kriegt.«

Hamurabi nickte feierlich. »Er spielt den Weihnachtsmann – einen mächtig schlauen Weihnachtsmann«, sagte er. »Ich gehe jetzt heim und schreibe ein Buch: *Der raffinierte Mord an Rufus McPherson.*« Um die Wahrheit zu sagen, manchmal schrieb er tatsächlich Kurzgeschichten und schickte sie an Zeitschriften. Sie kamen immer zurück.

Es war erstaunlich, eigentlich das reinste Wunder, wie Wachata County auf die Flasche reagierte. Ehrlich, so gute Geschäfte hatte das Valhalla nicht mehr gemacht, seit Bahnhofsvorsteher Tully, der arme Tropf, damals völlig den Verstand verlor und behauptete, hinter dem Depot auf Erdöl gestoßen zu sein, woraufhin das Städtchen von wild bohrenden Ölsuchern überschwemmt wurde. Sogar die Tagediebe aus dem Billardsalon, die nie einen Cent für etwas ausgaben, das nichts mit Schnaps oder Weibern zu tun hatte, begannen ihr übriges Kleingeld in Milchshakes zu investieren. Einige ältere Damen missbilligten Mr. Marshalls Initiative öffentlich als eine Form von Glücksspiel, machten aber keinen weiteren Ärger, und einige sahen sich sogar veranlasst, uns aufzusuchen und einen Tipp zu wagen. Die Schulkinder waren ganz verrückt nach der Sache, und ich war sehr beliebt, weil sie dachten, ich wüsste die Antwort.

»Ich will dir verraten, warum das so ist«, sagte Hamurabi und zündete sich eine der ägyptischen Zigaretten an, die er sich per Post von einer Firma in New York City schicken ließ. »Dahinter steckt nicht das, was du dir vielleicht vorstellst; in anderen Worten, nicht Gier. Nein. Das Geheimnisvolle ist es, was lockt. Wenn du all die Fünfer und Zehner siehst, was denkst du da? ›Oh, so viel!‹ Nein, nein. Du denkst: ›Oh, *wie* viel?‹ Und das ist nun wirklich eine tiefgründige Frage. Weil das nämlich für jeden etwas anderes bedeuten kann. Kapiert?«

Was war Rufus McPherson fuchtig! Als Kaufmann rechnet man fest damit, dass das Weihnachtsgeschäft einen

Großteil des jährlichen Gewinns einbringt, und er hatte seine liebe Not, überhaupt Kundschaft zu finden. Also versuchte er, die Flasche zu kopieren; aber da er furchtbar geizig war, füllte er seine mit kupfernen Centstücken. Außerdem schrieb er einen Leserbrief an das *Banner,* unsere Wochenzeitung, in dem es hieß, man sollte Mr. Marshall »teeren und federn und aufknüpfen, weil er aus unschuldigen kleinen Kindern notorische Glücksspieler macht und sie geradewegs der Verdammnis anheimgibt!«. Man kann sich ja denken, wie sehr er sich damit zum Gespött der Leute machte. Jeder hatte nichts als Hohn für McPherson übrig. Und so stand er ab Mitte November nur noch vor seinem Laden auf dem Bürgersteig und starrte verbittert auf das fröhliche Treiben auf der anderen Seite des Platzes.

Etwa um diese Zeit traten Appleseed und Schwester zum ersten Mal in Erscheinung.

Er war fremd in der Stadt. Zumindest konnte sich niemand erinnern, ihn je zuvor gesehen zu haben. Er sagte, er lebe auf einer Farm eine Meile hinter Indian Branches; erzählte uns, seine Mutter wiege nur dreiunddreißig Kilo und dass er einen älteren Bruder habe, der für fünfzig Cent auf jeder Hochzeit Fiedel spielen würde. Er behauptete, Appleseed sei der einzige Name, den er habe, und dass er zwölf Jahre alt sei. Aber seine Schwester Middy sagte, er sei acht. Sein Haar war glatt und dunkelblond. Er hatte ein spitzes, wettergegerbtes Gesichtchen mit unruhigen grünen Augen, die sehr klug und wissend dreinblickten. Er war klein und schmächtig und überspannt; und er trug immer dieselbe Kleidung: einen roten Pullover, blaue Drillichhosen und ein Paar Männerstiefel, die bei jedem Schritt klapp-klapp machten.

Es regnete, als er das erste Mal ins Valhalla kam; die Haare klebten an seinem Kopf wie eine Kappe, und seine Stiefel waren schmutzverkrustet vom roten Schlamm der Landstraßen. Middy zottelte hinter ihm her, als er breitbeinig wie ein Cowboy an die Theke stolziert kam, wo ich gerade Gläser abtrocknete.

»Ich hab gehört, hier gibt's 'ne Flasche voll Geld, wo ihr herschenken wollt«, sagte er und blickte mir fest in die Augen. »Und wo's ihr sowieso herschenken wollt, wärn wir euch verbunden, wenn ihr's uns geben tätet. Der Name is' Appleseed, und das da ist meine Schwester Middy.«

Middy war ein deprimierendes, deprimiert wirkendes Kind. Sie war ein ganzes Stück größer und offenbar älter als ihr Bruder: eine richtige Bohnenstange. Sie hatte kurze hellblonde Haare, die wie abgesäbelt waren, und ein blasses mitleiderregendes Gesicht. Sie trug ein verschossenes Baumwollkleid, das weit oberhalb ihrer knochigen Knie aufhörte. Irgendetwas stimmte nicht mit ihren Zähnen, was sie zu verbergen versuchte, indem sie geziert die Lippen schürzte wie eine alte Dame.

»Tut mir leid«, sagte ich, »aber da musst du mit Mr. Marshall sprechen.«

Und genau das tat er. Ich konnte hören, wie mein Onkel ihm erklärte, was er tun musste, um die Flasche zu gewinnen. Appleseed hörte aufmerksam zu, wobei er hin und wieder nickte. Danach kam er wieder her und stellte sich vor die Flasche, berührte sie leicht mit der Hand und sagte: »Ist das nich' was Schönes, Middy?«

Middy sagte: »Tun sie's uns geben?«

»Nee. Die wollen, dass man raten tut, wie viel Geld drin ist. Und vorher musst du erst was für 'n Vierteldollar kaufen, damit du überhaupt raten darfst.«

»Aber wir ham doch gar kein Vierteldollar nich'. Wo solln wir denn 'n Vierteldollar herkriegen?«

Appleseed runzelte die Stirn und rieb sich das Kinn. »Das is' nich' weiter schwer, das schaff ich schon. Mir macht was andres Kopfzerbrechen: Ich kann kein Risiko eingehen und einfach drauflosraten... ich muss es *wissen*.«

Nun, ein paar Tage später tauchten sie wieder auf. Appleseed setzte sich an der Theke auf einen Hocker und verlangte dreist zwei Gläser Wasser, eins für sich und eins für Middy. Und bei dieser Gelegenheit gab er Auskunft über seine Familie: »... dann is' da Papa Daddy, das ist der Papa von meiner Mama, der, wo von Franzosen abstammt und wo deshalb nich' gut Englisch kann. Mein Bruder, der, wo Fiedel spielt, der war schon dreimal im Gefängnis... Wegen dem ham wir auch weg müssen aus Louisiana. Der hat 'n Typ bös mit 'm Rasiermesser zugerichtet bei 'nem Streit um 'ne Frau, wo zehn Jahr' älter war als er. Die hat blonde Haare gehabt.«

Middy, die sich im Hintergrund hielt, sagte nervös: »Du sollst doch nich' so persönliche Privatsachen von unsrer Familie rumerzählen, Appleseed.«

»Sei still, Middy«, sagte er, und sie war still. »Sie is 'n braves Mädchen«, fügte er hinzu, während er sich umdrehte und ihren Kopf tätschelte, »aber man darf ihr nich' arg viel durchgehen lassen. Geh und schau dir die Illustrierten an, Herzchen, und hör auf, an deinen Zähnen rumzumachen. Appleseed muss was austüfteln.«

Austüfteln bedeutete in diesem Fall, unverwandt auf die Flasche zu starren, als wollte er sie mit den Augen verschlingen. Das Kinn in die Hand gestützt, studierte er sie lange Zeit, ohne ein einziges Mal zu blinzeln. »Eine Lady in Louisiana hat mir gesagt, dass ich Sachen sehen kann, wo andre Leute nich' sehen können, weil ich mit einer Glückshaube aufm Kopf geboren bin.«

»Gib's auf, du kannst nicht sehen, wie viel drin ist«, sagte ich zu ihm. »Warum nimmst du nicht einfach die erstbeste Zahl, die dir in den Kopf kommt, vielleicht ist es ja die richtige.«

»Nix da«, sagte er, »viel zu unsicher. So 'n Risiko kann ich nich' eingehen. Aber wenn ich's richtig ausgetüftelt hab, gibt's nur *eine* todsichere Methode – man muss jeden einzelnen Fünfer und Zehner zählen.«

»Zählen?«

»Was zählen?«, fragte Hamurabi, der gerade hereingeschlendert kam und sich nun an der Theke niederließ.

»Der Kleine sagt, er will zählen, wie viel in der Flasche ist«, erläuterte ich ihm.

Hamurabi sah Appleseed interessiert an. »Und wie willst du das anstellen, Junge?«

»Durch Zählen eben«, sagte Appleseed ganz sachlich. Hamurabi lachte. »Dazu müsstest du Röntgenaugen haben, Junge, kann ich da nur sagen.«

»O nein. Man muss bloß mit 'ner Glückshaube aufm Kopf geboren sein. Eine Lady in Louisiana hat's mir gesagt. Sie war 'ne Zauberin; sie hat mich lieb gehabt, und als mich meine Ma ihr nich' hat geben wollen, da hat sie sie verhext, und jetzt wiegt meine Ma bloß noch dreiunddreißig Kilo.«

»Hoch-in-ter-es-sant«, lautete Hamurabis Kommentar, während er Appleseed mit einem sonderbaren Blick bedachte.

Middy kam angeschlurft, in der Hand eine Filmzeitschrift. Sie hielt Appleseed ein Foto hin und sagte: »Ist die nich' einfach bildhübsch? Siehst du's, Appleseed, siehst du, was die für schöne Zähne hat? Nich' einer davon schief.«

»Nu mach dir mal keine Sorgen«, sagte er.

Als sie gegangen waren, bestellte Hamurabi eine Flasche NEHI-Orangeade und trank sie langsam aus, während er eine Zigarette rauchte. »Glaubst du, dass das Bürschchen noch alle Tassen im Schrank hat?«, fragte er etwas später in verdutztem Ton.

Am schönsten ist Weihnachten in kleinen Orten, wie ich finde. Sie fangen die Festtagsstimmung schneller ein und verwandeln sich und leben auf unter ihrem Zauber. Bereits in der ersten Dezemberwoche waren die Haustüren mit Kränzen dekoriert, und in den Schaufenstern prunkten rote Papierglocken und Schneeflocken aus glitzernder Hausenblase. Die Kinder zogen hinaus in den Wald und kamen mit würzig riechenden immergrünen Bäumen im Schlepptau zurück. Schon jetzt waren die Frauen damit beschäftigt, Kuchen zu hacken, Gläser mit Konfitüre zu öffnen und Flaschen mit Brombeer- und Muskatellerwein zu entkorken. Auf dem Platz vor dem Gerichtsgebäude wurde ein riesiger Baum mit Lametta und bunten Glühbirnen geschmückt, die bei Sonnenuntergang eingeschaltet wurden. Am späten Nachmittag konnte man den Chor in der presbyterianischen Kirche Weihnachtslieder für den alljährlichen Rundgang proben hören. Und in der ganzen Stadt standen die Kamelien in voller Blüte.

Der einzige Mensch, den diese herzerwärmende Atmosphäre nicht im Geringsten zu berühren schien, war Appleseed. Er widmete sich seiner selbstgesetzten Aufgabe, mit großer Gewissenhaftigkeit das Geld in der Flasche zu zählen. Inzwischen kam er jeden Tag ins Valhalla und konzentrierte sich auf die Flasche, wobei er düster dreinschaute und vor sich hin murmelte. Zuerst waren wir alle fasziniert, doch nach einer Weile wurde es langweilig, und keiner nahm mehr Notiz von ihm. Er kaufte nie etwas, da er die fünfundzwanzig Cent anscheinend nie auftreiben konnte. Manchmal unterhielt er sich mit Hamurabi, der sich für ihn zu interessieren begonnen hatte und gelegentlich einen Plombenzieher oder eine Lakritzstange springen ließ.

»Glauben Sie immer noch, dass er spinnt?«, fragte ich.

»Da bin ich mir nicht mehr so sicher«, sagte Hamurabi.

»Aber eins weiß ich genau. Er isst nicht genug. Ich werde ihn mal ins Rainbow Café mitnehmen und ihm einen Grillteller spendieren.«

»Ihm wäre es lieber, Sie würden ihm einen Vierteldollar geben.«

»Nein. Ein Grillteller ist das, was er braucht. Außerdem wäre es besser, wenn er nie einen Tipp abgeben würde. Bei einem überspannten Kerlchen wie ihm, einem so ungewöhnlichen, möchte ich nicht dafür verantwortlich sein, wenn er verliert. Denn das wäre erbärmlich.«

Ich muss gestehen, dass ich Appleseed damals schlicht für sonderbar hielt. Mr. Marshall hatte Mitleid mit ihm, und die Kinder versuchten ihn zu hänseln, mussten es aber aufgeben, da er einfach nicht darauf einging. Und so konnte man ihn klar und deutlich an der Theke sitzen sehen, die Stirn gerunzelt und den Blick starr auf die Flasche geheftet. Dabei war er so abwesend, dass man manchmal das unheimliche Gefühl hatte, dass er, na ja, vielleicht gar nicht existierte. Und wenn man sich dessen ziemlich sicher war, wachte er plötzlich auf und sagte etwas in der Art wie: »Hoffentlich ist da ein Büffel-Fünfer von 1913 drin. Ein Typ hat mir erzählt, dass er mal gesehen hat, wie ein Büffel-Fünfer von 1913 fünfzig Dollar wert war.« Oder: »Die Middy wird mal 'ne ganz große Dame beim Film. Die kriegen jede Menge Geld, die Damen, wo beim Film sind, und dann essen wir nie kein Kohl mehr, solange wir leben. Aber die Middy sagt, sie kann nich' zum Film, bevor nich' ihre Zähne schön sind.«

Middy trabte nicht immer hinter ihrem Bruder her. Wenn sie nicht mitkam, war Appleseed anders als sonst; er wirkte dann schüchtern und blieb nicht lange.

Hamurabi hielt sein Versprechen und spendierte ihm im Rainbow Café einen Grillteller. »Der Mr. Hamurabi ist ja ganz nett«, sagte Appleseed später, »aber der hat schon komische Ideen: Der glaubt, dass wenn er in dem Ägypten da wohnen tät, dann wär er ein König oder so was Ähnliches.«

Und Hamurabi sagte: »Der Junge hat ein geradezu rührendes Gottvertrauen. Das ist etwas Wunderbares. Aber allmählich wird mir die ganze Sache zuwider.« Er deutete auf die Flasche. »Menschen derart Hoffnungen zu machen, ist grausam, und es tut mir verdammt leid, dass ich jemals etwas damit zu tun hatte.«

Der beliebteste Zeitvertreib im Valhalla war, zu entscheiden, was man sich kaufen würde, falls man die Flasche gewann. Unter denen, die sich daran beteiligten, waren: Solomon Katz, Phoebe Jones, Carl Kuhnhardt, Puly Simmons, Addie Foxcroft, Marvin Finkle, Trudy Edwards und ein Farbiger namens Erskine Washington. Und dies waren einige der Antworten: ein Ausflug nach und eine Dauerwelle in Birmingham, ein gebrauchtes Klavier, ein Shetland-Pony, ein goldenes Armband, eine mehrbändige Ausgabe der *Rover Boys*-Bücher und eine Lebensversicherungspolice.

Einmal fragte Mr. Marshall Appleseed, was er sich kaufen würde. »Das ist ein Geheimnis«, war die Antwort, und kein noch so hartnäckiges Nachbohren konnte es ihm entlocken. Für uns stand fest, was immer es auch war, er wollte es unbedingt haben.

Richtig Winter wird es in unserer Gegend normalerweise erst Ende Januar, und dann ist er mild und dauert nicht lange. Doch in dem Jahr, von dem ich berichte, wurden wir in der Woche vor Weihnachten von einem einmaligen Kälteeinbruch heimgesucht. Manche sprechen noch heute davon, denn es war wirklich schlimm: Wasserrohre froren ein; viele Leute mussten die Tage in ihre Steppdecken gekuschelt im Bett verbringen, da sie es versäumt hatten, ausreichend Brennholz für das Kaminfeuer einzulagern; der Himmel nahm diesen merkwürdigen stumpfen Grauton an wie kurz vor einem Gewitter, und die Sonne war so fahl wie der abnehmende Mond. Es wehte ein scharfer Wind: Die alten dürren Blätter des vergangenen Herbstes fielen auf den vereisten Boden, und der Baum auf dem Platz vor dem Gerichtsgebäude wurde zweimal seines Weihnachtsschmucks beraubt. Wenn man ausatmete, bildete der Atem rauchartige Wolken. Drunten bei der Seidenspinnerei, wo die ganz Armen wohnten, drückten sich die Familien nachts im Dunkeln eng aneinander und erzählten sich Geschichten, um sich von der Kälte abzulenken. Draußen auf dem Land deckten die Farmer ihre zarten Pflanzen mit Jutesäcken ab und beteten; manche nutzten das Wetter, um ihre Schweine zu schlachten und die frischen Würste in die Stadt zu bringen. Mr. R.C. Judkins, unser stadtbekannter Säufer, staffierte sich mit einem Anzug aus roter Gaze aus und spielte im Billigkaufhaus den Weihnachtsmann. Mr. R.C. Judkins war Vater einer großen Familie, und so war jedermann froh, dass er immerhin nüchtern genug war, sich einen Dollar zu verdienen. Es fanden mehrere kirchliche Geselligkeiten statt, bei deren einer Mr. Marshall sich von Angesicht zu Angesicht Rufus McPherson gegenübersah: Heftige Worte wurden gewechselt, aber es kam nicht zu Handgreiflichkeiten.

Wie bereits erwähnt, lebte Appleseed auf einer Farm

eine Meile hinter Indian Branches, das heißt ungefähr drei Meilen außerhalb der Stadt; ein mächtig langer und einsamer Weg. Aber trotz der Kälte kam er jeden Tag ins Valhalla und blieb bis Ladenschluss, der wegen der kurz gewordenen Tage nach Einbruch der Dunkelheit war. Hin und wieder wurde er auf dem Heimweg ein Stück vom Vorarbeiter der Seidenspinnerei im Auto mitgenommen, aber nicht oft. Er sah müde aus, und er hatte Sorgenfalten um den Mund. Er fror ständig und zitterte viel. Ich glaube, dass er nicht einmal warme Unterhosen unter seinem roten Pullover und den blauen Hosen anhatte.

Es war drei Tage vor Weihnachten, als er aus heiterem Himmel verkündete: »So, ich bin fertig. Ich meine, ich weiß jetzt, wie viel in der Flasche drin ist.« Er behauptete dies mit so fester, feierlicher Überzeugung, dass es schwerfiel, ihm nicht zu glauben.

»Nun mal halblang, Junge, nicht so schnell«, sagte Hamurabi, der anwesend war. »Das kannst du doch überhaupt nicht wissen. So was darfst du nicht mal denken, sonst steht dir eine furchtbare Enttäuschung bevor.«

»Sie brauchen mir keine Predigt zu halten, Mr. Hamurabi. Ich weiß, was ich mache. Eine Lady in Louisiana hat gesagt…«

»Ja, ja, ja – aber du musst das vergessen. Wenn ich du wäre, würde ich heimgehen und dort bleiben und die ganze verdammte Flasche vergessen.«

»Mein Bruder spielt heut Abend drüben in Cherokee City bei 'ner Hochzeit Fiedel, und der gibt mir den Vierteldollar«, sagte Appleseed dickköpfig. »Morgen riskier ich's.«

Und so war ich am nächsten Tag ziemlich aufgeregt, als Appleseed und Middy hereinkamen. Und tatsächlich, er hatte seinen Vierteldollar: Er war sicherheitshalber in den Zipfel eines roten Halstuchs geknotet.

Die beiden spazierten Hand in Hand zwischen den Vitrinen herum und berieten im Flüsterton, was sie kaufen sollten. Sie entschieden sich schließlich für ein fingerhutgroßes Fläschchen Gardenienparfum, das Middy umgehend aufmachte und sich teilweise auf die Haare kippte. »Das riecht wie... Heilige Maria, ich hab noch nie so was Feines gerochen. Komm, Appleseed, Herzchen, lass dir was davon aufs Haar tun.« Aber er ließ sie nicht.

Mr. Marshall holte das Hauptbuch hervor, in dem er alle geschäftlichen Vorgänge festhielt, während Appleseed zur Theke schlenderte, beide Hände an die Flasche legte und sie sanft streichelte. Seine Augen leuchteten, und seine Wangen waren vor Aufregung gerötet. Mehrere Personen, die in dem Moment im Drugstore waren, drängten näher heran. Middy hielt sich im Hintergrund, kratzte sich unbeteiligt am Bein und schnupperte an ihrem Duftwasser. Hamurabi war nicht da.

Mr. Marshall beleckte die Spitze seines Bleistifts und lächelte. »Okay, Junge, was meinst du?«

Appleseed holte tief Luft. »Siebenundsiebzig Dollar und fünfunddreißig Cent«, stieß er hervor.

Mit der Wahl eines so krummen Betrags bewies er Originalität, denn der Durchschnittstipp war eine gerade runde Summe. Mr. Marshall wiederholte feierlich die Zahl, während er sie aufschrieb.

»Wann erfahr ich, ob ich gewonnen hab?«

»Heiligabend«, sagte jemand.

»Das ist morgen, stimmt's?«

»So ist es«, sagte Mr. Marshall, keineswegs überrascht. »Komm um vier Uhr her.«

Während der Nacht fiel das Thermometer noch tiefer, und gegen Morgengrauen gab es ein kurzes Gewitter wie im Sommer, so dass am Tag darauf alles klar und gefroren war. Das Städtchen sah aus wie eine Ansichtskarte aus dem hohen Norden, da Eiszapfen weißglitzernd an den Bäumen hingen und Eisblumen alle Fensterscheiben überzogen. Mr. R.C. Judkins stand früh auf und marschierte, ohne ersichtlichen Grund eine Tischglocke schwingend, durch die Straßen, wo er ab und zu stehen blieb, um sich einen kräftigen Schluck Whiskey aus der Halbliterflasche zu genehmigen, die er in der Gesäßtasche stecken hatte. Da der Tag windstill war, stieg der Hauch aus den Kaminen träge kerzengerade hinauf in den ruhigen, frostklaren Himmel. Am späten Vormittag zog der presbyterianische Chor bereits Weihnachtslieder singend von Haus zu Haus; und die Kinder (die Geistermasken trugen wie an Halloween) rannten im Kreis um den Platz herum und machten einen Riesenlärm.

Hamurabi kam gegen Mittag vorbei, um uns zu helfen, das Valhalla herzurichten. Er brachte einen großen Beutel Satsumas mit, und gemeinsam aßen wir sie bis zur letzten auf, warfen die Schalen in den gerade erst installierten Kanonenofen, der mitten im Raum stand und den sich Mr.

Marshall selbst geschenkt hatte. Dann nahm mein Onkel die Flasche von der Theke, polierte sie und platzierte sie auf einem eigens aufgestellten Tisch. Danach war er überhaupt keine Hilfe mehr, denn er hockte sich auf einen Stuhl und verbrachte die ganze Zeit damit, eine geschmacklose grüne Schleife immer wieder neu um die Flasche zu binden. So mussten Hamurabi und ich den Rest alleine machen: Wir fegten den Boden und putzten die Spiegel und staubten die Vitrinen ab und hängten Girlanden aus rotem und grünem Krepppapier von Wand zu Wand. Als wir fertig waren, sah alles sehr schön und elegant aus.

Doch Hamurabi blickte bekümmert auf unser Werk und sagte: »Tja, ich glaube, ich sollte jetzt lieber gehen.«

»Willst du denn nicht hierbleiben?«, fragte Mr. Marshall entsetzt.

»Nein, o nein«, sagte Hamurabi und schüttelte bedächtig den Kopf. »Ich möchte nicht das Gesicht von dem Jungen sehen. Heute ist Weihnachten, und da will ich mich so richtig amüsieren. Und das könnte ich nicht, nicht mit so etwas auf dem Gewissen. Herrgott, es würde mir den Schlaf rauben.«

»Wie du meinst«, sagte Mr. Marshall. Er zuckte die Achseln, aber man merkte genau, dass er tief gekränkt war. »So ist das Leben – und außerdem, wer weiß, vielleicht gewinnt er ja.«

Hamurabi seufzte düster. »Was hat er getippt?«

»Siebenundsiebzig Dollar und fünfunddreißig Cent«, sagte ich.

»Ich frage euch, ist das nicht völlig absurd?«, sagte Hamurabi. Er ließ sich neben Mr. Marshall auf einen Stuhl fallen und schlug die Beine übereinander und zündete sich eine Zigarette an. »Falls du Baby-Ruth-Schokoriegel führst, dann hätte ich jetzt gern einen; ich habe einen schlechten Geschmack im Mund.«

Während sich der Nachmittag dahinschleppte, saßen wir drei um den Tisch und waren furchtbar melancholisch. Kaum einer sagte mal ein Wort, und da die Kinder den Platz verlassen hatten, kam das einzige Geräusch von der Uhr, die auf dem Turm des Gerichtsgebäudes die Stunden schlug. Das Valhalla hatte noch geschlossen, aber ständig gingen Leute vorbei und spähten durchs Fenster herein. Um drei Uhr wies mich Mr. Marshall an, die Tür aufzuschließen.

Binnen zwanzig Minuten war der Raum gerammelt voll; jeder trug seinen Sonntagsstaat, und die Luft roch süßlich, da sich die meisten Mädchen aus der Seidenspinnerei mit Vanille-Essenz parfümiert hatten. Die Leute drückten sich an die Wände, hockten auf der Theke, quetschten sich wohin sie nur konnten; schon bald hatte sich die Menge auf den Bürgersteig ausgebreitet und auf die Straße erstreckt. Der Platz war von Pferdefuhrwerken und Model-T-Fords gesäumt, die Farmer und ihre Familien in die Stadt gekarrt hatten. Es gab viel Gelächter und Geschrei und Gehänsel – mehrere empörte Damen beschwerten sich über das Fluchen und die derben Rempeleien der jüngeren Männer, doch niemand ging. Am Seiteneingang hatte sich ein Grüppchen Farbiger versammelt und amüsierte sich königlich. Jeder genoss das Spektakel nach besten Kräften. Gewöhnlich ist es bei uns sehr ruhig: Eigentlich ist hier nie etwas los. Man kann mit Fug und Recht sagen, dass fast ganz Wachata County anwesend war, abgesehen von Gebrechlichen und Rufus McPherson. Ich hielt Ausschau nach Appleseed, sah ihn aber nirgends.

Mr. Marshall hüstelte und klatschte Aufmerksamkeit heischend in die Hände. Als sich alles beruhigt hatte und die Atmosphäre gebührend gespannt war, erhob er die Stimme wie ein Auktionator und rief: »Mal herhören alle, in diesem Umschlag, den ihr hier in meiner Hand seht« – er hielt einen braunen Briefumschlag in die Höhe – »also in dem ist die *Antwort* – die bis jetzt niemand kennt außer dem lieben Gott und der First National Bank, ha, ha. Und in diesem Buch« – er hielt mit der anderen Hand das Hauptbuch hoch – »habe ich aufgeschrieben, was jeder von euch geschätzt hat. Gibt's noch Fragen?« Alles schwieg. »Gut. Dann brauchen wir jetzt einen Freiwilligen…«

Keine Menschenseele rührte sich: Es war, als hätte eine ehrfürchtige Scheu die Menge ergriffen, und selbst die, die normalerweise geborene Angeber waren, scharrten verschämt mit den Füßen. Dann brüllte eine Stimme, die von Appleseed: »Lasst mich durch… Aus dem Weg, bitte, Ma'am.« In seinem Schlepptau folgten, während er sich nach vorn durchdrängte, Middy und ein schlaksiger, verschlafener Bursche, der offensichtlich der fiedelnde Bruder war. Appleseed war angezogen wie immer, doch sein Gesicht war rosig sauber geschrubbt, seine Stiefel waren gewienert, und sein Haar war mit Brillantine nach hinten an den Schädel geklebt. »Kommen wir zu spät?«, keuchte er.

Aber Mr. Marshall sagte: »Dann willst du also unser Freiwilliger sein?«

Appleseed blickte verdutzt drein und nickte dann heftig.

»Hat jemand Einwände gegen den jungen Mann?«

Noch immer herrschte Totenstille. Mr. Marshall reichte Appleseed den Umschlag, der ihn gelassen entgegennahm. Er kaute auf der Unterlippe herum und studierte ihn kurz, bevor er die Klappe aufriss.

In der ganzen versammelten Menge gab es keinen Laut bis auf ein gelegentliches Husten und das leise Klingeln von Mr. R.C. Judkins Tischglocke. Hamurabi lehnte an der Theke und starrte hinauf an die Decke; Middy blickte ihrem Bruder ausdruckslos über die Schulter, und als er den Umschlag aufzureißen begann, stieß sie einen kurzen gequälten Seufzer aus.

Appleseed zog ein rosarotes Blatt Papier heraus, das er hielt, als wäre es etwas Zerbrechliches, und murmelte vor sich hin, was darauf stand. Plötzlich wurde sein Gesicht blass, und Tränen schimmerten in seinen Augen.

»He, lass hören, Junge«, brüllte jemand.

Hamurabi trat vor und riss den Zettel geradezu an sich. Er räusperte sich und begann zu lesen, als sich plötzlich seine Miene grotesk verzog. »Heilige Mutter Gottes…«, sagte er.

»Lauter! Lauter!«, forderte ein aufgebrachter Chor.

»Alles Gauner!«, brüllte Mr. R.C. Judkins, der inzwischen

einen in der Krone hatte. »Da ist doch was faul, das stinkt doch zum Himmel!« Woraufhin ein wahrer Sturm von Buhrufen und Pfiffen die Luft zerriss.

Appleseeds Bruder fuhr herum und drohte mit der Faust. »Maul halten, Maul halten, sag ich, sonst kriegt ihr was auf eure gottverdammten Schädel, dass ihr Beulen habt so groß wie Wassermelonen, kapiert?«

»Mitbürger«, rief Bürgermeister Mawes, »Mitbürger... ich meine, es ist Weihnachten... ich meine...«

Und Mr. Marshall sprang auf einen Stuhl und klatschte und trampelte, bis ein Minimum an Ordnung wiederhergestellt war. Es sollte an dieser Stelle vielleicht angemerkt werden, dass wir später herausfanden, dass Mr. R.C. Judkins von Rufus McPherson bezahlt worden war, damit er diesen Tumult auslöste. Jedenfalls war, als der Krawall erstickt war, kein anderer im Besitz besagten Zettels als ich... fragen Sie mich nicht, wieso.

Ohne zu überlegen brüllte ich: »Siebenundsiebzig Dollar und fünfunddreißig Cent.« Natürlich entging mir in der Aufregung zunächst die Bedeutung; es war bloß eine Zahl. Dann stieß Appleseeds Bruder einen Freudenschrei aus, und da begriff ich. Der Name des Siegers verbreitete sich schnell, und das ehrfürchtige, raunende Gewisper klang wie heftiger Regen.

Doch Appleseed selbst bot einen traurigen Anblick. Er heulte, als wäre er tödlich verletzt, aber als Hamurabi ihn sich auf die Schultern setzte, damit die Menge ihn deutlich sehen konnte, wischte er sich die Augen mit dem Pulloverärmel ab und begann zu grinsen. Mr. R.C. Judkins grölte: »Zigeuner! Dreckiger Zigeuner!«, wurde aber von einer ohrenbetäubenden Beifallssalve übertönt.

Middy packte meinen Arm. »Meine Zähne!«, kreischte sie. »Jetzt krieg ich meine Zähne!«

»Zähne?«, sagte ich verständnislos.

»Ein Gebiss«, sagt sie da. »Das wer'n wir uns von dem Geld kaufen – ein wunderschönes strahlend weißes Gebiss!«

Aber in dem Moment interessierte mich lediglich, wie Appleseed die richtige Zahl wissen konnte. »He, hör mal«, sagte ich verzweifelt, »hör mal, woher in aller Welt hat er gewusst, dass es exakt siebenundsiebzig Dollar und fünfunddreißig Cent sind?«

Middy sah mich komisch an. »Ich hab gedacht, er hat's dir gesagt«, sagte sie ganz ernst. »Er hat's gezählt.«

»Ja, schon, aber wie – wie?«

»Mann, weißt du nich', wie man zählt?«

»Und mehr hat er nicht gemacht?«

»Na ja«, sagte sie nach einer nachdenklichen Pause, »er hat auch noch gebetet.« Sie flitzte los, drehte sich dann noch einmal um und rief: »Außerdem ist er mit 'ner Glückshaube aufm Kopf geboren.«

Und näher kam nie jemand an des Rätsels Lösung heran. Wenn man Appleseed fortan fragte: »Wie?«, dann lächelte er nur sonderbar und wechselte das Thema. Viele Jahre später zogen er und seine Familie an irgendeinen Ort in Florida, und man hörte nie wieder von ihnen.

Aber in unserem Städtchen ranken sich noch immer Legenden um ihn; und Mr. Marshall wurde, bis zu seinem

Tod im April vor einem Jahr, an jedem Weihnachtstag aufgefordert, die Geschichte von Appleseed in der baptistischen Bibelstunde vorzutragen. Hamurabi tippte einmal mit der Maschine einen Bericht und schickte ihn an verschiedene Zeitschriften. Er wurde nie abgedruckt. Ein einziger Redakteur antwortete, und der schrieb: »Wenn das kleine Mädchen tatsächlich ein Filmstar geworden ist, dann könnte an Ihrer Geschichte etwas dran sein.« Aber das ist nicht der Fall, also warum lügen?

MIRIAM

Seit mehreren Jahren schon lebte Mrs. H.T. Miller allein in einer angenehmen Wohnung (zwei Zimmer und Küche) in einem renovierten braunen Sandsteinhaus in der Nähe des East River. Sie war Witwe: Mr. H.T. Miller hatte eine angemessene Versicherungssumme hinterlassen. Ihre Interessen waren begrenzt, sie hatte keine nennenswerten Freunde, und sie begab sich selten weiter als bis zum Laden an der Ecke. Die anderen Bewohner des Hauses schienen sie nie zu beachten: Ihre Kleidung war nüchtern, ihr Haar stahlgrau, kurzgeschnitten und beiläufig gewellt; sie benutzte keine Kosmetika, ihr Gesicht war reizlos und unauffällig, und an ihrem letzten Geburtstag war sie einundsechzig geworden. Ihre Handlungen waren selten spontan: Sie hielt die beiden Zimmer peinlich sauber, rauchte gelegentlich eine Zigarette, bereitete ihre Mahlzeiten selbst zu und versorgte einen Kanarienvogel.

Dann begegnete sie Miriam. Es schneite an jenem Abend. Mrs. Miller hatte das Abendbrotgeschirr gespült und abgetrocknet und blätterte gerade in einer Nachmittagszeitung, als sie eine Anzeige für einen Film sah, der in einem Kino in der Nachbarschaft lief. Der Titel hörte sich gut an, und so bemühte sie sich in ihren Bibermantel, zog ihre Galoschen über und ging aus der Wohnung, wo sie ein Licht in der Diele brennen ließ: Es gab für sie nichts Beunruhigenderes als ein Gefühl von Dunkelheit.

Der Schnee war fein, fiel leise und hinterließ noch keine Spuren auf dem Bürgersteig. Der Wind vom Fluss war nur an Straßenkreuzungen schneidend. Mrs. Miller ging schneller, den Kopf gesenkt, unbeirrt wie ein Maulwurf, der blind einen Gang gräbt. Sie machte kurz in einem Drugstore halt und kaufte eine Packung Pfefferminzbonbons.

Vor der Kinokasse stand eine lange Schlange; sie stellte sich hinten an. Es gebe (krächzte eine müde Stimme) für alle Plätze eine kurze Wartezeit. Mrs. Miller kramte in ihrer ledernen Handtasche, bis sie exakt das richtige Kleingeld für die Eintrittskarte beisammen hatte. Die Schlange schien sich Zeit zu lassen, und als sie sich Ablenkung suchend umsah, bemerkte sie plötzlich ein kleines Mädchen, das unter dem Rand der Markise stand.

Das Mädchen hatte die längsten und seltsamsten Haare, die Mrs. Miller je gesehen hatte: absolut silberweiß, wie die eines Albinos. Sie ergossen sich taillenlang in glatten, losen Bahnen. Die Kleine war dünn und zerbrechlich gebaut. Es lag eine schlichte, eigentümliche Eleganz in der Art, wie sie mit den Daumen in den Taschen eines gutsitzenden pflaumenfarbenen Samtmantels dastand.

Mrs. Miller verspürte eine seltsame Erregung, und als das kleine Mädchen zu ihr hersah, lächelte sie freundlich. Das kleine Mädchen ging zu ihr und sagte: »Würden Sie mir wohl einen Gefallen erweisen?«

»Aber gerne, wenn ich kann«, sagte Mrs. Miller.

»Oh, es ist ganz einfach. Ich möchte lediglich, dass Sie eine Eintrittskarte für mich kaufen; sonst lassen sie mich nicht hinein. Hier, ich habe das Geld parat.« Und anmutig reichte sie Mrs. Miller zwei Zehncentstücke und ein Fünfcentstück.

Gemeinsam betraten sie das Kino. Eine Platzanweiserin führte sie in einen Wartebereich; der Film sollte in zwanzig Minuten zu Ende sein.

»Ich komme mir vor wie ein richtiger Verbrecher«, sagte Mrs. Miller fröhlich, als sie sich setzte. »Ich meine, so etwas ist doch verboten, oder? Ich kann nur hoffen, dass ich nichts Falsches getan habe. Weiß deine Mutter, wo du bist, Liebes? Ich meine, das weiß sie doch, oder?«

Die Kleine sagte nichts. Sie knüpfte ihren Mantel auf und legte ihn ordentlich auf ihren Schoß. Das Kleid darunter war adrett und dunkelblau. Eine goldene Kette hing um ihren Hals, und ihre Finger, die empfindsam und musikalisch wirkten, spielten damit. Bei eingehenderer Betrachtung kam Mrs. Miller zu dem Schluss, dass das eigentliche charakteristische Merkmal nicht ihre Haare waren, sondern ihre Augen; sie waren haselnussbraun, ruhig, hatten überhaupt nichts Kindliches und schienen, weil sie so groß waren, das ganze Gesichtchen einzunehmen.

Mrs. Miller bot ein Pfefferminzbonbon an. »Wie heißt du denn, Liebes,

»Miriam«, sagte diese, als wäre dieser Sachverhalt, auf irgendeine merkwürdige Art und Weise, bereits bekannt.

»Ja, ist das nicht komisch? Ich heiße auch Miriam. Dabei

ist das gar kein so häufiger Name. Sag bloß nicht, dass du mit Nachnamen Miller heißt!«

»Nur Miriam.«

»Aber ist das nicht komisch?«

»Nur geringfügig«, sagte Miriam und ließ das Pfefferminzbonbon auf der Zunge herumrollen.

Mrs. Miller errötete und rutschte verlegen hin und her. »Du hast aber einen großen Wortschatz für ein so kleines Mädchen.«

»Wirklich?«

»Nun, ja«, sagte Mrs. Miller und wechselte hastig das Thema: »Gehst du gern ins Kino?«

»Das weiß ich nicht«, sagte Miriam. »Ich war noch nie im Kino.«

Frauen begannen den Wartebereich zu füllen; das Dröhnen der Wochenschau-Bomben weiter weg verstärkte sich explosionsartig. Mrs. Miller stand auf und klemmte ihre Handtasche unter den Arm. »Ich glaube, ich sollte mich lieber beeilen, wenn ich noch einen Platz bekommen will«, sagte sie. »Es war nett, dich kennenzulernen.«

Miriam nickte kaum merklich.

Es schneite die ganze Woche. Räder und Schritte bewegten sich lautlos auf der Straße, als ginge das Leben heimlich hinter einem fahlen, aber undurchdringlichen Vorhang weiter. In der sich herabsenkenden Stille gab es weder Himmel noch Erde, nur den Schnee, der im Wind aufwirbelte, die Fensterscheiben überzog, die Räume kalt machte, die Stadt erstarren und verstummen ließ. Die ganze Zeit war es erforderlich, eine Lampe eingeschaltet zu haben, und Mrs. Miller verlor den Überblick über die Tage: Der Freitag unterschied sich nicht vom Samstag, und am Sonntag ging sie zum Lebensmittelladen: natürlich geschlossen.

Am Abend machte sie sich Rühreier und einen Teller Tomatensuppe. Dann, nachdem sie einen Flanellmorgenrock angezogen und ihr Gesicht eingecremt hatte, setzte sie sich mit einer Wärmflasche unter den Füßen ins Bett. Sie las gerade die *Times*, als es draußen klingelte. Zuerst dachte sie, dass sich jemand in der Tür geirrt habe und wieder gehen werde. Doch es klingelte und klingelte und wurde schließlich zum Dauerton. Sie schaute auf die Uhr: kurz nach elf; das konnte nicht stimmen, sie schlief doch immer schon um zehn.

Sie kletterte aus dem Bett und trottete barfuß durchs Wohnzimmer. »Einen Augenblick bitte, ich komme ja.« Der Schnappriegel klemmte; sie drehte ihn hin und her, und die Klingel setzte nicht einen Moment aus. »Aufhören«, rief sie. Der Riegel gab nach, und sie machte die Tür einen Spaltbreit auf. »Ja, um Himmels willen!«

»Hallo«, sagte Miriam.

»Ach… oh, hallo«, sagte Mrs. Miller und trat zögernd in den Flur. »Du bist doch das kleine Mädchen.«

»Ich dachte, Sie würden überhaupt nicht mehr aufmachen, aber ich habe den Finger nicht von der Klingel genommen; ich wusste, dass Sie zu Hause sind. Freuen Sie sich nicht, mich zu sehen?«

Mrs. Miller wusste nicht, was sie sagen sollte. Miriam trug, wie sie sah, wieder den pflaumenfarbenen Samtmantel, nur hatte sie diesmal eine dazu passende Baskenmütze auf; ihr weißes Haar war zu zwei glänzenden Zöpfen geflochten und an den Enden mit riesigen weißen Schleifen festgebunden.

»Da ich so lange gewartet habe, könnten Sie mich wenigstens hereinlassen«, sagte sie.

»Es ist furchtbar spät…«

Miriam sah sie ausdruckslos an. »Das ist völlig belanglos. Lassen Sie mich rein. Es ist kalt hier draußen, und ich habe ein Seidenkleid an.« Und mit einer sanften Handbewegung drängte sie Mrs. Miller beiseite und betrat die Wohnung.

Sie ließ ihren Mantel und die Baskenmütze auf einen Stuhl fallen. Sie trug tatsächlich ein Seidenkleid. Weiße Seide. Weiße Seide im Februar. Der Rock war wunderschön plissiert, und die Ärmel waren lang; es raschelte leise, während sie durchs Zimmer schlenderte. »Ich mag Ihre Wohnung«, sagte sie. »Ich mag den Teppich, Blau ist meine Lieblingsfarbe.« Sie berührte eine Papierrose in der Vase auf dem Couchtisch. »Künstlich«, bemerkte sie düster. »Wie traurig. Sind künstliche Blumen nicht traurig?« Sie nahm auf dem Sofa Platz, breitete geziert den Rock um sich herum aus.

»Was willst du hier?«, fragte Mrs. Miller.

»Setzen Sie sich«, sagte Miriam. »Es macht mich nervös, wenn Leute stehen.«

Mrs. Miller ließ sich auf einen Puff sinken. »Was willst du hier?«, fragte sie noch einmal.

»Ich glaube, Sie freuen sich gar nicht, dass ich gekommen bin.«

Zum zweiten Mal war Mrs. Miller um eine Antwort verlegen; ihre Hand machte eine vage Bewegung. Miriam kicherte und lehnte sich mit dem Rücken an einen Stapel Chintzkissen. Mrs. Miller bemerkte, dass das Mädchen weniger blass war, als sie es in Erinnerung hatte; die Wangen waren gerötet. »Woher hast du gewusst, wo ich wohne?«

Miriam runzelte die Stirn. »Was für eine Frage! Wie heißen Sie? Wie heiße ich?«

»Aber ich stehe nicht im Telefonbuch.«

»Ach, reden wir über etwas anderes.«

Mrs. Miller sagte: »Deine Mutter muss verrückt sein, ein Kind wie dich mitten in der Nacht draußen herumlaufen zu lassen – noch dazu in dieser unmöglichen Kleidung. Sie muss den Verstand verloren haben.«

Miriam stand auf und ging hinüber in die Ecke, wo ein abgedeckter Vogelkäfig an einer Kette von der Decke hing. Sie spähte unter die Haube. »Ein Kanarienvogel«, sagte sie. »Würde es Ihnen etwas ausmachen, wenn ich ihn wecke? Ich würde ihn gerne singen hören.«

»Lass Tommy in Ruhe«, sagte Mrs. Miller besorgt. »Untersteh dich, ihn aufzuwecken.«

»Na gut«, sagte Miriam. »Aber ich sehe nicht ein, warum ich ihn nicht singen hören kann.« Und dann: »Haben Sie etwas zu essen da? Ich bin am Verhungern! Mir wären sogar Milch und ein Marmeladenbrot recht.«

»Pass auf«, sagte Mrs. Miller und erhob sich vom Puff, »pass auf – wenn ich dir ein paar schöne Marmeladenbrote mache, bist du dann ein braves Kind und läufst nach Hause? Es ist bestimmt schon nach Mitternacht.«

»Aber es schneit«, sagte Miriam vorwurfsvoll. »Und es ist kalt und dunkel.«

»Tja, dann hättest du erst gar nicht herkommen sollen«, sagte Mrs. Miller, ihre Stimme unter Kontrolle haltend. »Am Wetter kann ich nichts ändern. Wenn du etwas zu essen möchtest, musst du mir versprechen, dass du gehst.«

Miriam strich sich mit einem Zopf über die Wange. Ihre Augen waren nachdenklich, als erwäge sie den Vorschlag. Sie drehte sich zum Vogelkäfig um. »Einverstanden«, sagte sie. »Ich verspreche es.«

Wie alt mag sie sein? Zehn? Elf? Mrs. Miller machte in der Küche ein Glas Erdbeerkonfitüre auf und schnitt vier Scheiben Brot ab. Sie goss ein Glas Milch ein und hielt inne, um sich eine Zigarette anzuzünden. *Und was will sie hier?* Ihre Hand zitterte, als sie das Streichholz hielt, fasziniert, bis es ihr den Finger verbrannte. Der Kanarienvogel sang; sang, wie er es nur morgens und zu keiner anderen Zeit tat. »Miriam«, rief sie, »Miriam, ich habe dir doch gesagt, dass du Tommy nicht stören sollst.« Es kam keine Antwort. Sie rief erneut; aber sie hörte nur den Kanarienvogel. Sie machte einen Lungenzug und stellte fest, dass sie die Zigarette am Filtermundstück angezündet hatte und – also wirklich, sie durfte jetzt nicht die Beherrschung verlieren.

Sie trug den Imbiss auf einem Tablett hinein und stellte ihn auf den Couchtisch. Sie sah als Erstes, dass der Vogelkäfig noch immer seine Nachthaube trug. Und Tommy sang trotzdem. Sie hatte plötzlich ein ungutes Gefühl. Und es war niemand im Zimmer. Mrs. Miller ging durch den

Alkoven, der zu ihrem Schlafzimmer führte; an der Tür stockte ihr der Atem.

»Was machst du da?«, fragte sie.

Miriam blickte auf, und in ihren Augen lag ein Ausdruck, der nicht alltäglich war. Sie stand an der Kommode, vor sich einen geöffneten Schmuckkasten. Geraume Zeit musterte sie Mrs. Miller, zwang sie, ihr in die Augen zu sehen, und sie lächelte. »Da ist nichts Anständiges drin«, sagte sie. »Aber die gefällt mir.« In der Hand hielt sie eine Brosche mit einer Kamee. »Die ist entzückend.«

»Wie wäre es – vielleicht legst du sie besser wieder zurück«, sagte Mrs. Miller, die schlagartig das dringende Bedürfnis verspürte, irgendwo Halt zu suchen. Sie lehnte sich an den Türrahmen; ihr Kopf war unerträglich schwer; ein starker Druck belastete den Rhythmus ihres Herzschlags. Das Licht schien zu flackern, wie defekt. »Bitte, Kind – das ist ein Geschenk von meinem Mann…«

»Aber sie ist wunderschön, und ich will sie haben«, sagte Miriam. »*Geben Sie sie mir.*«

Als Mrs. Miller so dastand, sich einen Satz zurechtzulegen versuchte, der die Brosche irgendwie retten würde, kam ihr zu Bewusstsein, dass es niemanden gab, an den sie sich wenden konnte; sie war allein; eine Tatsache, an die sie lange keinen Gedanken mehr verschwendet hatte. Die Eindringlichkeit dieser Erkenntnis war niederschmetternd. Doch hier in ihrem eigenen Zimmer in der stillen verschneiten Stadt gab es Beweise, die sie weder ignorieren noch, wie sie mit verblüffender Klarheit erkannte, widerlegen konnte.

Miriam aß heißhungrig, und als die Brote und die Milch vertilgt waren, bewegten sich ihre Finger wie Spinnenbeine über den Teller und lasen die Krümel auf. Die Kamee schimmerte auf ihrer Bluse, das helle Profil gleich einem täuschenden Spiegelbild der Trägerin. »Das hat sehr gut geschmeckt«, seufzte sie, »aber jetzt wäre ein Mandeltörtchen oder eine Kirsche genau das Richtige. Desserts sind herrlich, finden Sie nicht?«

Mrs. Miller hockte unsicher auf der Kante des Puffs und rauchte eine Zigarette. Ihr Haarnetz war verrutscht, und lose Strähnen fielen ihr ins Gesicht. Ihre Augen waren stumpfsinnig auf nichts gerichtet, und ihre Wangen waren mit roten Flecken übersät, als hätte ein heftiger Schlag bleibende Spuren hinterlassen.

»Bekomme ich eine Praline – ein Törtchen?«

Mrs. Miller klopfte Asche auf den Teppich. Ihr Kopf schwankte leicht, als sie den Blick auf etwas zu konzentrieren versuchte. »Du hast versprochen zu gehen, wenn ich dir Brote mache«, sagte sie.

»O je, habe ich das?«

»Das war ein Versprechen, und ich bin müde, und ich fühle mich nicht wohl.«

»Keine Sorge«, sagte Miriam. »Ich mache nur Spaß.«

Sie hob ihren Mantel auf, hängte ihn über den Arm und rückte ihre Baskenmütze vor einem Spiegel zurecht. Gleich darauf beugte sie sich dicht über Mrs. Miller und flüsterte: »Geben Sie mir einen Gutenachtkuss.«

»Bitte – das möchte ich nicht«, sagte Mrs. Miller.

Miriam hob eine Schulter, zog eine Augenbraue hoch.

»Wie Sie meinen«, sagte sie, ging geradewegs zum Couchtisch, packte die Vase mit den Papierrosen, trug sie zu einer Stelle, wo das harte Parkett freilag, und schleuderte sie zu Boden. Glas spritzte in alle Richtungen, und sie stampfte mit dem Fuß auf den Strauß.

Dann ging sie langsam zur Tür, doch bevor sie sie schloss, warf sie Mrs. Miller einen Blick voll durchtrieben unschuldiger Neugier zu.

Mrs. Miller verbrachte den nächsten Tag im Bett, erhob sich nur einmal, um den Kanarienvogel zu füttern und eine Tasse Tee zu trinken; sie maß ihre Temperatur und hatte keine erhöhte, und doch waren ihre Träume fiebrig unruhig; ihre wechselhafte Stimmung klang selbst dann nach, wenn Mrs. Miller mit aufgerissenen Augen zur Decke starrte. Ein bestimmter Traum zog sich durch die anderen wie ein schwer definierbares geheimnisvolles Thema einer komplizierten Sinfonie, und die Bilder, die darin vorkamen, waren scharf umrissen, als hätte eine Hand von hoher Begabung sie gezeichnet: Ein kleines Mädchen, das ein Brautkleid und einen Kranz aus Blättern trug, führte eine graue Prozession einen Bergpfad hinab, und unter den Menschen herrschte eine ungewöhnliche Stille, bis hinten eine Frau fragte: »Wohin führt sie uns?« – »Niemand weiß es«, sagte ein alter Mann, der vorne ging. »Aber ist sie nicht hübsch?«, bemerkte eine dritte Stimme. »Ist sie nicht wie eine Eisblume... so glitzernd und weiß?«

Am Dienstagmorgen wachte sie auf und fühlte sich besser; harte Streifen von Sonnenlicht, das schräg durch die Jalousien einfiel, warfen ein zerstörerisches Licht auf Mrs. Millers ungesunde Phantasien. Sie öffnete das Fenster und stellte fest, dass es taute und ein frühlingshaft milder Tag war; ein Schwarm sauberer neuer Wolken kräuselte sich vor einem ungeheuer blauen, gar nicht jahreszeitgemäßen Himmel; und jenseits der niedrigen Reihe der Dächer konnte sie den Fluss sehen und den Rauch, der sich im warmen Wind aus den Schornsteinen von Schleppern ringelte. Ein großer, silberner Lastwagen durchpflügte die zugeschneite Straße, dessen Motorgeräusch summend in der Luft hing.

Nachdem sie die Wohnung aufgeräumt hatte, ging sie zum Lebensmittelladen, löste einen Scheck ein und begab sich danach zu Schrafft's, wo sie frühstückte und vergnügt mit der Kellnerin plauderte. Ach, es war ein herrlicher Tag – fast wie ein Feiertag –, und es wäre einfach töricht, nach Hause zu gehen.

In der Lexington Avenue stieg sie in einen Bus und fuhr hinauf zur Eighty-sixth Street; sie hatte beschlossen, dort einen kleinen Einkaufsbummel zu machen.

Sie hatte keine Ahnung, was sie wollte oder benötigte, schlenderte einfach weiter, bedacht nur auf die Passanten, so energisch und zielstrebig, die ihr ein verstörendes Gefühl der Isoliertheit gaben.

Und dann, als sie an der Ecke Third Avenue wartete, sah sie den Mann: einen alten Mann, o-beinig und gebückt unter einem Armvoll unförmiger Päckchen; er trug einen schäbigen braunen Mantel und eine karierte Mütze. Plötzlich wurde ihr klar, dass sie ein Lächeln tauschten: Es lag nichts Freundliches in diesem Lächeln, es war lediglich ein beiderseitiges kaltes Zucken des Wiedererkennens. Dabei war sie sicher, dass sie ihn noch nie gesehen hatte.

Er stand neben einer Stütze der Hochbahn, und als sie die Straße überquerte, machte er kehrt und folgte ihr. Er blieb dicht hinter ihr; aus den Augenwinkeln sah sie sein Spiegelbild über die Schaufenster huschen.

Dann, in der Mitte des Blocks, blieb sie stehen und wandte sich zu ihm um. Er blieb ebenfalls stehen und legte grinsend den Kopf schief. Doch was sollte sie sagen? Tun? Hier, am helllichten Tag, auf der Eighty-sixth Street? Es war sinnlos, und ihre eigene Hilflosigkeit verachtend, beschleunigte sie ihre Schritte.

Die Second Avenue ist eine trostlose, zusammengeflickte Straße; teils Kopfsteinpflaster, teils Asphalt, teils Beton; und ihre Atmosphäre der Verlassenheit ist überall zu spüren. Mrs. Miller ging fünf Blocks, ohne jemandem zu begegnen, und die ganze Zeit blieb das stetige Knirschen seiner Tritte im Schnee hinter ihr. Und als sie zu einem Blumenladen kam, war das Geräusch immer noch da. Sie eilte hinein und beobachtete durch die Glastür, wie der alte Mann vorbeiging; er hielt den Blick unbeirrt nach vorn gerichtet und verlangsamte nicht das Tempo, aber er tat etwas Seltsames, Vielsagendes: Er tippte sich an die Mütze.

»Sechs weiße, sagten Sie?«, fragte der Blumenverkäufer. »Ja«, versicherte sie ihm, »weiße Rosen.« Von dort ging sie in eine Glaswarenhandlung und wählte eine Vase aus, vermutlich als Ersatz für die, die Miriam zerbrochen hatte, obwohl der Preis horrend und die Vase selbst (wie Mrs. Miller fand) lächerlich vulgär war. Aber eine Reihe unerklärlicher Einkäufe hatte begonnen, wie nach einem vorher festgelegten Plan: einem Plan, den sie weder im mindesten kannte noch unter Kontrolle hatte.

Sie kaufte eine Tüte kandierte Kirschen, und in einem Geschäft namens Knickerbocker Bakery bezahlte sie vierzig Cent für sechs Mandeltörtchen.

Während der letzten Stunde war es wieder kalt geworden; wie unscharfe Linsen warfen Winterwolken einen Schatten auf die Sonne, und der Schemen einer frühen Abenddämmerung färbte den Himmel; ein feuchter Nebel mischte sich in den Wind, und die Stimmen einiger Kinder, die auf den schmutzigen Schneehaufen am Straßenrand herumtobten, wirkten verloren und freudlos. Schon bald fiel die erste Flocke, und als Mrs. Miller das braune Sandsteinhaus erreichte, war der fallende Schnee bereits zu einem dichten flüchtigen Vorhang geworden, und Fußspuren verschwanden, sobald sie gemacht wurden.

Die weißen Rosen waren dekorativ in der Vase arrangiert. Die kandierten Kirschen glänzten auf einem Keramikteller. Die Mandeltörtchen, mit Zucker bestäubt, warteten auf eine Hand. Der Kanarienvogel flatterte auf seiner Schaukel und pickte an einem Samenkolben.

Punkt fünf Uhr klingelte es an der Tür. Mrs. Miller wusste, wer es war. Der Saum ihres Hauskleides schleifte hinter ihr her, als sie durchs Zimmer ging. »Bist du das?«, rief sie.

»Natürlich«, sagte Miriam, wobei das Wort schrill aus dem Flur widerhallte. »Machen Sie die Tür auf.«

»Verschwinde«, sagte Mrs. Miller.

»Bitte beeilen Sie sich... ich habe ein schweres Paket dabei.«

»Verschwinde«, sagte Mrs. Miller. Sie ging zurück ins Wohnzimmer, zündete sich eine Zigarette an, nahm Platz und hörte gelassen der Klingel zu, die läutete und läutete. »Du kannst ruhig gehen. Ich habe nicht die Absicht, dich hereinzulassen.«

Kurz darauf hörte das Klingeln auf. Etwa zehn Minuten lang rührte sich Mrs. Miller nicht. Dann, da sie kein Geräusch hörte, kam sie zu dem Schluss, dass Miriam gegangen war. Sie schlich auf Zehenspitzen zur Tür und öffnete sie einen Spalt; Miriam lag halb auf einem Pappkarton ausgestreckt, im Arm eine wunderschöne französische Puppe.

»Na endlich, ich dachte schon, Sie kämen überhaupt nicht mehr«, sagte sie mürrisch. »Los, helfen Sie mir, den reinzuschaffen, er ist furchtbar schwer.«

Es war kein magischer Zwang, den Mrs. Miller verspürte, sondern eher eine merkwürdige Passivität; sie trug den Karton hinein, Miriam die Puppe. Miriam machte es sich auf dem Sofa bequem, ohne zuvor Mantel oder Baskenmütze abzulegen, und verfolgte desinteressiert, wie Mrs. Miller den Karton abstellte und zitternd dastand, bemüht, wieder zu Atem zu kommen.

»Danke«, sagte sie. Bei Tageslicht sah sie verkniffen und abgespannt aus, ihr Haar weniger glänzend. Die französische Puppe, die sie liebkoste, trug eine exquisite gepuderte Perücke, und ihre stupiden Glasaugen suchten Trost in denen von Miriam. »Ich habe eine Überraschung«, fuhr sie fort. »Schauen Sie mal in meinen Karton.«

Kniend schlug Mrs. Miller die Klappen auseinander und holte eine weitere Puppe heraus; dann ein blaues Kleid, das sie als das wiedererkannte, das Miriam an jenem ersten Abend im Kino getragen hatte; und über den Rest sagte sie: »Da sind nur Kleidungsstücke. Warum?«

»Weil ich bei Ihnen wohnen werde«, sagte Miriam, am Stiel einer Kirsche drehend. »Wie nett von Ihnen, mir Kirschen zu kaufen…«

»Das kannst du nicht! Um Himmels willen, verschwinde – verschwinde, und lass mich in Ruhe!«

»… und Rosen und Mandeltörtchen! Wie ungemein großzügig! Wissen Sie, diese Kirschen sind köstlich. Zuletzt habe ich nämlich bei einem alten Mann gewohnt; er war schrecklich arm, und es gab nie etwas Leckeres zu essen. Aber ich glaube, hier wird es mir gefallen.« Sie hielt inne, um ihre Puppe enger an sich zu drücken. »Wenn Sie mir jetzt zeigen würden, wo ich meine Sachen hintun kann…«

Mrs. Millers Gesicht verwandelte sich in eine Maske aus hässlichen roten Linien; sie begann zu weinen, und es war ein unnatürliches, tränenloses Weinen, als ob sie, weil sie seit langem keine Übung mehr darin hatte, vergessen hätte, wie man weint. Vorsichtig wich sie langsam zurück, bis sie an die Tür stieß.

Sie tastete sich durch den Flur und die Treppe hinab in das Stockwerk darunter. Sie hämmerte verzweifelt an die Tür der ersten Wohnung, zu der sie kam; ein gedrungener, rothaariger Mann öffnete, und sie drängte an ihm vorbei. »He, was zum Teufel soll das?«, sagte er. »Stimmt was nicht, Süßer?«, fragte eine junge Frau, die, sich die Hände abtrocknend, aus der Küche erschien. Mrs. Miller wandte sich an sie.

»Hören Sie«, rief sie, »es ist mir sehr peinlich, dass ich hier so hereinplatze, aber – also ich bin Mrs. H. T. Miller, und ich wohne eine Treppe höher...« Sie presste die Hände vor das Gesicht. »Es klingt so absurd, aber...«

Die Frau führte sie zu einem Stuhl, während der Mann nervös mit dem Kleingeld in seiner Hosentasche klimperte. »Was?«

»Ich wohne eine Treppe höher, und ein kleines Mädchen ist bei mir zu Besuch, und ich glaube, ich habe Angst vor ihr. Sie will einfach nicht gehen, und ich kann sie nicht dazu bringen und – sie wird etwas Schreckliches tun. Sie hat schon meine Kamee gestohlen, aber sie ist im Begriff, noch etwas viel Schlimmeres zu tun – etwas ganz Schreckliches!«

Der Mann fragte: »Eine Verwandte oder was?«

Mrs. Miller schüttelte den Kopf. »Ich weiß nicht, wer sie ist. Sie heißt Miriam, aber ich weiß nicht genau, wer sie ist.«

»Beruhigen Sie sich erst mal, Schätzchen«, sagte die Frau und streichelte Mrs. Millers Arm. »Der Harry kümmert sich um die Kleine. Geh schon, Süßer.« Und Mrs. Miller sagte: »Die Tür ist offen – 5 A.«

Als der Mann gegangen war, holte die Frau ein Tuch und befeuchtete Mrs. Millers Gesicht. »Sie sind sehr freundlich«, sagte Mrs. Miller. »Es tut mir leid, dass ich mich wie eine Närrin aufführe, aber dieses boshafte Kind...«

»Klar, Schätzchen«, tröstete die Frau. »Nun regen Sie sich mal nicht auf.«

Mrs. Miller legte den Kopf in die Armbeuge; sie war so still, als schliefe sie. Die Frau machte das Radio an; ein Klavier und eine heisere Stimme erfüllten die Stille, und die Frau schlug mit dem Fuß exakt den Takt dazu. »Vielleicht sollten wir auch raufgehen«, sagte sie.

»Ich will sie nicht mehr sehen. Ich will nicht mehr in ihre Nähe kommen.«

»Sicher, aber eigentlich hätten Sie hergehen und die Polizei rufen sollen.«

Kurz darauf hörten sie den Mann auf der Treppe. Er kam forschen Schrittes ins Zimmer, hatte die Stirn gerunzelt und kratzte sich im Nacken. »Niemand da«, sagte er, ehrlich verlegen. »Die muss abgehauen sein.«

»Harry, du bist ein Dummkopf«, verkündete die Frau. «Wir sind die ganze Zeit hier gesessen und hätten's gesehen, wenn...« Sie brach abrupt ab, denn der Mann sah sie scharf an.

»Ich hab überall nachgeschaut«, sagte er, »aber da ist niemand. Niemand, kapiert?«

»Hören Sie«, sagte Mrs. Miller und erhob sich, »hören Sie, haben Sie einen großen Karton gesehen? Oder eine Puppe?«

»Nein, Ma'am, hab ich nicht.«

Und die Frau, als gäbe sie ein Urteil ab, sagte: »Das ist doch wohl die Höhe...«

Mrs. Miller betrat leise ihre Wohnung; sie ging mitten ins Wohnzimmer und blieb regungslos stehen. Nein, in gewisser Hinsicht hatte es sich nicht verändert: Die Rosen, die Törtchen und die Kirschen waren an ihrem Platz. Doch es war ein leeres Zimmer, leerer, als wenn die Möbel und die vertrauten Dinge nicht vorhanden gewesen wären, leblos und totenstill wie ein Bestattungsinstitut. Das Sofa vor ihr war bedrohlich fremd und ungewohnt: Die freie Sitzfläche hatte eine Bedeutung, die weniger eindringlich und schrecklich gewesen wäre, hätte Miriam es sich darauf bequem gemacht. Sie starrte wie gebannt auf die Stelle, an der sie, wie sie sich erinnerte, den Karton abgestellt hatte, und einen Moment lang drehte sich der Puff vor ihren Augen. Und sie blickte durchs Fenster; natürlich war der Fluss real, natürlich schneite es – aber schließlich konnte man sich einer Sache niemals absolut sicher sein: Miriam, so eindeutig anwesend – und dennoch, wo war sie? Wo nur, wo?

Wie in einem Traum sank sie auf einen Stuhl. Das Zimmer verlor seine feste Form; es war dunkel und wurde immer dunkler, und es ließ sich nichts dagegen tun; sie konnte nicht einmal die Hand heben, um eine Lampe anzuknipsen.

Plötzlich, als sie die Augen schloss, fühlte sie sich emporgehoben wie ein Taucher, der aus einer tieferen, grüneren Tiefe nach oben kommt. In Zeiten tödlichen Schreckens oder ungeheurer Verzweiflung gibt es Momente, in denen der Verstand wartet, wie auf eine Offenbarung, während ein Netz der Ruhe die Gedanken umspinnt; es ist wie ein Schlaf oder eine übernatürliche Trance; und während dieser Atempause ist man sich einer Kraft zu logischem Denken bewusst: Und wenn sie nun nie ein Mädchen namens Miriam gekannt hätte? Sich törichterweise auf der Straße gefürchtet hätte? Letztendlich, wie alles andere auch, war es ohne Belang. Denn das Einzige, was sie an Miriam verloren hatte, war ihre Identität, aber nun wusste sie, dass sie die Person wiedergefunden hatte, die in diesem Zimmer wohnte, die ihre Mahlzeiten selbst zubereitete, die einen Kanarienvogel besaß, die jemand war, dem sie vertrauen und glauben konnte: Mrs. H. T. Miller.

Zufrieden lauschend, wurde sie sich zweier Geräusche bewusst: einer Kommodenschublade, die geöffnet und geschlossen wurde; sie schien es noch zu hören, als es bereits aufgehört hatte – das Öffnen und Schließen. Dann, ganz allmählich, trat an die Stelle des Knarrens das Rascheln eines Seidenkleides, und dieses, zart und schwach, kam näher und schwoll an, bis die Schwingung die Wände erbeben ließ und das Zimmer unter einer Woge des Wisperns einstürzte. Mrs. Miller erstarrte, schlug die Augen auf und begegnete dem dumpfen, direkten Blick.

»Hallo«, sagte Miriam.

WIE ICH DIE SACHE SEHE

Ich weiß, was man über mich sagt, und Sie können für mich Partei ergreifen oder für die, das liegt ganz bei Ihnen. Mein Wort steht gegen das von Eunice und Olivia-Ann, und es müsste eigentlich jedem klar sein, der Augen im Kopf hat, wer von uns seine fünf Sinne beisammenhat. Ich möchte nur, dass die Bürger der Vereinigten Staaten die Tatsachen kennen, mehr nicht.

Die Tatsachen: Am Sonntag, dem 12. August diesen Jahres des Herrn, hat Eunice versucht, mich mit dem Bürgerkriegssäbel ihres Papas zu töten, und Olivia-Ann hat mit einem 35 Zentimeter langen Schlachtermesser um sich gestochen. Ganz zu schweigen von noch ganz anderen Dingen.

Es begann vor sechs Monaten, als ich Marge heiratete. Das war das Erste, was ich falsch gemacht habe. Wir wurden nach nur viertägiger Bekanntschaft in Mobile getraut. Wir waren beide sechzehn, und sie war bei meiner Kusine Georgia zu Besuch. Jetzt, wo ich viel Zeit gehabt habe, darüber nachzudenken, kann ich mir beim besten Willen nicht mehr zusammenreimen, wie ich auf jemand wie die reinfallen konnte. Sie hat keine Reize, keine Figur und keinen Verstand, nichts davon. Aber Marge ist eine echte Blondine, und vielleicht ist das ja die Antwort. Nun, wir waren so an die drei Monate verheiratet, da wird Marge auf einmal schwanger; das Zweite, was ich falsch gemacht habe. Prompt fängt sie an rumzuheulen, dass sie heim muss zu ihrer Mama – dabei hat sie gar keine Mama mehr, bloß diese zwei Tanten. Eunice und Olivia-Ann. Also bringt sie mich dazu, meine absolut tolle Position als Verkäufer im Cash 'n' Carry aufzugeben und hierher nach Admiral's Mill zu ziehen, was nichts weiter ist als ein elendes Loch in der Landschaft, von welcher Seite Sie es auch betrachten mögen.

An dem Tag, als Marge und ich am Bahnhof der Louisville-&-Nashville-Eisenbahn ausstiegen, schüttete es wie aus Kübeln, und glauben Sie, es hätte uns jemand abgeholt? Dabei hatte ich extra 41 Cent für ein Telegramm berappt! Da ist meine Frau schwanger, und wir müssen sieben Meilen durch den strömenden Regen stiefeln. Das war schlimm für Marge, wo ich doch kaum was von unserem Kram tragen konnte, weil ich schreckliche Probleme mit dem Rücken habe. Als ich das Haus hier zum ersten Mal erblickte, muss ich sagen, ich war beeindruckt. Es ist groß und gelb und hat vorne echte Säulen außen und Kamelienbäume, rote und weiße, um den Vorgarten herum.

Eunice und Olivia-Ann hatten uns kommen sehen und warteten in der Diele. Bei Gott, ich wünschte, Sie könnten die beiden mal sehen. Ehrlich, es würde Sie umhauen! Eunice ist eine dicke, fette alte Schachtel mit einem Hintern, der bestimmt zwei Zentner wiegt. Sie läuft den ganzen Tag, bei jedem Wetter, in so einem altmodischen Nachthemd rum, nennt es einen Kimono, aber es ist schlicht und einfach nichts weiter als ein schmutziges Flanellnachthemd. Außerdem kaut sie Tabak und versucht furchtbar damenhaft zu tun, wenn sie heimlich ausspuckt. Dauernd quatscht sie davon, was für eine feine Erziehung sie gehabt hat, womit sie aber bloß erreichen will, dass ich Minderwertigkeitskomplexe bekomme, was mich, persönlich, aber nicht die Bohne stört, weil ich ganz genau weiß, dass sie nicht mal die Comics lesen kann, ohne dass sie jedes einzelne Wort für sich buchstabiert. Eins muss man ihr allerdings lassen – Geld kann sie so schnell zusammenzählen und abziehen, dass kein Zweifel daran besteht, was sie droben in Washington, D.C., sein könnte, wenn sie da arbeiten würde, wo es gemacht wird. Nicht dass sie nicht jede Menge Geld hätte! Natürlich sagt sie, sie hat keins, aber ich weiß Bescheid, weil ich eines Tages, rein zufällig, wie von ungefähr knapp eintausend Dollar fand, die in einem Blumentopf auf der seitlichen Veranda versteckt waren. Ich habe nicht einen Cent davon angerührt, aber Eunice sagt, ich hätte einen Hundert-Dollar-Schein gestohlen, was von A bis Z erstunken und erlogen ist. Selbstverständlich ist alles, was Eunice sagt, ein Befehl vom Oberkommando, denn in ganz Admiral's Mill kann sich kein Mensch hinstellen und sagen, dass er ihr kein Geld schuldet, und wenn sie sagen würde, Charlie Carson (ein blinder, neunzigjähriger Invalide, der seit 1896 keinen Schritt mehr gemacht hat) hätte sie auf den Boden geworfen und sie vergewaltigt, würde jeder hier in der Gegend tausend Eide darauf schwören.

Aber Olivia-Ann ist schlimmer, und das ist die pure Wahrheit! Nur geht sie einem nicht so auf die Nerven wie Eunice, weil sie von Geburt an schwachsinnig ist und eigentlich irgendwo auf dem Dachboden eingesperrt gehört. Sie ist furchtbar blass und mager und hat einen Oberlippenbart. Sie hockt die meiste Zeit bloß da und schnippelt mit ihrem 33 Zentimeter langen Schlachtermesser an einem Stock rum, wenn sie nicht gerade eine Gemeinheit vorhat, so wie das, was sie mit Mrs. Harry Steller Smith gemacht hat. Ich habe geschworen, es keiner Menschenseele zu verraten, aber wenn ein heimtückischer Anschlag auf das Leben einer Person verübt wurde, sage ich, zum Teufel mit allen Versprechen.

Mrs. Harry Steller Smith war der Kanarienvogel von Eunice, benannt nach einer Frau aus Pensacola, die selbstgemachte Allheilmittelchen herstellt, die Eunice wegen ihrer Gicht nimmt. Eines Tages hörte ich diesen fürchterlichen Radau im Wohnzimmer, und als ich der Sache nachging, sehe ich doch tatsächlich, wie Olivia-Ann die Mrs. Harry Steller Smith mit einem Besen zum Fenster hinausscheucht – und die Tür des Vogelkäfigs sperrangelweit offen. Wenn ich nicht genau in dem Moment hereingekommen wäre, hätte man sie vermutlich nie ertappt. Sie bekam Angst, dass ich es Eunice erzählen würde, und platzte mit der ganzen Sache heraus, sagte, es sei ungerecht, ein Geschöpf Gottes so einzusperren, und außerdem könne sie Mrs. Harry Steller Smiths Gesang nicht ausstehen. Nun, mir tat sie irgendwie leid, und sie gab mir zwei Dollar, also half ich ihr, sich eine Geschichte für Eunice zurechtzulegen. Selbstverständlich hätte ich dafür kein Geld genommen, aber ich dachte, es beruhigt ihr Gewissen.

Das Allererste, was Eunice sagte, als ich das Haus hier betrat, war: »Und mit so was bist du hinter unserem Rücken durchgegangen und verheiratet, Marge?«

Marge sagt: »Sieht der Typ nicht wahnsinnig gut aus, Tante Eunice?«

Eunice mustert mich von o-b-e-n bis u-n-t-e-n und meint: »Sag ihm, er soll sich umdrehen.«

Während ich ihnen den Rücken zuwende, sagt Eunice: »Da hast du dir eindeutig den Kümmerling vom Wurf ausgesucht. Das ist ja überhaupt gar kein Mann.«

Ich war noch nie im Leben so baff! Klar, ich bin leicht untersetzt, aber ich habe ja auch noch nicht meine volle Größe erreicht.

»Ist er doch«, sagt Marge.

Olivia-Ann, die mit weit aufgerissenem Mund dagestanden hat, dass die Fliegen hätten rein und raus schwirren können, sagt: »Du hast gehört, was Schwesterchen gesagt hat. Der ist ja überhaupt gar kein Mann. Die Vorstellung, dass dieser kümmerliche Wicht rumläuft und sich als Mann ausgibt! Der gehört ja nicht einmal zum männlichen Geschlecht!«

Marge sagt: »Du scheinst zu vergessen, Tante Olivia-Ann, dass das mein Ehemann ist, der Vater meines ungeborenen Kindes.«

Eunice gab so einen gehässigen Ton von sich, wie nur sie es kann, und sagte: »Nun, dazu kann ich nur sagen, ich an deiner Stelle würde bestimmt nicht damit angeben.«

Ist das nicht ein netter Empfang? Und das, wo ich meine absolut tolle Position als Verkäufer im Cash 'n' Carry aufgegeben habe.

Aber es ist kein Tropfen auf den heißen Stein verglichen mit dem, was später am Abend kam. Nachdem Bluebell das Geschirr abgeräumt hatte, fragte Marge ganz lieb und höflich, ob wir uns das Auto leihen dürften, um nach Phoenix City ins Kino zu fahren.

»Du hast wohl völlig den Verstand verloren!«, sagt Eunice, und ehrlich, man hätte meinen können, wir hätten verlangt, dass sie sich den Kimono vom Leib reißt.

»Du hast wohl völlig den Verstand verloren!«, sagt Olivia-Ann.

»Es ist sechs Uhr«, sagt Eunice, »und wenn du glaubst, dass ich den Wicht da meinen faktisch nagelneuen 1934er Chevrolet auch nur bis zum Lokus fahren lasse, dann hast du völlig den Verstand verloren.«

Klar, dass dieses Gerede Marge zum Weinen bringt.

»Mach dir nichts draus, Schätzchen«, sagte ich, »ich hab zu meiner Zeit schon jede Menge Cadillacs gefahren.«

»Pah!«, sagt Eunice.

»Und ob«, sage ich.

Eunice sagt: »Wenn der jemals auch nur einen Schubkarren gefahren hat, fress ich ein Dutzend in Terpentin gebratene Wühlmäuse.«

»Ich lass nicht zu, dass du so über meinen Mann sprichst«, sagt Marge. »Ihr benehmt euch einfach unmöglich! Man könnte fast meinen, ich hätte einen absolut dubiosen Typ an einem absolut dubiosen Ort aufgelesen.«

»Wem die Jacke passt, der kann sie anziehen!«, sagt Eunice.

»Uns kannst du kein X für eine Kuh vormachen«, sagt

Olivia-Ann mit ihrer wiehernden Stimme, die dem Brunstschrei eines Esels zum Verwechseln ähnelt.

»Wir sind nämlich nicht von gegenüber, merk dir das«, sagt Eunice.

Marge sagt: »Ich gebe euch hiermit zu verstehen, dass ich rechtmäßig, bis dass der Tod uns scheidet, mit diesem Mann verheiratet bin, und zwar von einem ausgewiesenen Friedensrichter vor genau dreieinhalb Monaten. Da könnt ihr jeden fragen. Im Übrigen, Tante Eunice, ist er ungebunden, weiß und sechzehn. Im Übrigen hört George Far Sylvester es nicht gern, wenn man in diesem Ton über seinen Vater spricht.«

George Far Sylvester ist der Name, den wir für das Baby vorgesehen haben. Klingt irgendwie gut, finden Sie nicht?

Aber nach Lage der Dinge habe ich in dieser Sache im Moment definitiv keine Meinung.

»Wie kann ein Mädchen ein Kind von einem Mädchen kriegen?«, sagt Olivia-Ann, was ein gezielter Angriff auf meine Männlichkeit war. »Ich muss sagen, man lernt doch jeden Tag was dazu.«

»Schluss jetzt«, sagt Eunice. »Wir wollen nichts mehr von einem Kinobesuch in Phoenix City hören.«

Marge schluchzt: »Oh-h-h, aber Judy Garland spielt mit.«

»Mach dir nichts draus, Schätzchen«, sagte ich, »höchstwahrscheinlich hab ich den Film schon vor Jahren in Mobile gesehen.«

»Das ist eine vorsätzliche Lüge«, schreit Olivia-Ann. »Oh,

du bist ein Halunke, jawohl, das bist du. Judy ist noch gar keine zehn Jahre beim Film.« Olivia-Ann war noch nie im Leben im Kino, in ihren ganzen 52 Jahren nicht (sie verrät keinem, wie alt sie ist, aber ich habe beiläufig eine Karte an die zuständige Behörde in Montgomery geschrieben, und man hat mir da sehr nett geantwortet), aber sie hat acht Filmzeitschriften abonniert. Laut Postmeisterin Delancey ist das die einzige Post, die sie bekommt, abgesehen vom Sears-&-Roebuck-Katalog. Sie ist definitiv krankhaft in Gary Cooper verknallt und hat eine Truhe und zwei Koffer voll mit Fotos von ihm.

Also stehen wir vom Tisch auf, und Eunice watschelt rüber zum Fenster und schaut hinaus zum Zedrachbaum und sagt: »Die Vögel lassen sich schon für die Nacht nieder – Zeit für uns, ins Bett zu gehen. Du hast dein altes Zimmer, Marge, und für den Herrn da hab ich hinten auf der Veranda ein Feldbett aufgestellt.«

Es dauerte eine volle Minute, bevor das bei mir ankam.

Ich sagte: »Und was, wenn ich fragen darf, spricht dagegen, dass ich bei meiner rechtmäßigen Gattin schlafe?«

Daraufhin begannen mich beide anzubrüllen.

Also bekam Marge auf der Stelle einen Tobsuchtsanfall. »Hört auf, hört auf, hört auf! Ich halt das nicht mehr aus. Geh schon, Herzblatt – geh und schlaf da, wo sie sagen. Morgen sehen wir weiter...«

Eunice sagt: »Ich schwör's, das Kind hat doch noch einen Funken Verstand im Kopf.«

»Armer Liebling«, sagt Olivia-Ann, legt den Arm um Marges Taille und schiebt mit ihr ab, »armer Liebling, so jung, so unschuldig. Wir zwei werden uns jetzt einfach an Olivia-Anns Schulter ausweinen.«

Den ganzen Mai, Juni, Juli und den größten Teil des Augusts kampierte und schwitzte ich auf der verdammten hinteren Veranda, ohne auch nur die Spur von einem Fliegennetz. Und Marge – die hat mit keinem Wort dagegen protestiert, nicht *ein* Mal! Dieser Teil von Alabama ist sumpfig, da hat's Moskitos, die ohne weiteres einen Büffel umbringen können, ganz zu schweigen von gefährlichen fliegenden Kakerlaken und einem Aufgebot an einheimischen Ratten, die groß genug sind, um einen Güterzug von hier bis Timbuktu zu ziehen. Also wenn da nicht der kleine ungeborene George gewesen wäre, ich hätte mich auf die Socken gemacht und das Weite gesucht, und zwar schon lange. Ich will damit sagen, dass ich seit dem ersten Abend keine fünf Sekunden mit Marge allein war. Eine der beiden ist immer als Anstandswauwau dabei, und letzte Woche hätte sie schier der Schlag getroffen, als Marge sich in ihrem Zimmer eingeschlossen hatte und sie mich nirgends finden konnten. In Wahrheit hatte ich den Niggern beim Baumwollpflücken zugeschaut, aber aus purer Bosheit tat ich Eunice gegenüber so, als ob Marge und ich Dummheiten gemacht hätten. Daraufhin holten sie Bluebell zur Verstärkung.

Und während der ganzen Zeit hatte ich noch nicht mal Zigarettengeld.

Eunice liegt mir tagein, tagaus in den Ohren, mir eine Stelle zu suchen. »Warum geht der kleine Heide nicht los und sucht sich ehrliche Arbeit?«, sagte sie. Wie Sie vermutlich bemerkt haben, spricht sie mich nie direkt an, obwohl ich meistens der Einzige bin, der sich in Gegenwart Ihrer Majestät befindet. »Wenn der auch nur annähernd das wäre, was man irgendwie als Mann bezeichnen könnte, dann würde er sich anstrengen, damit das arme Mädchen ein Stück Brot zwischen die Zähne bekommt, statt sich mit meinem Essen vollzustopfen.« Ich glaube, Sie sollten wissen, dass ich seit drei Monaten und dreizehn Tagen fast ausschließlich von kalten Süßkartoffeln und Maisbreiresten lebe und dass ich schon zweimal Dr. A.N. Carter konsultiert habe. Er ist sich nicht hundertprozentig sicher, ob ich Skorbut habe oder nicht.

Und was das Nicht-Arbeiten betrifft, wüsste ich doch mal gern, wo ein Mann mit meinen Fähigkeiten, ein Mann, der eine absolut tolle Position im Cash 'n' Carry hatte, in einem Kaff wie Admiral's Mill etwas Passendes finden soll. Es gibt hier nur einen einzigen Laden, und Mr. Tubberville, der Eigentümer, ist doch wirklich so faul, dass er es als Zumutung empfindet, wenn er etwas verkaufen muss. Dann haben wir da noch die baptistische Morning-Star-Kirche, aber die haben schon einen Prediger, einen widerlichen alten Sack namens Shell, den Eunice eines Tages angeschleppt hat, damit er sich der Rettung meiner Seele annimmt. Ich hörte ihn mit eigenen Ohren zu ihr sagen, bei mir sei alles zu spät.

Aber das, was Eunice mit Marge gemacht hat, das ist wirklich der Gipfel. Sie hat meine Kleine auf derart niederträchtige Weise gegen mich aufgehetzt, dass einem die Worte fehlen. Das ging sogar so weit, dass sie mir freche

Widerworte gab, aber da häb ich ihr ein paar geknallt und der Sache ein für alle Mal ein Ende gemacht. Keine Gattin von mir wird sich mir gegenüber jemals respektlos benehmen, darauf können Sie Gift nehmen!

Die feindlichen Linien sind dicht geschlossen: Bluebell, Olivia-Ann, Eunice, Marge und der ganze Rest von Admiral's Mill (Einwohnerzahl: 342). Verbündete: keine. Das war die Lage am Sonntag, dem 12. August, als der Anschlag auf mein Leben verübt wurde.

Gestern war es windstill und heiß genug, um Steine zu schmelzen. Der Schlamassel begann Punkt zwei Uhr. Ich weiß das, weil Eunice eins von diesen blöden Kuckucksdingern hat, das mir jedes Mal einen fürchterlichen Schreck einjagt. Ich kümmerte mich im Wohnzimmer um meine eigenen persönlichen Angelegenheiten und komponierte einen Schlager auf dem Klavier, das Eunice mal für Olivia-Ann gekauft hat. Sie engagierte ihr auch einen Lehrer, der einmal in der Woche den ganzen Weg von Columbus, Georgia, rüberkam. Postmeisterin Delancey, die meine Freundin war, bis ihr einfiel, dass das vielleicht nicht gerade klug ist, sagt, dass der feine Lehrer eines Nachmittags hier aus dem Haus geschossen kam, als wäre ihm Adolf Hitler persönlich auf den Fersen, in sein Ford-Coupé sprang und auf Nimmerwiedersehen verschwand. Wie gesagt, ich versuche also im Wohnzimmer einen kühlen Kopf zu behalten und keine Menschenseele zu stören, als Olivia-Ann mit überall Lockenwicklern in den Haaren hereintrabt und kreischt: »Hör sofort mit diesem Höllenlärm auf! Kannst du einen nicht eine Minute in Frieden ruhen lassen? Und geh auf der Stelle von meinem Klavier runter. Das ist nicht dein Klavier, sondern meins, und wenn du nicht auf der Stelle von meinem Klavier runtergehst, bring ich dich so schnell vor Gericht, dass dir Hören und Riechen vergeht.«

Sie ist in jeder Hinsicht eine absolute Null, aber eifersüchtig, weil ich der geborene Musiker bin und die Schlager, die ich mir ganz allein ausdenke, einfach fabelhaft sind.

»Und schau her, was du mit meinen echten Elfenbeintasten gemacht hast, Mr. Sylvester«, sagt sie und kommt ans Klavier getrottet, »fast jede einzelne aus schierer Bosheit an den Wurzeln ausgerissen, das hast du gemacht.«

Sie weiß ganz genau, dass das Klavier schon schrottreif war, als ich dieses Haus zum ersten Mal betrat.

Ich sagte: »Da Sie ja so eine Besserwisserin sind, Miss Olivia-Ann, dürfte es Sie vielleicht interessieren zu erfahren, dass ich meinerseits im Besitz einiger interessanter Details bin. Gewisser Dinge, die andere Leute vielleicht nur allzu gern erfahren würden. Wie was mit Mrs. Harry Steller Smith passiert ist, beispielsweise.«

Erinnern Sie sich an Mrs. Harry Steller Smith?

Sie hielt inne und blickte auf den leeren Vogelkäfig. »Du hast es beschworen«, sagt sie und wird beängstigend purpurrot.

»Vielleicht, vielleicht aber auch nicht«, sage ich. »Sie haben etwas Böses getan, als Sie Eunice derart getäuscht haben, aber wenn gewisse Leute andere Leute in Ruhe lassen, kann ich vielleicht darüber hinwegsehen.«

Tja, Herrschaften, sie verließ das Zimmer so *still* und *stumm*, dass es eine Freude war. Also streckte ich mich auf dem Sofa aus, was das scheußlichste Möbelstück ist, das ich je gesehen habe, und zu einer Polstergarnitur gehört, die Eunice 1912 in Atlanta gekauft hat und für die sie zweitausend Dollar bezahlte, bar – wie sie behauptet. Die Garnitur ist aus schwarzem und olivfarbenem Plüsch und riecht wie nasse Hühnerfedern an einem Regentag. In der einen Ecke des Wohnzimmers befindet sich ein großer Tisch, auf dem stehen zwei Fotos von der Mama und dem Papa von Miss E und Miss O-A. Papa sieht recht stattlich aus, aber, unter uns gesagt, ich bin überzeugt, dass er von irgendwoher schwarzes Blut in sich hat. Er war Rittmeister im Bürgerkrieg, und das ist etwas, was ich nie vergessen werde, und zwar wegen dem Säbel, der über dem Kamin hängt und eine wichtige Rolle in den kommenden Kampfhandlungen spielt. Mama hat den gleichen jämmerlichen, schwachsinnigen Gesichtsausdruck wie Olivia-Ann, obwohl ich sagen muss, Mama steht er besser.

Ich war also gerade eingenickt, als ich Eunice brüllen hörte: »Wo ist der Kerl? Wo ist er?« Und bevor ich weiß, wie mir geschieht, steht sie unter der Tür, die Hände in die Nilpferdhüften gestemmt, und dicht dahinter die ganze Blase: Bluebell, Olivia-Ann und Marge.

Sekundenlang trommelte Eunice mit ihrem klobigen nackten Fuß so rasant und rabiat auf den Boden, wie sie nur konnte, und fächelte sich dabei das feiste Gesicht mit einem Pappdeckel, darauf ein Foto der Niagarafälle.

»Wo ist es?«, sagt sie. »Wo sind meine hundert Dollar, mit denen er sich davongemacht hat, während ich ihm vertrauensvoll den Rücken kehrte?«

»*Das* schlägt dem Fass endgültig den Boden aus«, sage ich, aber mir war zu heiß und zu sehr nach Schlaf, um aufzustehen.

»Das ist nicht das Einzige, was ausgeschlagen wird«, sagt sie, während ihr die Knopfaugen fast aus dem Kopf springen. »Das war mein Beerdigungsgeld, und das will ich wiederhaben. Der Kerl bestiehlt sogar die Toten!«

»Vielleicht war er's ja gar nicht«, sagt Marge.

»Halt du deinen Mund da raus, Fräuleinchen«, sagt Olivia-Ann.

»Der hat mein Geld gestohlen, das ist so sicher wie das Amen in der Küche«, sagt Eunice. »Schaut euch nur seine Augen an – schwarz vor schlechtem Gewissen.«

Ich gähnte und sagte: »Wie heißt es doch vor Gericht? Wenn die Partei der einen Seite falsche Anschuldigungen gegen die Partei der anderen Seite erhebt, dann kann die Partei der einen Seite selbst dann ins Gefängnis gesperrt werden, wenn eigentlich die Irrenanstalt der Ort ist, wo sie zum Schutz aller Betroffenen von Rechts wegen hingehört.«

»Der Herrgott wird ihn strafen«, sagt Eunice.

»Ach, Schwesterchen«, sagt Olivia-Ann, »lass uns nicht auf den Herrgott warten.«

Woraufhin Eunice mit so einem merkwürdigen Blick auf mich vorrückt, wobei ihr schmutziges Flanellnachthemd über den Boden schleift. Und Olivia-Ann heftet sich an ihre Fersen, und Bluebell stößt einen Grunzlaut aus, der bestimmt bis nach Eufala und wieder zurück zu hören war, während Marge dasteht, die Hände ringt und wimmert.

»Oh-h-h«, schluchzt Marge, »bitte gib ihr das Geld zurück, Herzblatt.«

Ich sagte: »Et tu Brute?«, was von William Shakespeare ist.

»Schaut euch Typen wie den an«, sagt Eunice, »liegt den ganzen Tag auf der faulen Haut und leckt nicht einmal eine Briefmarke ab.«

»Erbärmlich«, gackert Olivia-Ann.

»Man könnte meinen, *der* kriegt ein Baby statt das arme Kind da.« Sprach Eunice.

Bluebell muss auch ihren Senf dazu abgeben. »Genau so isses!«

»Tja, wenn da mal nicht eine Amsel die andere Schwarzdrossel schimpft«, sage ich.

»Da lungert dieser Wicht seit drei Monaten hier rum und hat die Unverfrorenheit, meinen Stammbaum mit Schmutz zu bewerfen?«, sagt Eunice.

Ich schnipste lediglich etwas Asche von meinem Ärmel und sagte völlig ungerührt: »Doktor A.N. Carter hat mir mitgeteilt, dass ich ein gefährliches Skorbutleiden habe und keinerlei Aufregung vertrage – sonst kann es passieren, dass ich Schaum vor den Mund kriege und um mich beiße.«

Darauf sagt Bluebell: »Warum geht der nicht zurück zu dem Gesindel in Mobile, Miss Eunice? Ich hab's satt, ständig dem sein Dreck wegzumachen.«

Diese pechschwarze Niggerin brachte mich natürlich so in Rage, dass ich nicht mehr klar sehen konnte.

Also erhob ich mich in aller Seelenruhe und nahm einen

Schirm vom Hutständer und schlug ihr damit auf die Birne, bis er glatt in zwei Teile brach.

»Mein echter japanischer Seidensonnenschirm!«, kreischt Olivia-Ann.

Marge schreit: »Du hast Bluebell umgebracht, du hast die arme alte Bluebell umgebracht!«

Eunice schiebt Olivia-Ann weg und sagt: »Jetzt hat er völlig den Verstand verloren, Schwesterchen! Lauf! Lauf und hol Mr. Tubberville!«

»Ich kann Mr. Tubberville nicht leiden«, sagt Olivia-Ann standhaft. »ich hol lieber mein Schlachtermesser.« Und stürmt auf die Tür zu, aber da mir nicht nach Sterben ist, streckte ich sie mittels Körpereinsatz zu Boden. Wobei ich mir furchtbar den Rücken verrenkte.

»Der bringt sie um!«, brüllt Eunice so laut, dass die Wände wackeln. »Der bringt uns alle um! Ich habe dich gewarnt, Marge. Schnell, Kind, hol Papas Säbel!«

Also holt Marge Papas Säbel und gibt ihn Eunice. Handelt so eine treu ergebene Gattin? Und als ob das nicht schon schlimm genug gewesen wäre, gibt mir Olivia-Ann einen mordsmäßigen Schlag aufs Knie, und ich musste loslassen. Und im nächsten Moment hören wir sie schon draußen im Hof Kirchenlieder schmettern.

> *Mine eyes have seen the glory of*
> *the coming of the Lord;*
> *He is trampling out the vintage where*
> *the grapes of wrath are stored...*

Unterdessen springt Eunice im ganzen Zimmer herum und schlägt wie wild mit Papas Säbel um sich, während es mir irgendwie gelungen ist, auf das Klavier zu klettern. Dann steigt Eunice auf den Klavierstuhl, und wie dieser wackelige alte Apparat ein Monstrum wie die aushielt, wird mir ewig schleierhaft sein.

»Komm da runter, du feiger Hund, bevor ich dich aufspieße«, sagt sie und haut zu, und ich habe einen mindestens einen Zentimeter langen Schnitt vorzuweisen.

Inzwischen hat Bluebell sich aufgerappelt und ist hinausgelaufen, um sich Olivia-Ann anzuschließen, die im Vorgarten Gottesdienst hält. Ich vermute, dass sie auf meine Leiche warteten, und die hätten sie weiß Gott auch gekriegt, wenn Marge nicht in Ohnmacht gefallen wäre.

Das ist das einzig Gute, was ich über Marge sagen kann.

An das, was danach passierte, kann ich mich nicht mehr genau erinnern, außer dass Olivia-Ann wieder mit ihrem 35 Zentimeter langen Schlachtermesser und einer Horde Nachbarn auftauchte. Aber plötzlich war Marge die Hauptattraktion, und ich vermute, dass man sie in ihr Zimmer trug. Kaum dass alle weg waren, verbarrikadierte ich die Wohnzimmertür.

Ich habe die ganzen schwarz und olivfarbenen Plüschsessel dagegen geschoben und den großen Mahagonitisch, der bestimmt ein paar Tonnen wiegt, und den Hutständer und noch einen Haufen anderen Kram. Ich habe die Fenster zugesperrt und die Rollos runtergezogen. Außerdem habe ich eine Fünf-Pfund-Schachtel mit Sweet-Love Pralinen gefunden, und genau in diesem Augenblick esse ich eine saftige, cremige Schokoladenkirsche. Gelegentlich kommen sie an die Tür und klopfen und schreien und betteln. O ja, jetzt haben sie eine ganz andere Tonart angeschlagen. Aber was mich betrifft – ich spiele ihnen hin und wieder etwas auf dem Klavier vor, nur damit sie wissen, mir geht's prima.

PREACHERS BEGEGNUNG

Eine südwärts ziehende Wolke schob sich vor die Sonne, und ein Fleck Dunkelheit, ein isolierter Schatten, wanderte das Feld hinunter, glitt über die Anhöhe. Gleich darauf begann es zu regnen: Sommerregen mit Sonne darin, der nur kurze Zeit dauerte; lange genug, um den Staub zu binden, die Blätter blank zu putzen. Als der Regen aufhörte, öffnete ein alter Farbiger – sein Name war Preacher – die Tür seiner Hütte und blickte auf das Feld, wo üppiges Unkraut in der fruchtbaren Erde wucherte; auf einen steinigen Hof, wo Pfirsichbäume und Hartriegel und Zedrachbaum Schatten spendeten; auf eine ausgefurchte rote Lehmstraße, die selten Auto, Fuhrwerk oder Menschen sah; und auf eine Kette grüner Hügel, die sich, vielleicht, bis ans Ende der Welt ausdehnten.

Preacher war ein kleiner Mann, ein Zwerg, und sein Gesicht bestand aus abertausend Fältchen. Graue Wollbüschel entsprossen seinem bläulichen Schädel, und seine Augen waren bekümmert. Er war so gebeugt, dass er einer rostigen Sichel glich, und seine Haut hatte den Gelbton von edlem Leder. Während er betrachtete, was von seiner Farm geblieben war, kratzte er sich bedächtig am Kinn, doch, um die Wahrheit zu sagen, er dachte an nichts.

Es war ruhig, was sonst, und die Kühle ließ ihn zittern, so dass er hineinging und sich in den Schaukelstuhl setzte und seine Beine in eine wunderschöne Patchworkdecke mit einem Muster aus grünen Rosen und roten Blättern wickelte und in dem stillen Haus bei geöffneten Fenstern einschlief, während der Wind bunte Kalender und Comicstrips bewegte, mit denen Preacher die Wände beklebt hatte.

Nach einer Viertelstunde war er wieder wach, denn er schlief nie lange, und die Tage vergingen in einer Folge von Dämmern und Wachen, Schlaf und Licht, und das eine unterschied sich kaum vom anderen. Obwohl es nicht kalt war, machte er Feuer, stopfte seine Pfeife und begann zu schaukeln, während sein Blick durch das Zimmer schweifte. Das eiserne Doppelbett war ein heilloses Durcheinander von Decken und Kissen und übersät mit absplitternden rosa Farbspritzern; die eine Armlehne des Stuhls, auf dem er saß, wackelte erbärmlich; ein wunderbares Plakat mit einer goldblonden Frau, die eine Flasche NEHI-Limonade in der Hand hielt, war am Mund eingerissen, so dass ihr Lächeln verrucht und anzüglich war. Seine Augen verweilten auf dem verrußten, verkohlten Herd, der in der Ecke stand. Preacher hatte Hunger, doch der Herd, auf dem sich schmutzige Töpfe stapelten, hielt ihn davon ab, auch nur daran zu denken. »Kann's nu mal nich' ändern«, sagte er in dem Ton, in dem alte Leute manchmal mit sich selbst hadern; »hab's satt, immer bloß Kohl und nix Gescheites. Bleib jetzt einfach da sitzen und tu verhungern, wenn's sein muss... Tät mein letztes Hemd drauf wetten, dass mir keiner nich' nachheult, kein Mensch.« Evelina war immer so reinlich und ordentlich und gut gewesen, aber sie war seit dem Frühjahr vor zwei Jahren tot und begraben. Und von den Kindern war nur noch Anna-Jo übrig, die eine Stelle in Cypress City hatte, wo sie zur Untermiete wohnte und sich jede Nacht herumtrieb. Zumindest glaubte Preacher, dass es sich so verhielt.

Er war sehr fromm, und während der Nachmittag sich dahinschleppte, holte er seine Bibel vom Kaminsims und folgte mit dem gelähmten Finger den Zeilen. Er tat gerne so, als könnte er lesen, und fuhr geraume Zeit damit fort: Ersann seine eigenen Geschichten und betrachtete die Illustrationen. Diese Angewohnheit hatte Evelina immer sehr beunruhigt. »Was tust du ständig über der Heiligen Schrift brüten, Preacher? Ehrlich wahr, du hast kein' Verstand nich'… Kannst genauso wenig lesen wie ich.«

»Ach, Schätzchen«, rechtfertigte er sich, »die Heilige Schrift kann jeder lesen. Das hat der liebe Gott so eingerichtet.« Diese Behauptung hatte er den Pastor in Cypress City aufstellen hören, und sie genügte ihm vollkommen.

Als das Sonnenlicht einen exakten Streifen vom Fenster bis zur Tür warf, klappte er die Bibel über dem Finger zu und hinkte auf die Veranda. Blaue und weiße Töpfe mit Farnen hingen an Drähten von der Decke und ergossen sich bis zum Boden, schleifend wie Pfauenschwänze. Langsam, und sehr vorsichtig, humpelte er die Stufen hinunter, die aus Baumstämmen gemacht waren, und blieb, gebrechlich und gekrümmt in Latzhose und Khakihemd, mitten im Hof stehen. »Da wär ich. Hätt nich' gedacht, dass ich's schaff... Hätt nich' gedacht, dass ich heut die Kraft hab.«

Der Geruch von feuchter Erde hing in der Luft, und der Wind bewegte die Blätter des Zedrachbaumes. Ein Hahn krähte, und sein scharlachroter Kamm huschte durch das hohe Unkraut und verschwand unter dem Haus. »Hau bloß ab, du Schreihals, sonst hol ich's Beil, und dann bist du dran. Ich wett' drauf, du gibst 'n feinen Braten ab!« Das Unkraut strich über seine nackten Füße, und er blieb stehen und riss an einer Handvoll. »Hat kein' Zweck. Wächst sowieso bloß wieder, das elende Zeugs.«

Nahe der Straße stand der Hartriegel in Blüte, und der Regen hatte Blütenblätter verstreut, die weich unter seinen Füßen waren und zwischen seinen Zehen hängen blieben. Er ging mit Hilfe eines Ahornstocks. Nachdem er die Straße überquert und durch ein Gehölz wildwachsender Hickorybäume gegangen war, wählte er, wie es seine Gewohnheit war, den Pfad, der durch den Wald hinunter zum Bach führte und zu dem *Ort*.

Der gleiche Weg, der gleiche Ablauf und zur gleichen Zeit: spätnachmittags, weil er dadurch etwas hatte, worauf er sich freuen konnte. Die Spaziergänge hatten an einem Novembertag begonnen, als er zu seiner *Entscheidung* gelangt war, und waren den ganzen Winter über fortgesetzt worden, als die Erde frostkalt war und gefrorene Kiefernnadeln an seinen Füßen kleben blieben.

Nun war es Mai. Sechs Monate waren vergangen, und Preacher, der im Mai geboren war und im Mai geheiratet hatte, dachte, dies sei gewiss der Monat, in dem seine Mission enden werde. Er war abergläubisch davon überzeugt, dass ein Zeichen speziell auf diesen Tag hinwies; und so folgte er dem Pfad schneller als sonst.

Sonnenstrahlen vereinten sich zu Bündeln, verfingen sich in seinem Haar, ließen die Farbe des Spanischen Mooses, das schlaff und lang wie Birte von den Magnolienzweigen herabhing, von Grau zu Perlgrau zu Blau zu Grau wechseln. Eine Grille zirpte. Eine andere antwortete. »Seid still, ihr Biester! Was tut ihr denn so 'n Radau machen? Seid ihr einsam?«

Der Weg war tückisch und manchmal, da er eigentlich nicht mehr als ein schmaler Trampelpfad war, leicht zu verfehlen. An einer Stelle führte er schräg hinab in eine Senke, in der es nach Storaxbalsam roch, und dort begann ein von Schlingpflanzen überwucherter Abschnitt, wo es stockfinster war und sich Gott weiß was im Dickicht bewegte. »Haut bloß ab, ihr Höllenbrut, ihr! Gibt kein' Teufel nich', der, wo dem Preacher Angst machen kann. Ihr Satansbraten und Gespenster, nehmt euch bloß in Acht! Der Preacher… der gibt euch was übern Schädel und tut euch die Haut abziehn und euch die Augen ausstechen, und dann schmeißt er alles mitnander in den Feuerschlund!« Aber dennoch schlug sein Herz schneller, stieß sein Stock suchend vor ihm auf; die Bestie blieb lauernd zurück; schreckliche Augen, fürchterlich leuchtend, beobachteten ihn aus ihrem Versteck!

Evelina, fiel ihm ein, hatte nie an die Geister geglaubt, und das machte ihn wütend. »Schluss jetzt, Preacher«, sagte sie immer, »ich will nix mehr von dem Spukkram hören. Mensch Mann, 's gibt keine Gespenster, außer in deim

Kopf.« Ach, sie war töricht gewesen, denn so sicher, wie es einen Gott im Himmel gab, gehörte sie nun zu den Jägern und den Hungrigäugigen, die dort im Dunkel warteten. Er hielt inne, rief: »Evelina? Evelina… sag doch was, Schätzchen.« Und er hastete weiter, plötzlich voller Angst, sie könnte ihn eines Tages hören und, wenn sie ihn nicht wiedererkannte, mit Haut und Haar verschlingen.

Bald darauf das Geräusch des Baches; von dort bis zu dem bewussten Ort waren es nur wenige Schritte. Er schob eine Brennessel zur Seite und ließ sich, gequält stöhnend, die Böschung hinab und überquerte den Wasserlauf, Stein für Stein, mit wohlüberlegter Umsicht. Aufgeregte Karpfenfischschwärme unternahmen wählerische Raubzüge entlang des klaren und seichten Randes, und Libellen mit smaragdgrünen Flügeln zupften an der Oberfläche. Am anderen Ufer tat sich ein Kolibri, mit den unsichtbaren Flügeln schwirrend, am Inneren einer riesigen Tigerlilie gütlich.

Dann wurden die Bäume weniger dicht, und der Pfad erweiterte sich zu einer kleinen, quadratischen Lichtung. Preachers Ort. Früher, bevor das Sägewerk schloss, war es ein Waschplatz für die Frauen gewesen, doch das war lange her. Eine Schar Schwalben zog hoch droben vorbei, und irgendwo in der Nähe sang ein unbekannter Vogel ein eigentümliches, beharrliches Lied.

Er war müde und außer Atem, und er sank auf die Knie und lehnte seinen Stock an einen verrotteten Eichenstumpf, auf dem sich Boviste angesiedelt hatten. Dann schlug er seine Bibel dort auf, wo ein silbernes Band zwischen den Seiten lag, faltete die Hände und hob den Blick.

Einige Augenblicke des Schweigens, die Augen zusammengekniffen, konzentriert auf das Rund des Himmels, die rauchzarten Wolkenstreifen, ähnlich verirrten hellen Haarsträhnen, die sich kaum zu bewegen schienen vor dem blauen Hintergrund, der heller als Milchglas war.

Dann, kaum hörbar geflüstert:

»Mistah Jesus? Mistah Jesus?«

Der Wind flüsterte zurück, wirbelte vom Winter begrabene Blätter auf, die auf dem moosgrünen Boden verstohlen Rad schlugen.

»Ich bin wieda da, Mistah Jesus, pünktlich auf die Minute. Bitte, Herr, hör den alten Preacher an.«

Sich seines Publikums sicher, lächelte er wehmütig und winkte. Es war Zeit, sein Sprüchlein loszuwerden. Er sagte, er sei alt; er wisse nicht, wie alt, neunzig oder hundert vielleicht. Und seine Aufgabe sei erfüllt und seine Angehörigen alle fort. Wenn die Familie noch da wäre, dann sähe die Sache womöglich anders aus. Hosianna! Aber Evelina war gestorben, und was war aus den Kindern geworden? Aus Billy Bob und Jasmine und Landis und Le Roy und Anna-Jo und Beautiful Love? Die einen in Memphis und Mobile und Birmingham, die anderen im Grab. Jedenfalls seien sie nicht bei ihm; sie hatten das Land verlassen, das er so mühsam bestellt hatte, und die Felder seien verwüstet, und er habe Angst nachts in dem alten Haus mit nur dem Ziegenmelker als Gesellschaft. Und darum sei es unbarmherzig, ihn noch länger hier zu lassen, wo er sich doch danach sehnte, bei den anderen zu sein, wo immer sie auch waren. »Ach Gott, Mistah Jesus, ich bin so uralt als wie die allerälteste Schildkröte und sogar noch allerälterer als wie die...«

In letzter Zeit hatte er sich angewöhnt, seinen Fall mehrmals vorzutragen, und je länger er damit fortfuhr, desto schriller und drängender wurde seine Stimme, bis sie heftig und fordernd anschwoll und die Eichelhäher, die von den Kiefernzweigen aus zusahen, aufgebracht und verschreckt davonflogen.

Er hielt abrupt inne und legte den Kopf schief und lauschte. Da war es wieder: ein seltsames, beunruhigendes Geräusch. Er blickte hierhin und dahin, und dann sah er ein Wunder: Ein Flammenhaupt tauchte über dem Dickicht auf, schwebte auf ihn zu; sein Haar war lockig und rot; ein strahlender Bart entströmte seinem Gesicht. Schlimmer noch, eine zweite Erscheinung, fahler und leuchtender, folgte hinter ihm.

Heftige Panik und Verwirrung ließen Preachers Gesicht erstarren, und er stöhnte. Noch nie in der Geschichte von Calupa County hatte man einen so jämmerlichen Laut gehört. Ein Manchesterterrier mit gestutzten Ohren stürmte auf die Lichtung, funkelte ihn an und knurrte, während Speichelfäden aus seinem Maul hingen. Und zwei Männer, zwei Fremde, traten aus dem Dunkel, grüne Hemden, am Hals offen, Schlangenleder-Hosenträger, die ihre Kordsamthosen hielten. Beide waren klein, aber prächtig gebaut, und der eine war lockenköpfig und hatte einen orangeroten Bart, der andere war blond und glattrasiert. Ein erlegter Luchs hing zwischen ihnen an einer Bambusstange, und sie hatten große Gewehre bei sich.

Das genügte Preacher völlig, und er stöhnte erneut und sprang auf die Beine und flitzte wie ein Hase in den Wald und auf den Pfad. So eilig hatte er es, dass er seinen Stock an dem Eichenstumpf und die aufgeschlagene Bibel auf dem Moos zurückließ. Der Hund kam schwanzwedelnd näher, schnupperte an den Seiten und nahm die Verfolgung auf.

»Mich laust der Affe«, sagte Lockenkopf, als er das Buch und den Stock aufhob.

»So was Verrücktes hab ich noch nie gesehen«, sagte Blondschopf.

Sie legten sich den Luchs, der an der Stange baumelte, wo seine Pfoten mit Stricken festgebunden waren, auf die breiten Schultern, und Lockenkopf sagte: »Wir gehen besser dem Hund nach; der Teufel soll ihn holen.«

»Müssen wir wohl«, sagte Blondschopf. »Aber ich gäb was drum, ein bisschen zu verschnaufen… Hab 'ne Mordsblase, die mich schier umbringt.«

Schwankend unter dem Gewicht von Beute und Gewehr, stimmten sie ein Lied an und gingen in Richtung der dunkler werdenden Kiefern, und die glasigen, goldfarbenen Augen des Luchses, weit aufgerissen, erhaschten und reflektierten die schon tiefer stehende Sonne, warfen ihr Feuer zurück.

Inzwischen hatte Preacher eine beachtliche Strecke zurückgelegt. So schnell war er nicht mehr gerannt seit dem Tag, an dem ihn die giftige Schlammnatter verfolgt hatte.

Er war nicht länger gebrechlich, sondern ein Sprinter, der so flink dahineilte, wie man es sich nur wünschen konnte. Seine Beine flogen kraftvoll und sicher über den Pfad, und es gilt anzumerken, dass sein elender steifer Rücken, der ihm seit zwanzig Jahren zu schaffen machte, an diesem Nachmittag auf Nimmerwiedersehen verschwand. Die dunkle Senke schoss an ihm vorbei, ohne dass er es merkte, und als er durch den Bach watete, flatterte seine Latzhose wie wild. Ach, er war verwundet vor Angst, und das Tappen seiner rennenden Füße war eine rasende Trommel.

Dann, gerade als er den Hartriegel erreichte, kam ihm ein ungeheuerlicher Gedanke. Der war so schwerwiegend und überwältigend, dass er stolperte und gegen einen Baum fiel, was Regen herabprasseln ließ und ihn arg erschreckte. Er rieb sich den schmerzenden Ellbogen, fuhr sich mit der Zunge über die Lippen und nickte. »Gott im Himmel«, sagte er, »was is mir denn da begegnet?« Aber er wusste es. Er wusste, wer die Fremden waren – wusste es aus der Heiligen Schrift –, aber es war weniger tröstlich, als man annehmen sollte.

Also rappelte er sich auf und floh durch den Hof und die Stufen hinauf.

Auf der Veranda drehte er sich um und blickte zurück. Alles ruhig, still: Nichts bewegte sich außer Schatten. Die Abenddämmerung breitete sich fächerförmig über die Anhöhe aus: Felder und Bäume, Büsche und Kletterpflanzen bekamen zunehmend Farbe, Purpurrot und Rosa, und die kleinen Pfirsichbäume waren silbergrün. Und nicht weit weg bellte der Hund. Einen Moment lang erwog Preacher, bis nach Cypress City zu laufen, doch selbst das, so wusste er, würde ihn nicht retten. »Nie im Leben.«

Die Tür zumachen, das Brett vorlegen; so, geschafft! Jetzt die Fenster. Aber die Jalousien sind ja kaputt und weg!

Und so stand er hilflos und geschlagen da, starrte auf die leeren Vierecke, wo Mondwinden über die Fensterbänke krochen. Was war das? »Evelina? Evelina! Evelina!« Mäusekrallen in den Wänden, nur der Wind, der mit einem Kalenderblatt spielte.

Und ungehalten vor sich hin murmelnd, schlurfte er in der Hütte herum, räumte auf, staubte ab, drohte. »Ihr Spinnen und Krabbler, verzieht euch lieber… 's kommen mächtig wichtige Leute zu Besuch.« Er zündete eine Kerosinlampe aus Messing an (ein Geschenk von Evelina, Weihnachten 1918), und als die Flamme auflöderte, stellte er die Lampe auf den Kaminsims neben ein unscharfes Foto (aufgenommen von dem Wanderfotografen, der einmal im Jahr durchkam) eines kecken, brandyfarbenen Gesichts, Evelina, lächelnd, mit ein bisschen weißem Netz im Haar. Als Nächstes plusterte er das Satinkissen auf (Erster Preis für Patchwork-Arbeiten, verliehen an Beautiful Love, Cypress City, Basar 1910) und legte es stolz auf den Schaukelstuhl. Mehr gab es nicht zu tun; also schürte er das Feuer, legte noch ein Holzscheit auf, setzte sich hin und wartete.

Nicht lange. Denn bald darauf war Singen zu hören; tiefe Stimmen, die Lieder sangen, deren Widerhall von ungeheurer und ausgelassener Kraft zeugte: »*I've been workin' on the RAIL-road, All the livelong day*…«

Preacher, die Augen geschlossen, die Hände feierlich gefaltet, verfolgte ihren fröhlichen Weg: im Hickorywäldchen, auf der Straße, unter dem Zedrachbaum...

(Am Abend bevor sein Daddy starb, so hieß es, sei ein großer Vogel mit roten Schwingen und einem furchteinflößenden Schnabel aus dem Nichts ins Zimmer gesegelt, zweimal um das Bett des alten Mannes geflogen und, vor den Augen der Anwesenden, wieder verschwunden.)

Preacher erwartete nun fast ein ähnliches Zeichen.

Die Stufen herauf stapften sie und auf die Veranda, die Stiefel schwer auf den durchhängenden Dielen. Er seufzte, als sie klopften; er musste sie wohl hereinlassen. Also lächelte er Evelina zu, dachte kurz an seine unmöglichen Kinder und ging, unendlich langsam, zur Tür, entfernte das Brett und machte sie weit auf.

Lockenkopf, der mit dem langen, orangeroten Bart, trat als Erster vor, wobei er sich das eckige, verbrannte Gesicht mit einem Halstuch abwischte. Er grüßte, als tippte er sich an einen unsichtbaren Hut.

»'n Abend, Mistah Jesus«, sagte Preacher und verneigte sich, so tief er konnte.

»'n Abend«, sagte Lockenkopf.

Blondschopf folgte, lässig und pfeifend, mit leicht großspurigem Gang und die Hände tief in den Taschen seiner Kordhose vergraben. Er musterte Preacher finster von Kopf bis Fuß.

»'n Abend, Mistah Heiliger«, sagte Preacher, willkürlich einen Rangunterschied machend.

»Hallo.«

Und Preacher trottete eifrig hinter ihnen her, bis sie alle dicht gedrängt am Feuer standen. »Wie geht's den Herrschaften?«, sagte er.

»Kann nicht klagen«, sagte Lockenkopf, der die Comicstrip-Tapete und die Kalenderschönheiten bewunderte. »Hast offenbar ein Auge für flotte Bienen, Opa.«

»Nein, Herr«, sagte Preacher ernsthaft, »so was seh ich mir bestimmt nich' an, o nein!« Und er schüttelte zur Betonung den Kopf. »Ich bin 'n Christenmensch, Mistah Jesus: 'n aufrechter Baptist, Mitglied von der Morgensternkirche in Cypress City, und zahl immer mein' Beitrag.«

»War nicht bös gemeint«, sagte Lockenkopf. »Wie heißt du denn, Opa?«

»Wie ich heiß? Aber Mistah Jesus, du weiß' doch, dass ich der Preacher bin. Der Preacher, der, wo schon an die sechs Monat' mit dir spricht.«

»Aber klar«, sagte Lockenkopf und klopfte ihm herzhaft auf den Rücken, »weiß ich doch.«

»Was *soll* das?«, sagte Blondschopf. »Was quatschst du denn da?«

»Keine Ahnung«, sagte Lockenkopf und zuckte die Achseln. »Hör mal, Preacher, wir ham 'n harten Tag hinter uns und sind am Verdursten… Kannste uns vielleicht was geben?«

Preacher lächelte durchtrieben, hob den Arm, sagte: »Hab nie im Leben kein Tropfen nich' angerührt, so wahr ich hier steh.«

»Wir meinen Wasser, Opa. Schlicht und einfach Trinkwasser.«

»Und pass auf, dass der Schöpfer sauber ist«, sagte Blondschopf. Er war ein sehr penibler Mensch und etwas säuerlich, trotz seines lässigen Gehabes. »Wieso hast du denn Feuer an, Opa?«

»Wegen der Gesundheit zulieb, Mistah Heiliger. Ich frier halt so schnell.«

Blondschopf sagte: »Man könnt' grad meinen, alle Farbigen kommen aus einem Topf, ständig sind sie krank, und ständig ham sie komische Ideen im Hirn.«

»Ich bin nich' krank«, sagte Preacher strahlend. »Mir geht's prima! Is mir nie besser gegangen als wie grad jetzt, jawoll!« Er tätschelte die Armlehne des Schaukelstuhls. »Setz dich doch in mein' bequemen Schaukelstuhl, Mistah Jesus. Siehste das schöne Kissen? Mistah Heiliger… du kannst gern 's Bett nehmen.«

»Sehr verbunden.«

»Bisschen sitzen tät nicht schaden, danke.«

Lockenkopf war der Ältere und Stattlichere: der Kopf wohlgeformt, die Augen ein tiefes Blau, das Gesicht voll und markant und mit einem ziemlich ernsten Ausdruck. Der Bart verlieh ihm einen Anflug von wahrer Erhabenheit. Er streckte die Beine aus und hängte das eine über die Armlehne des Schaukelstuhls. Blondschopf, mit schärferen Zügen und blasserer Haut, ließ sich auf das Bett fallen und blickte finster auf dies und das. Das Feuer prasselte einschläfernd; die Lampe zischte leise.

»Dann hol ich jetzt mal lieber mein' Kram, oder?«, sagte Preacher mit matter Stimme.

Als keine Antwort kam, breitete er hinten in der Ecke seine Patchworkdecke aus und begann schweigend, ein wenig verstohlen, Evelinas Bild einzusammeln, seine Pfeife, eine grüne Flasche, die einmal seinen Jubiläums-Muskateller enthalten hatte und in der sich nun sieben rosa Glückskiesel und ein Gewirr aus Staub und Spinnweben befanden, eine leere Schachtel Paradise-Pralinen und andere, ebenso kostbare Dinge, die er nun auf die Decke häufte. Dann kramte er in einer Zedernholztruhe, die nach Alter roch, und entdeckte eine glänzende Mütze aus Eichhörnchenfell und setzte sie auf. Sie war gut und warm; es könnte ja unterwegs kalt werden.

Während er dies tat, stocherte sich Lockenkopf mit einer Hühnerfeder, die er aus einem Marmeladenglas genommen hatte, methodisch in den Zähnen herum und verfolgte das Treiben des alten Mannes mit verdutzter Miene. Blondschopf pfiff wieder; die Melodie, die er pfiff, war absolut tonlos.

Nachdem Preacher längere Zeit seinen Angelegenheiten nachgegangen war, räusperte sich Lockenkopf und sagte: »Hast hoffentlich unser Wasser nicht vergessen, Opa. Könnten wir jetzt wirklich vertragen.«

Preacher humpelte zum Schöpfeimer, der sich im Durcheinander auf dem Herd versteckte. »Kann mir, scheint's, gar nix mehr merken, Mistah Jesus. Vergess, scheint's, mein' Kopf draußen, wenn ich reinkomm.« Er nahm zwei Kürbisflaschen und füllte sie bis zum Rand. Als Lockenkopf ausgetrunken hatte, wischte er sich den Mund ab und sagte: »Das tut gut«, und begann zu schaukeln, indem er seine Stiefel in trägem Rhythmus über den Boden schleifen ließ.

Preachers Hände zitterten, als er seine Decke zusammenknotete, und es klappte erst beim fünften Versuch. Dann hockte er sich zwischen den beiden Männern auf einen aufgestellten Holzklotz, wo seine kurzen Beine kaum den Boden berührten. Die eingerissenen Lippen des goldblonden Mädchens, das die Limonadenflasche hielt, lächelten herab, und der Feuerschein warf ein reizvolles Gemälde an die Wand. Durch die offenen Fenster waren sirrende Insekten im Unkraut zu hören und vielfältige nächtliche Kadenzen, die Preacher sein Leben lang vertraut waren. Ach, wie wunderschön erschien ihm seine Hütte, wie prächtig, was er zu verachten begonnen hatte. Er hatte sich ja so geirrt! Was war er nur für ein verdammter Narr! Er konnte hier nicht weg, weder jetzt noch jemals. Aber da, vor ihm, waren vier Füße, die in vier Stiefeln steckten, und die offene Tür dahinter.

»Mistah Jesus«, sagte er, auf den richtigen Ton bedacht, »ich hab mir das nochmal durch 'n Kopf gehn lassen, und ich komm zu dem Schluss, dass ich gar nich' mitgehn will.«

Lockenkopf und Blondschopf sahen sich merkwürdig an, und Blondschopf stand vom Bett auf, beugte sich über Preacher und sagte: »Was ist los, Opa? Hast du Fieber?«

Zu Tode beschämt sagte Preacher: »Bitte, Mistah Heiliger, du musst schon entschuldigen… Aber ich will gar nirgends hin.«

»Hör mal, Opa, sei vernünftig«, sagte Lockenkopf freundlich. »Wenn du krank bist, holen wir dir gern 'n Arzt aus der Stadt.«

»Hat kein' Zweck«, sagte Preacher. »Wenn die Zeit um is' isse um... Aber 's wär mir arg recht, wenn ihr jetzt gehen tätet.«

»Wir wollen dir doch bloß helfen«, sagte Blondschopf.

»Sonst nix«, sagte Lockenkopf und spuckte einen dicken Klumpen ins Feuer. »Du hast 'n gehörigen Dickschädel, kann ich nur sagen. Wir täten uns nicht bei jedem so ins Zeug legen, um gefällig zu sein, bei weitem nicht.«

»Trotzdem vielen Dank, Mistah Jesus. Ich weiß, ich hab euch 'n Haufen unnötigen Ärger gemacht.«

»Komm schon, Opa«, sagte Blondschopf, und seine Stimme senkte sich mehrere Stufen, »was ist los? Haste Ärger mit 'ner Frau?«

Lockenkopf sagte: »Mach dich nicht lustig über den Opa. Der hat bloß zu lang in der Sonne gesessen, mehr nicht. Andernfalls ist mir so was noch nie untergekommen.«

»Mir auch nicht«, sagte Blondschopf. »Aber bei so alten Knackern kann man nie wissen; die können aus heiterem Himmel abkratzen.«

Preacher sank tiefer und tiefer in sich zusammen, bis sein Kinn fast auf den Knien lag und zu zucken begonnen hatte.

»Erst rennt er weg, als hätt er den Teufel persönlich gesehen«, sagte Blondschopf, »und jetzt führt er sich auf wie sonst was.«

»Das is' nich' wahr«, rief Preacher, die Augen alarmierend aufgerissen. »Ich kenn euch aus der Heiligen Schrift. Und ich bin ein *guter* Mensch. Ein so guter Mensch, wie wo je gelebt hat... hab nie wem was Böses nich' getan ...«

»Ahhhh«, brummte Blondschopf, »ich geb's auf, Opa. Du bist's nicht wert, dass man sich mit dir abgibt.«

»Stimmt genau«, sagte Lockenkopf.

Preacher ließ den Kopf sinken und schob sich den Eichhörnchenschwanz aus dem Gesicht. »So isses«, sagte er. »Jawoll, so isses. Ich bin 'n dummer alter Narr, und das is' die Wahrheit. Aber wenn ihr mich jetzt dalassen tut, dann reiß ich auch das ganze Unkraut im Hof und aufm Feld raus und fang wieder an zu arbeiten und verdresch die Anna-Jo, bis sie heimkommt und sich um ihrn Daddy kümmert, wie 's sich gehört.«

Lockenkopf zupfte an seinem Bart und ließ die Hosenträger schnalzen. Seine Augen, sehr klar und blau, hielten Preachers Gesicht eisern fest. Nach einer Weile sagte er: »Ich werd' einfach nicht schlau aus dem.«

»Ist doch ganz leicht«, sagte Blondschopf. »Der hat bloß den Teufel im Leib.«

»Ich bin 'n aufrechter Baptist«, erinnerte ihn Preacher, »Mitglied von der Morgensternkirche in Cypress City. Un' ich bin erst siebzig Jahr' alt.«

»Wirklich, Opa«, sagte Blondschopf. »Du bist hundert, wenn nicht noch älter. Erzähl keine solchen Lügengeschichten. Kommt alles in das dicke schwarze Buch da oben, denk dran.«

»Bin ein elender Sünder«, sagte Preacher; »bin ich nich' der allerelendste Sünder?«

»Na ja«, sagte Lockenkopf, »ich weiß nicht recht.« Dann lächelte er und stand auf und gähnte. »Ich sag dir was«, sagte er, »ich hab so 'n Kohldampf, ich könnt glatt Giftpilze verdrücken. Komm jetzt, Jesse, gehen wir lieber heim, bevor die Frauen unser Essen den Schweinen hinwerfen.«

Blondschopf sagte: »Allmächtiger, ich weiß nicht, ob ich überhaupt noch 'n Schritt machen kann; die Blase brennt wie verrückt«, und zu Preacher: »Dann werden wir dich mal mit deinem Elend allein lassen, Opa.«

Und Preacher grinste so, dass seine vier oberen Zähne und die drei unteren (einschließlich der Goldkrone von Evelina, Weihnachten 1922) zu sehen waren. Seine Augen blinzelten heftig. Wie ein verhutzeltes und ziemlich eigenartiges Kind hüpfte er geradezu an die Tür und bestand darauf, die Hände der Männer zu küssen, als sie vorbeistapften.

Lockenkopf sprang die Stufen hinunter und wieder herauf und reichte Preacher seine Bibel und seinen Stock, während Blondschopf im Hof wartete, wo der Abend fahle Vorhänge zugezogen hatte.

»Pass in Zukunft besser drauf auf, Opa«, sagte Lockenkopf, »und lass dich nicht mehr drüben im Wald erwischen. Ein alter Mann wie du kann leicht in Schwierigkeiten geraten. Also sei lieber brav.«

»H-hi-hi-hi«, kicherte Preacher, »wird gemacht, und ich dank dir schön, Mistah Jesus, und dir auch, Mistah Heiliger... vielen Dank. Obwohl's mir keiner glauben tut, wenn ich's wem erzählen tät.«

Sie hängten ihre Gewehre um und schulterten ihre Beute. »Viel Glück«, sagte Lockenkopf; »wir kommen mal wieder vorbei, vielleicht auf ein Glas Wasser.«

»Noch viele fidele Jahre, du alter Bock«, sagte Blondschopf, als sie durch den Hof zur Straße gingen.

Preacher sah ihnen von der Veranda nach, als ihm plötzlich etwas einfiel, und er rief: »Mistah Jesus... Mistah Jesus! Wenn's nicht zu viel verlangt ist, könntst mir noch 'n Gefallen tun, ich mein' halt, wenn du mal Zeit hast, ob du dann meine Frau suchen tätst... sie heißt Evelina... und grüß sie vom Preacher, und sag ihr, was fürn braver glücklicher Mann ich bin.«

»Wird gleich morgen früh erledigt, Opa«, sagte Lockenkopf, und Blondschopf brach in Gelächter aus.

Und ihre Schatten wanderten die Straße hinauf, und der Terrier kroch aus einem Graben und trottete hinter ihnen her. Preacher rief und winkte zum Abschied. Aber sie lachten zu laut, um ihn zu hören, und ihr Gelächter wurde vom Wind zurückgetragen, lange nachdem sie über die Anhöhe verschwunden waren, wo Leuchtkäfer die blaue Luft mit kleinen Monden bestickten.

BAUM DER NACHT

Es war Winter. Eine Reihe nackter Glühbirnen, aus denen, wie es schien, alle Wärme entwichen war, erhellte den kalten, windigen Bahnsteig der kleinen Station. Früher am Abend hatte es geregnet, und nun hingen Eiszapfen an der Dachrinne des Bahnhofsgebäudes, gleich schrecklichen Zähnen eines gläsernen Ungeheuers. Abgesehen von einem Mädchen, jung und ziemlich groß, war der Bahnsteig verlassen. Das Mädchen trug ein graues Flanellkostüm, einen Regenmantel und einen karierten Schal. Ihr Haar, in der Mitte gescheitelt und an den Seiten gefällig nach oben gerollt, glänzte goldbraun; und obwohl ihr Gesicht eher zu dünn und zu schmal wirkte, war sie, wenn auch nicht über die Maßen, attraktiv: Neben einer Auswahl an Zeitschriften und einer grauen Wildlederhandtasche, auf der in kunstvollen Messingbuchstaben »Kay« stand, hatte sie bemerkenswerterweise eine grüne Westerngitarre bei sich.

Als der Zug, Dampf ausstoßend und mit grellem Licht, aus der Dunkelheit auftauchte und ratternd zum Stehen kam, sammelte Kay ihre Habseligkeiten ein und stieg in den letzten Wagen.

Der Wagen war ein Relikt mit einer verrottenden Innenausstattung aus uralten roten Plüschsitzen, die kahle Stellen aufwiesen, und sich ablösender jodfarbener Holzverkleidung. Eine altmodische Kupferlampe, die an der Decke angebracht war, wirkte romantisch und fehl am Platz. Düsterer abgestandener Rauch hing in der Luft; und die überhitzte Stickigkeit des Wagens verstärkte den schalen Geruch weggeworfener Sandwiches, Apfelreste und Orangenschalen: Der ganze Abfall, einschließlich Pappbechern, Limonadenflaschen und zerknüllter Zeitungen, verunzierte den langen Gang. Aus einem Wasserspender, der in die Wand eingelassen war, tropfte es ununterbrochen auf den Boden. Die Fahrgäste, die müde aufblickten, als Kay eintrat, waren sich, wie es schien, keinerlei Unannehmlichkeiten bewusst.

Kay widerstand der Versuchung, sich die Nase zuzuhalten, und schlängelte sich vorsichtig durch den Gang, stolperte einmal, ohne sich weh zu tun, über das ausgestreckte Bein eines dicken schlafenden Mannes. Zwei unscheinbare Männer blickten ihr interessiert nach, als sie vorbeiging; und ein Kind stellte sich auf seinen Sitz und kreischte: »He, Mama, kuck mal das Banjo! He, du, lass mich mal auf deim Banjo spielen!«, bis ein Klaps von Mama es verstummen ließ.

Es gab nur einen einzigen freien Platz. Sie entdeckte ihn am Ende des Wagens in einer Art Nische, in der schon ein Mann und eine Frau saßen, die Füße lässig auf den unbesetzten Platz gegenüber gelegt. Kay zögerte eine Sekunde, sagte dann: »Hätten Sie etwas dagegen, wenn ich hier Platz nehme?«

Der Kopf der Frau fuhr hoch, als hätte man ihr keine einfache Frage gestellt, sondern sie mit einer Nadel gestochen. Dennoch brachte sie ein Lächeln zustande. »Wüsste nicht, was Sie daran hindern sollte, Schätzchen«, sagte sie, nahm die Füße herunter und entfernte, merkwürdig unpersönlich, auch die Füße des Mannes, der aus dem Fenster schaute und ihr nicht die geringste Beachtung schenkte.

Kay bedankte sich bei der Frau, zog den Mantel aus, nahm Platz und richtete sich mit Handtasche und Gitarre neben sich ein, die Zeitschriften auf dem Schoß: durchaus bequem, obwohl sie wünschte, sie hätte ein Kissen für den Rücken.

Der Zug fuhr an; gespenstischer Dampf schlug zischend ans Fenster; langsam blieben die trüben Lichter des verlassenen Bahnhofs zurück.

»Mann, was für ein gottverlassenes Nest«, sagte die Frau. »Kein Dorf, kein gar nichts.«

Kay sagte: »Das Dorf liegt einige Meilen weiter.«

»Ach ja? Da zu Hause?«

Nein. Kay erläuterte, dass sie auf der Beerdigung eines Onkels gewesen war. Eines Onkels, der ihr, auch wenn sie das natürlich nicht erwähnte, in seinem Testament nichts hinterlassen hatte außer der grünen Gitarre. Wohin sie fuhr? Ach, zurück zum College.

Nachdem die Frau darüber nachgegrübelt hatte, stellte sie fest: »Was wollen Sie da überhaupt lernen? Lassen Sie sich's gesagt sein, Schätzchen, ich hab jede Menge Bildung, und ich hab nie ein College von innen gesehen.«

»Nein?«, murmelte Kay höflich und beendete das Thema, indem sie eine ihrer Zeitschriften aufschlug. Das Licht war fast zu schwach, um zu lesen, und keiner der Artikel sah im Mindesten spannend aus. Aber da sie sich nicht auf einen Gesprächsmarathon einlassen wollte, fuhr sie fort, stumpfsinnig auf die Seiten zu starren, bis jemand verstohlen an ihr Knie tippte.

»Nicht lesen«, sagte die Frau. »Ich brauche jemand zum Reden. Es macht nämlich keinen Spaß, mit *dem* da zu reden.« Sie deutete mit dem Daumen auf den schweigenden Mann. »Er ist behindert: taubstumm, verstehen Sie?«

Kay machte die Zeitschrift zu und sah die Frau mehr oder weniger zum ersten Mal an. Sie war klein; ihre Füße reichten kaum bis zum Boden. Und wie viele zu klein geratene Menschen hatte sie ein groteskes Körpermerkmal, in ihrem Fall einen großen, wirklich riesigen Kopf. Kräftiges Rouge belebte ihr schlaffes, fleischiges Gesicht, so dass es schwerfiel, ihr Alter auch nur zu schätzen: vielleicht fünfzig, fünfundfünfzig. Ihre großen Schafsaugen blickten argwöhnisch, als trauten sie dem nicht, was sie sahen. Ihr Haar war augenfällig rot gefärbt und zu ausgetrockneten dicken Korkenzieherlocken gedreht. Ein einstmals eleganter lavendelfarbener Hut von beeindruckender Größe saß bedenklich schief auf ihrem Kopf, und sie war ständig damit beschäftigt, ein herabhängendes Büschel Zelluloidkirschen zurückzuschieben, das an der Krempe angenäht war. Sie trug ein schlichtes, etwas schäbiges blaues Kleid. Ihr Atem roch deutlich nach süßlichem Gin.

»Sie wollen doch mit mir reden, Schätzchen, oder nicht?«

»Aber ja«, sagte Kay, nur mäßig amüsiert.

»Ist doch klar. Jede Wette. Das gefällt mir ja so an Zügen. Im Bus hockt alles bloß zugeknöpft da. Aber im Zug heißt es, die Karten auf den Tisch legen, wie ich immer sage.« Ihre Stimme war munter und dröhnend, rau wie die eines Mannes. »Aber wegen *dem* da versuch ich immer, uns den Platz hier zu ergattern; der ist intimer, fast wie 'n Privatabteil, stimmt's?«

»Es ist sehr nett hier«, pflichtete Kay bei. »Danke, dass ich mich Ihnen anschließen durfte.«

»Ist uns doch ein Vergnügen. Wir haben nicht oft Gesellschaft; manche Leute macht's nervös, ihn um sich zu haben.«

Wie um dies zu bestreiten, machte der Mann ein seltsames, pelziges Geräusch hinten in der Kehle und zupfte die Frau am Ärmel. »Lass mich in Ruhe, Herzchen«, sagte sie, als spräche sie mit einem störenden Kind. »Alles in Ordnung. Wir unterhalten uns bloß ein bisschen. Also benimm dich, sonst geht die hübsche junge Dame fort. Sie ist sehr reich; sie geht aufs College.« Und zwinkernd fügte sie hinzu: »Er denkt, ich bin betrunken.«

Der Mann sackte auf seinem Sitz zusammen, schwang den Kopf herum und musterte Kay eingehend aus den Augenwinkeln. Seine Augen, ähnlich zwei trüben milchigblauen Murmeln, waren dicht bewimpert und seltsam schön. Dagegen hatte sein breites haarloses Gesicht, abgesehen von einer gewissen Distanziertheit, keinen richtigen Ausdruck. Es war, als wäre er unfähig, die geringste Gefühlsregung zu empfinden oder zu zeigen. Sein graues Haar war kurzgeschnitten und zu einem unregelmäßigen Pony nach vorn gekämmt. Er sah aus wie ein Kind, das auf unheimliche Art und Weise schlagartig gealtert war. Er trug einen abgewetzten blauen Serge-Anzug und hatte sich mit einem billigen, widerlichen Parfüm besprüht. Um sein Handgelenk war eine Mickymaus-Uhr geschnallt.

»Er denkt, ich bin betrunken«, wiederholte die Frau. »Und das Komische daran ist, ich bin's wirklich. Was soll's – irgendwas muss man ja machen, hab ich recht?« Sie beugte sich näher. »Na, hab ich recht?«

Kay starrte noch immer auf den Mann; die Art, wie er sie ansah, bereitete ihr Unbehagen, doch sie konnte den Blick nicht von ihm abwenden. »Wahrscheinlich«, sagte sie.

»Dann wollen wir uns jetzt einen genehmigen«, schlug die Frau vor. Sie steckte die Hand in eine Wachstuchtasche und zog eine angebrochene Flasche Gin heraus. Sie begann den Deckel abzuschrauben, schien sich jedoch anders zu besinnen und reichte Kay die Flasche. »Ich hab doch glatt vergessen, dass ich Gesellschaft habe«, sagte sie. »Ich geh und hol uns Pappbecher.«

Und bevor Kay einwenden konnte, dass sie nichts trinken wolle, war die Frau aufgestanden und nicht allzu sicher den Gang hinunter zum Wasserspender unterwegs.

Kay gähnte und lehnte die Stirn an die Fensterscheibe, während ihre Finger beiläufig die Gitarre zupften: Die Saiten sangen eine hohle, einlullende Melodie, so monoton beruhigend wie die Südstaaten-Landschaft, die, in Dunkelheit getaucht, am Fenster vorbeiglitt. Ein eisiger Wintermond rollte droben über dem Zug durch den Nachthimmel wie eine dünne weiße Scheibe.

Und dann, ohne Vorwarnung, geschah etwas Seltsames: Der Mann streckte die Hand aus und streichelte sanft Kays Wange. Trotz der atemberaubenden Zartheit der Bewegung war dies eine so dreiste Geste, dass Kay zuerst vor Verblüffung nicht wusste, was sie davon halten sollte: Ihre Gedanken schossen in drei oder vier absurde Richtungen. Er beugte sich vor, bis seine merkwürdigen Augen dicht vor ihren waren; der Geruch seines Parfüms war Übelkeit erregend. Die Gitarre schwieg, während beide einen forschenden Blick wechselten. Plötzlich, unbewusst Anteil nehmend, empfand sie tiefes Mitleid mit ihm; aber auch, und sie konnte es nicht unterdrücken, ein überwältigendes Gefühl von Ekel und absoluter Abscheu: Etwas an dem Mann, etwas schwer Definierbares, auf das sie nicht den Finger legen konnte, erinnerte sie an – an was?

Nach einer Weile nahm er feierlich die Hand weg und sank wieder in seinen Sitz, während ein dümmliches Grinsen sein Gesicht verklärte, als hätte er ein raffiniertes Kunststück vorgeführt, für das er Applaus erwartete.

»Auf geht's! Auf geht's! Vorwärts, Cowboys...«, brüllte die Frau. Und als sie sich setzte, verkündete sie lauthals, sie sei »voll wie eine Strandhaubitze! Hundemüde! Puh!«. Aus einer Handvoll Pappbechern holte sie zwei heraus und stopfte die übrigen gleichgültig vorne in ihre Bluse. »Da sind sie gut aufgehoben, hahaha...« Ein Hustenanfall packte sie, aber als er vorbei war, wirkte sie ruhiger. »Hat mein Liebster Sie gut unterhalten?«, fragte sie, sich ehrfürchtig den Busen tätschelnd. »Er ist ja so süß.« Sie sah aus, als würde sie gleich ohnmächtig werden. Kay wünschte es fast.

»Ich möchte nichts trinken«, sagte Kay und gab ihr die Flasche zurück. »Ich trinke keinen Alkohol: Ich hasse den Geschmack.«

»Seien Sie kein Spielverderber«, sagte die Frau bestimmt. »Halten Sie den Becher her, wie sich's für ein braves Mädchen gehört.«

»Nein, bitte...«

»Herrgott nochmal, stillhalten! So jung, und schon so nervös! Ich darf zittern wie Espenlaub, ich hab schließlich meine Gründe. Mein lieber Schwan, und was für welche.«

»Aber...«

Ein gefährliches Lächeln zog das Gesicht der Frau abscheulich schief. »Was ist los? Bin ich vielleicht nicht gut genug, um mit Ihnen zu trinken?«

»Verstehen Sie mich bitte nicht falsch«, sagte Kay, ein Zittern in der Stimme. »Aber ich mag es nicht, zu etwas gezwungen zu werden, das ich nicht will. Hören Sie, könnte ich es nicht dem Herrn geben?«

»Dem? Nix da. Der braucht das bisschen Verstand, was er hat. Komm schon, Schätzchen, runter damit.«

Kay, die einsah, dass es zwecklos war, beschloss sich zu fügen und eine Szene möglichst zu vermeiden. Sie nippte und schüttelte sich. Der Gin war schauderhaft. Er brannte in ihrer Kehle, bis ihr die Augen tränten. Schnell, als die Frau gerade nicht hersah, kippte sie den Inhalt des Bechers in das Schallloch der Gitarre. Der Zufall wollte es jedoch, dass der Mann es sah; und Kay, die es bemerkte, gab ihm, ohne zu überlegen, mit einem flehenden Blick zu verstehen, sie nicht zu verraten. Aber sie konnte an seinem völlig leeren Gesichtsausdruck nicht ablesen, wie viel er verstand.

»Wo bist du her, Kleine?«, begann die Frau gleich darauf wieder.

Einen Moment lang war Kay so verdutzt, dass sie nicht antworten konnte. Dann fielen ihr die Namen mehrerer Städte gleichzeitig ein. Schließlich fischte sie einen aus dem Wirrwarr heraus: »New Orleans. Ich bin in New Orleans zu Hause.«

Die Frau strahlte. »Genau da will ich mal hin, wenn ich den Löffel wegleg'. Früher, so um 1923, hab ich da 'n süßen kleinen Wahrsagersalon gehabt. Mal überlegen, das war in der St. Peter Street.« Sie hielt inne, bückte sich und stellte die leere Ginflasche auf den Boden, die in den Gang rollte und mit einem einschläfernden Geräusch hin und her kullerte. »Ich bin in Texas aufgewachsen – auf 'ner großen Ranch – mein Papa war reich. Wir Kinder hatten immer alles vom Feinsten; sogar Kleider aus Paris in Frankreich. Ich wette, ihr habt ein schickes großes Haus daheim. Habt ihr 'n Garten? Habt ihr auch Blumen?«

»Nur Flieder.«

Ein Schaffner betrat den Wagen, angekündigt von einem kalten Windstoß, der den Abfall im Gang aufwirbelte und die dumpfe Luft kurz frischer machte. Er ging schwerfällig, blieb hie und da stehen, um eine Fahrkarte zu lochen oder mit einem Fahrgast zu sprechen. Es war nach Mitternacht. Jemand spielte sachkundig Mundharmonika. Jemand anderes erörterte die Meriten eines gewissen Politikers. Ein Kind weinte im Schlaf.

»Vielleicht wärst du nicht so hochnäsig, wenn du wüsstest, wer wir sind«, sagte die Frau, den enormen Kopf auf und ab bewegend. »Wir sind nicht Hinz und Kunz, bei weitem nicht.«

Peinlich berührt machte Kay nervös ein Päckchen Zigaretten auf und zündete sich eine an. Sie fragte sich, ob es nicht vielleicht einen Platz in einem Wagen weiter vorn gab. Sie konnte diese Frau, und, was das betraf, auch den Mann, nicht eine Minute länger ertragen. Aber sie hatte sich noch nie in einer auch nur annähernd vergleichbaren Situation befunden. »Wenn Sie mich jetzt entschuldigen würden«, sagte sie, »ich muss nämlich gehen. Es war sehr nett, aber ich habe versprochen, mich mit einer Freundin im Zug zu treffen …«

Schnell wie der Blitz packte die Frau das Handgelenk des Mädchens. »Hat dir deine Mama nicht beigebracht, dass Lügen eine Sünde ist?«, flüsterte sie weithin hörbar. Der lavendelfarbene Hut fiel ihr vom Kopf, doch sie machte keine Anstalten, ihn aufzuheben. Ihre Zunge schoss heraus und befeuchtete ihre Lippen. Und als Kay aufstand, verstärkte sie ihren festen Griff. »Setz dich hin, Kindchen … da ist keine Freundin … Wir sind nämlich deine einzigen Freunde, und wir lassen dich um nichts in der Welt gehen.«

»Ehrlich, ich lüge nicht.«

»Setz dich hin, Kindchen.«

Kay ließ ihre Zigarette fallen, und der Mann hob sie auf. Er drückte sich in die Ecke und begann angestrengt, eine Kette dicker Rauchringe zu blasen, die wie leere Augenhöhlen nach oben stiegen und sich in Nichts auflösten.

»Du willst doch nicht seine Gefühle verletzen und uns jetzt verlassen, Kindchen?«, säuselte die Frau leise. »Setz dich hin – hinsetzen – so ist's brav. Das ist aber eine schöne Gitarre. So eine schöne, schöne Gitarre…« Ihre Stimme ging im plötzlich einsetzenden statischen Zischen eines anderen Zuges unter. Und einen Moment lang fiel das Licht im Wagen aus; in der Dunkelheit blinkten die goldenen Fenster des vorbeifahrenden Zuges schwarzgelb-schwarzgelb-schwarz-gelb. Die Zigarette des Mannes pulsierte wie der Schein eines Glühwürmchens, und seine Rauchringe stiegen weiter gelassen empor. Draußen läutete hektisch eine Glocke.

Als das Licht wieder anging, rieb Kay sich noch immer das Handgelenk, wo die kräftigen Finger der Frau einen schmerzhaften armbandartigen Abdruck hinterlassen hatten. Sie war eher verwirrt als verärgert. Sie beschloss, den Schaffner zu fragen, ob er einen anderen Platz für sie finden könnte. Doch als er kam, um ihre Fahrkarte zu kontrollieren, kam die gestotterte Bitte nur unverständlich über ihre Lippen.

»Ja, Miss?«

»Nichts«, sagte sie.

Und er war fort.

Die drei in der Nische sahen sich in mysteriöses Schweigen gehüllt an, bis die Frau sagte: »Ich will dir mal was zeigen, Schätzchen.« Sie kramte erneut in der Wachstuchtasche. »Wenn du das gesehen hast, bist du nicht mehr so hochnäsig.«

Was sie Kay reichte, war ein Handzettel, gedruckt auf

so vergilbtem, antikem Papier, dass er aussah, als wäre er jahrhundertealt. In zierlichen, übertrieben verschnörkelten Buchstaben stand darauf:

LAZARUS

DER MANN, DER LEBENDIG BEGRABEN WIRD!
EIN WUNDER!
ÜBERZEUGEN SIE SICH SELBST!

Erwachsene 25 Cent – Kinder 10 Cent

»Ich singe immer einen Choral und lese einen Bibeltext vor«, sagte die Frau. »Es ist furchtbar traurig: Manche Leute weinen, vor allem die Alten. Und ich hab dafür was Hochelegantes: einen schwarzen Schleier und ein schwarzes Kleid, sehr vorteilhaft. *Er* trägt einen umwerfenden maßgeschneiderten Hochzeitsanzug und einen Turban und jede Menge Talkum im Gesicht. Alles soll nämlich möglichst genau so aussehen wie bei einer echten Beerdigung. Aber was soll's, heutzutage kriegt man oft bloß 'n Haufen Klugscheißer, die sich einen Jux machen wollen – da bin ich manchmal richtig froh, dass er behindert ist, weil sonst vielleicht seine Gefühle verletzt würden.«

Kay sagte: »Dann sind Sie also bei einem Zirkus oder einem Jahrmarkt oder etwas in der Art?«

»Nein, nur wir«, sagte die Frau, während sie den Hut vom Boden aufhob. »Wir machen das schon seit vielen, vielen Jahren – sind schon in jedem Kaff in den Südstaaten aufgetreten: in Singasong, Mississippi – Spunky, Louisiana – Eureka, Alabama...« Diese und weitere Namen rollten melodisch über ihre Lippen, rieselten herab wie Regen. »Nach dem Choral, und nach der Lesung, begraben wir ihn.«

»In einem Sarg?«

»So was Ähnliches. Er ist wunderschön, und der ganze Deckel ist mit silbernen Sternen bemalt.«

»Man sollte meinen, dass er erstickt«, sagte Kay erstaunt. »Wie lange bleibt er begraben?«

»Alles in allem etwa eine Stunde – das Anfüttern natürlich nicht mitgerechnet.«

»Anfüttern?«

»Mhm. Das, was wir am Abend vor der Vorstellung machen. Da suchen wir uns nämlich einen Laden, irgendeinen, er muss bloß ein großes Schaufenster haben, und bringen den Besitzer dazu, dass er *ihn* im Schaufenster sitzen lässt, wo er sich dann, na ja, hypnotisiert. Bleibt die ganze Nacht stocksteif dort sitzen, und die Leute kommen und schauen: jagt ihnen einen Mordsschreck ein...« Während sie sprach, bohrte sie sich mit einem Finger im Ohr herum, zog ihn gelegentlich heraus und untersuchte ihren Fund. »Und in Mississippi hat mal so 'n Armleuchter von Sheriff...«

Die Geschichte, die folgte, war verwirrend und ohne Pointe: Kay bemühte sich erst gar nicht zuzuhören. Dennoch beschwor, was sie bereits gehört hatte, einen Tagtraum herauf, eine vage Erinnerung an die Beerdigung ihres Onkels; ein Ereignis, das, um die Wahrheit zu sagen, sie nicht sonderlich berührt hatte, da sie ihn kaum gekannt hatte. Und so tauchte, während sie abwesend auf den Mann starrte, vor ihrem geistigen Auge das Gesicht ihres Onkels auf, wie es weiß auf dem hellen seidenen Sargkissen lag. Als sie die beiden Gesichter, das des Mannes und das des Onkels, sozusagen gleichzeitig betrachtete, glaubte sie, eine seltsame Parallele zu erkennen: In dem Gesicht des Mannes lag die gleiche schockierende, einbalsamierte, geheimnisvolle Stille, als wäre er, gewissermaßen, tatsächlich ein Ausstellungsstück in einem Glaskasten, zufrieden, gesehen zu werden, ohne Bedürfnis, selbst zu sehen.

»Verzeihung, was sagten Sie?«

»Ich sagte: Ich wünschte, sie würden uns einen richtigen Friedhof benutzen lassen. Aber derzeit müssen wir unsere Vorstellung geben, wo's eben geht... meistens auf irgendeinem freien Gelände, das in neun von zehn Fällen direkt neben einer stinkenden Tankstelle liegt, was nicht gerade sehr hilfreich ist. Aber wie gesagt, wir haben eine tolle Nummer, die beste. Du solltest sie mal sehen, wenn sich's einrichten lässt.«

»Oh, liebend gerne«, sagte Kay zerstreut.

»Oh, liebend gerne«, äffte die Frau sie nach. »Wer hat denn *dich* gefragt? Hat dich jemand gefragt?« Sie hob ihren Rock hoch und schneuzte sich genüsslich in den ausgefransten Saum eines Unterrocks. »Eins sag ich dir: Es ist hart, sich so sein Geld zu verdienen. Weißt du, was wir letzten Monat eingenommen haben? Dreiundfünfzig Dollar! Versuch mal, damit zu leben, Schätzchen.« Sie zog die Nase hoch und strich ausgesprochen geziert ihren Rock wieder zurecht. »Na ja, eines schönen Tages wird mein Süßer ganz bestimmt da unten sterben; und selbst dann wird noch jemand behaupten, es sei ein fauler Trick.«

Genau da holte der Mann etwas aus der Hosentasche, das aussah wie ein glänzend lackierter Pfirsichkern, und balancierte es in der hohlen Hand. Er blickte hinüber zu Kay, und als er sich ihrer Aufmerksamkeit sicher war, riss er die Augen weit auf und begann den Kern zu kneten und zu streicheln, was undefinierbar obszön wirkte.

Kay runzelte die Stirn. »Was macht er da?«

»Er möchte, dass du ihn kaufst.«

»Aber was ist das?«

»Ein Talisman«, sagte die Frau. »Ein Liebes-Talisman.«

Wer immer auch Mundharmonika spielte, hörte unvermittelt auf. Andere Geräusche, weniger einzigartige, wurden plötzlich vernehmbar: Schnarchlaute, das Hin- und Herrollen der Ginflasche, schläfrig disputierende Stimmen, das ferne Surren der Zugräder.

»Wo könntest du Liebe billiger bekommen, Schätzchen?«

»Er ist hübsch. Ich meine, er ist ganz entzückend…«, sagte Kay, um Zeit zu gewinnen. Der Mann rieb und polierte den Kern an seinem Hosenbein. Sein Kopf war in einem flehenden, trauervollen Winkel gesenkt, und gleich darauf steckte er den Kern zwischen die Zähne und biss darauf, als wäre er eine verdächtige Silbermünze. »Talismane bringen mir immer Pech. Im übrigen… könnten Sie ihn nicht bitten, damit aufzuhören?«

»Jetzt schau nicht so verängstigt«, sagte die Frau, tonloser denn je. »Der tut dir schon nichts.«

»Er soll damit aufhören, verdammt nochmal!«

»Was soll ich machen?«, fragte die Frau achselzuckend. »Du bist diejenige, die Geld hat. Du bist reich. Er will doch bloß 'n Dollar, nur einen Dollar.«

Kay klemmte ihre Handtasche unter den Arm. »Ich habe gerade genug bei mir, um wieder zum College zu kommen«, log sie, erhob sich rasch und trat hinaus in den Gang. Sie blieb einen Moment stehen, auf Ärger gefasst. Doch nichts geschah.

Die Frau stieß, gespielt gleichgültig, einen Seufzer aus und schloss die Augen; der Mann hörte nach und nach auf und steckte den Talisman wieder ein. Dann schob sich seine Hand über den Sitz und umfing schlaff die der Frau.

Kay machte die Tür zu und ging hinaus auf die Aussichtsplattform. Es war bitterkalt im Freien, und sie hatte ihren Regenmantel in der Nische zurückgelassen. Sie nahm ihren Schal ab und band ihn um den Kopf.

Obwohl sie die Strecke noch nie gefahren war, durchquerte der Zug eine seltsam vertraute Gegend: Hohe Bäume, in Dunst gehüllt, fahl erhellt vom boshaften Mondschein, ragten ohne Unterbrechung oder Lichtung steil zu beiden Seiten auf. Der Himmel darüber war ein hartes, unergründliches Blau, übersät mit Sternen, die hie und da blasser wurden. Sie konnte Rauchfahnen sehen, die hinter der Lokomotive herzogen wie langgestreckte Haufen von Ektoplasma. In einer Ecke der Plattform warf eine rote Kerosinlaterne einen bunten Schatten.

Sie fand eine Zigarette und versuchte sie anzuzünden: Der Wind blies Streichholz um Streichholz aus, bis nur noch eines übrig war. Sie ging in die Ecke, in der die Laterne brannte, und wölbte schützend die Hände um das letzte Streichholz: Es flammte auf, zischte, erlosch. Ärgerlich warf sie die Zigarette und das leere Briefchen weg; die ganze Anspannung in ihr verstärkte sich bis zur Verzweiflung, und sie schlug mit der Faust auf die Wand und begann leise zu wimmern wie ein überreiztes Kind.

Ihr Kopf schmerzte von der eisigen Kälte, und sie sehnte sich danach, wieder in den warmen Wagen zu gehen und zu schlafen. Aber sie konnte nicht, zumindest noch nicht; und es hatte keinen Sinn, sich nach dem Grund zu fragen, denn sie kannte die Antwort sehr wohl. Laut, teils um zu verhindern, dass ihre Zähne klapperten, teils weil sie die Beruhigung ihrer eigenen Stimme brauchte, sagte sie: »Wir sind jetzt in Alabama, glaube ich, und morgen werden wir in Atlanta sein und ich bin neunzehn und im August werde ich zwanzig und ich bin Studentin…« Sie sah sich in der Dunkelheit um, hoffte, eine Andeutung von Morgengrauen zu entdecken, und stieß nur auf die gleiche endlose Wand der Bäume, den gleichen frostigen Mond. »Ich hasse den Mann, er ist grauenhaft, und ich hasse ihn.« Sie hielt inne, peinlich berührt von ihrer Torheit und zu müde, um der Wahrheit auszuweichen: Sie hatte Angst.

Plötzlich verspürte sie den unheimlichen Drang, hinzuknien und die Laterne zu berühren. Das zierliche Glasgehäuse war warm, und der rote Schein drang durch ihre Hände, ließ sie leuchten. Die Hitze taute ihre Finger auf und kribbelte auf ihren Armen.

Sie war so gedankenverloren, dass sie nicht hörte, wie die

Tür geöffnet wurde. Die Räder des Zuges, die ihr Klicketi-klack-klicketi-klack donnerten, übertönten den Klang der Schritte des Mannes.

Ein subtiles Unbehagen warnte sie schließlich; dennoch vergingen Sekunden, ehe sie es wagte, sich umzublicken.

Er stand mit stummer Distanziertheit da, den Kopf schiefgelegt, die Arme seitlich herabhängend. Als sie hinauf in sein harmloses, leeres Gesicht sah, das vom Laternenschein leuchtend gerötet war, wusste Kay, wovor sie Angst hatte: vor einer Erinnerung, einer kindlichen Erinnerung an Schrecken, die einst, vor langer Zeit, über ihr geschwebt hatten wie gespenstische Äste an einem Baum der Nacht. Tanten, Köchinnen, Fremde – alle bereit, Geschichten zu erzählen oder einen Reim zu lehren von Spuk und Tod, von Omen, Geistern, Dämonen. Und immer die unweigerliche Drohung mit dem bösen Zauberer: Bleib dicht beim Haus, Kind, sonst holt dich der böse Zauberer und frisst dich bei lebendigem Leib! Er lebte überall, der böse Zauberer, und überall lauerte Gefahr. Hörst du es, nachts im Bett, wie er ans Fenster klopft? Horch!

Sich am Geländer festhaltend, schob sie sich langsam hoch, bis sie aufrecht stand. Der Mann nickte und deutete mit der Hand auf die Tür. Kay holte tief Luft und machte einen Schritt vorwärts. Gemeinsam gingen sie hinein.

Die Luft im Wagen war starr vor Schlaf: Ein einziges Licht erhellte noch den Wagen, schuf eine Art künstliche Dämmerung. Es gab nur das gemächliche Schwanken des Zuges und das leise Rascheln weggeworfener Zeitungen.

Die Frau allein war hellwach. Man sah deutlich, dass sie

sehr erregt war: Sie fingerte an ihren Locken und den Zelluloidkirschen herum, und ihre dicken kurzen Beine, an den Knöcheln gekreuzt, schwangen aufgeregt vor und zurück. Sie schenkte Kay keine Beachtung, als diese sich setzte. Der Mann ließ sich auf seinem Platz nieder, das eine Bein unter sich geschoben und die Arme vor der Brust verschränkt.

Bemüht, unbefangen zu wirken, griff Kay nach einer Zeitschrift. Sie merkte, dass der Mann sie beobachtete, den Blick nicht einen Moment von ihr abwandte: Sie wusste es, obwohl sie Angst hatte, sich zu vergewissern, und sie wollte aufschreien und alle im Wagen wecken. Aber angenommen, sie hörten es nicht? Was, wenn alle gar nicht *schliefen?* Tränen traten ihr in die Augen, vergrößerten und verzerrten das Gedruckte auf der Seite, bis es zu einem verschwommenen Fleck wurde. Sie schlug die Zeitschrift unvermittelt heftig zu und sah die Frau an.

»Ich kaufe ihn«, sagte sie. »Den Talisman, meine ich. Ich kaufe ihn, wenn das alles ist – alles, was Sie wollen.«

Die Frau gab keine Antwort. Sie lächelte teilnahmslos und wandte sich dem Mann zu.

Vor Kays Augen schien das Gesicht des Mannes seine Form zu verändern und zu entschwinden wie ein mondförmiger Stein, der unter die Wasseroberfläche sinkt. Eine warme Trägheit bemächtigte sich ihrer. Sie war sich undeutlich bewusst, dass die Frau ihr die Handtasche wegnahm und dass sie ihr sanft den Regenmantel über den Kopf zog wie ein Leichentuch.

DER KOPFLOSE FALKE

Jene sind abtrünnig geworden vom Licht und kennen seinen Weg nicht und kehren nicht wieder zu seiner Straße. Im Finstern bricht man in die Häuser ein; des Tages verbergen sie sich miteinander und scheuen das Licht. Denn wie wenn der Morgen käme, ist ihnen alles Finsternis; denn sie sind bekannt mit den Schrecken der Finsternis.

Hiob 24: 13, 16, 17

I

Vincent schaltete das Licht in der Galerie aus. Draußen, nach Abschließen der Tür, strich er die Krempe seines eleganten Panamahutes glatt und brach Richtung Third Avenue auf, den Schirm im Takt auf das Pflaster setzend. Die Aussicht auf Regen hatte den Tag seit dem frühen Morgen verdüstert, und ein Himmel aus aufgeblähten Wolken trübte die Fünf-Uhr-Sonne; aber es war heiß, feucht wie tropischer Dunst, und Stimmen, die durch die graue Juli-Straße drangen, gedämpft und seltsam klangen, hatten einen gereizten Unterton. Vincent war, als bewegte er sich unter dem Meer. Busse, die die Stadt auf der Fifty-seventh Street durchquerten, wirkten wie grünbäuchige Fische, und Gesichter tauchten auf und schaukelten wie auf Wellen tanzende Masken. Er musterte jeden Passanten, suchte nach jemandem, und bald darauf sah er sie, ein Mädchen in einem grünen Regenmantel. Sie stand an der südlichen Ecke der Kreuzung Fifty-seventh Street und Third Avenue, stand einfach, eine Zigarette rauchend, da und vermittelte irgendwie den Eindruck, als summte sie ein Lied. Der Regenmantel war durchsichtig. Sie trug dunkle Hosen, keine Socken, geflochtene mexikanische Sandalen, ein weißes Herrenhemd. Ihr Haar war rehbraun und geschnitten wie das eines Jungen. Als sie Vincent über die Straße auf sich zukommen sah, warf sie die Zigarette weg und eilte den Häuserblock entlang zum Eingang eines Antiquitätengeschäfts.

Vincent verlangsamte seine Schritte. Er holte ein Taschentuch heraus und tupfte sich die Stirn ab; wenn er doch nur weg könnte, in Urlaub fahren, in der Sonne liegen. Er kaufte eine Abendzeitung und ließ das Wechselgeld fallen. Es kullerte in den Rinnstein, verschwand geräuschlos durch ein Kanalgitter. »Ist doch bloß 'n Fünfer, Chef«, sagte der Zeitungsverkäufer, da Vincent, der den Verlust gar nicht bemerkt hatte, untröstlich wirkte. Und das war inzwischen öfter so, nie ganz anwesend, nie sicher, ob ein Schritt ihn rückwärts oder vorwärts führen würde, nach oben oder nach unten. Betont lässig, den Griff des Schirms über den Arm gehängt und die Augen auf die Schlagzeilen der Zeitung konzentriert – aber was zum Teufel stand da eigentlich? –, ging er in südlicher Richtung weiter. Eine Frau mit dunklem Teint, die eine Einkaufstasche trug, rempelte ihn an, stierte, murmelte grob etwas in hitzigem Italienisch. Der raue Ton ihrer Stimme schien durch Wollschichten zu kommen. Als er sich dem Antiquitätengeschäft näherte, wo das Mädchen mit dem grünen Regenmantel wartete, ging er noch langsamer, zählte eins, zwei, drei, vier, fünf, sechs – bei sechs stand er vor dem Schaufenster.

Im Schaufenster sah es aus wie auf einem Dachboden: die ausrangierten Dinge eines ganzen Lebens türmten sich zu einer Pyramide ohne besonderen Wert: leere Bilderrahmen, eine lavendelfarbene Perücke, altmodische Seifenschalen, Lampenschirme aus Glasperlen. Eine orientalische Maske hing an einer Schnur von der Decke, und der Wind von einem Ventilator, der drinnen im Laden surrte, ließ sie langsam um sich selbst kreisen. Vincent hob, Stück für Stück, den Blick und sah das Mädchen direkt an. Sie hielt sich noch immer am Eingang auf, so dass er ihr Grün wellig verzerrt durch zwei Scheiben sah: oben brauste die Hochbahn, und das Fenster zitterte. Ihre Gestalt dehnte sich aus wie ein Spiegelbild auf Silbergeschirr, nahm dann allmählich wieder feste Form an: Sie beobachtete ihn.

Er steckte sich eine Old Gold in den Mund, kramte nach Streichhölzern, fand keines und seufzte. Das Mädchen trat aus dem Eingang. Sie hielt ihm ein billiges kleines Feuerzeug hin; als die Flamme auflöderte, fixierten ihn ihre Augen, fahl, ohne Tiefe, katzengrün, mit alarmierender Intensität. Ihre Augen hatten einen erstaunten, ja entsetzten Ausdruck, als wären sie, da sie einst Schreckliches mitangesehen hatten, weit aufgerissen erstarrt. Saloppe Ponyfransen säumten ihre Stirn: der jungenhafte Haarschnitt betonte den kindlichen und etwas romantischen Charakter ihres schmalen, hohlwangigen Gesichts. Es war die Art von Gesicht, die man gelegentlich auf Gemälden mittelalterlicher Jünglinge sieht.

Den Rauch durch die Nase ausströmen lassend, fragte sich Vincent, wohlwissend, dass Nachfragen zwecklos war, wie immer, wovon sie lebte und wo. Er schnippte die Zigarette weg, denn er hatte sie eigentlich gar nicht gewollt, drehte sich dann um und überquerte rasch die Straße unter der Hochbahn; als er sich dem Bürgersteig näherte, hörte er Bremsen quietschen, und plötzlich, als wären Wattepfropfen aus seinen Ohren geflogen, drang Großstadtlärm auf ihn ein. Ein Taxifahrer brüllte: »Verdammt nochmal, Kleine, nimm die Beine in die Hand!«, doch das Mädchen drehte sich nicht einmal um: mit starrem Blick, unbeirrt wie eine Schlafwandlerin und die Augen geradeaus auf Vincent gerichtet, der stumm zusah, ging sie über die Straße. Ein junger Farbiger, der einen knalligen violetten Anzug trug, nahm ihren Ellbogen. »Is' Ihnen schlecht, Miss?«, sagte er, während er sie weiterführte, und sie gab keine Antwort. »Sie sehen ganz schön komisch aus, Miss. Wenn Ihnen schlecht is', ich...«, dann, der Richtung ihres Blickes folgend, ließ er sie los. Da war etwas, das ihn innerlich ganz still machte. »Äh – alles klar«, murmelte er, trat grinsend zurück und zeigte seine mit Zahnstein belegten Zähne.

Also ging Vincent entschlossen weiter, und sein Schirm sandte Block um Block eine Art Code aus. Sein Hemd war mit juckendem Schweiß durchtränkt, und die Geräusche, ganz laut jetzt, hämmerten in seinem Kopf: eine Autohupe, die »*My Country 'Tis of Thee*« spielte, elektrische Funken, die bläulich knisternd von donnernden Schienen flogen, Whiskeygelächter, das aus trostlosen Türen nach schalem Bier riechender Bars schlug, wo orchideenartige Automaten amerikanische Musik produzierten – *I got spurs that jingle jangle jingle.* Hin und wieder erhaschte er einen Blick von ihr, einmal reflektiert im Schaufenster von Paul's Seafood Palace, wo sich scharlachrote Hummer auf einem Strand aus geschabtem Eis reckten. Sie folgte dicht hinter ihm, die Hände in den Taschen ihres Regenmantels vergraben. Die grellen Lichter eines Kino-Vordaches blinkten, und ihm fiel ein, wie sehr sie Filme liebte: Kriminalfilme, Spionagethriller, Wildwestfilme. Er bog in eine Seitenstraße ein, die zum East River führte; es war ruhig hier, so still wie sonntags: ein schlendernder Matrose, der Eis am Stiel lutschte, lebhafte Zwillinge, die seilhüpften, eine feine alte Dame mit gardenienweißem Haar, die Spitzenvorhänge zur Seite schob und lustlos ins regendunkle Leere spähte – eine Großstadtlandschaft im Juli. Und hinter ihm das leise beharrliche Tappen von Sandalen. Verkehrsampeln an der Second Avenue sprangen auf Rot; an der Ecke ein bärtiger Zwerg, Ruby der Popcornmann, der kreischte: »Heißes Popcorn, große Tüte, ja?« Vincent schüttelte den Kopf, und der Zwerg schien verärgert zu sein, doch dann rief er höhnisch: »Na also!«, und stieß seine Schaufel in den von Kerzen beleuchteten Käfig, wo platzende Maiskörner auf und ab hüpften wie toll gewordene Nachtfalter. »Na also, die junge Dame weiß, dass Popcorn nahrhaft ist.« Sie kaufte welches für zehn Cent, und es war in einer grünen Tüte, passend zu ihrem Regenmantel, passend zu ihren Augen.

Das ist mein Viertel, meine Straße, das Haus mit dem Türchen ist das, wo ich wohne. Sich dies ins Gedächtnis zu rufen, war insofern notwendig, als er seinen Realitätssinn gegen ein Wissen um Zeit und Raum eingetauscht hatte. Er blickte dankbar auf säuerliche, verblühte Damen, auf die Pfeife schmauchenden Männer, die auf den Sandsteinstufen vor den umliegenden Häusern hockten. Neun blasse kleine Mädchen umringten kreischend einen fahrbaren Blumenstand, bettelten um Margeriten, um sie sich ins Haar zu stecken, doch der Händler sagte: »Haut ab!«, und davonspritzend wie Perlen eines gerissenen Armbands, drehten sie sich auf der Straße, wobei die Wilderen vor Lachen Luftsprünge machten und die Schüchternen, schweigend und abseits, sommerwelke Gesichter gen Himmel hoben: Der Regen, wollte er denn nie kommen?

Vincent, der eine Wohnung im Erdgeschoss hatte, ging einige Stufen hinunter und holte sein Schlüsselmäppchen hervor; blieb dann hinter der Haustür stehen und sah durch das Guckloch im Holz hinaus. Das Mädchen wartete oben auf dem Bürgersteig; sie lehnte sich an ein Sandsteingeländer, und ihre Arme sanken schlaff herab – und Popcorn rieselte wie Schnee um ihre Füße. Ein schmutziger kleiner Junge schlich verstohlen näher, um darin zu picken wie ein Eichhörnchen.

2

Für Vincent war es ein Feiertag. Niemand hatte den ganzen Vormittag lang in der Galerie vorbeigeschaut, was, angesichts des arktischen Wetters, nicht ungewöhnlich war. Er saß an seinem Schreibtisch, verschlang Mandarinen und amüsierte sich köstlich über eine Kurzgeschichte von Thurber in einem alten *New Yorker*. Da er laut lachte, hörte er das Mädchen nicht hereinkommen, sah sie nicht über den dunklen Teppich gehen, bemerkte sie überhaupt nicht, bis das Telefon klingelte. »Galerie Garland, guten Tag.« Sie war sonderbar, ganz zweifellos, dieser unschickliche Haarschnitt, die tiefelosen Augen – »Ah, Paul. *Comme çi, comme ça*, und dir?« – und angezogen wie eine Schießbudenfigur: kein Mantel, nur ein Holzfällerhemd, marineblaue Hosen und – war das ein Witz? – rosa Söckchen, geflochtene mexikanische Sandalen. »Ins Ballett? Wer tanzt? Ach, die!« Unter dem Arm trug sie ein flaches Paket, das in die Comicseiten einer Zeitung eingewickelt war – »Hör mal, Paul, kann ich dich zurückrufen? Ich habe Kundschaft...«, und den Hörer einhängend, ein geschäftsmäßiges Lächeln aufsetzend, stand er auf. »Ja?«

Ihre Lippen, krustig aufgesprungen, zitterten vor unausgesprochenen Worten, als hätte sie möglicherweise einen Sprachfehler, und ihre Augen rollten in ihren Höhlen wie Murmeln. Es war die Art von aufgeschreckter Schüchternheit, die man mit Kindern verbindet. »Ich habe ein Bild«, sagte sie. »Sie kaufen doch Bilder?«

Sofort wurde Vincents Lächeln starr. »Wir stellen aus.«

»Ich habe es selbst gemalt«, sagte sie, und ihre Stimme, heiser und leicht nuschelnd, verriet, dass sie aus den Südstaaten kam. »Das Bild – habe ich gemalt. Eine Dame sagte mir, dass es hier Geschäfte gibt, die Bilder kaufen.«

Vincent sagte: »Ja, sicher, aber eigentlich« – und er machte eine hilflose Geste – »eigentlich habe ich keinerlei Befugnisse. Mr. Garland – ihm gehört die Galerie, müssen Sie wissen – ist leider verreist.« Wie sie da auf der weiten Fläche des edlen Teppichs stand, den Körper unter dem Gewicht ihres Pakets zur Seite gebeugt, sah sie aus wie eine armselige Stoffpuppe. »Vielleicht«, begann er, »vielleicht Henry Krueger weiter oben in Nummer fünfundsechzig…«, doch sie hörte nicht zu.

»Ich habe es selbst gemacht«, beteuerte sie leise. »Dienstag und Donnerstag waren unsere Mal-Tage, und ich habe ein ganzes Jahr daran gearbeitet. Die anderen, die haben es immer wieder verschandelt, und Mr. Destronelli…« Unvermittelt, wie sich einer Indiskretion bewusst, brach sie ab und biss sich auf die Unterlippe. Ihre Augen wurden schmal. »Er ist doch kein Freund von Ihnen?«

»Wer?«, sagte Vincent verwirrt.

»Mr. Destronelli.«

Er schüttelte den Kopf und fragte sich, warum ihm Exzentrizität immer diese eigenartige Bewunderung einflößte. Das gleiche Gefühl hatte er als Kind bei Missgeburten auf dem Jahrmarkt gehabt. Und es traf zu, dass bei allen, die er geliebt hatte, immer irgendetwas nicht ganz stimmte, kaputt war. Seltsam jedoch, dass diese Eigenart, nachdem sie eine Anziehungskraft bewirkt hatte, diese, in seinem Fall, regelmäßig beendete, indem sie sie zerstörte. »Natürlich habe ich keine Befugnisse«, sagte er noch einmal und fegte Mandarinenschalen in den Papierkorb, »aber wenn Sie möchten, kann ich mir Ihr Werk ja einmal ansehen.«

Eine kurze Pause, bevor sie, auf dem Boden kniend, die Verpackung aus Comicseiten abzunehmen begann. Ursprünglich waren sie, wie Vincent bemerkte, eine Beilage der *Times-Picayune* in New Orleans gewesen. »Sie sind aus dem Süden, habe ich recht?«, sagte er. Sie blickte nicht auf, aber er sah, wie sich ihre Schultern versteiften. »Nein«, sagte sie. Lächelnd überlegte er einen Moment, kam zu dem Schluss, dass es taktlos wäre, gegen eine so offenkundige Lüge zu protestieren. Oder konnte sie ihn missverstanden haben? Und mit einem Mal verspürte er das heftige Verlangen, ihren Kopf zu berühren, das jungenhafte Haar anzufassen. Er schob die Hände in die Hosentaschen und blickte zum Fenster. Es war mit Februarfrost überzogen, und irgendjemand hatte eine Obszönität auf die Scheibe gekratzt. »Da«, sagte sie.

Eine kopflose Gestalt in einer Art Mönchskutte lag selbstgefällig auf einer schäbigen Varietékiste ausgestreckt; in der einen Hand hielt sie eine qualmende blaue Kerze, in der anderen einen winzigen goldenen Käfig, und ihr abgetrennter Kopf lag blutend zu ihren Füßen: Es war der Kopf des Mädchens, doch hier war ihr Haar lang, sehr lang, und ein schneeweißes Kätzchen mit kristallhellen funkelnden Augen haschte verspielt, wie bei einem Garnknäuel, nach den ausgebreiteten Enden. Die Flügel eines Falken, kopflos, grellrote Brust, kupferfarbene Klauen, schlossen den Hintergrund ab wie ein Himmel in der Abenddämmerung. Es war ein krudes Gemälde, die harten reinen Farben aufgetragen mit männlicher Brutalität, und obwohl keine handwerklichen Vorzüge erkennbar waren, besaß es jene Kraft, die man oft in etwas findet, das tief empfunden, aber primitiv ausgedrückt ist. Vincent reagierte wie stets, wenn gelegentlich eine Phrase in einem Musikstück überraschend einen Ton inneren Wiedererkennens anschlug oder eine Reihe von Worten in einem Gedicht ihm ein Geheimnis enthüllte, das ihn selbst betraf: Er spürte, wie ihm ein heftiger Schauder des Entzückens den Rücken hinunterlief. »Mister Garland ist in Florida«, sagte er vorsichtig. »aber ich glaube, er sollte es sich anschauen; könnten Sie es nicht für, sagen wir, eine Woche hierlassen?«

»Ich hatte einen Ring, und ich habe ihn verkauft«, sagte sie, und er hatte das Gefühl, sie spreche wie in Trance. »Es war ein schöner Ring, ein Ehering – nicht meiner– mit einer Inschrift darauf. Ich hatte auch einen Wintermantel.« Sie drehte an einem ihrer Hemdknöpfe, zog, bis er abriss und über den Teppich rollte wie ein perlgraues Auge. »Ich will nicht viel – fünfzig Dollar; ist das unangemessen?«

»Zu viel«, sagte Vincent schroffer, als er beabsichtigt hatte. Jetzt wollte er ihr Gemälde, nicht für die Galerie, sondern für sich selbst. Es gibt bestimmte Kunstwerke, die mehr Interesse an ihren Urhebern erregen als an dem, was diese geschaffen haben, gewöhnlich deshalb, weil man in diesen Werken etwas erkennt, das einem bis zu diesem Augenblick eine persönliche unausdrückbare Empfindung zu sein schien, und man sich fragt: Wer ist dieser Mensch, der mich kennt, und wie kommt das? »Ich gebe Ihnen dreißig.«

Einen Moment lang starrte sie ihn stupide an, und dann, tief Atem holend, streckte sie die Hand aus, Handfläche nach oben. Diese Direktheit, zu unschuldig, um anstößig zu sein, brachte ihn aus der Fassung. Peinlich berührt sagte er: »Es tut mir wirklich schrecklich leid, aber ich muss Ihnen einen Scheck schicken. Könnten Sie…?« Das Telefon unterbrach ihn, und als er an den Apparat ging, folgte sie ihm mit ausgestreckter Hand, einen verzweifelten Blick im spitz gewordenen Gesicht. »Ah, Paul, kann ich zurückrufen? Ah, ich verstehe. Dann bleib kurz dran.« Er drückte die Sprechmuschel an die Schulter und schob Block und Bleistift über den Schreibtisch. »Hier, schreiben Sie Ihren Namen und Ihre Adresse auf.«

Doch sie schüttelte den Kopf, und der benommene, ängstliche Ausdruck verstärkte sich.

»Für den *Scheck*«, sagte Vincent, »ich muss Ihnen einen Scheck schicken. Bitte Ihren Namen und Ihre Adresse.« Er grinste aufmunternd, als sie endlich zu schreiben begann.

»Entschuldige, Paul… Wessen Party? So ein Luder, sie hat mir keine Einladung… He!«, rief er, da das Mädchen Richtung Tür ging. »Warten Sie!« Kalte Luft drang in die Galerie, und die Tür schlug glasklirrend zu. Hallohallohallo. Vincent antwortete nicht; er stand da und rätselte über die merkwürdigen Angaben, die sie auf seinem Block hinterlassen hatte: D.J. – YWCA. Hallohallohallo.

Es hing über seinem Kamin, das Gemälde, und in Nächten, in denen er nicht schlafen konnte, schenkte er sich ein Glas Bourbon ein und sprach mit dem kopflosen Falken, erzählte ihm sein Leben: Er war, so sagte er, ein Dichter, der nie Gedichte geschrieben hatte, ein Maler, der nie gemalt hatte, ein Liebender, der nie (uneingeschränkt) geliebt hatte – kurz gesagt, ein Mensch ohne Ziel, und völlig kopflos. Nicht dass er sich nicht bemüht hätte – ein guter Anfang jedes Mal, ein schlechter Ausgang jedes Mal. Vincent, weiß, männlich, Alter sechsunddreißig, College-Absolvent: ein Mann auf hoher See, fünfzig Meilen vom Ufer; ein Opfer, geboren, ermordet zu werden, sei es von sich selbst oder einem anderen; ein Schauspieler ohne Engagement. Es war alles da, hier in diesem Gemälde, alles zusammenhanglos und verzerrt, und wer war sie, dass sie so viel wusste? Die Erkundigungen, die er eingezogen hatte, hatten zu nichts geführt; kein anderer Händler kannte sie, und nach einer D.J. zu suchen, die vermutlich in einem Wohnheim des YWCA lebte, erschien absurd. Zudem hatte er wirklich erwartet, dass sie wieder auftauchen würde, doch der Februar verging, und der März. Eines Abends, als er den Platz vor dem Plaza Hotel überquerte, passierte ihm etwas Seltsames. Die altertümlichen Droschkenkutscher, die die freie Fläche säumen, zündeten gerade ihre Kutscherlampen an, denn es dämmerte, und Lampenlicht fiel durch rauschende Blätter. Eine Droschke setzte sich in Bewegung und rollte im Zwielicht vorbei. Sie hatte nur einen Fahrgast, und diese Person, deren Gesicht er nicht sehen konnte, war ein Mädchen mit kurzen rehbraunen Haaren. Also ließ er sich auf einer Bank nieder und, um sich die Zeit zu vertreiben, plauderte mit einem Soldaten und einem schwulen farbigen Jungen, der Gedichte zitierte, und einem Mann, der einen Dackel ausführte: Nachtgestalten, mit denen er wartete – aber die Kutsche mit der, auf die er wartete, kam nicht zurück. Ein andermal sah er sie (oder glaubte es zumindest) eine U-Bahn-Treppe hinuntergehen und verlor sie dann in den gekachelten Tunneln voll aufgemalter Pfeile und Kaugummi-Automaten. Es war, als wäre ihr Gesicht seinem Geist aufgeprägt; er konnte es nicht abschütteln, so wenig wie beispielsweise ein Toter angeblich seine Augen vom letzten Anblick frei machen kann. Mitte April fuhr er hinauf nach Connecticut, um ein Wochenende bei seiner verheirateten Schwester zu verbringen; war angespannt, sarkastisch und, wie sie klagte, überhaupt nicht er selbst. »Was ist los, Vinny-Schätzchen – falls du Geld brauchst...« – »Ach, sei still!«, sagte er. »Dann ist er bestimmt verliebt«, hänselte sein Schwager. »Komm schon, Vinny, gib's zu; wie ist sie denn so?« Und das Ganze brachte ihn so auf, dass er mit dem nächsten Zug heimfuhr. Aus einer Telefonzelle in der Grand Central Station rief er an, um sich zu entschuldigen, doch eine Übelkeit erregende Nervosität rumorte in ihm, und er legte auf, während das Fräulein vom Amt noch die Verbindung herzustellen versuchte. Er musste etwas trinken. Etwa eine Stunde verbrachte er in der Commodore Bar, wo er vier Daiquiri kippte – es war Samstag, es war neun, er hatte nichts vor, außer er unternahm es alleine, er tat sich selbst leid. Im Park dann, hinter der öffentlichen Bibliothek, wandelten Pärchen flüsternd unter

Bäumen, und das Wasser der Trinkbrunnen gluckste leise, so wie ihre Stimmen, aber bei allem, was ihm der helle Aprilabend bedeutete, hätte Vincent, ein wenig betrunken und ziellos herumwandernd, genauso gut alt sein können, so wie die auf den Bänken sitzenden Greise, die Schleim abhusteten.

Auf dem Land ist der Frühling eine Zeit, in der sich kleine Ereignisse lautlos ereignen, Hyazinthentriebe in einem Garten sprießen, Weiden plötzlich in einem frostigen Feuer von Grün erstrahlen, die Zeit der länger werdenden Tage mit langanhaltender Dämmerung und mitternächtlichem Regen, der Flieder erblühen lässt; in der Großstadt dagegen gibt es das Gedudel der Leierkastenmänner, und Gerüche, vom Winterwind ungemildert, verstopfen die Luft; lange geschlossene Fenster gehen auf, und Gesprächsfetzen, die aus einem Zimmer dringen, kollidieren mit dem Gebimmel eines Hausierers. Es ist die tolle Zeit der Luftballons und Rollschuhe, der Hinterhof-Baritone und der Männer mit verrückten Geschäftsideen, so wie der, der gerade hochsprang wie ein Schachtelmännchen. Er war alt, hatte ein Teleskop und ein Schild: »25 Cent. Ein Blick auf den Mond! Ein Blick auf die Sterne! 25 Cent.« Kein Stern konnte den grellen Schein einer Großstadt durchdringen, doch Vincent sah den Mond, eine weiße, schattenreiche Scheibe, und dann das blendende Licht elektrischer Glühbirnen: Four Roses, Bing Cro –. Er bewegte sich durch eine nach Karamell duftende Schalheit, schwamm durch Meere aus käseweißen Gesichtern, Neon und Dunkelheit. Das Plärren einer Jukebox wurde durch donnerndes Gewehrfeuer übertönt, eine Pappkarton-Ente fiel um, und jemand kreischte: »He, Iggy!« Es war eine Vergnügungsstätte am Broadway, ein Spielsalon, und von Wand zu Wand vollgepackt mit großspurigen Samstagsbesuchern. Er sah sich ein billiges Filmchen an *(Was der Schuhputzer sah)* und ließ sich von einer Wachs-Zigeunerin wahrsagen, die hinter Glas anzüglich grinste: »Sie haben eine liebevolle Natur...«, doch er las nicht weiter, denn vorn bei der Jukebox lockte ein interessantes Schauspiel. Eine dichte Menge junger Leute, die im Takt zu Jazzmusik klatschten, hatte einen Kreis um zwei farbige Tänzerinnen gebildet. Die beiden wiegten sich langsam und unbefangen wie Liebende, wippten und stampften und rollten ernste wilde Augen, die Muskeln in rhythmischem Einklang mit den Läufen einer Klarinette, dem anschwellenden Wirbel einer Trommel. Vincents Blick wanderte durch das Publikum, und als er sie sah, überlief ihn ein lebhafter Schauer, denn etwas von der Heftigkeit des Tanzes spiegelte sich in ihrem Gesicht. Sie stand neben einem großen hässlichen Burschen, und es war, als wäre sie eine Schlafende und die Negerinnen ein Traum. Trompete-Trommel-Klavier, die wimmernd die quäkende Stimme einer jungen Schwarzen begleiteten, heulten einem furiosen Finale zu. Das Klatschen hörte auf, die Tänzerinnen trennten sich. Sie war jetzt allein; obwohl Vincents Instinkt ihn gehen hieß, bevor sie ihn bemerkte, trat er vor, und so sanft, wie man eine Schlafende weckt, berührte er leicht ihre Schulter. »Guten Abend«, sagte er mit zu lauter Stimme. Sie drehte sich um und starrte ihn an, die Augen klar und ausdruckslos. Erst trat Angst, dann

Verwirrung an die Stelle des toten, verlorenen Blicks. Sie machte einen Schritt rückwärts, und gerade als die Jukebox wieder zu plärren begann, fasste er sie am Handgelenk. »Erinnern Sie sich?«, half er nach. »Die Galerie? Ihr Gemälde?«

Sie blinzelte, ließ die Lider schläfrig über diese seltsamen Augen sinken, und er konnte das langsame Nachlassen der Spannung in ihrem Arm fühlen. Sie war dünner, als er sie in Erinnerung hatte, und hübscher, und ihre Haare, die sie hatte wachsen lassen, hingen lässig unordentlich herab. Ein Geschenkbändchen baumelte traurig an einer verirrten Strähne. Er wollte sagen: »Darf ich Sie auf einen Drink einladen?«, doch da lehnte sie sich an ihn, den Kopf an seine Brust geschmiegt wie ein Kind, und er sagte: »Willst du mit mir nach Hause kommen?« Sie hob das Gesicht; die Antwort, die schließlich kam, war ein Hauch, ein Wispern: »Bitte«, sagte sie.

Vincent zog sich aus, verstaute seine Sachen säuberlich im Wandschrank und bewunderte seine Nacktheit vor einer Spiegeltür. Er war nicht so stattlich, wie er glaubte, aber dennoch stattlich. Für seine bescheidene Körpergröße war er hervorragend proportioniert; sein Haar war dunkelblond, und sein feines, etwas stupsnasiges Gesicht hatte eine gute, gesunde Farbe. Das Rauschen von fließendem Wasser brach die Stille; sie war im Badezimmer, ließ sich ein Bad ein. Er zog einen locker sitzenden Flanellpyjama an, steckte sich eine Zigarette an, sagte: »Alles in Ordnung?« Das Wasser wurde abgestellt, langes Schweigen, dann: »Ja, danke.« Auf der Heimfahrt im Taxi hatte er versucht, Konversation zu machen, doch sie hatte kein Wort gesagt, nicht einmal, als sie die Wohnung betraten – und dies kränkte ihn, denn da er auf sein Heim geradezu weiblich stolz war, hatte er eine schmeichelhafte Bemerkung erwartet. Es bestand aus einem Zimmer mit enorm hoher Decke, einem Bad, einer Kochnische und einem Garten hinten. Bei der Einrichtung hatte er Modernes mit Antikem kombiniert und ein geschmackvolles Resultat erzielt. Die Wände schmückten ein Trio von Toulouse-Lautrec-Drucken, ein gerahmtes Zirkusplakat, das Gemälde von D.J., Photographien von Rilke, Nijinsky und der Duse. Auf einem Schreibtisch brannte ein Leuchter mit schlanken blauen Kerzen; das Zimmer, in ihr phantastisches Licht getaucht, flimmerte. Glastüren führten in den Garten. Er benutzte ihn kaum, denn es war unmöglich, ihn sauberzuhalten. Dort standen einige tote Tulpenstengel dunkel im Mondschein, ein kümmerlicher Götterbaum und ein alter verwitterter Stuhl, den der Vormieter zurückgelassen hatte. Vincent ging auf den kalten Steinplatten auf und ab in der Hoffnung, dass sich das benommene, betrunkene Gefühl, das er empfand, in der kühlen Luft verflüchtigte. In der Nähe wurde ein Klavier malträtiert, und oben an einem Fenster war das Gesicht eines Kindes. Er spielte mit einem Grashalm herum, als ihr langer Schatten quer durch den Garten fiel. Sie stand unter der Tür. »Komm nicht heraus«, sagte er, auf sie zugehend. »Es ist ein wenig kalt geworden.«

Sie hatte jetzt etwas reizvoll Weiches; sie wirkte weniger eckig, weniger anders als der Durchschnitt, und Vincent, der ein Glas Sherry anbot, war entzückt von der Zartheit, mit der sie es an ihre Lippen hob. Sie trug seinen Frottee Bademantel; er war ihr mehrere Nummern zu groß. Ihre Füße waren nackt, und sie zog sie neben sich auf die Couch. »Es ist wie in Glass Hill, das Kerzenlicht«, sagte sie und lächelte. »Meine Oma lebte in Glass Hill. Wir hatten es schön dort, manchmal; weißt du, was sie immer gesagt hat? Sie hat immer gesagt: ›Kerzen sind Zauberstäbe; zünde eine an, und die Welt ist ein Märchenbuch.‹«

»Muss ja eine langweilige alte Dame gewesen sein«, sagte Vincent, völlig betrunken. »Wir hätten uns vermutlich gehasst.«

»Granny hätte dich geliebt«, sagte sie. »Sie liebte alle Männer, jeden Mann, dem sie je begegnet ist, sogar Mr. Destronelli.«

»Destronelli?« Er hatte den Namen schon einmal gehört.

Ihre Augen glitten verstohlen zur Seite, und dieser Blick schien zu sagen: Es darf keine Ausflüchte zwischen uns geben, wir, die wir einander verstehen, haben das nicht nötig. »Ach, du weißt schon«, sagte sie mit einer Überzeugung, die unter normaleren Umständen überraschend gewesen wäre. Es war jedoch, als hätte er die Fähigkeit, überrascht zu sein, vorübergehend eingebüßt. »Den kennt doch jeder.«

Er legte den Arm um sie und zog sie näher. »Ich nicht«, sagte er und küsste ihren Mund, ihren Hals; sie war nicht besonders entgegenkommend, doch er sagte – und seine

Stimme war jugendlich unsicher geworden: »Noch nie begegnet, diesem Sowieso.« Er ließ seine Hand in ihren Bademantel gleiten, schob ihn von ihren Schultern. Über der einen Brust hatte sie ein Muttermal, klein und sternförmig. Er blickte auf die Spiegeltür, wo unruhiges Licht ihr gemeinsames Spiegelbild kräuselte, beide blass machte und unvollständig. Sie begann zu lächeln. »Wie sieht er aus«, sagte er, »dieser Sowieso?« Die Andeutung eines Lächelns erlosch, ein kleines affenartiges Stirnrunzeln verfinsterte kurz ihr Gesicht. Sie blickte hinauf zu ihrem Gemälde über dem Kamin, und ihm wurde klar, dass sie dem Bild zum ersten Mal Beachtung schenkte; sie schien etwas Spezielles darauf zu studieren, aber ob den Falken oder den Kopf, konnte er nicht sagen. »Nun«, sagte sie leise, sich fester an ihn drückend, »er sieht aus wie du, wie ich, wie fast jeder.«

Es regnete; im nassen Mittagslicht brannten noch zwei Kerzenstummel, und an einem offenen Fenster flatterten verloren graue Vorhänge. Vincent zog seinen Arm weg, der taub war vom Gewicht ihres Körpers. Darauf bedacht, kein Geräusch zu machen, glitt er aus dem Bett, blies die Kerzen aus, ging auf Zehenspitzen ins Bad und tauchte das Gesicht in kaltes Wasser. Auf dem Weg in die Kochnische ließ er seine Armmuskeln spielen, empfand dabei, wie schon lange nicht mehr, eine ausgesprochen männliche Freude an seiner Kraft, fühlte sich rundum als ganzer Mensch. Er machte Orangensaft, Rosinenbrot-Toast, eine Kanne Tee und stellte alles auf ein Tablett; dann trug er, so ungeschickt, dass alles auf dem Tablett klapperte, das Frühstück hinein und stellte es auf einen Tisch neben dem Bett.

Sie hatte sich nicht bewegt; ihr zerzaustes Haar breitete sich fächerförmig auf dem Kopfkissen aus, und die eine Hand ruhte in der Kuhle, in der sein Kopf gelegen hatte. Er beugte sich über sie und küsste ihre Lippen, und ihre Augenlider, blau vor Schlaf, zuckten. »Ja, ja, ich bin wach«, murmelte sie, und Regen, vom Wind erfasst, schlug wie Brandung gegen das Fenster. Er wusste irgendwie, dass es bei ihr keine der üblichen Geziertheiten geben würde: keine ausweichenden Blicke, keine verlegenen, vorwurfsvollen Pausen. Sie stützte sich auf den Ellbogen; sie sah ihn an, dachte Vincent, als wäre er ihr Ehemann, und als er ihr den Orangensaft reichte, lächelte er dankbar.

»Was ist heute?«

»Sonntag«, sagte er, schlüpfte wieder unter die Decke und stellte das Tablett auf seinen Schoß.

»Aber ich höre keine Kirchenglocken«, sagte sie. »Und es regnet.«

Vincent schnitt eine Scheibe Toast durch. »Das macht dir doch nichts aus, oder? Regen – ein so beruhigendes Geräusch.« Er schenkte Tee ein. »Zucker? Milch?«

Sie ging nicht darauf ein und sagte: »Heute ist Sonntag, und weiter? Ich meine, welcher Monat?«

»Wo lebst du eigentlich, etwa in der U-Bahn?«, sagte er grinsend. Und es verwirrte ihn, dass sie die Frage ernst gemeint haben könnte. »Oh, April… der soundsovielte April.«

»April«, wiederholte sie. »Bin ich schon lange hier?«
»Erst seit gestern Abend.«
»Oh.«

Vincent rührte seinen Tee um, und der Löffel klingelte in der Tasse wie ein Glöckchen. Toastkrümel fielen zwischen die Laken, und er dachte an die *Tribune* und die *Times*, die draußen vor der Tür warteten, doch an diesem Morgen übten sie keinen Reiz auf ihn aus; es war schöner, hier neben ihr im warmen Bett zu liegen, Tee zu trinken, dem Regen zu lauschen. Sonderbar, wenn man es sich recht überlegte, zweifellos höchst sonderbar. Sie kannte seinen Namen nicht, und er nicht ihren. Und so sagte er: »Ich schulde dir noch dreißig Dollar, ist dir das klar? Aber du bist selber schuld – so eine blödsinnige Adresse zu hinterlassen. Und D.J., wofür steht das eigentlich?«

»Ich glaube, ich sollte dir meinen Namen lieber nicht sagen«, sagte sie. »Ich könnte ohne weiteres einen erfinden: Dorothy Jordan, Delilah Johnson: verstehst du? Ich könnte alle möglichen Namen erfinden, und wenn er nicht wäre, würde ich dir den richtigen sagen.«

Vincent stellte das Tablett auf den Boden. Er drehte sich auf die Seite, so dass er sie ansah, und sein Herz schlug schneller. »Welcher er?« Obwohl ihr Gesichtsausdruck ruhig war, lag leise Verärgerung in ihrer Stimme, als sie sagte: »Wenn du ihn nicht kennst, dann verrate mir, warum ich hier bin.«

Schweigen, und draußen schien der Regen plötzlich auszusetzen. Ein Nebelhorn tutete auf dem Fluss. Er drückte sie an sich, fuhr mit den Fingern durch ihr Haar, und da er wollte, dass sie ihm Glauben schenkte, sagte er: »Weil ich dich liebe.«

Sie schloss die Augen. »Was ist aus ihnen geworden?«

»Aus wem?«

»Den anderen, zu denen du das gesagt hast.«

Der Regen setzte wieder ein, prasselte grau gegen das Fenster, fiel auf stille sonntägliche Straßen; Vincent, der ihm zuhörte, dachte zurück. Er dachte an seine Kusine Lucille, die arme, schöne, dumme Lucille, die den ganzen Tag dasaß und Seidenblumen auf Stoffreste stickte. Und Allen T. Baker – an den Winter, den sie in Havanna verbracht hatten, das Haus, in dem sie gewohnt hatten, bröckelnde Wände aus rosenfarbenem Stein; der arme Allen hatte geglaubt, es sei für immer. Und an Gordon. Gordon mit den verrückten gelben Haaren und einem Kopf voller elisabethanischer Balladen. Hatte er sich tatsächlich erschossen? Und Connie Silver, das taube Mädchen, die, die Schauspielerin hatte werden wollen – was war aus ihr geworden? Und aus Helen, Louise, Laura? »Da war nur eine«, sagte er, und für seine Ohren klang es wahr. »Nur eine, und die ist tot.«

Zärtlich, wie aus Mitgefühl, berührte sie seine Wange. »Wahrscheinlich hat er sie umgebracht«, sagte sie, und ihre Augen waren so nah, dass er die Umrisse seines Gesichts in ihrem Grün eingefangen sah. »Er hat nämlich Miss Hall umgebracht. Die netteste Frau auf der Welt, Miss Hall, und so hübsch, dass es einem den Atem verschlug. Ich hatte Klavierstunden bei ihr, und wenn sie Klavier spielte, wenn sie guten Tag sagte und wenn sie auf Wiedersehen sagte – es war, als würde mir das Herz stehen bleiben.« Ihre Stimme hatte einen unpersönlichen Ton angenommen, als spräche sie von Dingen, die in eine andere Epoche gehörten und die sie selbst nicht unmittelbar betrafen. »Es war Ende des Sommers, als sie ihn heiratete – im September, glaube ich. Sie ging nach Atlanta, und dort wurden sie getraut, und sie kam nie mehr zurück. Es passierte ganz plötzlich.« Sie schnalzte mit den Fingern. »Einfach so. Ich habe ein Bild von ihm in der Zeitung gesehen. Manchmal glaube ich, wenn sie gewusst hätte, wie sehr ich sie liebe – warum gibt es Menschen, denen man es nie sagen kann? –, dann hätte sie vielleicht nicht geheiratet; vielleicht wäre alles anders gekommen, so wie *ich* es wollte.« Sie drückte das Gesicht ins Kissen, und falls sie weinte, so war kein Ton zu hören.

Am zwanzigsten Mai wurde sie achtzehn; es erschien unglaublich – Vincent hatte sie für sehr viel älter gehalten. Er wollte sie auf einer Überraschungsparty vorstellen, hatte sich aber schließlich eingestehen müssen, dass dies keine gute Idee war. Erstens hatte er D.J., obwohl ihm das Thema ständig auf der Zunge lag, keinem seiner Freunde gegenüber auch nur ein einziges Mal erwähnt; zweitens konnte er sich entmutigend lebhaft vorstellen, welches Vergnügen es ihnen bereiten würde, ein Mädchen kennenzulernen, über das er, obwohl sie offen zusammenlebten, nichts wusste, nicht einmal den Namen. Dennoch verlangte der Geburtstag danach, gefeiert zu werden. Abendessen und ein Theaterbesuch kamen nicht in Frage. Sie hatte, was jedoch nicht seine Schuld war, kein einziges Kleid. Er hatte ihr über vierzig Dollar gegeben, damit sie sich etwas zum

Anziehen kaufte, und sie hatte es für Folgendes ausgegeben: eine lederne Windjacke, eine Garnitur Haarbürsten, einen Regenmantel, ein Feuerzeug. Auch der Koffer, den sie in die Wohnung gebracht hatte, hatte nichts weiter enthalten als Hotelseife, eine Schere, mit der sie sich die Haare stutzte, zwei Bibeln und eine abscheuliche kolorierte Fotografie. Die Fotografie zeigte eine affektiert lächelnde Frau mittleren Alters mit plumpen Gesichtszügen. Darauf stand eine Widmung: Alles Gute und viel Glück wünscht Martha Lovejoy Hall.

Weil sie nicht kochen konnte, aßen sie auswärts; sein Gehalt und ihre begrenzte Garderobe erlaubten meist nur das Automatenrestaurant – ihr Lieblingslokal: Die Makkaroni waren einfach köstlich! – oder eine der Snackbars an der Third Avenue. Und so wurde das Geburtstagsessen in einem Automatenrestaurant eingenommen. Sie hatte sich das Gesicht geschrubbt, bis die Haut rot glänzte, sich die Haare geschnitten und gewaschen und sich, mit der Unbeholfenheit einer Sechsjährigen, die die große Dame spielt, die Nägel lackiert. Sie trug die lederne Windjacke, an der das Veilchensträußchen befestigt war, das er ihr geschenkt hatte; es muss komisch ausgesehen haben, denn zwei pöbelhafte Mädchen, die an ihrem Tisch saßen, kicherten wie verrückt. Vincent sagte, wenn sie damit nicht aufhörten, dann…

»Was dann? Für wen halten Sie sich eigentlich?«

»Superman. Der Blödmann hält sich für Superman.«

Das war zu viel, und Vincent verlor die Beherrschung. Er stieß sich vom Tisch ab, so dass eine Ketchup-Flasche umfiel. »Lass uns hier verschwinden«, sagte er, doch D.J., die dem Wortwechsel keinerlei Beachtung geschenkt hatte, fuhr ungerührt fort, ihr Brombeerdessert zu löffeln; obwohl er wütend war, wartete er ruhig, bis sie fertig war, denn er respektierte ihre Distanziertheit, auch wenn er sich fragte, in welcher Zeit sie eigentlich lebte. Es war zwecklos, wie er festgestellt hatte, sie nach ihrer Vergangenheit zu fragen; und doch schien sie sich nur hin und wieder der Gegenwart bewusst zu sein, und es war anzunehmen, dass ihr die Zukunft nicht viel bedeutete. Ihr Geist war wie ein Spiegel, der in einem kahlen Baum blaue Leere zurückwirft.

»Was möchtest du jetzt machen?«, sagte er, als sie auf die Straße traten. »Wir könnten mit einer Droschke durch den Park fahren.«

Sie wischte sich mit dem Jackenärmel die Brombeerflecken ab, die ihre Mundwinkel färbten, und sagte: »Ich möchte ins Kino gehen.«

Ins Kino. Schon wieder. Im vergangenen Monat hatte er so viele Filme gesehen, dass Fetzen von Hollywood-Dialogen durch seine Träume hallten. Eines Samstags hatten sie auf ihr Drängen hin Karten für drei verschiedene Filmtheater gekauft, billige Kinos, wo der Geruch von Latrinenreiniger die Luft verpestete. Und jeden Morgen, bevor er zur Arbeit ging, legte er fünfzig Cent auf den Kaminsims – und ob Regen oder Sonnenschein, sie ging ins Kino. Vincent war jedoch so feinfühlig zu verstehen, warum; auch in seinem Leben hatte es eine Zeit des Übergangs gegeben, in der er jeden Tag ins Kino ging, sich oft mehrere Vorstellungen ein und desselben Films unmittelbar nacheinander anschaute; es war wie eine Art Religion, denn wenn er dort die wechselnden Muster aus Schwarz und Weiß verfolgte, wurde ihm eine ähnliche Gewissenserleichterung zuteil, wie sie ein Mensch findet, der bei seinem Priester beichtet.

»Handschellen«, sagte sie, eine Anspielung auf eine Episode in *Die neununddreißig Stufen,* die sie im Beverly in einer Hitchcock-Retrospektive gesehen hatten. »Die blonde Frau und der Mann, die mit Handschellen aneinandergefesselt sind – dabei musste ich an etwas anderes denken.« Sie stieg in einen Pyjama von ihm, befestigte das Veilchensträußchen am Rand ihres Kopfkissens und warf sich aufs Bett. »So ertappt zu werden, aneinandergekettet.«

Vincent gähnte. »Mhm«, sagte er und machte das Licht aus. »Nochmals herzlichen Glückwunsch zum Geburtstag, Liebling, ich hoffe, es war ein schöner Geburtstag.«

Sie sagte: »Ich war mal irgendwo, und da waren zwei Mädchen, die getanzt haben; sie waren so frei – es gab einfach nur sie beide und sonst niemand, und es war so schön wie ein Sonnenuntergang.« Sie schwieg geraume Zeit; dann, und ihre schleppende Stimme zog die Worte zusammen: »Es war wirklich nett von dir, mir Veilchen zu bringen.«

»Freut mich – gefallen haben«, antwortete er schläfrig. »Schade, dass sie sterben müssen.«

»Ja, dann gute Nacht.«

»Gute Nacht.«

Nahaufnahme. Oh, aber John, es ist doch nicht meinetwegen, wir müssen doch an die Kinder denken, eine Scheidung würde ihr Leben ruinieren! Ausblendung. Die Leinwand zittert; Trommelwirbel, Trompetenstöße: R.K.O. präsentiert…

Da ist ein Saal ohne Ausgang, ein Tunnel ohne Ende. Oben funkeln Kronleuchter, und windschiefe Kerzen schwimmen auf Luftströmen. Vor ihm ist ein alter Mann, der in einem Schaukelstuhl schaukelt, ein alter Mann mit blondgefärbten Haaren, gepuderten Wangen, Amorbogen-Lippen: Vincent erkennt Vincent. Geh weg, schreit Vincent, der junge und stattliche, aber Vincent, der alte und hässliche, kriecht auf allen vieren vorwärts und krabbelt ihm wie eine Spinne auf den Rücken. Drohungen, Bitten, Schläge, nichts kann ihn vertreiben. Und so jagt er mit seinem Schatten weiter, während sein Reiter auf und ab hüpft. Ein schlangenförmiger Blitz zuckt, und schlagartig wimmelt es im Tunnel vor Männern im Frack und Frauen in Abendkleidern aus Brokat. Er fühlt sich gedemütigt; für wie ungeschliffen müssen sie ihn halten, bei einer so eleganten Versammlung zu erscheinen, auf dem Rücken, wie Sindbad, einen widerlichen alten Mann. Die Gäste stehen versteinert paarweise herum, und niemand spricht. Dann bemerkt er, dass viele ebenfalls mit bösartigen, ihnen ähnelnden Gestalten beladen sind, äußerlichen Verkörperungen inneren Verfalls. Direkt neben ihm reitet ein eidechsenartiger Mann auf einem albinoäugigen Neger. Ein Mann kommt auf ihn zu, der Gastgeber; gedrungen, blühend, kahl, schreitet leichtfüßig, pedantisch in Lackschuhen aus; der eine Arm, steif abgewinkelt, trägt einen mächtigen kopflosen Falken, dessen Klauen um das Handgelenk gekrallt sind, Blut austreten lassend. Die Flügel des Falken breiten sich aus, während sein Meister vorbeistolziert. Auf einem Piedestal steht ein altmodisches Grammophon. Die Kurbel drehend, spielt der Gastgeber eine Platte ab: Ein blecherner, ausgeleierter Walzer lässt den purpurwindenförmigen Schalltrichter vibrieren.

Er hebt die Hand, und mit Sopranstimme verkündet er: »Achtung! Der Tanz beginnt.« Der Gastgeber mit seinem Falken schlängelt sich zwischen den Tänzern durch, die sich wiegen, im Kreis drehen. Die Wände weichen zurück, die Decke wird höher. Ein Mädchen gleitet in Vincents Arme, und eine brüchige, brutale Imitation seiner Stimme sagt: »Lucille, wie himmlisch; dieser exquisite Duft, sind das Veilchen?« Es ist Kusine Lucille, und dann, während sie den Raum umkreisen, verändert sich ihr Gesicht. Jetzt tanzt er mit einer anderen. »Ja, Connie, Connie Silver! Wie wundervoll, dich zu sehen«, kreischt die Stimme, denn Connie ist völlig taub. Plötzlich drängt sich ein Herr mit einer Schusswunde im Kopf dazwischen. »Gordon, verzeih mir, ich wollte nicht...«, doch sie sind fort, Gordon und Connie, tanzen miteinander. Wieder eine neue Partnerin. Es ist D.J., und auch an ihren Rücken klammert sich eine Gestalt, ein bezauberndes Kind mit kastanienbraunem Haar; wie ein Sinnbild der Unschuld drückt die Kleine ein schneeweißes Kätzchen an die Brust. »Ich bin schwerer, als ich aussehe«, sagt das Kind, und die schreckliche Stimme gibt zurück: »Aber ich bin der Schwerste von allen.«

Sobald sich ihre Hände berühren, spürt er, wie die Last auf ihm leichter wird; der alte Vincent verschwindet. Seine Füße verlassen den Boden, er schwebt aus ihrer Umarmung nach oben. Das Grammophon spielt lauter denn je, aber er steigt höher, und die weißen zurückbleibenden Gesichter schimmern unter ihm wie Pilze auf einer dunklen Wiese.

Der Gastgeber gibt den Falken frei, schickt ihn in die Lüfte. Vincent denkt, ganz egal, er ist blind, und die Bösen sind unter den Blinden sicher. Doch der Falke kreist über ihm, stößt herab, die Klauen voran; und endlich weiß er, es gibt für ihn keine Freiheit.

Und die Schwärze des Zimmers erfüllte seine Augen. Der eine Arm hing über die Bettkante, sein Kissen war auf den Boden gefallen. Instinktiv streckte er die Hand aus, suchte den mütterlichen Trost des Mädchens neben ihm. Die Laken glatt und kalt; Leere und der aufdringliche Geruch vertrocknender Veilchen. Er fuhr senkrecht hoch: »Du, wo bist du?«

Die Glastüren standen offen. Ein aschfahler Streifen Mondlicht lag auf der Schwelle, denn es war noch nicht hell, und in der Küche schnurrte der Kühlschrank wie eine riesige Katze. Ein Stapel Papier auf dem Schreibtisch raschelte. Vincent rief erneut, leise diesmal, als wollte er ungehört bleiben. Er stand auf, taumelte auf schwankenden Beinen vorwärts und blickte in den Garten. Dort war sie, lehnte, halb kniend, am Götterbaum. »Was?«, und sie wirbelte herum. Er konnte sie nicht deutlich sehen, nur eine dunkle stoffliche Form. Sie kam näher. Ein Finger lag auf ihren Lippen.

»Was ist los?«, flüsterte er.

Sie stellte sich auf die Zehenspitzen, und ihr Atem kitzelte in seinem Ohr. »Ich warne dich, geh wieder hinein.«

»Lass den Blödsinn«, sagte er mit normaler Stimme. »Barfuß hier draußen, du holst dir...«, doch sie hielt ihm mit der Hand den Mund zu.

»Ich habe ihn gesehen«, flüsterte sie. »Er ist hier.«

Vincent stieß ihre Hand weg. Es fiel ihm schwer, sie nicht zu schlagen. »Er! Er! Er! Was ist eigentlich los mit dir? Bist du« – zu spät versuchte er das Wort zu vermeiden – »wahnsinnig?« Da war es, das Eingeständnis einer Sache, die er gewusst hatte, die er seinen Verstand aber nicht in Worte hatte fassen lassen. Und er dachte: Warum sollte das etwas ändern? Ein Mann kann nicht verantwortlich gemacht werden für diejenigen, die er liebt. Falsch. Die schwachsinnige Lucille, die Mosaiken in Seide webte, seinen Namen auf Schals stickte; Connie, in ihrer stillen tauben Welt, die lauschend auf seine Schritte wartete, die sie doch gewiss hören würde; Allen T. Baker, der über sein Foto streicht, noch immer Liebe braucht, aber alt nun ist und verlassen – alle hatte er verraten. Und er hatte sich selbst verraten, mit verschleuderten Talenten, nie unternommenen Reisen, unerfüllten Erwartungen. Nichts schien ihm mehr geblieben zu sein, bis – ach, warum musste er in seinen Geliebten stets das Zerrbild seiner selbst entdecken? Jetzt, da er sie in der abnehmenden Dämmerung betrachtete, war sein Herz kalt angesichts des Todes der Liebe.

Sie ging zurück, wieder unter den Baum. »Lass mich allein«, sagte sie, mit den Augen die Fenster des Wohnblocks absuchend. »Nur einen Moment.«

Vincent wartete, wartete. Auf allen Seiten blickten Fenster herab wie die Türen in Träumen, und oben, vier Treppen höher, flatterte die Wäsche einer Familie auf der Leine. Der untergehende Mond war wie der frühe Mond der Abenddämmerung, ein dunstiges Wagenrad, und der Himmel, dem die Dunkelheit entwich, war in Grau getaucht. Den Sonnenaufgang begleitender Wind rüttelte an den Blättern des Götterbaums, und im heller werdenden Licht bekam der Garten Struktur, Gegenstände nahmen einen festen Platz ein, und von den Dächern kam das kehlige Morgengurren der Tauben. Ein Licht ging an. Ein zweites.

Und endlich ließ sie den Kopf sinken; was immer sie auch suchte, sie hatte es nicht gefunden. Oder, fragte er sich, als sie mit verzogenem Mund auf ihn zukam, etwa doch?

»Na, Sie sind heut aber früh daheim, was, Mr. Waters?« Es war Mrs. Brennan, die o-beinige Frau des Hausmeisters. »Übrigens, Mr. Waters – herrliches Wetter, was? Sie und ich hätten da was zu bereden.«

»Mrs. Brennan« – wie schwer es fiel zu atmen, zu sprechen; die Worte kratzten in seiner schmerzenden Kehle, klangen laut wie Donnerschläge –, »ich bin ziemlich krank, wenn Sie also gestatten...«, und er versuchte, sich an ihr vorbeizuschieben.

»Tut mir leid zu hören. Das muss das Giftzeug sein. Ich sage Ihnen, man kann gar nicht vorsichtig genug sein. Das sind die Juden, wissen Sie. Denen gehören doch die ganzen Feinkostgeschäfte. Aber ohne mich, ich ess nix von Juden.« Sie trat vor das Törchen, versperrte ihm den Weg und hob mahnend den Zeigefinger. »Das Problem mit Ihnen ist, Mr. Waters, Sie führen kein *normales* Leben.«

Ein quälender Schmerz saß wie ein bösartiges Juwel mitten in seinem Kopf; jede Bewegung tat weh und ließ juwelenbesetzte farbige Punkte auflodern. Die Hausmeistersfrau plapperte weiter, aber es gab leere Momente, in denen er, glücklicherweise, überhaupt nichts hörte. Es war wie bei einem Radio – der Ton abgestellt, dann volle Lautstärke. »Ich weiß ja, dass sie ein anständiger Christenmensch ist, Mr. Waters, sonst würd' ein Gentleman wie Sie doch nicht mit ihr – hm. Aber Tatsache ist, der Mr. Cooper erzählt keine Lügen, und außerdem ist er ein sehr bedächtiger Mensch. Ist schon Gasableser im Bezirk seit Gott weiß wie lang.« Ein Lastwagen rollte durch die Straße, sprengte Wasser, und ihre Stimme, die in seinem Lärm unterging, tauchte wieder auf wie ein Hai. »Der Mr. Cooper hat allen Grund anzunehmen, dass sie ihn umbringen wollte – wie man sich ja denken kann, wenn die mit der Schere dasteht und schreit. Sie hat ihn was Italienisches genannt. Dabei braucht man sich den Mr. Cooper bloß anzuschauen, um zu wissen, dass er kein Italiener ist. Sie verstehen sicher, Mr. Waters, dass derartige Vorkommnisse das Haus in Verruf...«

Spröder Sonnenschein, der tief in seine Augen eindrang, löste Tränen aus, und die Hausmeistersfrau, mit erhobenem Zeigefinger, schien in Einzelteile zu zerfallen: eine

Nase, ein Kinn, ein rotes, rotes Auge. »Mr. Destronelli«, sagte er. »Entschuldigen Sie, Mrs. Brennan, ich meine, entschuldigen Sie.« Sie denkt, ich bin betrunken, und dabei bin ich krank, sieht sie nicht, dass ich krank bin? »Mein Gast reist ab. Sie reist noch heute ab, und sie wird nicht wiederkommen.«

»Na, wenn das so ist«, sagte Mrs. Brennan und schnalzte mit der Zunge. »Scheint ein bisschen Erholung zu brauchen, das arme Ding. So blass aber auch. Ich will mit Italienern so wenig zu tun haben wie jeder andere, aber sich vorzustellen, den Mr. Cooper für 'nen Italiener zu halten. Dabei ist er so weiß wie Sie oder ich.« Sie klopfte ihm besorgt auf die Schulter. »Tut mir leid, dass es Ihnen nicht gut geht, Mr. Waters; das Giftzeug, ich sag's Ihnen. Man kann gar nicht vorsichtig genug...«

Im Korridor roch es nach Essen und Asche aus der Verbrennungsanlage. Vor ihm war eine Treppe, die er nie benutzte, da seine Wohnung im Erdgeschoss lag, direkt vor ihm. Ein Zündholz flammte auf, und Vincent, der sich vorwärts tastete, sah einen kleinen Jungen – er war nicht älter als drei oder vier – unter der Treppe hocken; er spielte mit einer großen Schachtel Küchenstreichhölzern, und Vincents Anwesenheit schien ihn nicht zu interessieren. Er strich einfach ein weiteres Zündholz an. Vincent gelang es nicht, seinen Verstand dazu zu bringen, eine Rüge zu formulieren, und während er noch wartete, keinen Ton herausbrachte, ging eine Tür, seine Tür, auf.

Verstecken. Denn falls sie ihn sah, würde sie merken, dass etwas nicht stimmte, würde etwas ahnen. Und falls sie sprach, falls ihre Blicke sich trafen, wäre er nie imstande, die Sache durchzuziehen. Also drückte er sich hinter dem kleinen Jungen in eine dunkle Ecke, und der kleine Junge sagte: »Was machst du da, Mister?« Sie kam auf ihn zu – er hörte das Tappen ihrer Sandalen, das grüne Wispern ihres Regenmantels. »Was machst du da, Mister?« Vincent, dessen Herz wie wild in seiner Brust klopfte, bückte sich rasch, drückte das Kind an sich und hielt ihm den Mund zu, damit es kein Geräusch machte. Er sah sie nicht vorbeigehen: erst später, als die Haustür ins Schloss fiel, merkte er, dass sie fort war. Der kleine Junge setzte sich wieder auf den Boden. »Was machst du da, Mister?«

Vier Aspirin, direkt hintereinander, und er kam wieder ins Zimmer; das Bett war seit einer Woche nicht gemacht worden, auf dem Fußboden lag der verschüttete Inhalt eines Aschenbechers, Kleidungsstücke aller Art zierten unpassende Stellen, Lampenschirme und Ähnliches. Aber morgen, falls er sich besser fühlte, würde gründlich geputzt werden; vielleicht würde er die Wände neu streichen lassen, vielleicht den Garten in Ordnung bringen. Morgen konnte er anfangen, wieder an seine Freunde zu denken, Einladungen anzunehmen, Gäste zu bewirten. Und doch war diese Aussicht, im Voraus gekostet, ohne Würze: Alles, was er früher gekannt hatte, erschien ihm nun steril und künstlich. Schritte im Korridor; konnte sie so früh zurück sein, das Kino aus, der Nachmittag vorbei? Fieber kann die Zeit auf seltsame Weise vergehen lassen, und einen Moment lang hatte er das Gefühl, als schwebten seine Knochen einzeln in ihm herum. Klapp-klapp, das Schlurfen der Schuhe eines Kindes, die Schritte gingen die Treppe hinauf, und Vincent bewegte sich, schwebte zum Schrank mit der Spiegeltür. Er wollte sich beeilen, wusste, dass er sich beeilen musste, aber die Luft schien mit einer gummiartigen Flüssigkeit angefüllt zu sein. Er holte ihren Koffer aus dem Schrank und legte ihn aufs Bett, einen armseligen Koffer mit rostigen Schlössern und verzogenem Leder. Er musterte ihn schuldbewusst. Wohin würde sie gehen? Wie würde sie leben? Als er mit Connie, Gordon, all den anderen Schluss gemacht hatte, war das zumindest mit Anstand geschehen. Aber – und er hatte es genau durchdacht – es gab wirklich keine andere Möglichkeit. So sammelte er ihre Habseligkeiten ein. Miss Martha Lovejoy Hall spähte unter der ledernen Windjacke hervor, ihr lächelndes Klavierlehrerinnen-Gesicht ein indirekter Vorwurf. Vincent drehte sie um, Gesicht nach unten, und steckte einen Umschlag, der zwanzig Dollar enthielt, in den Rahmen. Das reichte für eine Fahrkarte zurück nach Glass Hill oder wo immer sie herkam. Dann versuchte er den Koffer zu schließen, aber vom Fieber geschwächt, ließ er sich auf das Bett fallen. Flinke gelbe Flügel glitten durch das Fenster herein. Ein Schmetterling. Er hatte noch nie einen Schmetterling in dieser Stadt gesehen, und er glich einer schwebenden geheimnisvollen Blume, einer Art Symbol, und Vincent verfolgte fast mit Entsetzen, wie er in der Luft herumtanzte. Draußen begann irgendwo der Leierkasten eines Bettlers zu dudeln; er klang wie ein kaputtes Pianola, und er spielte die *Marseillaise*. Der Schmetterling ließ sich auf ihrem Gemälde nieder, kroch über kristallklare Augen und legte seine Flügel wie eine Schleife auf den abgetrennten Kopf. Er kramte im Koffer herum, bis er ihre Schere fand. Zuerst hatte er vor, die Flügel des Schmetterlings zu zerschneiden, doch dieser flog in Spiralen hinauf an die Decke und hing dort wie ein Stern. Die Schere stach dem Falken ins Herz, fraß sich durch Leinwand wie ein gieriges stählernes Maul, Bilderfetzen rieselten zu Boden wie Schnipsel steifer Haare. Er kniete sich hin, schob die Teile zu einem Haufen zusammen, legte sie in den Koffer und knallte den Deckel zu. Er begann zu weinen. Und durch die Tränen vergrößerte sich der Schmetterling an der Decke, hing dort wie ein Vogel, und da war noch mehr: ein Schwarm aus sirrendem, blinzelndem Gelb, einsam wispernd wie Brandung, die ans Ufer schlägt. Der Wind ihrer Flügel blies das Zimmer hinaus ins All. Er schleppte sich mit dem Koffer, der gegen sein Bein schlug, vorwärts und riss die Tür auf. Ein Streichholz flammte auf. Der kleine Junge sagte: »Was machst du da, Mister?« Und Vincent stellte, blöde grinsend, den Koffer in den Korridor. Er schloss die Tür wie ein Dieb, verriegelte das Sicherheitsschloss und holte einen Stuhl, den er unter die Türklinke klemmte. In dem stillen Zimmer bewegten sich nur das unmerklich weiterwandernde Sonnenlicht und ein krabbelnder Schmetterling; er flatterte herab wie ein Fetzen Buntpapier und landete auf einem Kerzenleuchter. *Manchmal ist er überhaupt kein Mann* – hatte sie zu ihm gesagt, hier auf das Bett gekauert, hastig sprechend in den Minuten vor Morgengrauen –, *manchmal ist er etwas ganz anderes: ein Falke, ein Kind, ein Schmetterling.*

Und dann hatte sie gesagt: *An dem Ort, wo sie mich hinbrachten, gab es Hunderte von alten Damen, und junge Männer, und einer der jungen Männer sagte, er sei ein Pirat, und eine der alten Damen – sie war fast neunzig – ließ sich immer ihren Bauch fühlen.* »*Fühl mal*«, *sagte sie*, »*spürst du, wie kräftig er strampelt?*« *Diese alte Dame nahm auch Malunterricht, und ihre Gemälde sahen aus wie verrückte Patchworkdeckem. Und natürlich war er an diesem Ort. Mr. Destronelli. Nur nannte er sich Gum. Doktor Gum. Aber mich konnte er nicht täuschen, obwohl er eine graue Perücke trug und sich so zurechtmachte, dass er wirklich alt und gütig aussah, ich wusste Bescheid. Und dann ging ich eines Tages, lief einfach weg und versteckte mich unter einem Fliederbusch, und ein Mann in einem kleinen, roten Auto kam vorbei, und er hatte einen kleinen, mausgrauen Schnurrbart und kleine, grausame Augen. Aber es war er. Und als ich ihm sagte, wer er war, musste ich sofort aus seinem Auto aussteigen. Und dann nahm mich ein anderer Mann mit, das war in Philadelphia in einem Café, und ging mit mir in ein Gässchen. Er sprach Italienisch und hatte überall Tätowierungen. Aber es war er. Und der nächste Mann, das war der, der sich die Fußnägel lackierte, setzte sich in einem Kino neben mich, weil er dachte, ich sei ein Junge, und als er merkte, dass er sich geirrt hatte, wurde er nicht wütend, sondern ließ mich in seinem Zimmer wohnen und kochte hübsche Sachen für mich. Aber er trug ein silbernes Medaillon, und eines Tages schaute ich hinein, und da war ein Bild von Miss Hall. Da wusste ich, dass er es war, und da hatte ich das komische Gefühl, dass sie tot ist, und da wusste ich, dass er mich ermorden will. Und das wird er. Das wird er.* Abenddämmerung, und Einbruch der Nacht, und die Klangfasern, die man Stille nennt, webten eine leuchtende blaue Maske. Als er erwachte, spähte er durch schmale Augenschlitze, hörte den hektischen Pulsschlag seiner Armbanduhr, das Kratzen eines Schlüssels im Schloss. Irgendwo in dieser Dämmerstunde löst sich ein Mörder aus dem Dunkel und folgt mit einem Strick dem Schimmer seidenbestrumpfter Beine eine verhängnisvolle Treppe hinauf. Und der Träumer, durch seine Maske starrend, träumt von Täuschung. Ohne nachzusehen, weiß er, dass der Koffer fehlt, dass sie gekommen ist, dass sie gegangen ist; warum empfindet er dann nicht ein freudiges Gefühl der Sicherheit, sondern fühlt sich nur betrogen, und klein – so klein wie in der Nacht, als er den Mond durch das Teleskop eines alten Mannes betrachtete?

3

Wie Fetzen eines alten Briefes lag zertrampeltes Popcorn herum, und sie, zurückgelehnt in der Haltung eines Wachmanns, ließ suchend ihren Blick darin stöbern, wie um hier und da ein Wort zu entziffern, eine Antwort. Ihre Augen bewegten sich verstohlen in Richtung des Mannes, der die Stufen heraufkam, Vincent. Ihn umgab die Frische einer Dusche, einer Rasur, Cologne, doch matte blaue Ringe lagen um seine Augen, und der flotte Seersucker-Anzug, für den er sich entschieden hatte, war für einen kräftigeren Mann angefertigt worden: Eine über einen Monat dauernde Lungenentzündung, und fieberglühende durchwachte Nächte, hatten ihn mindestens fünf Kilo abnehmen lassen, eher mehr. Jeden Morgen, und Abend, wenn er ihr hier an seinem Törchen begegnete, oder in der Nähe der Galerie, oder vor dem Restaurant, in dem er zu Mittag aß, ergriff ihn ein namenloses Unwohlsein, eine Lähmung von Zeit und Identität. Die Pantomime ihrer Verfolgung zog ihm das Herz zusammen, und es gab Tage wie im Koma, an denen sie nicht eine zu sein schien, sondern alle, eine multiple Person, und ihr Schatten in der Straße jeder Schatten, der folgte und verfolgt wurde. Und einmal waren sie beide allein in einem Fahrstuhl gewesen, und er hatte geschrien: »Ich bin nicht er! Sondern ich, nur ich!« Aber sie lächelte, so wie sie gelächelt hatte, als sie von dem Mann mit den lackierten Fußnägeln erzählte, denn sie wusste schließlich Bescheid.

Es war Abendbrotzeit, und da er nicht wusste, wo er essen sollte, blieb er unter einer Straßenlaterne stehen, die plötzlich aufleuchtete, ihr Licht fächerförmig über den Stein breitete; während er dort wartete, kam ein Donnerschlag, und alle Gesichter auf der Straße bis auf zwei, seines und das des Mädchens, wandten sich nach oben. Ein starker Windstoß vom Fluss her schüttelte das Lachen der Kinder, die, untergehakt, herumhüpften wie Karussellpferdchen, und wehte die Stimme der Mama herüber, die, aus einem Fenster gelehnt, brüllte: Regen, Rachel, Regen – gleich regnet's gleich regnet's! Und der mit Gladiolen, mit Efeu gefüllte Blumenkarren schaukelte wie verrückt, als der Händler, ein Auge schräg gen Himmel gerichtet, eilends mit ihm Schutz suchte. Ein Geranientopf fiel herunter, und die kleinen Mädchen sammelten die Blüten ein und steckten sie sich hinter die Ohren. Die miteinander verschmelzenden Spritzer von rennenden Füßen und Regen klimperten auf dem Xylophon der Bürgersteige – das Zuschlagen von Türen, das Schließen von Fenstern, dann nur noch Stille, und Regen. Bald darauf kam sie, mit langsamen schlurfenden Schritten, unter die Lampe, um sich neben ihn zu stellen, und es war, als wäre der Himmel ein vom Donner zerborstener Spiegel, denn der Regen fiel zwischen ihnen wie ein Vorhang aus zersplittertem Glas.

DIE TÜR FÄLLT ZU

I

Walter, hör mal gut zu: Wenn dich alle ablehnen, alle gegen dich arbeiten, dann glaub ja nicht, dass das pure Willkür ist; dieses Verhalten beschwörst du selbst herauf.«

Anna hatte das gesagt, und obwohl der gesündere Teil von ihm einsah, dass sie keine bösen Absichten verfolgte (wenn Anna kein wahrer Freund war, wer dann?), hatte er sie deswegen verabscheut, war herumgelaufen und hatte allen erzählt, wie sehr er Anna verabscheute, was für ein Luder sie war. Dieses Weib!, sagte er, traut bloß dieser Anna nicht. Dieses freimütige Getue von ihr – nichts weiter als ein Deckmantel, um ihre verdrängte Feindseligkeit zu kaschieren; lügt noch dazu wie gedruckt, man kann ihr kein Wort glauben: gefährlich, mein Gott! Und natürlich wurde alles, was er sagte, Anna zugetragen, so dass sie, als er sie wegen einer Premiere anrief, die sie gemeinsam hatten besuchen wollen, zu ihm sagte: »Tut mir leid, Walter, ich kann mir dich nicht länger leisten. Ich verstehe dich sehr gut, und ich habe in gewissem Maße Sympathie für dich. Weil sie absolut zwanghaft ist, deine Bosheit, und man dir deshalb keinen allzu großen Vorwurf machen kann, aber ich will dich nie mehr sehen, denn es geht mir nicht so gut, dass ich mir das leisten könnte.« Aber warum nur? Was hatte er denn getan? Gewiss, er hatte über sie getratscht, aber es war ja nicht so, als ob er es ernst gemeint hätte, und überhaupt, wie er zu Jimmy Bergman sagte (also *wenn* jemand zwei Gesichter hatte, dann *der*), was hatte es für einen Sinn, Freunde zu haben, wenn man nicht objektiv über sie sprechen konnte?

Er sagte du sagtest sie sagten wir sagten immer im Kreis herum. Immer im Kreis herum wie die paddelförmigen Flügel des Deckenventilators, die über ihm rotierten; sich drehten und drehten, vergeblich schale Luft umrührten, ein Geräusch machten wie eine tickende Uhr, in der Stille die Sekunden zählten. Walter schob sich auf einen kühleren Teil des Bettes und schloss die Augen, um das dunkle, kleine Zimmer auszusperren. Um sieben Uhr abends war er in New Orleans angekommen, um halb acht hatte er sich in diesem Hotel eingetragen, einem nichtssagenden Haus in einer Seitenstraße. Es war August, und es war, als loderten Freudenfeuer am roten Nachthimmel, und die unnatürliche südliche Landschaft, die er vom Zug aus so aufmerksam betrachtet hatte und nun, bemüht, alles andere zu sublimieren, in der Erinnerung nachfuhr, verstärkte das Gefühl, das Ende erreicht zu haben, den Sturz ins Nichts.

Aber warum er hier in diesem stickigen Hotel in dieser weit entfernten Stadt war, konnte er nicht sagen. Das Zimmer hatte ein Fenster, aber er schien es nicht öffnen zu können, und er hatte Angst, den Pagen zu rufen (was für eigenartige Augen der Bursche hatte!), und er hatte Angst, das Hotel zu verlassen, denn was war, wenn er sich verlief?, und wenn er sich verlief, auch nur ein klein wenig, dann war er vollkommen verloren. Er hatte Hunger; er hatte seit dem Frühstück nichts gegessen, und so holte er die übrig gebliebenen Erdnussbutter-Cracker aus der Packung, die er in Saratoga gekauft hatte, und spülte sie mit einem Fingerbreit Four Roses hinunter, dem letzten. Ihm wurde übel davon. Er übergab sich in den Papierkorb, ließ sich wieder auf das Bett fallen und weinte, bis das Kissen nass war. Nach einer Weile lag er einfach nur in dem heißen Hotelzimmer, zitternd, lag einfach da und sah dem langsam sich drehenden Ventilator zu, dessen Bewegung keinen Anfang hatte und kein Ende, sondern ein Kreislauf war.

Ein Auge, die Erde, die Ringe eines Baumes, alles ist kreisförmig, und jeder Kreis, sagte Walter, hat einen Mittelpunkt. Es war verrückt von Anna zu behaupten, was passiert war, sei seine eigene Schuld. Falls bei ihm wirklich etwas nicht stimmte, so war dies durch Umstände bewirkt worden, die außerhalb seiner Kontrolle lagen, beispielsweise durch seine religiöse Mutter, oder seinen Vater, einen Versicherungsangestellten in Hartford, oder seine ältere Schwester Cecile, die einen Mann geheiratet hatte, der vierzig Jahre älter war als sie. »Ich wollte nur weg von zu Hause.« Das war ihre Rechtfertigung, und, um die Wahrheit zu sagen, Walter hatte sie für durchaus plausibel gehalten.

Aber er wusste nicht, wo er anfangen sollte, über sich selbst nachzudenken, wusste nicht, wo er den Mittelpunkt suchen sollte. Beim ersten Telefonanruf? Nein, der war erst vor drei Tagen gewesen und war, strenggenommen, das Ende, nicht der Anfang. Nun, er konnte bei Irving beginnen, denn Irving war der erste Mensch, den er in New York kennengelernt hatte.

Irving war ein süßer kleiner Jude mit einem bemerkenswerten Talent für Schach und nicht viel mehr: Er hatte seidiges Haar und rosige Pausbäckchen und sah aus wie sechzehn. Tatsächlich war er dreiundzwanzig, so alt wie Walter, und sie hatten sich in einer Bar im Village kennengelernt. Walter war allein und sehr einsam in New York, und als der süße kleine Irving freundlich zu ihm war, kam er zu dem Schluss, dass es vielleicht keine schlechte Idee wäre, ebenfalls freundlich zu sein – denn man kann ja nie wissen. Irving kannte eine Menge Leute, und jeder hatte ihn sehr gern, und er machte Walter mit allen seinen Freunden bekannt.

Und da war Margaret. Margaret war mehr oder weniger Irvings feste Freundin. Sie sah nur so lala aus (ihre Augen quollen hervor, sie hatte immer ein bisschen Lippenstift an den Zähnen, sie kleidete sich wie eine Zehnjährige), aber sie besaß eine hektische Munterkeit, die Walter anziehend fand. Er konnte nicht verstehen, warum sie sich mit Irving überhaupt abgab. »Warum eigentlich?«, fragte er auf einem der langen Spaziergänge, die sie miteinander im Central Park zu unternehmen begonnen hatten.

»Irving ist süß«, sagte sie, »und er liebt mich auf eine sehr reine Art, und wer weiß: Ich könnte ihn ebenso gut heiraten.«

»Das wäre absolut töricht«, sagte er. »Irving könnte niemals dein Ehemann sein, weil er im Grunde dein kleiner Bruder ist. Irving ist jedermanns kleiner Bruder.«

Margaret war zu klug, um nicht zu erkennen, dass etwas Wahres daran war. Und als Walter sie dann eines Tages fragte, ob er mit ihr schlafen könne, sagte sie, na schön, sie habe nichts dagegen. Danach schliefen sie häufig miteinander.

Schließlich erfuhr Irving davon, und eines Montags gab es eine hässliche Szene, merkwürdigerweise genau in der Bar, in der sie sich kennengelernt hatten. An dem Abend hatte ein Fest zu Ehren von Kurt Kuhnhardt (von Kuhnhardt Advertising) stattgefunden, Margarets Chef, und sie und Walter waren zusammen dort gewesen und anschließend noch auf einen Schlummertrunk in diese Bar gegangen. Abgesehen von Irving und ein paar Mädchen in Hosen war das Lokal leer. Irving saß an der Bar, die Pausbäckchen sehr rosig, die Augen ziemlich glasig. Er sah aus wie ein kleiner Junge, der den Erwachsenen spielt, da seine Beine zu kurz waren, um bis zur Fußstütze des Barhockers zu reichen; sie baumelten wie die einer Puppe. Als Margaret ihn sah, wollte sie sofort kehrtmachen und wieder gehen, doch Walter hinderte sie daran. Und außerdem hatte Irving die beiden bereits entdeckt: Ohne sie aus den Augen zu lassen, stellte er seinen Bourbon hin, kletterte langsam vom Barhocker und kam, mit einer Art trauriger Pseudo-Forschheit, großspurig auf sie zu.

»Irving, Schätzchen«, sagte Margaret und brach ab, denn er hatte ihr einen furchtbaren Blick zugeworfen.

Sein Kinn zitterte. »Hau bloß ab«, sagte er, und es klang, als spräche er zu einem Peiniger aus Kindertagen, »ich hasse dich.« Dann, fast in Zeitlupe, holte er aus und traf, als hielte er ein Messer in der Hand, Walters Brust. Es war kein heftiger Schlag, und als Walter lediglich lächelte, ließ sich Irving gegen die Jukebox fallen und schrie: »Wehr dich, du verdammter Feigling; mach schon, ich bring dich um, ich schwör's bei Gott, ich bring dich um.« Und so ließen sie ihn einfach stehen.

Auf dem Heimweg begann Margaret erschöpft leise zu weinen. »Er wird nie wieder süß sein«, sagte sie.

Und Walter sagte: »Ich weiß nicht, was du meinst.«

»O doch, das weißt du«, versicherte sie ihm im Flüsterton. »Du weißt es genau; wir beide, wir haben ihn gelehrt, wie man hasst. Ich kann mir nicht vorstellen, dass er das vorher konnte.«

Walter war damals seit vier Monaten in New York. Sein ursprüngliches Kapital in Höhe von fünfhundert Dollar war auf fünfzehn zusammengeschmolzen, und Margaret lieh ihm Geld, damit er die Januarmiete im Hotel Brevoort bezahlen konnte. Sie wollte wissen, warum er nicht in etwas Billigeres zog. Nun, erklärte er ihr, weil es besser sei, eine gute Adresse zu haben. Und was war mit einer Anstellung? Wann er anfangen werde zu arbeiten? Oder ob er das nicht vorhabe? Klar, sagte er, klar, tatsächlich denke er sehr viel darüber nach. Aber er habe nicht die Absicht, seine Zeit mit der erstbesten primitiven Tätigkeit zu vertrödeln, die sich anbot. Er wolle etwas Anständiges, etwas mit Zukunft, etwas, beispielsweise, in der Werbung. Na schön, sagte Margaret, vielleicht könne sie ihm helfen; auf jeden Fall werde sie mit ihrem Chef, Mr. Kuhnhardt, sprechen.

2

Die K.K.A., wie sie genannt wurde, war eine mittelgroße Agentur, aber, für ihre Verhältnisse, sehr gut, die beste. Kurt Kuhnhardt, der sie 1925 gegründet hatte, war ein sonderbarer Mensch mit einem sonderbaren Ruf: ein schlanker, penibler Deutscher, Junggeselle, der in einem eleganten schwarzen Haus am Sutton Place lebte, einem Haus, das interessanterweise ausgestattet war mit, unter anderem, drei Picassos, einem ausgezeichneten Musikautomaten, Masken aus der Südsee und einem stämmigen jungen Dänen, dem Hausdiener. Gelegentlich lud er einen seiner Angestellten zum Abendessen ein, wer immer gerade der Favorit war, denn er wählte ständig Protégés aus. Es war eine gefährliche Position, da diese Beziehungen sozusagen launenhaft und unbeständig waren: Der Protégé sah sich die Stellenanzeigen studieren, wenn er noch am Vorabend höchst vergnüglich mit seinem Wohltäter gespeist hatte. In seiner zweiten Woche bei der K.K.A. erhielt Walter, der als Margarets Assistent eingestellt worden war, eine Notiz von Mr. Kuhnhardt, der ihn zum Mittagessen einlud, und seine Freude darüber war natürlich unbeschreiblich.

»Neidisch?«, sagte Margaret, als sie ihm die Krawatte zurechtrückte, Fussel von seiner Jacke zupfte. »Nicht die Spur. Es ist nur – nun, für Kuhnhardt zu arbeiten, ist großartig, solange du dich nicht zu sehr vereinnahmen lässt – andernfalls bist du wahrscheinlich arbeitslos – Punkt.«

Walter wusste, was sie bezweckte: ihn konnte sie nicht eine Sekunde lang täuschen; er hatte gute Lust, es ihr zu sagen, hielt sich jedoch zurück; die Zeit war noch nicht reif. Aber irgendwann würde er sie loswerden müssen, und zwar bald. Es war entwürdigend, für Margaret zu arbeiten. Und außerdem würde es von nun an darauf hinauslaufen, ihn klein zu halten. Doch das konnte keiner, dachte er, als er in Mr. Kuhnhardts meerblaue Augen blickte, keiner konnte Walter niederhalten.

»Du bist ein Idiot«, sagte Margaret zu ihm. »Mein Gott, ich habe diese kleinen Freundschaften von K. K. ein Dutzend Mal miterlebt, und sie sind keinen Pfifferling wert. Früher ist er mal um die Telefonistin herumscharwenzelt. Alles, was K.K. will, ist jemand, der sich zum Narren macht. Glaub mir, Walter, es gibt keine Abkürzungen: Was zählt, ist, wie du deine Arbeit machst.«

Er sagte: »Und hast du diesbezüglich Grund zur Klage? Ich arbeite so gut, wie man das erwarten kann.«

»Kommt darauf an, was man erwartet hat«, sagte sie.

An einem Samstag nicht lange danach verabredete er sich mit ihr in der Grand Central Station. Sie wollten hinauf nach Hartford fahren, um den Nachmittag mit seiner Familie zu verbringen, und sie kaufte sich eigens ein neues Kleid, einen neuen Hut und neue Schuhe. Doch er erschien nicht. Stattdessen fuhr er mit Mr. Kuhnhardt hinaus nach

Long Island und war der eingeschüchtertste der dreihundert Gäste bei Rosa Coopers Debütantinnenball. Rosa Cooper (vormals Kuppermann) war die Erbin von Cooper Molkereiprodukte: ein dunkelhaariges, dralles, nettes kleines Ding mit einem affektierten britischen Akzent, das Resultat von vier Jahren in Miss Jewetts Pensionat. Sie schrieb einen Brief an eine Freundin namens Anna Stimson, die ihn später Walter zeigte: »Lernte den himmlischsten Mann kennen. Tanzte sechsmal mit ihm, ein himmlischer Tänzer. Er ist Chef einer Werbeagentur und sieht einfach absolut himmlisch aus. Wir haben ein Rendezvous – Abendessen und Theaterbesuch.«

Margaret erwähnte die Episode nicht, und Walter auch nicht. Es war, als wäre nichts geschehen, außer dass sie nun, sofern es nichts Geschäftliches zu besprechen gab, nie miteinander redeten, sich nie sahen. Eines Nachmittags, als er wusste, dass sie nicht zu Hause sein würde, ging er zu ihrer Wohnung und benutzte den Schlüssel, den sie ihm vor langer Zeit gegeben hatte; er hatte dort Sachen zurückgelassen, Kleidungsstücke, einige Bücher, seine Pfeife; während er herumkramte und alles einsammelte, entdeckte er eine Fotografie von sich, die mit rotem Lippenstift vollgeschmiert war: Einen Moment lang hatte er das Gefühl, abzustürzen wie in einem Traum. Er stieß auch auf das einzige Geschenk, das sie je von ihm bekommen hatte, eine Flasche L'Heure Bleu, noch ungeöffnet. Er setzte sich auf das Bett und strich, während er eine Zigarette rauchte, mit der Hand über das kühle Kissen, dachte daran, wie ihr Kopf dort gelegen hatte, und auch daran, wie sie sonntagmorgens hier zu liegen pflegten und sich laut die Comics vorlasen, Barney Google und Dick Tracy und Joe Palooka.

Er betrachtete das Radio, einen kleinen grünen Kasten; sie hatten sich immer zu Musik geliebt, egal welcher, Jazz, Sinfonien, Chorgesang: Es war ihrer beider Signal gewesen, denn wann immer Margaret ihn begehrte, hatte sie gesagt: »Wollen wir Radio hören, Liebling?« Jedenfalls war es aus, und er hasste sie, und das durfte er nie vergessen. Er holte die Parfumflasche und steckte sie ein: Rosa freute sich vielleicht über eine Überraschung.

Am nächsten Tag ging er im Büro kurz zum Wasserspender, und Margaret stand dort. Sie lächelte ihn starr an und sagte: »Ich wusste gar nicht, dass du ein Dieb bist.« Es war das erste offene Eingeständnis der Feindschaft zwischen ihnen. Und plötzlich wurde Walter bewusst, dass er im ganzen Büro keinen einzigen Verbündeten hatte. Kuhnhardt? Auf den konnte er nie und nimmer zählen. Und jeder andere war ein Feind: Jackson, Einstein, Fischer, Porter, Capehart, Ritter, Villa, Byrd. Gewiss, sie waren alle schlau genug, es ihm nicht ins Gesicht zu sagen, nicht solange K.K.s Begeisterung anhielt.

Nun, Ablehnung war zumindest etwas Positives, und das Einzige, was er nicht ausstehen konnte, waren vage Beziehungen, möglicherweise deshalb, weil seine eigenen Gefühle so unbestimmt, so vieldeutig waren. Er war sich nie sicher, ob er X mochte oder nicht. Er brauchte die Liebe von X, war selbst aber unfähig zu lieben. Er konnte X gegenüber nie aufrichtig sein, ihm nie mehr als fünfzig Prozent der Wahrheit sagen. Andererseits war es ihm unmöglich, X die gleichen Schwächen zuzubilligen: Irgendwo und irgendwann, davon war Walter überzeugt, würde er betrogen werden. Er hatte Angst vor X, furchtbare Angst. In der Schule hatte er einmal ein Gedicht als sein eigenes ausgegeben und in der Schülerzeitung abgedruckt: er konnte nie die letzte Zeile vergessen: *Was* wir *auch tun, es geschieht aus Angst.* Und als sein Lehrer ihn des Plagiats überführte, war ihm da jemals etwas ungerechter erschienen?

3

Im Frühsommer verbrachte er die meisten Wochenenden bei Rosa Cooper auf Long Island. Das Haus war in der Regel gut mit fidelen Studenten aus Yale und Princeton bestückt, was ärgerlich war, weil es sich um die Art von jungen Männern handelte, die ihm ein mulmiges Gefühl in der Magengrube verursachten und ihm selten erlaubten, ihnen von gleich zu gleich zu begegnen. Was Rosa selbst betraf, die war ein Goldstück; alle sagten das, sogar Walter.

Aber Goldstücke meinen es selten ernst, und Rosa meinte es nicht ernst mit Walter. Das machte ihm nicht allzu viel aus. Er konnte an diesen Wochenenden eine ganze Reihe guter Verbindungen knüpfen: Taylor Ovington, Joyce Randolph (das Starlet), E.L. McEvoy, etwa ein Dutzend Leute, deren Namen seinem Adressbuch beachtlichen Glanz verliehen. Eines Abends ging er mit Anna Stimson in einen Film, in dem die kleine Randolph mitspielte, und noch bevor sie richtig saßen, wusste weit und breit jeder, dass sie eine Freundin von ihm war, dass sie zu viel trank, unmoralisch war und nicht annähernd so hübsch, wie Hollywood sie darstellte. Anna sagte zu ihm, er sei ein Mädchen im Backfischalter. »Ein Mann bist du nur in einer Hinsicht, Süßer«, sagte sie.

Durch Rosa hatte er auch Anna Stimson kennengelernt. Sie war Redakteurin bei einer Modezeitschrift, über einen Meter achtzig groß, bevorzugte schwarze Kostüme, trug ein Monokel, einen Spazierstock und pfundweise mexikanischen Silberschmuck. Sie war zweimal verheiratet gewesen, einmal mit Buch Strong, dem Westernidol, und sie hatte ein Kind, einen vierzehnjährigen Sohn, den man in eine, wie sie es nannte, »Besserungsanstalt« hatte stecken müssen.

»Er war ein abscheuliches Kind«, sagte sie. »Er hat gern mit einem Kleinkalibergewehr Fenster eingeschossen und mit Sachen um sich geworfen und bei Woolworth gestohlen: ein grässlicher Balg, genau wie du.«

Doch Anna war gut zu ihm und hörte in ihren weniger depressiven, weniger böswilligen Phasen freundlich zu, wenn er mit gepresster Stimme seine Probleme schilderte, wenn er darlegte, warum er so war, wie er war. Sein Leben lang hatte ihm der eine oder andere Betrüger die falschen Karten ausgeteilt. Da er Anna jede Untugend außer Dummheit unterstellte, benutzte er sie gern als eine Art Beichtvater: Es gab nichts, was immer er ihr auch erzählen mochte, das sie mit Fug und Recht hätte missbilligen können. Er sagte beispielsweise: »Ich habe Kuhnhardt eine Menge Lügen über Margaret erzählt; vermutlich ist das ziemlich gemein, aber sie würde es umgekehrt genauso machen; und außerdem will ich ja nicht, dass er sie feuert, sondern vielleicht in die Filiale in Chicago versetzt.«

Oder: »Ich war in einer Buchhandlung, und da stand ein Mann, und wir kamen ins Gespräch: ein Mann mittleren Alters, recht sympathisch, sehr intelligent. Als ich ging, folgte er mir in kurzer Entfernung: Ich überquerte die Straße, er überquerte die Straße, ich schritt schneller aus, er schritt schneller aus. So ging das sechs oder sieben Blocks, und als ich endlich kapierte, was da ablief, war ich belustigt, und es reizte mich, ihm Hoffnungen zu machen. Also blieb ich an der Ecke stehen und winkte einem Taxi; dann drehte ich mich um und bedachte den Typ mit einem langen, langen Blick, und er kam freudestrahlend angelaufen. Und ich sprang in das Taxi und knallte die Tür zu und beugte mich aus dem Fenster und lachte schallend: der Ausdruck in seinem Gesicht, einfach furchtbar, das Leiden Christi in Person. Ich kann es nicht vergessen. Und weißt du, Anna, warum ich etwas derart Verrücktes getan habe? Es war, als würde ich es allen Leuten heimzahlen, die mich jemals verletzt haben, aber es war auch noch etwas anders.« Solche Geschichten erzählte er Anna, ging dann nach Hause und legte sich schlafen. Seine Träume waren unbeschwert.

Doch das Problem Liebe beunruhigte ihn, hauptsächlich deshalb, weil er es nicht für ein Problem hielt. Dennoch war er sich bewusst, nicht geliebt zu werden. Dieses Wissen war wie ein zusätzliches Herz, das in seiner Brust schlug. Aber da war niemand. Anna vielleicht. Ob Anna ihn liebte? »Ach«, sagte Anna, »wann war jemals etwas das, was es zu sein schien? Bald ist es eine Kaulquappe, bald ist es ein Frosch. Es sieht aus wie Gold, aber wenn du es an den Finger steckst, hinterlässt es einen grünen Rand. Nimm meinen zweiten Mann: Er sah wie ein netter Kerl aus und entpuppte sich als genauso ein Scheißkerl wie die anderen. Schau dich in diesem Zimmer um: In dem Kamin da könnte man nicht mal Weihrauch verbrennen, und die Spiegel dort machen es größer, aber sie lügen. Nichts ist jemals das, was es zu sein scheint, Walter. Weihnachtsbäume sind aus Zellophan, und Schnee ist nichts weiter als Seifenflocken. In uns schwebt etwas herum, das man die Seele nennt, und wenn du stirbst, bist du niemals tot; ja, und wenn wir lebendig sind, sind wir niemals lebendig. Und da willst du wissen, ob ich dich liebe? Sei nicht albern, Walter, wir sind nicht einmal Freunde…«

4

Horch, der Ventilator: kreisendes Flüstern von Flügeln: Er sagte du sagtest sie sagten wir sagten immer im Kreis herum schnell und langsam, während die Zeit sich in endlosem Geplapper ihrer selbst erinnert. Ein alter defekter Ventilator, der die Stille durchbricht: der dritte August der dritte der dritte!

Der dritte August, ein Freitag, und da stand er, mitten in Winchells Kolumne, sein eigener Name: »Werbekoryphäe Walter Ranney und Molkerei-Erbin Rosa Cooper empfehlen engen Freunden, sich mit Reis einzudecken.« Walter selbst hatte einem Freund eines Freundes von Winchell diesen Tipp gegeben. Er zeigte die Stelle dem Burschen an der Theke im Whelan's, wo er frühstückte. »Das bin ich«, sagte er, »der Typ bin ich«, und der Ausdruck im Gesicht des Burschen tat seiner Verdauung gut.

Es war spät, als er an diesem Morgen im Büro eintraf, und als er durch den Gang zwischen den Schreibtischen ging, eilte ihm eine befriedigende leichte Unruhe unter den Stenotypistinnen voraus. Aber keine sagte etwas. Gegen elf, nach einer angenehmen Stunde des Nichtstuns in gehobener Stimmung, ging er hinunter in den Drugstore, um eine Tasse Kaffee zu trinken. Drei Männer aus dem Büro, Jackson, Ritter und Byrd, waren dort, und als Walter hereinkam, stieß Jackson Byrd an, und Byrd stieß Ritter an, und alle drei drehten sich um. »Na, du Koryphäe, du?«, sagte Jackson, ein vorzeitig kahl gewordener Mann mit rosiger Haut, und die beiden anderen lachten. Walter tat so, als hätte er nichts gehört, und trat rasch in eine Telefonzelle. »Miese Schweine«, sagte er und gab vor, eine Nummer zu wählen. Und schließlich, nachdem er lange gewartet hatte, dass sie gingen, rief er tatsächlich jemanden an. »Hallo, Rosa, habe ich dich geweckt?«

»Nein.«

»Sag mal, hast du das von Winchell gesehen?«

»Ja.«

Walter lachte. »Woher hat der nur den ganzen Schwindel?«

Schweigen.

»Was ist los? Du klingst irgendwie komisch.«

»Ach ja?«

»Bist du sauer oder was?«

»Nur enttäuscht.«

»Weswegen?«

Schweigen. Und dann: »Das war schäbig von dir, Walter, ganz schäbig.«

»Ich weiß nicht, was du meinst.«

»Leb wohl, Walter.«

Auf dem Weg hinaus bezahlte er an der Kasse eine Tasse Kaffee, die er sich zu holen vergessen hatte. Im Gebäude befand sich ein Friseurladen. Er sagte, er wolle eine Rasur; nein – das heißt einen Haarschnitt; nein – eine Maniküre; und plötzlich, als er sich im Spiegel erblickte, wo sein Gesicht fast so blass aussah wie der Frisierumhang, wusste er, dass er nicht wusste, was er wollte. Rosa hatte recht gehabt, er war schäbig. Er war immer bereit gewesen, seine Charakterfehler zuzugeben, denn wenn er sie eingestand, war ihm, als würden sie nicht länger existieren. Er ging wieder nach oben und setzte sich an seinen Schreibtisch und hatte das Gefühl, innerlich zu bluten, und wünschte zutiefst, er würde an Gott glauben. Draußen auf dem Sims vor seinem Fenster trippelte eine Taube herum. Geraume Zeit beobachtete er die schimmernden sonnenbeschienenen Federn, die wackelige Gestelztheit ihrer Bewegungen; und bevor er wusste, was er tat, hatte er einen gläsernen Briefbeschwerer gepackt und nach ihr geworfen: Die Taube flog ungerührt davon, der Briefbeschwerer fiel wie ein gewaltiger Regentropfen. Angenommen, dachte er, auf einen fernen

Schrei lauschend, angenommen, er trifft jemanden, tötet ihn? Aber er hörte nichts. Nur die tippenden Finger der Stenotypistinnen, ein Klopfen an der Tür. »He, Ranney, K.K. möchte Sie sprechen.«

»Tut mir leid«, sagte Mr. Kuhnhardt, mit einem goldenen Füller herumkritzelnd. »Ich gebe Ihnen auch gern etwas Schriftliches, Walter. Jederzeit.«

Dann im Fahrstuhl inmitten von Feinden, die mit ihm hinabtauchten, Walter zwischen sich zerquetschten; Margaret war da, die ein blaues Haarband trug. Sie sah ihn an, und ihr Gesicht unterschied sich von den anderen Gesichtern, war nicht leer wie diese und steril: Hier war noch Mitgefühl. Aber während sie ihn ansah, sah sie auch durch ihn hindurch. Das ist ein Traum: Er durfte nicht zulassen, dass er etwas anderes glaubte; und doch trug er unter seinem eigenen Arm den Beweis, dass dies kein Traum war, einen Manila-Umschlag mit allen persönlichen Dingen, die er aus seinem Schreibtisch gerettet hatte. Als sich der Fahrstuhl in die Eingangshalle ergoss, wusste er, dass er mit Margaret sprechen musste, sie um Verzeihung bitten, ihre Protektion erflehen musste, doch sie entschlüpfte geschickt Richtung Ausgang, verlor sich unter den Feinden. Ich liebe dich, sagte er, ihr nacheilend, ich liebe dich, sagte er, ohne etwas zu sagen.

»Margaret! Margaret!«

Sie drehte sich um. Das blaue Haarband passte zu ihren Augen, und ihre Augen, die zu ihm aufsahen, wurden sanft, blickten ziemlich freundlich. Oder mitleidig.

»Bitte«, sagte er, »ich dachte, wir könnten zusammen etwas trinken gehen, drüben bei Benny's vielleicht. Da waren wir doch immer gern, weißt du noch?«

Sie schüttelte den Kopf. »Ich habe eine Verabredung und bin schon spät dran.«

»Oh.«

»Tja – ich bin spät dran«, sagte sie und begann zu rennen. Er stand da und sah ihr nach, wie sie die Straße hinunterlief, und das Band flatterte, leuchtete im dunkler werdenden Sommerlicht. Und dann war sie fort.

Seine Wohnung, ein Ein-Zimmer-Apartment in einem Mietshaus ohne Fahrstuhl in der Nähe des Gramercy Park, musste gelüftet werden, geputzt werden, doch nachdem er sich einen Drink eingeschenkt hatte, sagte Walter, zum Teufel damit, und streckte sich auf der Couch aus. Wozu das Ganze? Was man auch tat oder wie sehr man sich auch anstrengte, letztlich führte immer alles zu nichts; irgendwo wurde jeder jeden Tag betrogen, und wer war schuld daran? Aber es war seltsam; als er so in dem dämmergrauen Zimmer lag und an seinem Bourbon nippte, empfand er eine Gelassenheit, die er, Gott weiß wie lange, nicht mehr gekannt hatte. Es war wie damals, als er in Algebra durchgefallen war und sich so erleichtert gefühlt hatte, so frei: Versagen war etwas Definitives, eine Gewissheit, und Gewissheit bringt stets innere Ruhe mit sich. Er würde New York verlassen, eine Urlaubsreise machen; er hatte ein paar hundert Dollar, genug, um bis zum Herbst auszukommen.

Und während er überlegte, wohin er fahren sollte, sah er

mit einem Mal, als hätte in seinem Kopf ein Film abzulaufen begonnen, seidene Kappen vor sich, kirschrot und zitronengelb, und kleine wissend dreinblickende Männer die exquisite Hemden mit großen Tupfen trugen. Er schloss die Augen und war plötzlich fünf Jahre alt, und es war herrlich, sich an die anfeuernden Rufe zu erinnern, an die Hotdogs, den großen Feldstecher seines Vaters. Die Pferderennbahn in Saratoga! Im abnehmenden Licht bedeckten Schatten sein Gesicht. Er knipste eine Lampe an, machte sich noch einen Drink, legte eine Rumba-Platte auf und begann zu tanzen, und die Sohlen seiner Schuhe wisperten auf dem Teppich: Er hatte sich oft gedacht, dass er mit etwas Training ein professioneller Tänzer hätte werden können.

Gerade als die Musik endete, klingelte das Telefon. Er stand einfach da, hatte irgendwie Angst abzunehmen, und das Lampenlicht, die Möbel, alles im Zimmer erstarrte. Als er schließlich dachte, es habe aufgehört, begann es erneut: lauter, wie ihm schien, und hartnäckiger. Er stolperte über einen Schemel, nahm ab, ließ den Hörer fallen, hob ihn wieder auf, sagte: »Ja?«

Ferngespräch: ein Anruf aus einer Stadt in Pennsylvania, deren Namen er nicht verstand. Nach längerem krampfartigem Röcheln drang eine Stimme durch, trocken und geschlechtslos und wie keine, die er je gehört hatte: »Hallo, Walter.«

»Wer ist da?«

Keine Antwort vom anderen Ende, nur das Geräusch heftigen regelmäßigen Atmens: die Verbindung war so gut, dass es schien, als stünde der Betreffende, wer immer es auch war, neben ihm und presste die Lippen an sein Ohr. »Ich mag keine Scherze. Wer ist da? «

»Aber du kennst mich doch, Walter. Du kennst mich schon lange.« Ein Klicken, dann nichts.

5

Es war Nacht, und es regnete, als der Zug in Saratoga ankam. Er hatte fast während der ganzen Fahrt geschlafen, in der feuchten Hitze des Abteils schwitzend, und von einem alten Schloss geträumt, in dem nur alte Truthähne lebten, und er hatte einen Traum, in dem sein Vater, Kurt Kuhnhardt, ein gesichtsloses Wesen, Margaret und Rosa, Anna Stimson und eine merkwürdige dicke Frau mit Diamantaugen vorkamen. Er selbst stand auf einer langen, verlassenen Straße; abgesehen von einer näher kommenden Prozession langsamer, leichenwagenartiger schwarzer Autos gab es kein Lebenszeichen. Dennoch wusste er, dass aus jedem Fenster unsichtbare Augen seine Nacktheit beobachteten, und er hielt verzweifelt die erste Limousine an; sie blieb stehen, und ein Mann, sein Vater, hielt einladend die Tür auf. Daddy, rief er und rannte hin, und die Tür knallte zu, zermalmte ihm die Finger, und sein Vater, aus vollem Halse lachend, beugte sich aus dem Fenster und warf einen riesigen Kranz aus Rosen heraus. Im zweiten Wagen saß Margaret, im dritten die Frau mit den Diamantaugen (war das nicht Miss Casey, seine alte Algebra-Lehrerin?), im vierten Mr. Kuhnhardt mit einem neuen Protégé, dem gesichtslosen Wesen. Jede Tür ging auf, jede ging zu, alle lachten, alle warfen Rosen. Die Prozession fuhr gelassen die stille Straße hinunter davon. Und mit einem furchtbaren Schrei stürzte Walter mitten in den Berg aus Rosen: Dornen rissen Wunden, und plötzlich einsetzender Regen, ein grauer Wolkenbruch, zerschmetterte die Blüten und ließ helles Blut über die Blätter rinnen.

Der starre Blick einer gegenübersitzenden Frau sagte ihm, dass er im Schlaf laut aufgeschrien hatte. Er lächelte sie verlegen an, und sie blickte, wie ihm schien, peinlich berührt weg. Sie war ein Krüppel; am linken Fuß trug sie einen unförmigen Schuh. Später, am Bahnhof in Saratoga, half er ihr mit dem Gepäck, und sie teilten sich ein Taxi; sie sprachen nicht miteinander: Jeder saß in seiner Ecke und betrachtete den Regen, die verschwommenen Lichter. Wenige Stunden davor hatte er in New York alle seine Ersparnisse auf der Bank abgehoben, die Tür seiner Wohnung zugesperrt und keine Nachrichten hinterlassen; im Übrigen gab es hier in dieser Stadt keine Menschenseele, die ihn kannte. Das war ein gutes Gefühl.

Das Hotel war ausgebucht: Abgesehen von den Besuchern der Pferderennen fand auch, wie ihm der Empfangschef mitteilte, ein Ärztekongress statt. Nein, leider wisse er auch woanders von keinem freien Zimmer. Vielleicht morgen.

Also suchte sich Walter eine Bar. Wenn er schon die ganze Nacht aufbleiben musste, dann konnte er dies auch betrunken tun. Die Bar, sehr groß, sehr heiß und laut, protzte mit dem für die Rennen typischen Publikum: welken Silberfuchs-Damen und kleinen verkümmerten Jockeys und blassen krakeelenden Männern, die billige, schreiend karierte Anzüge trugen. Nach einigen Drinks schien der Lärm jedoch weit weg zu sein. Und als er sich umblickte, sah er die verkrüppelte Frau. Sie saß allein an einem Tisch, wo sie geziert an einem Crème de Menthe nippte. Sie tauschten ein Lächeln. Walter erhob sich und ging zu ihr. »Wir sind ja nicht direkt Fremde«, sagte sie, als er Platz nahm. »Wegen der Rennen hier, nehme ich an?«

»Nein«, sagte er, »nur zur Erholung. Und Sie?«

Sie schürzte die Lippen. »Vielleicht haben Sie bemerkt, dass ich einen Klumpfuß habe. Aber ja doch, tun Sie nicht so überrascht: Sie haben ihn bemerkt, das tut jeder. Wissen Sie«, sagte sie und spielte mit dem Strohhalm in ihrem Glas, »wissen Sie, mein Arzt soll einen Vortrag auf dem Kongress halten, er wird über mich und meinen Fuß sprechen, weil ich ein besonderer Fall bin. Mann, habe ich Angst. Ich meine, ich werde meinen Fuß herzeigen müssen.«

Walter sagte, das tue ihm leid, und sie sagte, ach, dazu bestehe kein Grund; immerhin bringe ihr das einen kleinen Urlaub ein, oder? »Und ich bin seit sechs Jahren nicht aus der Stadt herausgekommen. Vor sechs Jahren war ich damals eine Woche im Bear Mountain Inn.« Ihre Wangen waren rot, ziemlich fleckig, und ihre Augen, die zu dicht beieinander standen, waren lavendelfarben, intensiv: Sie schienen nie zu blinzeln. Sie trug einen goldenen Reif am Ringfinger; eine Vortäuschung falscher Tatsachen zweifellos, auf die aber niemand hereinfiel.

»Ich bin Hausangestellte. Und daran ist nichts auszusetzen. Es ist ehrliche Arbeit«, sagte sie als Antwort auf eine Frage. »Ich mache sie gern. Die Leute, bei denen ich bin, haben ein entzückendes Kind. Ich bin viel besser zu Ronnie als seine Mutter, und er hat mich auch lieber; das hat er mir selbst gesagt. Die ist nämlich ständig betrunken.«

Es war deprimierend anzuhören, doch Walter, der plötzlich Angst vor dem Alleinsein hatte, blieb und trank und redete, wie er früher mit Anna Stimson geredet hatte. Pst!, sagte sie einmal, da seine Stimme zu laut geworden war und viele Leute hersahen. Walter sagte, zum Teufel mit ihnen, das sei ihm egal; ihm war, als bestünde sein Gehirn aus Glas und der ganze Bourbon, den er getrunken hatte, hätte sich in einen Hammer verwandelt; er konnte spüren, wie die Splitter klirrend in seinem Kopf herumflogen, den Fokus verzerrten, Formen verfälschten; die verkrüppelte Frau zum Beispiel schien nicht nur eine Person zu sein, sondern mehrere: Irving, seine Mutter, ein Mann namens Bonaparte, Margaret, sie alle und noch andere: Mehr und mehr begann er Erfahrung als einen Kreislauf zu begreifen, aus dem man keinen einzelnen Moment herauslösen und vergessen kann.

6

Die Bar machte zu. Sie teilten sich die Rechnung, und während sie auf das Wechselgeld warteten, sagte keiner etwas. Sie betrachtete ihn mit ihren starren lavendelfarbenen Augen und wirkte völlig beherrscht, doch dahinter verbarg sich, wie er genau merkte, eine subtile Erregung. Als der Kellner zurückkam, teilten sie sich das Wechselgeld, und sie sagte: »Wenn Sie wollen, können Sie mit zu mir kommen.« Jähe Röte überzog ihr Gesicht wie ein Ausschlag. »Ich meine, Sie sagten doch, Sie hätten keinen Platz zum Schlafen…« Walter griff über den Tisch und nahm ihre Hand: Das Lächeln, das sie ihm schenkte, war rührend schüchtern.

Nach billigem Parfüm riechend, kam sie aus dem Badezimmer, bekleidet nur mit einem armseligen fleischfarbenen Morgenrock und dem monströsen schwarzen Schuh. Auf der Stelle wurde ihm klar, dass er es niemals fertigbringen würde. Und er hatte sich noch nie selbst so leidgetan: Das würde ihm nicht einmal Anna Stimson verzeihen. »Nicht herschauen«, sagte sie mit einem Zittern in der Stimme, »ich bin da komisch, ich mag nicht, dass man meinen Fuß sieht.«

Er drehte sich zum Fenster, wo herandrängende Ulmenblätter im Regen raschelten und Blitze, zu weit weg, als dass er den Donner hören konnte, weißlich zuckten. »Alles klar«, sagte sie. Walter rührte sich nicht.

»Alles klar«, wiederholte sie besorgt. »Soll ich das Licht ausmachen? Ich meine, vielleicht willst du dich lieber – im Dunkeln fertigmachen.«

Er ging hinüber zum Bett, beugte sich über sie und küsste sie auf die Wange. »Ich finde dich wirklich sehr süß, aber…«

Das Telefon unterbrach ihn. Sie sah ihn bestürzt an. »Großer Gott«, sagte sie und hielt mit der Hand die Sprechmuschel zu, »ein Ferngespräch! Bestimmt geht es um Ronnie! Bestimmt ist er krank oder – hallo – was? – Ranney? Nein. Sie haben die falsche...«

»Warte«, sagte Walter und nahm den Hörer. »Hier Walter Ranney.«

»Hallo, Walter.«

Die Stimme, dumpf und geschlechtslos und distanziert, traf ihn wie ein Schlag in die Magengrube. Das Zimmer schien zu schwanken, einzustürzen. Schweißperlen bedeckten seine Oberlippe wie ein Bart. »Wer ist da?«, sagte er so langsam, dass die Worte keinen logischen Zusammenhang bildeten.

»Aber du kennst mich doch, Walter. Du kennst mich doch schon so lange.« Dann Stille: Der andere hatte aufgelegt.

»Mein Gott«, sagte die Frau, »woher hat der wohl gewusst, dass du in meinem Zimmer bist? Ich meine – schlechte Nachrichten? Du siehst irgendwie...«

Walter ließ sich auf sie fallen, klammerte sich an sie, drückte seine nasse Wange an ihre. »Halt mich fest«, sagte er, als er entdeckte, dass er noch weinen konnte. »Halt mich bitte fest.«

»Armer Kleiner«, sagte sie und tätschelte seinen Rücken. »Mein armer Kleiner: Wir sind furchtbar allein auf der Welt, stimmt's?« Und im nächsten Moment war er in ihren Armen eingeschlafen.

Seither hatte er nicht mehr geschlafen, konnte auch jetzt nicht einschlafen, nicht einmal wenn er dem trägen, einlullenden Ventilator zuhörte; in dessen Kreisbewegung konnte er die Räder des Zuges hören: von Saratoga nach New York, von New York nach New Orleans. Und New Orleans hatte er aus keinem besonderen Grund gewählt, außer dass es eine Stadt voll fremder Menschen war und weit weg. Vier rotierende Ventilatorflügel, Räder und Stimmen, immer im Kreis herum; und letztlich, wie er nun einsah, würde dieses Geflecht aus Bosheit nie ein Ende haben, nie und nimmer.

Wasser rauschte durch Rohre in der Wand, Schritte bewegten sich über ihm, Schlüssel klimperten im Flur, irgendwo dröhnte ein Nachrichtensprecher, nebenan sagte ein kleines Mädchen, warum? Warum? WARUM? Doch im Zimmer selbst herrschte ein Gefühl der Stille. Seine Füße, die im einfallenden Licht leuchteten, sahen aus wie verstümmelte Steine: Die schimmernden Zehennägel waren zehn kleine Spiegel, die alles grünlich zurückwarfen. Er setzte sich auf, wischte sich mit einem Handtuch den Schweiß ab; mehr als alles andere jagte ihm nun die Hitze Angst ein, denn sie machte ihm seine eigene Hilflosigkeit spürbar bewusst. Er schleuderte das Handtuch weg, das auf einen Lampenschirm fiel, dort hin und her schaukelte. In diesem Moment klingelte das Telefon. Und klingelte. Und es klingelte so laut, dass er überzeugt war, das ganze Hotel könne es hören. Menschen würden an seine Tür hämmern. Und so presste er das Gesicht ins Kissen, hielt sich mit den Händen die Ohren zu und dachte: Denk an nichtige Dinge, denk an Wind.

KINDERGEBURTSTAG

Diese Geschichte ist für Andrew Lyndon

Gestern Nachmittag überfuhr der Sechs-Uhr-Bus Miss Bobbit. Ich weiß nicht recht, was man dazu sagen soll; schließlich war sie erst zehn Jahre alt, aber ich bin sicher, keiner von uns hier im Ort wird sie vergessen. Zum einen, weil nichts, was sie je tat, alltäglich war, nicht von dem Moment an, als wir sie zum ersten Mal sahen, und das war vor einem Jahr. Miss Bobbit und ihre Mutter trafen mit dem nämlichen Sechs-Uhr-Bus ein, dem, der aus Mobile bei uns durchkommt. Es war zufällig der Geburtstag meines Vetters Billy Bob, und so waren die meisten Kinder aus dem Ort hier in unserem Haus versammelt. Wir hockten auf der vorderen Veranda herum, aßen Tuttifrutti und Schokoladenkuchen, als der Bus um Deadman's Curve gerast kam. Es war der Sommer, in dem es nie regnete; rostbraune Trockenheit deckte alles zu; manchmal hing, wenn ein Auto auf der Straße vorbeifuhr, der aufgewirbelte Staub eine Stunde oder länger in der reglosen Luft. Tante El sagte, wenn sie die Hauptstraße nicht bald pflasterten, ziehe sie runter an die Küste; aber das sagte sie schon ewig. Jedenfalls saßen wir auf der Veranda, wo das Tuttifrutti auf unseren Tellern schmolz, als plötzlich, gerade als wir wünschten, es würde etwas passieren, wirklich etwas passierte; denn aus dem roten Straßenstaub tauchte Miss Bobbit auf: Ein drahtiges kleines Mädchen in einem gestärkten zitronengelben Festkleid, das mit Erwachsenengehabe anspaziert kam, die eine Hand an der Hüfte, in der anderen einen altjüngferlichen Schirm. Ihre Mutter, die zwei Pappkoffer und ein aufziehbares Grammophon schleppte, folgte weiter hinten. Sie war eine hagere, ungepflegte Frau mit leeren Augen und einem hungrigen Lächeln.

Alle Kinder auf der Veranda waren so still geworden, dass die Mädchen, als ein Schwarm Wespen zu summen begann, nicht mit ihrem üblichen Gekreisch anfingen. Ihre Aufmerksamkeit war zu sehr auf die näher kommende Miss Bobbit und ihre Mutter fixiert, die inzwischen das Gartentor erreicht hatten. »Entschuldigen Sie bitte«, rief Miss Bobbit mit einer Stimme, die gleichzeitig weich und kindlich war wie ein hübsches Stoffbändchen, und mit so korrekter und exakter Aussprache wie ein Filmstar oder eine Schulmeisterin, »aber könnten wir vielleicht mit den Erwachsenen des Hauses sprechen?« Damit war natürlich Tante El gemeint; und, zumindest bis zu einem gewissen Grade, auch ich. Aber Billy Bob und die anderen Buben, von denen keiner über dreizehn war, folgten uns hinunter zum Gartentor. Ihren Gesichtern nach hätte man meinen können, sie hätten noch nie ein Mädchen gesehen. Jedenfalls keines wie Miss Bobbit. Wie Tante El sagte, wer hatte denn schon einmal von einem Kind gehört, das geschminkt ist? Pomade verlieh ihren Lippen einen orangefarbenen Glanz, ihr Haar bestand, ähnlich einer Allongeperücke, aus einer Fülle rosaroter Locken, und ihre Augen waren außen mit einem Stift wissend nach oben verlängert; dennoch besaß sie eine spröde Würde, sie war eine Dame und, was noch wichtiger ist, sie sah einem in die Augen mit der Direktheit eines Mannes. »Ich bin Miss Lily Jane Bobbit, Miss Bobbit aus Memphis, Tennessee«, sagte sie feierlich. Die Buben sahen zu Boden, und auf der Veranda steckte Cora McCall, mit der Billy Bob damals ging, alle Mädchen mit ihrem unbändigen Gekicher an. »*Dorf*kinder«, sagte Miss Bobbit mit verständnisvollem Lächeln und ließ ihren Sonnenschirm keck herumwirbeln. »Meine Mutter«, und besagte unscheinbare Frau nickte abrupt zur Bestätigung, »meine Mutter und ich haben hier Quartier genommen. Wären Sie bitte so freundlich, uns das Haus zu zeigen? Es gehört einer Mrs. Sawyer.« Aber sicher, sagte Tante El, da drüben ist es, das Haus direkt gegenüber. Es ist die einzige Pension im Ort, ein dunkler alter Kasten mit etwa zwei Dutzend Blitzableitern auf dem Dach: Mrs. Sawyer hat bei Gewitter eine Todesangst.

Errötend wie ein Apfel, sagte Billy Bob, bitte, Ma'am, wo es doch so ein heißer Tag ist und alles, ob sie sich da nicht ein Weilchen ausruhen und ein Tuttifrutti essen wollten?, und Tante El sagte, gewiss, unbedingt, aber Miss Bobbit schüttelte den Kopf. »Macht sehr dick, Tuttifrutti; aber haben Sie vielen *merci*«, und sie begannen die Straße zu überqueren, wobei die Mutter ihre Gepäckstücke halb im Staub hinter sich herschleifte. Dann, und mit ernster Miene, drehte sich Miss Bobbit noch einmal um; das Sonnenblumengelb ihrer Augen verdüsterte sich, und sie rollte sie leicht seitwärts, als versuche sie, sich an ein Gedicht zu erinnern. »Meine Mutter leidet an einer Störung der Zungenfunktion, die es erforderlich macht, dass ich für sie spreche«, verkündete sie hastig und seufzte. »Meine Mutter ist eine ausgezeichnete Näherin; sie hat in vielen großen und kleinen Städten Kleider für die feine Gesellschaft genäht, unter anderem in Memphis und Tallahassee. Zweifellos haben Sie das Kleid, das ich trage, bemerkt und bewundert. Jeder Stich daran wurde von meiner Mutter von Hand angebracht. Meine Mutter kann jedes Modell kopieren, und erst neulich gewann sie einen Preis des *Ladies' Home Journal* in Höhe von fünfundzwanzig Dollar. Meine Mutter kann außerdem häkeln, stricken und sticken. Falls Sie etwas genäht haben wollen, wenden Sie sich bitte an meine Mutter. Bitte sagen Sie das auch Ihren Freunden und Verwandten. Vielen Dank.« Und dann, mit einem Rascheln und einem Rauschen, war sie fort.

Cora McCall und die Mädchen zupften an ihren Haarschleifen, nervös, argwöhnisch, und schienen sehr pikiert und verschnupft zu sein. Ich bin *Miss* Bobbit, sagte Cora, das Gesicht zu einer bösartigen Imitation verzogen, und ich bin die Prinzessin Elisabeth, jawohl, das bin ich, hahaha. Außerdem, sagte Cora, war das Kleid da so geschmacklos, wie's nur geht; ich für meine Person, sagte Cora, meine Kleider kommen alle aus Atlanta; und dazu ein Paar Schuhe aus New York, ganz zu schweigen von meinem silbernen Türkisring, der sogar aus Mexiko ist. Tante El sagte, sie sollten nicht so über ein anderes Kind sprechen, das fremd in der Stadt ist, aber die Mädchen steckten weiter die Köpfe zusammen wie Hexen, und gewisse Buben, die unbedarfteren, die gern bei den Mädchen waren, schlossen sich ihnen an und sagten Sachen, dass Tante El rot anlief und verkündete, sie werde alle miteinander heimschicken und es noch dazu ihren Daddys sagen. Doch bevor sie ihre Drohung wahr machen konnte, schritt Miss Bobbit persönlich ein, indem sie über Mrs. Sawyers Veranda schlenderte, aber nun in einer neuen, verblüffenden Kostümierung.

Die älteren Buben, wie Billy Bob und Preacher Star, die stumm dagesessen hatten, während die Mädchen über Miss Bobbit herzogen, und die das Haus, in dem sie verschwunden war, mit verschleierten, begierigen Augen beobachtet hatten, standen nun auf und zottelten hinunter zum Gartentor. Cora McCall rümpfte die Nase und schob die Unterlippe vor, aber wir übrigen folgten ihnen und setzten uns auf die Stufen. Miss Bobbit schenkte uns nicht die geringste Beachtung. Der Sawyer'sche Vorgarten ist mit dichten Maulbeerbäumen und mit Gras und Gewürzsträuchern bepflanzt. Nach einem Regen kann man die Gewürzsträucher manchmal bis in unser Haus riechen; und in der Mitte dieses Vorgartens befindet sich eine Sonnenuhr, die Mrs. Sawyer 1912 zum Andenken an ihren Bullterrier Sunny anbrachte, der einging, nachdem er einen Eimer Farbe gesoffen hatte. Miss Bobbit trippelte in den Garten, das Grammophon bei sich tragend, das sie auf die Sonnenuhr stellte; sie zog es auf und begann eine Schallplatte abzuspielen, und die spielte den Graf von Luxemburg. Inzwischen fing es bereits an zu dunkeln, Leuchtkäfer-Zeit, blau wie Milchglas; und Vögel stießen pfeilartig zueinander und ließen sich im Geäst der Bäume nieder. Vor einem Sturm scheinen Blätter und Blumen in einem ureigenen Licht, einer ureigenen Farbe zu erstrahlen, und Miss Bobbit, angetan mit einem weißen Röckchen, ähnlich einer Puderquaste, und golden glitzerndem Lametta im Haar, schien, vor dem Hintergrund der zunehmenden Dunkelheit um sie herum, ebenfalls diese Leuchtkraft zu besitzen. Sie hielt die Arme hoch über dem Kopf gebeugt, die Hände lilienschlaff, und stand kerzengerade vorne auf den äußersten Zehenspitzen. Sie stand ziemlich lange so da, und Tante El sagte, sie mache das wirklich toll. Dann begann sie sich im Kreis zu drehen, rundherum und rundherum drehte sie sich, bis Tante El sagte, ihr sei schon vom Zuschauen ganz schwindlig. Sie hörte erst auf, als es Zeit war, das Grammophon wieder aufzuziehen; und als der Mond über die Anhöhe gekullert kam und die letzte Tischglocke geklingelt hatte und alle Kinder nach Hause gegangen waren und die Nachtlilien zu blühen begannen, war Miss Bobbit noch immer draußen in der Dunkelheit und drehte sich wie ein Kreisel.

Längere Zeit sahen wir sie nicht wieder. Preacher Star kam jeden Morgen her und blieb ohne Unterbrechung bis zum Abendessen da. Preacher ist ein spindeldürrer Junge mit einem flegelhaften roten Haarschopf; er hat elf Geschwister, und selbst die haben Angst vor ihm, denn er ist furchtbar aufbrausend und in der ganzen Gegend wegen seines niederträchtigen Wesens bekannt: Am letzten Vierten Juli verprügelte er Ollie Overton derart, dass Ollies Familie ihn nach Pensacola ins Krankenhaus schicken musste; und ein andermal biss er einem Maultier das halbe Ohr ab, zerkaute es und spuckte es dann aus. Bevor Billy Bobs Bart zu sprießen begann, hatte Preacher es auch auf ihn abgesehen. Er steckte ihm Kletten hinten ins Hemd und rieb ihm Pfeffer in die Augen und zerriss seine Hausaufgaben. Aber jetzt sind sie die dicksten Freunde im Ort: die gleiche Sprache, der gleiche Gang; und gelegentlich verschwinden sie tagelang miteinander, Gott weiß, wohin. Aber während der ganzen Zeit, in der Miss Bobbit nicht auftauchte, blieben sie dicht beim Haus. Sie standen im Vorgarten herum und versuchten, mit Schleudern Spatzen von den Telegraphenmasten zu schießen; oder Billy Bob spielte auf seiner Ukulele, und dann sangen sie so laut, dass Billy Bobs Onkel, der der Richter in unserem Kreis ist, behauptete, er könne sie bis ins Gerichtsgebäude hören: *Send me a letter, send it by mail, send it in care of the Birmingham jail.* Miss Bobbit hörte sie nicht; zumindest steckte sie nie den Kopf aus der Tür. Eines Tages ließ sich dann Mrs. Sawyer, die rübergekommen war, um eine Tasse Zucker zu borgen, des Langen und Breiten über ihre neuen Gäste aus. Also, sagte sie und kniff ihre hühnerhellen Augen zusammen, der Mann war ein Gauner, o ja, das hat mir die Kleine selbst gesagt. Kein bisschen Schamgefühl, nicht die Spur. Sagt, ihr Daddy sei der liebste Daddy und der beste Sänger in ganz Tennessee... Und ich sage, Schätzchen, wo ist er jetzt?, und so ungeniert, wie man sich nur denken kann, sagt sie: Ach, der ist im Gefängnis, und wir hören nichts mehr von ihm. Mal ehrlich, stockt einem da nicht das Blut in den Adern? O ja, und ich könnte mir denken, ihre Mama, also ich könnte mir denken, dass die Ausländerin ist: Sagt nie ein Wort, und manchmal sieht es so aus, als ob sie gar nicht versteht, was man zu ihr sagt. Und stellt euch vor, die essen alles *roh*. *Rohe* Eier, *rohe* Rüben, Karotten – überhaupt kein Fleisch. Aus Gesundheitsgründen, sagt die Kleine, und dabei liegt sie seit letzten Dienstag mit Fieber im Bett.

Am selben Nachmittag ging Tante El hinaus, um ihre Rosen zu gießen, musste jedoch feststellen, dass sie verschwunden waren. Es waren ganz besondere Rosen, nämlich die, die sie auf die Blumenausstellung in Mobile hatte schicken wollen, und so wurde sie natürlich leicht hysterisch. Sie rief den Sheriff an und sagte, hör zu, Sheriff, du kommst jetzt auf der Stelle her. Man hat mir meine sämtlichen Lady Annes geklaut, denen ich mich seit dem Frühjahr mit Leib und Seele gewidmet habe. Als das Auto des Sheriffs vor unserem Haus anhielt, traten alle Nachbarn in der Straße auf ihre Veranda heraus, und Mrs. Sawyer, eine dicke Schicht weiße Coldcream im Gesicht, kam über die Straße gelaufen. Ach was, sagte sie, sehr enttäuscht, als sie erfuhr, dass niemand ermordet worden war, ach was, kein Mensch hat hier Rosen gestohlen. Euer Billy Bob hat die Rosen rübergebracht und für die kleine Bobbit abgegeben. Tante El sagte kein Wort. Sie ging nur hinüber zum Pfirsichbaum und schnitt sich eine Rute ab. He, Billy Bob rufend, ging sie zielstrebig die Straße entlang, und dann fand sie ihn drunten in Speedys Autowerkstatt, wo er und Preacher zuschauten, wie Speedy einen Motor auseinandernahm. Sie packte ihn einfach bei den Haaren und schleifte ihn, auf ihn eindreschend, heim. Aber sie konnte ihn nicht dazu bringen zu sagen, dass es ihm leidtue, und sie konnte ihn nicht zum Weinen bringen. Und als sie mit ihm fertig war, rannte er in den Garten hinter dem Haus und kletterte in den Wipfel des hohen Pekannussbaumes und schwor, dass er nie wieder herunterkommen werde. Daraufhin stellte sich sein Daddy ans Fenster und rief ihm zu: Junge, wir sind dir nicht böse, also komm runter, das Abendessen ist fertig. Aber Billy Bob rührte sich nicht vom Fleck. Tante El ging hinaus und lehnte sich an den Baum. Sie sprach mit einer Stimme, so sanft wie das schwindende Licht. Es tut mir leid, Junge, sagte sie, ich wollte dich nicht derart verprügeln. Ich habe ein schönes Abendessen gemacht, Junge, Kartoffelsalat und gekochten Schinken und gefüllte Eier. Hau ab, sagte Billy Bob, ich will kein Abendessen, und ich hasse dich wie die Pest. Sein Daddy sagte, so dürfe er nicht mit seiner Mutter sprechen, und sie fing an zu weinen. Sie stand da unter dem Baum und weinte, hob den Rocksaum hoch, um sich die Augen abzuwischen. Ich hasse dich nicht, Junge… Wenn ich dich nicht lieben würde, hätte ich dich nicht verprügelt. Die Blätter des Pekannussbaumes begannen zu rascheln; Billy Bob kam langsam heruntergerutscht, und Tante El zog ihn an sich und fuhr ihm mit den Fingern durchs Haar. Ach, Ma, sagte er, ach, Ma.

Nach dem Abendessen kam Billy Bob zu mir und warf sich unten am Fußende auf mein Bett. Er roch säuerlich und süß, wie alle Buben, und er tat mir sehr leid, vor allem weil er so bekümmert aussah. Seine Augen waren fast geschlossen vor Kummer. Man soll Kranken doch Blumen schicken, sagte er tugendhaft. Etwa da hörten wir das Grammophon, eine liebliche ferne Melodie, und ein

Nachtfalter kam durch das Fenster herein, schwebte in der Luft, so zart wie die Musik. Aber es war inzwischen dunkel, und so konnten wir nicht mit Bestimmtheit sagen, ob Miss Bobbit tanzte. Billy Bob, als hätte er Schmerzen, klappte auf dem Bett zusammen wie ein Taschenmesser; aber sein Gesicht war plötzlich klar, seine verschmierten Bubenaugen flackerten wie Kerzen. Sie ist so süß, flüsterte er, sie ist das süßeste Ding, das ich je gesehen hab, ach, zum Teufel, ich würde es glatt wieder tun, ich würd' alle Rosen auf der ganzen Welt pflücken.

Auch Preacher hätte alle Rosen auf der ganzen Welt gepflückt. Er war genauso verrückt nach ihr wie Billy Bob. Doch Miss Bobbit nahm keine Notiz von ihnen. Der einzige Kontakt, den wir mit ihr hatten, war ein Briefchen an Tante El, in dem sie sich bei ihr für die Blumen bedankte. Tag für Tag saß sie auf ihrer Veranda, immer todschick ausstaffiert, und arbeitete an einer Stickerei oder kämmte sich ihre Locken oder las in Websters Konversationslexikon – förmlich, aber durchaus freundlich; wenn man guten Tag zu ihr sagte, sagte sie ebenfalls guten Tag. Trotzdem schienen die Buben nie den Mut aufbringen zu können, rüberzugehen und mit ihr zu reden, und meistens waren sie einfach Luft für sie, selbst dann, wenn sie die Straße rauf und runter tobten, um ihre Aufmerksamkeit auf sich zu lenken. Sie rangen miteinander, spielten Tarzan, machten tollkühne Kunststücke auf dem Fahrrad. Es war jämmerlich mitanzusehen. Zahlreiche Mädchen aus dem Ort schlenderten zwei- bis dreimal innerhalb einer Stunde an Mrs. Sawyers Haus vorbei in der Hoffnung, einen Blick zu erhaschen. Zu den Mädchen, die dies taten, gehörten Cora McCall, Mary Murphy Jones, Janice Ackerman. Miss Bobbit zeigte auch für sie keinerlei Interesse. Cora sprach nicht mehr mit Billy Bob. Das Gleiche galt für Janice und Preacher. Um die Wahrheit zu sagen, Janice schrieb Preacher mit roter Tinte und auf Papier mit durchbrochenem Rand einen Brief, in dem sie ihm mitteilte, er sei das Allerletzte und schäbiger, als sich in Worte fassen lasse, dass sie ihre Verlobung als gelöst betrachte, dass er das ausgestopfte Eichhörnchen wiederhaben könne, das er ihr geschenkt hatte. Preacher, der nur nett sein wollte, hielt sie an, als sie das nächste Mal an unserem Haus vorbeikam, und sagte, ach, zum Teufel, sie könne das olle Eichhörnchen ruhig behalten, wenn sie wolle. Hinterher konnte er nicht begreifen, warum Janice heulend wie ein Schlosshund davonlief.

Eines Tages führten die Buben sich dann noch verrückter auf als sonst; Billy Bob sprang in der viel zu weiten Weltkriegs-Uniform seines Daddys rum, und Preacher, mit freiem Oberkörper, hatte sich mit einem alten Lippenstift von Tante El eine nackte Frau auf die Brust gemalt. Sie sahen absolut lächerlich aus, doch Miss Bobbit, in einer Schaukel liegend, gähnte nur. Es war Mittag, und niemand war auf der Straße unterwegs außer einem farbigen Mädchen, dick und kugelrund wie ein Bonbon, das einen Eimer mit Brombeeren trug und vor sich hinsummte. Doch die Buben, die wie lästige Mücken um sie herumschwirrten, fassten sich bei den Händen und wollten sie nicht durchlassen, bis sie Zoll bezahlt hatte. Ich weiß von kei'm Zoll nix, sagte sie, was denn für 'n Zoll, Mister? Wegen der Party in der Scheune, sagte Preacher mit zusammengebissenen Zähnen, eine richtig tolle Party in der Scheune. Und sie, mit einem trotzigen Achselzucken, sagte, also sie wisse nichts von Scheunenpartys. Woraufhin Billy Bob ihren Beereneimer umwarf, und als sie, verzweifelt quiekend wie ein Schwein, sich bückte und vergebens zu retten versuchte, was nicht zu retten war, gab Preacher, der hundsgemein sein kann, ihr einen Tritt in den Hintern, dass sie wie Wackelpudding in den Brombeeren und im Staub landete. Miss Bobbit kam über die Straße gestürmt, mit dem Zeigefinger wedelnd wie ein Metronom; wie eine Schullehrerin klatschte sie in die Hände, stampfte mit dem Fuß auf, sagte: »Es ist eine wohlbekannte Tatsache, dass die Herren auf das Antlitz dieser Welt gesetzt werden, um die Damen zu beschützen. Glaubt ihr etwa, so benehmen sich Buben in Städten wie Memphis, New York, London, Hollywood oder Paris?« Die Buben wichen zurück und steckten die Hände in die Hosentaschen. Miss Bobbit half dem farbigen Mädchen auf die Beine; sie wischte ihr den Staub ab, trocknete ihr die Augen, hielt ihr ein Taschentuch hin und wies sie an, sich zu schneuzen. »Eine schöne Bescherung«, sagte sie, »ein feiner Zustand, wenn sich eine Dame in der helllichten Öffentlichkeit nicht sicher fühlen kann.«

Dann gingen die beiden hinein und setzten sich auf Mrs. Sawyers Veranda; und ein Jahr lang waren sie nie weit voneinander entfernt, Miss Bobbit und das Elefantenbaby, dessen Name Rosalba Cat war. Am Anfang regte sich Mrs. Sawyer furchtbar auf, weil Rosalba so viel in ihrem Haus war. Sie sagte zu Tante El, dass es ihr gegen den Strich ging, ständig und vor aller Augen einen Nigger auf ihrer vorderen Veranda herumlungern zu haben. Miss Bobbit hatte jedoch einen gewissen Zauber; wenn sie etwas machte, dann machte sie es ganz, und so geradeheraus, so ernsthaft, dass einem nichts anderes übrig blieb, als es zu akzeptieren. Wie zum Beispiel die Geschäftsleute im Ort, die zuerst immer glucksten, wenn sie sie Miss Bobbit nannten; aber nach und nach *war* sie Miss Bobbit, und sie machten steife kleine Verbeugungen, wenn sie vorbeiwirbelte und ihren Sonnenschirm kreisen ließ. Miss Bobbit erzählte allen, dass Rosalba ihre Schwester war, was für reichlich Witzeleien sorgte; aber wie die meisten ihrer Einfälle erschien es allmählich ganz natürlich, und wenn wir zufällig hörten, wie sie einander Schwester Rosalba und Schwester Bobbit nannten, grinste keiner von uns. Aber Schwester Rosalba und Schwester Bobbit machten auch merkwürdige Dinge. Da war die Geschichte mit den Hunden. Es gibt tatsächlich ziemlich viele Hunde bei uns, Rattenfänger, Hühnerhunde, Bluthunde; sie schleichen in der Mittagshitze in sechs- bis zwölfköpfigen Rudeln durch die verlassenen Straßen, warten allesamt nur auf die Dunkelheit und den Mond, wo man sie dann die ganzen einsamen Stunden hindurch heulen hören kann: Jemand stirbt, jemand ist tot. Miss Bobbit beschwerte sich beim Sheriff; sie sagte, dass sich einige der Hunde immer unter ihrem Fenster niederließen und dass sie ohnehin einen leichten Schlaf habe; im Übrigen, und wie Schwester Rosalba sage, glaube sie, dass das überhaupt keine Hunde seien, sondern irgendwelche Teufel. Natürlich tat der Sheriff gar nichts; und so nahm sie die Sache selbst in die Hand. Eines Morgens, nach einer besonders lauten Nacht, sah man sie durch den Ort streifen, zusammen mit Rosalba, die einen Blumenkorb voll Steinen trug; sobald sie einen Hund sahen, blieben sie stehen, und Miss Bobbit musterte ihn eingehend. Manchmal schüttelte sie den Kopf, aber häufiger sagte sie: »Ja, das ist einer davon, Schwester Rosalba«, und Schwester Rosalba, finster entschlossen, holte einen Stein aus ihrem Korb und schleuderte ihn dem Hund genau zwischen die Augen.

Eine andere Sache, die passierte, betrifft Mr. Henderson. Mr. Henderson hat ein Hinterzimmer in Mrs. Sawyers Haus; ein zäher Gnom von einem Mann, der früher in Oklahoma auf eigene Faust nach Öl gebohrt hat, etwa siebzig Jahre alt und wie viele alte Männer besessen von Körperfunktionen. Außerdem ist er ein Säufer. Einmal war er zwei Wochen lang betrunken gewesen; wenn er Miss Bobbit und Schwester Rosalba im Haus herumgehen hörte, raste er jedes Mal auf den oberen Treppenabsatz und brüllte zu Mrs. Sawyer hinunter, dass Wichtel in den Wänden seien, die es auf seinen Toilettenpapiervorrat abgesehen hätten. Die haben mir schon Klopapier im Wert von fünfzehn Cent gestohlen, sagte er. Eines Abends, als die beiden Mädchen unter einem Baum im Garten saßen, ging Mr. Henderson, mit nichts weiter als einem Nachthemd bekleidet, auf sie los. Mein Toilettenpapier stehlen, was?, schrie er, euch werd ich's zeigen, ihr Wichtel... Zu Hilfe, ihr Leut', sonst verschwinden die elenden Wichtelweiber noch mit jedem einzelnen Blatt im Ort. Billy Bob und Preacher gelang es, Mr. Henderson zu schnappen und festzuhalten, bis erwachsene Männer eintrafen und ihn zu fesseln begannen. Miss Bobbit, die in bewunderungswürdiger Weise Ruhe bewahrt hatte, sagte zu den Männern, sie hätten keine Ahnung, wie man einen anständigen Knoten macht, und übernahm es, diese Aufgabe selbst zu erledigen. Sie leistete so gute Arbeit, dass die Blutzirkulation in Mr. Hendersons Händen und Füßen abgeschnürt wurde und es einen Monat dauerte, ehe er wieder gehen konnte.

Es war kurz danach, als Miss Bobbit uns einen Besuch abstattete. Sie kam an einem Sonntag, und ich war allein, da die anderen in die Kirche gegangen waren. »Kirchengerüche sind so unangenehm«, sagte sie, leicht vorgebeugt und die Hände geziert vor sich gefaltet. »Ich möchte nicht, dass Sie mich für eine Heidin halten, Mr. C.; ich habe genug Erfahrung, um zu wissen, dass es einen Gott gibt und dass es einen Teufel gibt. Aber den Teufel zähmt man nicht, indem man in die Kirche geht und sich anhört, was für ein böser sündhafter Tor er ist. Nein, man muss den Teufel lieben, wie man Jesus liebt: weil er ein mächtiger Mann ist und einem Gutes erweist, wenn er weiß, dass man auf ihn vertraut. Er hat mir häufig Gutes erwiesen, beispielsweise in der Tanzschule in Memphis... Ich habe immer den Teufel um Hilfe angerufen, damit ich die größte Rolle in unserer alljährlichen Aufführung bekomme. Das ist nur vernünftig; schließlich wusste ich, dass Jesus bestimmt nichts mit Tanzen zu tun haben will. Nun, um die Wahrheit zu sagen, habe ich erst neulich den Teufel angerufen. Er ist der Einzige, der mir helfen kann, von hier wegzukommen. Nicht dass ich hier lebe, nicht direkt. Ich denke ständig an irgendwo anders, an irgendwo, wo sich alles ums Tanzen dreht, wo die Menschen auf den Straßen tanzen und alles so hübsch ist wie auf einem Kindergeburtstag.

Mein wundervoller Papa sagte, ich lebe in den Wolken, aber wenn er mehr in den Wolken gelebt hätte, dann wäre er jetzt reich, wie er es immer sein wollte. Das Problem mit meinem Papa ist, dass er den Teufel nicht liebte, sondern zuließ, dass der Teufel ihn liebte. Aber ich bin in dieser Hinsicht klüger; ich weiß, dass das Zweitbeste sehr oft das Beste ist. Das Zweitbeste für uns war, in dieses Städtchen zu ziehen; und da ich hier meine Karriere nicht verfolgen kann, ist es für mich das Zweitbeste, nebenher eine kleine Firma zu gründen. Was ich auch getan habe. Ich bin in diesem Kreis die alleinige Abonnement-Beauftragte einer eindrucksvollen Reihe von Zeitschriften, darunter *Reader's Digest*, *Popular Mechanics*, *Dime Detective* und *Child's Life*. Natürlich bin ich nicht hier, Mr. C., um Ihnen etwas zu verkaufen. Aber ich habe etwas Bestimmtes im Sinn. Ich dachte an die beiden Buben, die sich hier ständig herumtreiben, und mir kam der Gedanke, dass sie eigentlich schon Männer sind. Glauben Sie, dass sie zwei geeignete Assistenten abgeben würden?«

Billy Bob und Preacher arbeiteten hart für Miss Bobbit, und für Schwester Rosalba ebenfalls. Schwester Rosalba vertrieb eine Kosmetikserie namens Dewdrop, und es gehörte zu den Aufgaben der Buben, Rosalbas Kundinnen die gekaufte Ware zu liefern. Billy Bob war abends meist so müde, dass er kaum sein Essen hinunterbrachte. Tante El sagte, es sei ein Elend und eine Schande, und als Billy Bob dann eines schönen Tages mit einem kleinen Sonnenstich heimkam, sagte sie, genug, jetzt sei Schluss, Billy Bob müsse bei Miss Bobbit aufhören. Aber Billy Bob beschimpfte sie derart übel, dass sein Daddy ihn in sein Zimmer sperren musste; woraufhin er sagte, er werde sich umbringen. Eine Köchin, die wir mal gehabt hatten, hatte ihm gesagt, wenn man eine Schüssel voll Grünkohl mit dick Melasse drüber esse, werde es einen todsicher umbringen; also tat er genau das. Ich sterbe, sagte er, während er sich auf seinem Bett hin und her wälzte, ich sterbe, und kein Mensch kümmert sich drum.

Miss Bobbit kam rüber und sagte zu ihm, er solle still sein. »Dir fehlt nichts, Junge«, sagte sie. »Du hast bloß Magenschmerzen.« Dann tat sie etwas, das Tante El furchtbar schockierte: Sie zog Billy Bob die Zudecke weg und rieb ihn von Kopf bis Fuß mit Alkohol ein. Als Tante El zu ihr sagte, sie glaube nicht, dass sich so etwas für ein kleines Mädchen gehöre, erwiderte Miss Bobbit: »Ich weiß nicht, ob sich das gehört oder nicht, aber es ist auf jeden Fall sehr erfrischend.« Danach tat Tante El alles in ihrer Macht Stehende, um Billy Bob daran zu hindern, wieder für Miss Bobbit zu arbeiten, aber sein Daddy sagte, sie solle ihn in Ruhe lassen, man müsse dem Jungen erlauben, sein eigenes Leben zu führen.

Miss Bobbit war sehr ehrlich, was Geld betraf. Sie bezahlte Billy Bob und Preacher korrekt ihre Provision, und sie ließ sich, obwohl die beiden es oft versuchten, nie von ihnen in den Drugstore oder ins Kino einladen. »Ihr solltet euer Geld lieber sparen«, sagte sie ihnen. »Das heißt, falls ihr aufs College gehen wollt. Denn keiner von euch hat genug Verstand, um ein Stipendium zu bekommen, nicht einmal ein Football-Stipendium.« Dennoch ging es um Geld, als Billy Bob und Preacher den großen Krach hatten; aber das war natürlich nicht der wahre Grund: Der wahre Grund war, dass sie wegen Miss Bobbit wahnsinnig eifersüchtig waren. Und so sagte Preacher, und er hatte die Frechheit, es in Billy Bobs Gegenwart zu tun, eines Tages zu Miss Bobbit, sie täte gut daran, ihre Abrechnungen sorgfältig zu prüfen, weil er mehr als bloß den Verdacht habe, dass Billy ihr nicht das *ganze* Geld abliefere, das er einnehme. Das ist eine verdammte Lüge, sagte Billy Bob, und beförderte Preacher mit einem sauberen linken Haken von der Sawyer'schen Veranda in ein Beet mit Kapuzinerkresse, sprang hinterher und warf sich auf ihn. Aber nachdem Preacher ihn zu fassen bekommen hatte, hatte Billy Bob keine Chance mehr. Preacher rieb ihm sogar Erde in die Augen. Während der ganzen Zeit hing Mrs. Sawyer aus einem Fenster im Obergeschoss und brüllte wie am Spieß, und Schwester Rosalba, fett und fröhlich, kreischte mehrdeutig: Bring ihn um! Bring ihn um! Bring ihn um! Nur Miss Bobbit schien zu wissen, was sie tat. Sie schloss den Gartenschlauch an und spritzte die Buben aus nächster Nähe gründlich ab. Preacher rappelte sich keuchend hoch. Ach, Engelchen, sagte er und schüttelte sich wie ein nasser Hund, Engelchen, du musst dich entscheiden. »*Was* muss ich?«, sagte Miss Bobbit, umgehend verstimmt. Ach, Engelchen, winselte Preacher, du willst doch nicht, dass wir uns umbringen. Du musst dich entscheiden, wer wirklich dein wahrer Schatz ist. »Schatz, dass ich nicht lache«, sagte Miss Bobbit. »Ich hätte es besser wissen müssen, als mich mit einem Haufen Dorfkindern einzulassen. Und so was will Geschäftsmann werden? Jetzt hör mir mal gut zu, Preacher Star: Ich will keinen Schatz, und wenn ich einen wollte, dann bestimmt nicht dich. Du stehst ja nicht einmal auf, wenn eine Dame das Zimmer betritt.«

Preacher spuckte auf den Boden und ging großspurig hinüber zu Billy Bob. Komm schon, sagte er, als ob nichts geschehen wäre, die ist eiskalt, ist die, die will bloß zwischen zwei guten Freunden Unfrieden stiften. Einen Moment lang sah es so aus, als würde Billy Bob sich ihm in trauter Zweisamkeit anschließen; aber plötzlich kam er wieder zur Besinnung, wich zurück und machte eine Handbewegung. Die Buben starrten sich eine geschlagene Minute an, und die ganze Nähe zwischen ihnen hatte unversehens einen hässlichen Charakter: So sehr kann man nur hassen, wenn man auch liebt. Und Preachers Gesicht verriet es. Aber es blieb ihm nichts anderes übrig, als das Feld zu räumen. O ja, Preacher, du sahst an dem Tag so verloren aus, dass ich dich zum ersten Mal wirklich mochte, wie du da, so mager und gemein und verloren, ganz allein die Straße hinuntergingst.

Sie versöhnten sich nicht, Preacher und Billy Bob; nicht deshalb, weil sie sich nicht versöhnen wollten, sondern nur, weil es keinen vernünftigen Weg zu geben schien, ihre Freundschaft wiederherzustellen. Aber sie konnten diese Freundschaft nicht loswerden: Jedem war immer bewusst, was der andere vorhatte; und als Preacher einen neuen

Kumpel fand, blies Billy Bob tagelang Trübsal, nahm Sachen in die Hand, legte sie wieder hin oder machte verrücktes Zeug, indem er etwa absichtlich den Finger in den elektrischen Ventilator steckte. Manchmal blieb Preacher abends am Gartentor stehen und unterhielt sich mit Tante El. Und zwar nur, um Billy Bob zu quälen, wie ich vermute, aber er blieb weiter mit uns allen befreundet, und an Weihnachten schenkte er uns eine riesige Schachtel Erdnüsse. Er ließ auch ein Geschenk für Billy Bob da. Wie sich herausstellte, war es ein Sherlock-Holmes-Buch; und auf das Vorsatzblatt hatte er gekritzelt: »Freunde wie Efeu an den Wänden müssen enden.« Das ist das Kitschigste, was ich je gesehen hab, sagte Billy Bob. Herrjemine, ist das ein Trottel! Doch dann, und obwohl es ein kalter Wintertag war, ging er nach hinten in den Garten und kletterte auf den Pekannussbaum, wo er den ganzen Nachmittag in den blauen Dezemberästen kauerte.

Aber die meiste Zeit war er glücklich, weil Miss Bobbit da war, und sie war immer lieb zu ihm. Sie und Schwester Rosalba behandelten ihn wie einen Mann; das heißt, sie gestatteten ihm, alles für sie zu tun. Andererseits ließen sie ihn beim Dreier-Bridge gewinnen, zogen nie seine Lügen in Zweifel, noch missbilligten sie seine Ambitionen. Es war eine glückliche Zeit. Allerdings gab es wieder Ärger, als die Schule begann. Miss Bobbit weigerte sich hinzugehen. »Lächerlich«, sagte sie, als Mr. Copland, der Rektor, eines Tages herkam, um Nachforschungen anzustellen, »einfach lächerlich, ich kann lesen und schreiben, und es gibt *einige* Leute hier im Ort, die allen Grund haben zu wissen, dass ich Geld zählen kann. Nein, Mr. Copland, wenn Sie einen Moment nachdenken, werden Sie einsehen, dass keiner von uns beiden weder die Zeit noch die Energie für dergleichen hat. Im Grunde liefe es nur darauf hinaus, wessen Geist zuerst gebrochen wird, Ihrer oder meiner. Und im Übrigen, was könnten Sie mir schon beibringen? Nun, wenn Sie etwas vom Tanzen verstehen würden, dann sähe die Sache anders aus; aber unter den gegebenen Umständen, Mr. Copland, tja, unter den gegebenen Umständen schlage ich vor, dass wir die ganze Sache vergessen.« Mr. Copland war absolut bereit dazu. Aber der ganze übrige Ort meinte, sie hätte eine Tracht Prügel verdient. Horace Deasley schrieb einen Artikel in der Zeitung, der den Titel trug: »Ein trauriger Zustand«. Es war, seiner Meinung nach, ein trauriger Zustand, wenn ein kleines Mädchen sich über etwas hinwegsetzen konnte, was er, aus unerfindlichen Gründen, als die Verfassung der Vereinigten Staaten bezeichnete. Der Beitrag endete mit der Frage: *Kann sie damit durchkommen?* Sie konnte; desgleichen Schwester Rosalba. Nur dass sie eine Farbige war und es deshalb keinen kümmerte. Billy Bob hatte nicht so viel Glück. Für ihn hieß es zurück in die Schule; aber er hätte genauso gut daheimbleiben können, so viel Wert hatte es. In seinem ersten Zeugnis bekam er drei Ungenügend, ein Rekord gewissermaßen. Dabei ist er ein gescheites Kerlchen. Ich vermute, dass er diese Stunden ohne Miss Bobbit einfach nicht durchstehen konnte; wenn sie nicht da war, schien er immer halb zu schlafen. Und er prügelte sich ständig; entweder hatte er ein blaues Auge oder eine aufgeplatzte Lippe, oder er humpelte. Er sprach nie über diese Prügeleien, aber Miss Bobbit war schlau genug, den Grund zu erraten. »Du bist sehr lieb, ich weiß, ich weiß. Und ich schätze dich, Billy Bob. Aber du darfst dich nicht meinetwegen prügeln. Natürlich sagen sie gemeine Dinge über mich. Aber weißt du auch, warum, Billy Bob? Das ist ein Kompliment sozusagen. Denn tief drinnen finden sie mich absolut wunderbar.«

Und sie hatte recht: Wenn du nicht bewundert wirst, macht sich kein Mensch die Mühe, dich zu verurteilen. Aber in Wahrheit hatten wir keine Ahnung, wie wunderbar sie war, bis ein Mann namens Manny Fox aufkreuzte. Das geschah Ende Februar. Den ersten Hinweis auf Manny Fox erhielten wir durch eine Reihe fröhlicher Plakate, die in den Geschäften im Ort aushingen: »Manny Fox präsentiert die Fächertänzerin ohne Fächer«; und in kleineren Buchstaben: »Sensationelles Amateurprogramm mit Ihren eigenen Nachbarn – Erster Preis: Echte Probeaufnahmen in Hollywood!« All dies sollte am darauffolgenden Donnerstag stattfinden. Die Eintrittskarten kosteten einen Dollar das Stück, was in unserer Gegend eine Menge Geld ist; aber wir bekommen nicht oft Fleisch auf der Bühne geboten, und so blätterte jeder sein Geld hin und veranstaltete einen Riesenwirbel um die ganze Sache. Die Maulhelden im Drugstore machten die ganze Woche lang dreckige Witze, vor allem über die Fächertänzerin ohne Fächer, die sich als Mrs. Manny Fox entpuppte. Sie wohnten auf dem Chucklewood-Campingplatz weiter unten an der Landstraße; aber sie waren den ganzen Tag im Ort, fuhren in einem alten Packard herum, auf dessen vier Türen mit Schablone der volle Name von Manny Fox aufgemalt war. Seine Frau war eine schafsgesichtige, scharfzüngige Rothaarige mit nassen Lippen und feuchten Augenlidern; sie war eigentlich ziemlich kräftig, aber verglichen mit Manny Fox wirkte sie eher zierlich, denn er war ein Kerl wie ein Baum.

Sie machten den Billardsalon zu ihrem Hauptquartier, und jeden Nachmittag konnte man sie dort mit den hiesigen Tagedieben Bier trinken und herumblödeln sehen. Wie sich herausstellte, beschränkten sich Manny Fox' geschäftliche Tätigkeiten nicht auf Theateraufführungen. Er betrieb auch eine Art Arbeitsvermittlung: Nach und nach rückte er damit heraus, dass er für eine Gebühr von 150 Dollar jedem abenteuerlustigen Jungen im Bezirk eine erstklassige Anstellung auf einem Bananendampfer besorgen konnte, der von New Orleans nach Südamerika fuhr. Eine einmalige Gelegenheit, wie er sagte. Bei uns in der Gegend gibt es keine zwei Buben, die ohne weiteres fünf Dollar in die Hand nehmen können; dennoch gelang es einem guten Dutzend, das Geld aufzutreiben. Ada Willingham nahm alles, was sie gespart hatte, um für ihren Mann einen Engelgrabstein zu kaufen, und gab es ihrem Sohn, und Acey Trumps Papa verkaufte eine Option auf seine Baumwollernte.

Aber erst der Abend der Vorstellung! Das war ein Abend, an dem alles vergessen war: von der Hypothek bis zum Geschirr in der Spüle. Tante El sagte, man könnte meinen, wir gingen in die Oper, alles geschniegelt und gebügelt und parfümiert. So voll war das Odeon nicht mehr gewesen seit dem Abend, als das Besteck aus Sterlingsilber verlost wurde. Praktisch jeder hatte einen Verwandten, der auftreten sollte, so dass allgemein große Nervosität herrschte. Miss Bobbit war die einzige Teilnehmerin, die wir wirklich gut kannten. Billy Bob konnte nicht stillsitzen; er schärfte uns wieder und wieder ein, dass wir für niemanden klatschen durften außer für Miss Bobbit; Tante El sagte, das wäre sehr unhöflich, woraufhin Billy Bob wieder einen Rappel kriegte; und als sein Vater jedem von uns eine Tüte Popcorn kaufte, rührte er seines nicht an, weil es seine Hände fettig gemacht hätte, und, bitte, noch etwas, wir sollten keinen Lärm machen und kein Popcorn essen, während Miss Bobbit auftrat. Dass sie zu den Teilnehmern gehörte, war eine Überraschung in letzter Minute. Dabei war es durchaus logisch, und es gab Anzeichen, die es uns hätten verraten müssen; die Tatsache zum Beispiel, dass sie seit Gott weiß wie vielen Tagen keinen Fuß vor die Tür des Sawyer'schen Hauses gesetzt hatte. Und dass die halbe Nacht das Grammophon lief, ihr Schatten auf dem herabgezogenen Rollo tanzte, und der heimlichtuerische, selbstgefällige Ausdruck in Schwester Rosalbas Gesicht, wenn man sich nach Schwester Bobbits Befinden erkundigte. Und so stand ihr Name auf dem Programm, sogar an zweiter Stelle, obwohl sie lange nicht auftrat. Erst kam Manny Fox, gelackt und anzüglich grinsend, der eine Menge merkwürdiger Witze erzählte, dabei in die Hände klatschte, ha, ha, ha. Tante El sagte, wenn er noch *einen* solchen Witz erzähle, werde sie aufstehen und gehen; er tat es, und sie blieb. Vor Miss Bobbits Auftritt kamen elf andere Teilnehmer, darunter Eustacia Bernstein, die Filmstars imitierte, die alle wie

Eustacia klangen, und ein erstaunlicher Mr. Buster Riley, ein alter Knacker mit Segelohren aus der finstersten Provinz, der auf einer Säge *Waltzing Matilda* spielte. Bis dahin war er der Clou des Abends; nicht dass es ausgeprägte Unterschiede gegeben hätte, wie die einzelnen Darbietungen aufgenommen wurden, denn alle applaudierten hochherzig, das heißt alle außer Preacher Star. Er saß zwei Reihen vor uns und empfing jede Nummer mit wiehernden Buhrufen. Tante El sagte, sie werde nie wieder mit ihm sprechen. Die einzige Person, der er applaudierte, war Miss Bobbit. Zweifellos war der Teufel auf ihrer Seite, aber sie hatte es verdient. Sie trat auf, mit den Hüften wackelnd, die Locken schüttelnd, die Augen rollend. Man merkte sofort, dass es keine ihrer klassischen Darbietungen sein würde. Sie steppte über die Bühne und hielt dabei geziert das wolkenblaue Röckchen seitlich hoch. Das ist das Süßeste, was ich je gesehen hab, sagte Billy Bob und klatschte sich auf den Schenkel, und Tante El musste zugehen, dass Miss Bobbit wirklich niedlich aussah. Als sie herumzuwirbeln begann, brach das ganze Publikum spontan in Beifall aus; also machte sie es gleich noch einmal und zischte dabei »Schneller, schneller«, an die arme Miss Adelaide gewandt, die am Klavier saß und ihr sonntagsschulmäßiges Bestes tat. »Ich schwitze in Sommern, ich friere in Wintern…« Wir hatten sie noch nie singen hören, und sie hatte eine rowdyhafte Schmirgelpapier-Stimme. »… wem meine Bäckchen nicht gefallen, der bleib weg von meinem Hintern!« Tante El stockte der Atem; er stockte ihr ein weiteres Mal, als Miss Bobbit mit einem Ruck ihren Rock hochwarf und blaue Spitzenunterwäsche zur Schau stellte, weswegen sie fast alle Pfiffe erntete, die sich die Burschen für die Fächertänzerin ohne Fächer aufgespart hatten, was nicht weiter schlimm war, da die Dame, wie sich später herausstellte, zur Melodie von »An Apple for the Teacher« und Betrug-Betrug-Rufen ihre Nummer in einem Badeanzug darbot. Aber das Herzeigen ihres Popos war nicht Miss Bobbits größter Triumph. Miss Adelaide legte mit einem ominösen Donnergrollen in Moll los, woraufhin Schwester Rosalba, mit einem brennenden Feuerwerkskörper in der Hand, auf die Bühne eilte und ihn Miss Bobbit überreichte, die gerade zu einem Spagat ansetzte; sie führte ihn auch zu Ende, und genau da explodierte der Leuchtsatz und begann rote, weiße und blaue Kugeln zu versprühen, und wir mussten alle aufstehen, weil sie aus vollem Hals die Nationalhymne sang. Tante El sagte hinterher, das sei mit das Großartigste gewesen, was sie im amerikanischen Theater je gesehen habe.

Nun, sie hatte zweifellos Probeaufnahmen in Hollywood verdient, und insofern, als sie den Wettbewerb gewonnen hatte, sah alles danach aus, dass sie nach Hollywood fahren würde. Manny Fox sagte, das werde sie: Schätzchen, sagte er, du bist echtes Starmaterial. Nur machte er sich am nächsten Tag aus dem Staub und ließ nichts weiter als vollmundige Versprechungen zurück. Schaut in eure Post, Freunde, ihr werdet alle von mir hören. Genau das sagte er zu den Burschen, deren Geld er genommen hatte, und genau das sagte er zu Miss Bobbit. Bei uns gibt es drei Zustellungen am Tag, und diese ansehnliche Gruppe versammelte sich bei allen vor dem Postamt, eine freudige Menge, die nach und nach freudloser wurde. Wie ihre Hände zitterten, wenn ein Brief in ihren Briefkasten glitt. Eine schreckliche Stille befiel sie, als die Tage vergingen. Jeder von ihnen wusste, was die anderen dachten, aber keiner brachte es über sich, es auszusprechen, nicht einmal Miss Bobbit. Postmeisterin Patterson dagegen sagte es klipp und klar: Der Mann ist ein Gauner, sagte sie, ich wusste von Anfang an, dass das ein Gauner ist, und wenn ich mir eure Gesichter noch einen Tag länger anschauen muss, erschieße ich mich.

Am Ende, nach Ablauf von zwei Wochen, war Miss Bobbit diejenige, die den Bann brach. Ihre Augen waren leerer geworden, als irgendjemand es je für möglich gehalten hätte, aber eines Tages, nachdem die letzte Post da war, kehrte ihr alter Elan zurück. »Okay Jungs, jetzt herrscht Lynchjustiz«, sagte sie und brachte die ganze Meute dazu, mit zu ihr nach Hause zu gehen. Das war die erste Versammlung des Manny-Fox-Henkersclubs, eines Vereins. der in gesellschaftlicherer Form bis zum heutigen Tag besteht, obwohl Manny Fox längst geschnappt und, sozusagen, gehängt wurde. Das Verdienst ging völlig zu Recht auf Miss Bobbits Konto. Binnen einer Woche hatte sie über dreihundert Beschreibungen von Manny Fox angefertigt und an Sheriffs in allen Südstaaten geschickt; und sie schrieb Briefe an Zeitungen in den größeren Städten, und diese erregten allgemeine Aufmerksamkeit. Die Folge war, dass vier der bestohlenen Burschen von der United Fruit Company eine gutbezahlte Arbeit angeboten bekamen, und im späten Frühjahr, als Manny Fox in Uphigh, Arkansas, verhaftet wurde, wo er mit der gleichen Masche hausieren ging, wurde Miss Bobbit die Gute-Taten-Medaille der Mädchenvereinigung der Heilsarmee verliehen. Aus irgendeinem Grund legte sie Wert darauf, alle Welt wissen zu lassen, dass sie darüber nicht gerade entzückt war. »Ich billige diese Organisation nicht«, sagte sie. »Immer dieses rüpelhafte Hörnerblasen. Das ist weder gutherzig noch wahrhaft weiblich. Und im Übrigen, was ist eine gute Tat? Lasst euch nichts weismachen, eine gute Tat ist etwas, das man tut, weil man dafür eine Gegenleistung erwartet.« Es wäre beruhigend, berichten zu können, dass sie Unrecht hatte und dass der gerechte Lohn, den sie schließlich bekam, ihr aus Herzensgüte und Liebe zuteil wurde. Aber das ist nicht der Fall. Etwa vor einer Woche erhielten alle Burschen, die auf den Schwindel hereingefallen waren, von Manny Fox einen Scheck, der ihre Verluste deckte, und Miss Bobbit stolzierte finster entschlossen in eine Versammlung des Henkersclubs, der inzwischen ein Vorwand ist, um jeden Donnerstagabend Bier zu trinken und Poker zu spielen. »Hört zu, Jungs«, sagte sie in aller Deutlichkeit, »keiner von euch hat gedacht, dass er sein Geld jemals wiedersieht, aber nachdem ihr es zurückbekommen habt, solltet ihr es in etwas Vernünftiges investieren – nämlich in mich.« Der Vorschlag lautete, sie sollten ihr Geld zusammenlegen und ihr die Reise nach Hollywood finanzieren; als Gegenleistung würden sie zehn Prozent von Miss Bobbits Einkünften zu Lebzeiten erhalten, was, nachdem sie ein Star war, was nicht sehr lange dauere, sie alle zu reichen Männern machen werde. »Zumindest«, wie sie sagte, »in diesem Teil des Landes.« Nicht einer der

Burschen war dazu bereit: Aber wenn Miss Bobbit einen ansah, was konnte man da machen?

Seit Montag regnet es, ein lebhafter Sommerregen mit sonnigen Abschnitten, aber bei Nacht dunkel und voller Geräusche, voll tropfender Blätter, nassem Gezwitscher, schlaflosem Getrippel. Billy Bob ist hellwach, tränenlos, aber alles, was er macht, ist ein bisschen steif, und seine Zunge ist so starr wie ein Klöppel. Es ist nicht leicht für ihn, dass Miss Bobbit weggeht. Weil sie ihm mehr als das bedeutet hat. Als was? Als dreizehn Jahre alt und wahnsinnig verliebt zu sein. Sie war all die kuriosen Dinge in ihm, wie der Pekannussbaum und dass er gerne liest und für andere genug empfindet, um von ihnen verletzt zu werden. Sie war all das, was er sich scheute, irgendjemanden sehen zu lassen. Und in der Dunkelheit drangen Musikfetzen durch den Regen: Wird es nicht Nächte geben, in denen wir sie so deutlich hören, als wären sie wirklich da? Und Nachmittage, an denen die Schatten mit einem Mal unscharf sind und Miss Bobbit vor uns hergeht, sich auf dem Rasen ausbreitet wie ein hübsches Stoffbändchen? Sie lachte Billy Bob an; sie hielt seine Hand, sie küsste ihn sogar. »Ich sterbe ja nicht«, sagte sie. »Du wirst an die Westküste kommen, und wir werden auf einen Berg steigen, und wir werden dort alle zusammenleben, du und ich und Schwester Rosalba.« Aber Billy Bob wusste, dass das nie geschehen würde, und so presste er sich, wenn die Musik durch die Dunkelheit kam, das Kissen auf den Kopf.

Doch über dem gestrigen Tag lag ein seltsames Lächeln, und das war der Tag, an dem sie abreiste. Gegen Mittag kam die Sonne heraus, die die Luft mit der Süße der Glyzinien erfüllte. Tante Els gelbe Lady Annes blühten wieder, und sie tat etwas Wunderbares, sie sagte zu Billy Bob, er dürfe sie pflücken und Miss Bobbit zum Abschied schenken. Den ganzen Nachmittag saß Miss Bobbit auf der Veranda, umringt von Menschen, die vorbeigekommen waren, um ihr alles Gute zu wünschen. Sie sah aus, als ginge sie zur Erstkommunion, ganz in Weiß gekleidet und mit einem weißen Sonnenschirm. Schwester Rosalba hatte ihr ein Taschentuch geschenkt, musste es sich aber ausleihen, weil sie nicht aufhören konnte zu flennen. Ein kleines Mädchen brachte ein Brathühnchen, vermutlich als Wegzehrung im Bus; das Problem war nur, dass sie vergessen hatte, vor dem Garen die Innereien herauszunehmen. Miss Bobbits Mutter sagte, das mache ihr nichts aus, Hähnchen sei Hähnchen; was deshalb denkwürdig ist, weil es die einzige Meinung ist, die sie jemals äußerte. Es gab nur einen Missklang. Preacher Star hatte sich stundenlang unten an der Ecke herumgetrieben, manchmal am Straßenrand gestanden und mit einer Münze gespielt, sich manchmal hinter einem Baum versteckt, als wollte er nicht, dass ihn jemand sah. Das machte alle nervös. Etwa zwanzig Minuten vor Abfahrt des Busses kam er angeschlendert und lehnte sich an unser Gartentor. Billy Bob war noch im Garten und pflückte Rosen; inzwischen hatte er genug für ein Freudenfeuer, und ihr Duft war so schwer wie Wind. Preacher starrte ihn an, bis er den Kopf hob. Als sie sich ansahen, setzte der Regen wieder ein, fiel so fein wie Sprühnebel und so bunt wie ein Regenbogen. Wortlos ging Preacher hinüber und begann Billy Bob zu helfen, aus den Rosen zwei riesige Sträuße zu machen; gemeinsam trugen sie diese an den Straßenrand. Gegenüber summte es von Gesprächen, aber als Miss Bobbit sie sah, zwei Buben, deren Gesichter hinter den Blumen zwei gelben Monden glichen, eilte sie mit ausgebreiteten Armen die Stufen hinunter. Man sah genau, was passieren würde; und wir schrien auf, unsere Stimmen wie Blitze im Regen, aber Miss Bobbit, die auf diese Monde aus Rosen zurannte, schien nichts zu hören. Und genau da wurde sie vom Sechs-Uhr-Bus überfahren.

DER SCHWARZE MANN

Ihre hohen Absätze, die auf dem Marmorboden der Eingangshalle klapperten, ließen sie an klirrende Eiswürfel in einem Glas denken, und die Blumen, die herbstlichen Chrysanthemen in der Vase neben der Tür, würden bei einer Berührung, da war sie ganz sicher, zerspringen, zersplittern zu gefrorenem Staub; doch das Haus war warm, sogar etwas überheizt, aber kalt, und Sylvia zitterte, so kalt wie die schneeigen geschwollenen Weiten des Gesichts der Sekretärin: Miss Mozart, die ganz in Weiß gekleidet war, als wäre sie eine Krankenschwester. Vielleicht war sie es wirklich; das könnte natürlich die Antwort sein. Mister Revercomb, Sie sind verrückt, und das ist Ihre Krankenschwester; sie dachte kurz darüber nach; nein, eigentlich nicht. Und nun brachte der Butler ihren Schal. Seine Schönheit berührte sie: schlank, so sanft, ein Neger mit sommersprossiger Haut und rötlichen, teilnahmslosen Augen. Als er die Tür öffnete, erschien Miss Mozart, deren gestärkte Tracht trocken in der Halle raschelte. »Wir hoffen, Sie kommen wieder«, sagte sie und reichte Sylvia einen verschlossenen Umschlag. »Mister Revercomb war über alle Maßen erfreut.«

Draußen senkte sich die Dämmerung herab wie blaue

Flocken, und Sylvia ging auf den novemberlichen Straßen Richtung Westen, bis sie die verlassenen oberen Abschnitte der Fifth Avenue erreichte. Dort kam ihr der Gedanke, durch den Park nach Hause zu gehen: eine Art Trotzreaktion, denn Henry und Estelle, die ständig betonten, dass sie sich in der Großstadt schließlich auskannten, hatten immer wieder gesagt: Sylvia, du hast keine Ahnung, wie gefährlich es ist, bei Dunkelheit durch den Park zu gehen; denk dran, was Myrtle Calisher passiert ist. Wir sind hier nicht in Easton, Schätzchen. Auch das sagten die beiden ständig. Andauernd. Herrgott, sie hatte das alles so satt. Aber, abgesehen von einigen der anderen Stenotypistinnen bei SnugFare, einer Firma für Unterwäsche, wo sie arbeitete, wen kannte sie in New York denn sonst? Ach, alles wäre nicht so schlimm, wenn sie nur nicht bei ihnen wohnen müsste, wenn sie sich irgendwo ein kleines Zimmer leisten könnte; aber in der mit Chintz überladenen Wohnung hatte sie manchmal gute Lust, die beiden zu erwürgen. Und warum war sie überhaupt nach New York gekommen? Was immer auch der Grund war, und er wurde in der Tat zunehmend unklar, ein entscheidender Punkt dabei, Easton zu verlassen, war gewesen, von Henry und Estelle wegzukommen; vielmehr von deren Gegenstücken, obwohl Estelle tatsächlich ursprünglich aus Easton war, einer Stadt nördlich von Cincinnati. Sie und Sylvia waren zusammen aufgewachsen. Das eigentliche Problem mit Henry und Estelle war, dass sie so entsetzlich verheiratet waren. Dieses sentimentale, kitschige Getue, und alles hatte einen Namen: Das Telefon hieß Klingel-Kitty, das Sofa Unsere Nella, das Bett Dicker Bär; und dann die ganzen Er-sie-Handtücher, die Mein-dein-Kopfkissen! Es war zum wahnsinnig werden. »Wahnsinnig!«, sagte sie laut, und der stille Park löschte ihre Stimme aus. Es war wunderschön hier, und es war richtig gewesen, diesen Weg zu nehmen, wo der Wind durch die Blätter strich und Kugellampen, frisch erstrahlt, die Kreidezeichnungen von Kindern zum Leuchten brachten, rosa Vögel, blaue Pfeile, grüne Herzen. Doch plötzlich, wie zwei Obszönitäten, erschienen auf dem Pfad zwei junge Burschen: Pickelig, grinsend tauchten sie in der Dämmerung auf wie bedrohliche Flammen, und als Sylvia an ihnen vorbeiging, spürte sie ein Brennen im ganzen Körper, als wäre sie mit Feuer in Berührung gekommen. Die beiden machten kehrt und folgten ihr an einem verlassenen Spielplatz vorbei, wo der eine mit einem Stock an einem Eisenzaun entlangstrich, und der andere pfiff: Die beiden Geräusche verdichteten sich um sie herum wie das anwachsende Donnern einer näher kommenden Lokomotive, und als einer der Burschen lachend rief: »He, warum so eilig?«, schnappte sie mit verzerrtem Mund nach Luft. Nein, dachte sie, als sie daran dachte, ihre Handtasche wegzuwerfen und davonzulaufen. Doch in dem Moment kam ein Mann, der einen Hund ausführte, aus einem Seitenweg, und sie folgte ihm dicht auf den Fersen zum Ausgang. Welche Genugtuung es ihnen verschaffen würde, Henry und Estelle, wie sie Wir-haben-es-dir-ja-gleich-gesagt verkünden würden, falls sie ihnen davon erzählte! Und, schlimmer noch, Estelle würde es ihrer Familie daheim schreiben, und ehe man sich's versah, würde ganz Easton wissen, dass sie im Central Park vergewaltigt worden war. Sie verbrachte den Rest des Heimwegs damit, New York zu verabscheuen: Anonymität, sein tugendhafter Schrecken; und das beredte Abflussrohr, die ganze Nacht brennendes Licht, unablässige Schritte, U-Bahn-Korridor, nummerierte Tür (3C).

»Psst, Schätzchen«, sagte Estelle, die aus der Küche geschlichen kam, »Butzi macht Hausaufgaben.« Und tatsächlich saß Henry, der an der Columbia Jura studierte, im Wohnzimmer über seinen Büchern, und Sylvia zog, auf Estelles Bitte hin, die Schuhe aus, bevor sie auf Zehenspitzen hindurchging. Sobald sie in ihrem Zimmer war, warf sie sich aufs Bett und legte die Hände über die Augen. War der heutige Tag wirklich passiert? Miss Mozart und Mr. Revercomb, waren sie wirklich in dem hohen Haus in der Seventy-eighth Street?

»Na, Schätzchen, was war heute los?« Estelle war hereingekommen, ohne anzuklopfen.

Sylvia stützte sich auf den Ellbogen. »Gar nichts. Außer dass ich siebenundneunzig Briefe getippt habe.«

»Was stand drin, Schätzchen?«, fragte Estelle und benutzte Sylvias Haarbürste.

»Verdammt nochmal, was wohl? SnugFare, die Unterhose, die unseren Führungskräften in Wissenschaft und Industrie sicheren Halt gibt.«

»Mein Gott, Schätzchen, sei doch nicht so gereizt. Manchmal weiß ich wirklich nicht, was mit dir los ist. Immer klingst du so gereizt. Autsch! Warum besorgst du dir keine neue Bürste? Die da ist ja voller Haare…«

»Hauptsächlich deinen.«

»Was hast du gesagt?«

»Vergiss es.«

»Ach, ich dachte, du hättest was gesagt. Also, wie gesagt, ich wünschte, du müsstest nicht in dieses Büro gehen und jeden Abend gereizt und missmutig heimkommen. Ich persönlich, und ich habe es erst gestern Abend zu Butzi gesagt, und er hat mir hundertprozentig recht gegeben, ich habe gesagt, Butzi, ich finde, Sylvia sollte heiraten: Bei einer nervösen jungen Frau wie ihr müssen Spannungen abgebaut werden. Es gibt nicht den geringsten Grund, warum du nicht heiraten solltest. Ich meine, du bist vielleicht nicht im üblichen Sinne hübsch, aber du hast wunderschöne Augen und machst einen intelligenten, aufrichtigen Eindruck. Eigentlich bist du genau die Frau, die für jeden Akademiker ein Glücksfall wäre. Und ich nehme doch stark an, dass du heiraten willst… Du siehst ja, was für ein anderer Mensch ich bin, seit ich mit Henry verheiratet bin. Macht es dich manchmal nicht einsam, wenn du siehst, wie glücklich wir sind? Ich versichere dir, Schätzchen, es gibt nichts Schöneres, als nachts in den Armen eines Mannes im Bett zu liegen und…«

»Estelle! Um Himmels willen!« Sylvia fuhr kerzengerade im Bett hoch, die Wangen vor Zorn wie geschminkt. Doch gleich darauf biss sie sich auf die Lippen und schlug die Augen nieder. »Tut mir leid, ich wollte dich nicht anschreien. Es wäre mir nur lieber, wenn du nicht so daherreden würdest.«

»Ist schon gut«, sagte Estelle mit einem dümmlichen, verwirrten Lächeln. Dann ging sie zu Sylvia und gab ihr einen

Kuss. »Ich weiß ja, Schätzchen. Du bist einfach völlig fertig. Und ich möchte wetten, dass du noch nichts gegessen hast. Komm mit in die Küche, ich mache dir Rühreier.«

Als Estelle ihr die Eier vorsetzte, schämte sich Sylvia; schließlich meinte Estelle es ja nur gut; und darum, wie um alles wiedergutzumachen, sagte sie: »Heute war doch etwas los.«

Estelle nahm mit einer Tasse Kaffee ihr gegenüber Platz, und Sylvia fuhr fort: »Ich weiß nicht, wie ich es ausdrücken soll. Es ist so völlig abwegig. Aber – also, ich habe heute im Automatenrestaurant zu Mittag gegessen, und ich musste mich zu drei Männern an den Tisch setzen. Ich hätte ebenso gut unsichtbar sein können, denn sie unterhielten sich über ganz persönliche Dinge. Einer der Männer sagte, seine Freundin bekomme ein Kind und er wisse nicht, wo er das Geld auftreiben solle, um etwas dagegen zu unternehmen. Daraufhin fragte ihn einer der anderen, warum er nicht etwas verkaufe. Und er sagte, er habe nichts zu verkaufen. Woraufhin der dritte Mann sagte – er war eher zierlich und schien nicht zu den anderen zu gehören –, doch, es gebe etwas, das er verkaufen könne, nämlich *Träume*. Selbst ich musste lachen, aber der Mann schüttelte den Kopf und sagte ganz ernst, nein, das sei die reine Wahrheit, die Tante seiner Frau, Miss Mozart, arbeite für einen reichen Mann, der Träume kaufe, richtige nächtliche Träume – und zwar von jedermann. Und dann schrieb er den Namen und die Adresse auf und gab sie seinem Bekannten; aber der ließ den Zettel einfach auf dem Tisch liegen. Das sei ihm doch zu verrückt, sagte er.«

»Mir auch«, warf Estelle leicht selbstgerecht ein.

»Ich weiß nicht«, sagte Sylvia und zündete sich eine Zigarette an. »Aber es ging mir nicht mehr aus dem Kopf. Der Name, der auf dem Papier stand, war A.F. Revercomb, und die Adresse war in der East Seventy-eighth Street. Ich habe nur einen kurzen Blick darauf geworfen, aber es war wie… Ich weiß nicht, ich konnte es einfach nicht vergessen. Ich fing schon an, Kopfschmerzen davon zu bekommen. Also bin ich im Büro früher gegangen…«

Langsam, und mit Nachdruck, stellte Estelle ihre Kaffeetasse ab. »Hör mal, Schätzchen, soll das heißen, dass du diesen Revercomb aufgesucht hast, diesen Spinner?«

»Das wollte ich ja gar nicht«, sagte sie, auf der Stelle verlegen. Darüber zu reden, war ein Fehler, wie ihr jetzt klar wurde. Estelle hatte keine Phantasie, sie würde es niemals verstehen. Und so verengten sich ihre Augen, wie sie es immer taten, wenn sie sich eine Lüge zurechtlegte. »Und das habe ich auch nicht«, sagte sie kategorisch. »Ich bin zwar losgegangen, aber dann wurde mir klar, wie albern das Ganze ist, und da habe ich stattdessen einen Spaziergang gemacht.«

»Das war vernünftig von dir«, sagte Estelle, als sie das Geschirr in die Spüle zu stellen begann. »Nicht auszudenken, was da hätte passieren können. Träume kaufen! Wer hat denn so etwas schon mal gehört? Tja, ja, Schätzchen, wir sind hier nicht in Easton.«

Vor dem Zubettgehen nahm Sylvia ein Seconal, was sie selten tat; aber sie wusste, dass sie sonst niemals einschlafen würde, denn in ihrem Kopf ging alles drunter und drüber; zudem empfand sie eine sonderbare Traurigkeit, ein Gefühl des Verlustes, als ob sie Opfer eines echten oder auch moralischen Diebstahls geworden wäre, als ob die jungen Burschen, denen sie im Park begegnet war, ihr tatsächlich die Handtasche (sie knipste abrupt das Licht an) entrissen hätten. Der Umschlag, den ihr Miss Mozart gegeben hatte: Er war noch in der Handtasche, und sie hatte ihn bis jetzt vergessen. Sie riss ihn auf. Innen lag ein zusammengefalteter blauer Zettel mit einem Geldschein darin; auf dem Zettel stand: *Bezahlung für einen Traum, 5 Dollar.* Und jetzt glaubte sie es; es war also wahr, sie hatte Mr. Revercomb einen Traum verkauft. Konnte es wirklich so einfach sein? Sie musste lachen, als sie das Licht wieder ausschaltete. Wenn sie nur zweimal in der Woche einen Traum verkaufte, was konnte sie dann nicht alles tun! Eine eigene Wohnung irgendwo, dachte sie, schon tiefer in Schlaf sinkend; ein Gefühl der Ruhe schwebte über ihr wie der Schein eines Feuers, und dann kam der Moment der dämmrigen projizierten Bilder, tiefer und tiefer. Seine Lippen, seine Arme: sich verkürzend, herabsinkend; und angewidert stieß sie die Wolldecke weg. Waren diese kalten Männerarme die Arme, von denen Estelle gesprochen hatte? Mr. Revercombs Lippen streiften ihr Ohr, als er sich weit in ihren Schlaf hineinbeugte. Sag schon, flüsterte er.

Eine Woche verging, ehe sie ihn wiedersah, an einem Sonntagnachmittag Anfang Dezember. Sie hatte die Wohnung in der Absicht verlassen, ins Kino zu gehen, doch irgendwie, und als wäre es ohne ihr Wissen geschehen, befand sie sich plötzlich auf der Madison Avenue, zwei Straßen von Mr. Revercombs Haus weg. Es war ein kalter, silbrig klarer Tag mit Winden, die scharf waren und sich verfingen wie Stechpalmenblätter; in den Schaufenstern funkelten Eiszapfen aus Weihnachtslametta zwischen Bergen aus paillettenartig glitzerndem Schnee: sehr zu Sylvias Missvergnügen, denn sie hasste Feiertage, die Zeiten, in denen man am meisten allein ist. In einem der Fenster erblickte sie etwas, das sie innehalten ließ. Es war ein lebensgroßer elektrischer Weihnachtsmann, der in hektischer mechanischer Verzückung fröhlich hin und her wippte und sich dabei auf den Bauch schlug. Sein kreischendes, schallendes Gelächter war durch die dicke Glasscheibe zu hören. Je länger sie ihn betrachtete, desto bösartiger erschien er ihr, bis sie sich schließlich schaudernd abwandte und den Weg zu Mr. Revercombs Haus einschlug. Von außen war es eines der üblichen herrschaftlichen Reihenhäuser, vielleicht eine Spur weniger gepflegt, weniger imposant als einige der anderen, aber trotzdem relativ pompös. Winterwelkes Efeu rankte sich um die Bleiglasfenster und hing wie Tintenfischarme über der Tür herab; rechts und links der Tür standen zwei kleine steinerne Löwen mit blinden, lädierten Augen. Sylvia holte tief Luft, dann klingelte sie. Mr. Revercombs hellhäutiger und bezaubernder Neger begrüßte sie mit einem höflichen Lächeln.

Bei ihrem vorherigen Besuch war der Salon, in dem sie auf ihre Audienz bei Mr. Revercomb gewartet hatte, bis auf sie selbst leer gewesen. Diesmal waren noch andere anwesend, Frauen von unterschiedlicher Erscheinung und ein übermäßig nervöser junger Mann mit stechenden Augen.

Wäre diese Gruppe das gewesen, was sie zu sein schien, nämlich Patienten im Wartezimmer eines Arztes, so hätte man ihn für einen werdenden Vater gehalten oder gedacht, er habe den Veitstanz. Sylvia saß auf dem Platz neben ihm, und seine unruhigen Augen zogen sie sofort aus: Was er sah, reizte ihn offenbar sehr wenig, und Sylvia war froh, als er wieder mit seinem Herumgezappel begann. Nach und nach jedoch wurde ihr bewusst, wie interessiert die Versammelten an ihr zu sein schienen; im trüben, zweifelhaften Licht des mit Pflanzen angefüllten Raumes waren ihre Blicke härter als die Stühle, auf denen sie saßen; ganz besonders erbarmungslos war eine Frau. Unter normalen Umständen besaß ihr Gesicht vermutlich eine weiche alltägliche Hübschheit, doch nun, da sie Sylvia beobachtete, war es hässlich vor Misstrauen, vor Eifersucht. Wie um ein wildes Tier zu bändigen, das sie jeden Moment anfallen konnte, saß sie da und streichelte ihren räudigen Pelzkragen, und ihr starrer Blick setzte seinen Angriff fort, bis die erdbebenartigen Schritte von Miss Mozart in der Halle zu hören waren. Unverzüglich, und wie erschrockene Schüler, nahm die Gruppe, sich in einzelne Persönlichkeiten aufspaltend, Haltung an. »Sie, Mister Pocker«, sagte Miss Mozart vorwurfsvoll, »sind der Nächste!« Und Mr. Pocker, die Hände ringend, die Augen verdrehend, folgte ihr hinaus. Die in dem dämmrigen Zimmer Verbliebenen kamen wie Stäubchen im Sonnenlicht wieder zur Ruhe.

Es begann zu regnen; fließende Reflexionen des Fensters zitterten an den Wänden, und Mr. Revercombs junger Butler glitt durch das Zimmer, schürte das Feuer im Kamin, stellte Teegeschirr auf einen Tisch. Sylvia, die am nächsten beim Feuer saß, machten die Wärme und das Geräusch des Regens schläfrig; den Kopf zur Seite geneigt, schloss sie die Augen, weder schlafend noch wirklich wach. Lange Zeit kratzten nur die kristallhellen Pendelbewegungen einer Uhr an der gepflegten Stille in Mr. Revercombs Haus. Und dann, ganz abrupt, gab es in der Halle einen ungeheuren Tumult, dessen heftiges Getöse das Zimmer erschütterte. Eine tiefe Donnerstimme, vulgär und wütend, brüllte: »Oreilly aufhalten? Dieser Balletttänzer von Butler da?« Der Besitzer der Stimme, ein rundlicher, krebsroter kleiner Mann, drängte sich bis zur Schwelle des Salons durch, wo er, betrunken von einem Fuß auf den anderen schwankend, stehen blieb. »So, so, so«, sagte er, wobei seine vom Alkohol heisere Stimme die Tonleiter hinabwanderte, »und die ganzen Damen sind vor mir dran? Aber Oreilly ist ein Gentleman, Oreilly wartet, bis er an der Reihe ist.«

»Aber nicht hier«, sagte Miss Mozart, die hinter ihm auftauchte und ihn entschlossen beim Kragen packte. Sein Gesicht wurde noch roter, und seine Augen traten hervor. »Die erwürgt mich«, ächzte er, doch Miss Mozart, deren grünlich blasse Hände so stark wie Eichenwurzeln waren, zogen seine Krawatte noch fester zu und bugsierten ihn Richtung Haustür, die gleich darauf mit umwerfender Wirkung zuknallte: Eine Teetasse klirrte, und trockene Dahlienblätter fielen zu Boden. Die Dame mit dem Pelz schob verstohlen ein Aspirin in den Mund. »Widerlich«, sagte sie, und die anderen, alle außer Sylvia, lachten zurückhaltend, bewundernd, als Miss Mozart vorbeimarschierte und sich die Hände abwischte.

Der Regen war dicht und dunkel geworden, als Sylvia Mr. Revercombs Haus verließ. Sie sah sich auf der verlassenen Straße nach einem Taxi um; aber da war nichts, und niemand; doch, einer, der Betrunkene, der für Unruhe gesorgt hatte. Wie ein einsames Kind lehnte er an einem geparkten Wagen und ließ einen Gummiball aufprallen. »Guck mal, Kleine«, sagte er zu Sylvia, »guck mal, den Ball hab ich gerade gefunden. Meinst du, dass er Glück bringt?« Sylvia lächelte ihn an; trotz seines forschen Gehabes hielt sie ihn für ziemlich harmlos, und in seinem Gesicht lag ein Ausdruck, eine Art grinsende Traurigkeit, die an einen Clown ohne Schminke erinnerte. Mit dem Ball jonglierend, hüpfte er neben ihr her, als sie Richtung Madison Avenue ging. »Ich hab mich da drin bestimmt blamiert«, sagte er. »Wenn ich solche Sachen mache, möchte ich mich am liebsten hinsetzen und heulen.« Das lange Stehen im Regen schien ihn beträchtlich ernüchtert zu haben. »Aber die hätte mich nicht so würgen dürfen; verdammt nochmal, die ist einfach zu grob. Ich kenne ja einige grobe Frauen: Meine Schwester Bernice könnte dem wildesten Bullen sein Brandzeichen aufdrücken; aber die da, die ist die gröbste von allen. Denk an Oreillys Worte, die landet irgendwann auf dem elektrischen Stuhl«, sagte er und leckte sich die Lippen. »Die haben keinen Grund, mich so zu behandeln. Alles ist sowieso nur seine Schuld. Ich hab noch nie viel gehabt, aber der hat mir das bisschen auch noch weggenommen, und jetzt hab ich *niente*. Kindchen, *niente*.«

»Das ist traurig«, sagte Sylvia, obwohl sie nicht wusste, womit sie eigentlich Mitgefühl hatte. »Sind Sie ein Clown, Mister Oreilly?«

»Gewesen«, sagte er.

Inzwischen hatten sie die Avenue erreicht, doch Sylvia sah sich nicht einmal nach einem Taxi um; sie wollte mit diesem Mann, der ein Clown gewesen war, weiter durch den Regen gehen. »Als ich klein war, mochte ich nur Clownpuppen«, erzählte sie ihm. »Zu Hause in meinem Zimmer sah es aus wie in einem Zirkus.«

»Ich war noch andere Sachen außer Clown. Ich hab auch Versicherungen verkauft.«

»Ach«, sagte Sylvia enttäuscht. »Und was machen Sie jetzt?«

Oreilly gluckste und warf seinen Ball ganz besonders hoch; nach dem Auffangen ließ er den Kopf im Nacken liegen. »Ich beobachte den Himmel«, sagte er. »Da oben bin ich und wandere mit meinem Koffer durch das Blau. Denn das macht man, wenn man sonst nirgendwo hingehen kann. Aber was ich auf diesem Planeten mache? Ich habe gestohlen, gebettelt und meine Träume verkauft – nur um an Whiskey zu kommen. Ein Mann kann nicht ohne Flasche durch das Blau des Himmels wandern. Womit wir beim springenden Punkt wären: Wie würdest du es aufnehmen, Kindchen, wenn ich dich bitten würde, mir einen Dollar zu leihen?«

»Ich würde es gut aufnehmen«, erwiderte Sylvia und brach ab, unsicher, was sie als Nächstes sagen sollte. Sie gingen so langsam weiter, dass der starke Regen sie wie eine isolierende Hülle umgab; es war, als ginge sie mit einer Puppe aus Kindertagen, einer Puppe, die wunderbar und tüchtig geworden war; sie griff nach seiner Hand und hielt sie fest: Lieber Clown, der du durch das Blau des Himmels wanderst. »Aber ich habe keinen Dollar. Ich habe nur siebzig Cent.«

»Macht nichts«, sagte Oreilly. »Aber mal ehrlich, zahlt er heutzutage so wenig?«

Sylvia wusste, wen er meinte. »Nein, nein – ich habe ihm nur keinen Traum verkauft.« Sie versuchte erst gar nicht, es zu erklären; sie verstand es ja selbst nicht. Konfrontiert mit der farblosen Unsichtbarkeit von Mr. Revercomb (tadellos, präzise wie ein Uhrwerk, eingehüllt in einen Duft aus Krankenhausgerüchen; ausdruckslose graue Augen, wie Samenkörner in die Anonymität seines Gesichts gesteckt und hinter stahlgrauen Brillengläsern gefangen), konnte sie sich an keinen Traum erinnern, und so erzählte sie von zwei Dieben, die sie im Park verfolgt hatten, immer zwischen den Schaukeln eines Spielplatzes hin und her. »Genug, sagte er, ich solle aufhören; es gibt solche Träume und solche, sagte er, aber das ist kein echter Traum, diesen denken Sie sich aus. Woher er das wohl gewusst hat? Also erzählte ich ihm einen anderen Traum; in dem ging es um ihn und wie er mich nachts in den Armen hielt, während überall Luftballons aufstiegen und Monde herabfielen. Aber er sagte, er interessiere sich nicht für Träume, die ihn selbst betreffen.« Miss Mozart, die die Träume mitstenographierte, wurde angewiesen, den Nächsten zu rufen. »Ich glaube nicht, dass ich noch einmal hingehe«, sagte sie.

»O doch«, sagte Oreilly. »Schau mich an, sogar ich gehe immer wieder hin, und er ist schon lange mit mir fertig, der Schwarze Mann.«

»Der Schwarze Mann? Warum nennen Sie ihn so?

Sie hatten die Ecke erreicht, wo der verrückte Weihnachtsmann wippte und grölte. Sein Gelächter hallte in der regennassen, quietschenden Straße wider, und ein Schatten von ihm bewegte sich auf dem regenbogenfarben schillernden Pflaster. Oreilly kehrte dem Weihnachtsmann den Rücken zu, lächelte und sagte: »Ich nenne ihn den Schwarzen Mann, denn genau das ist er. Der Schwarze Mann. Aber vielleicht hast du einen anderen Namen für ihn; jedenfalls ist er genau der, und du kennst ihn bestimmt. Alle Mütter erzählen ihren Kindern von ihm: Er lebt in hohlen Bäumen, er kommt spätnachts durch den Kamin, er lauert auf Friedhöfen, und man kann seine Schritte auf dem Dachboden hören. Dieser Dreckskerl, er ist ein Dieb und eine Bedrohung: Er nimmt dir alles, was du hast, und lässt dir am Ende nichts, nicht einmal einen Traum. Buh!«, schrie er und lachte lauter als der Weihnachtsmann. »Weißt du jetzt, wer er ist?«

Sylvia nickte. »Ich weiß, wer er ist. In meiner Familie hieß er anders. Aber ich kann mich nicht mehr erinnern, wie. Es ist so lange her.«

»Aber du erinnerst dich an ihn?«

»Ja, ich erinnere mich an ihn.«

»Dann kannst du ihn auch den Schwarzen Mann nennen«, sagte er und ging, seinen Ball prellend, einfach davon. »Der Schwarze Mann«, seine Stimme verlor sich und wurde zum bloßen Hauch eines Geräuschs, »der Schwarze Mah-an…«

Es war schwierig, Estelle anzuschauen, denn sie stand vor einem Fenster, und das Fenster war erfüllt von flimmerndem Sonnenlicht, das Sylvias Augen weh tat, und die Scheibe klirrte, was ihren Ohren weh tat. Außerdem machte Estelle mal wieder Vorhaltungen. Ihre nasale Stimme klang, als wäre ihre Kehle ein Sammelplatz für rostige Klingen. »Du solltest dich mal anschauen«, sagte sie gerade. Oder hatte sie das schon vor längerer Zeit gesagt? Egal. »Ich weiß nicht, was in dich gefahren ist: Du bist nur noch Haut und Knochen, man kann jede Ader sehen, und deine Haare! Du siehst aus wie ein Gespenst.«

Sylvia fuhr sich mit der Hand über die Stirn. »Wie viel Uhr ist es, Estelle?«

»Vier«, sagte sie, nachdem sie kurz innegehalten und auf ihre Armbanduhr gesehen hatte. »Wo ist denn deine Uhr?«

»Die habe ich verkauft«, sagte Sylvia, zu müde, um zu lügen. Es spielte keine Rolle. Sie hatte so viele Dinge verkauft, einschließlich ihres Bibermantels und der Abendhandtasche aus Goldgeflecht.

Estelle schüttelte den Kopf. »Ich geb's auf, Schätzchen, ich gebe es wirklich auf. Die Uhr hat dir deine Mutter zum Schulabschluss geschenkt. Es ist eine Schande«, sagte sie und machte mit dem Mund ein altjüngferliches Geräusch, »eine Sünde und eine Schande. Ich werde nie begreifen, warum du bei uns ausgezogen bist. Natürlich ist das deine Sache; aber dann ziehst du ausgerechnet in so eine... eine...«

»Müllkippe«, ergänzte Sylvia, das Wort mit Bedacht wählend. Es war ein möbliertes Zimmer oben zwischen der Second und der Third Avenue. Groß genug für eine Schlafcouch und eine splitternde alte Kommode, deren Spiegel einem starkranken Auge glich, einem einzigen Fenster, das auf ein großes unbebautes Grundstück blickte (man konnte die derben Nachmittagsstimmen tollender, rennender jungen hören), und in der Ferne ragte, wie ein Ausrufezeichen für die Silhouette der Stadt, der schwarze Schornstein einer Fabrik auf. Dieser Schornstein kam häufig in ihren Träumen vor; er verfehlte es nie, Miss Mozart zu erregen: »Phallisch, phallisch«, murmelte sie dann, von ihrem Stenoblock aufblickend. Auf dem Fußboden des Zimmers häuften sich weggeworfene Bücher, angefangen, aber nie zu Ende gelesen, uralte Zeitungen, dazu Orangenschalen, Obstreste, Unterwäsche, der Inhalt einer verschütteten Puderdose.

Estelle trat sich einen Weg durch diesen Unrat frei und setzte sich auf die Schlafcouch. »Schätzchen, du hast ja keine Ahnung, was für wahnsinnige Sorgen ich mir gemacht habe. Ich meine, ich habe auch meinen Stolz und alles, und wenn du mich nicht leiden kannst, na gut, dann ist das eben so; aber du hast kein Recht, einfach wegzubleiben und über einen Monat nichts von dir hören zu lassen. Und darum habe ich heute zu Butzi gesagt, Butzi, ich habe das dumme Gefühl, dass Sylvia etwas Schreckliches passiert ist. Du kannst dir vorstellen, wie mir zumute war, als ich in deinem Büro anrief und man mir sagte, dass du seit vier Wochen nicht mehr da arbeitest. Was ist passiert, haben sie dich entlassen?«

»Ja, sie haben mich entlassen.« Sylvia begann sich aufzusetzen. »Bitte, Estelle… Ich muss mich fertigmachen; ich habe eine Verabredung.«

»Sei still. Du gehst nirgendwo hin, bevor ich nicht weiß, was los ist. Die Vermieterin unten hat mir gesagt, dass man dich beim Schlafwandeln erwischt hat…«

»Wie kommst du dazu, mit ihr zu reden? Warum spionierst du mir nach?«

Estelles Augen verengten sich, als würde sie gleich weinen. Sie griff nach Sylvias Hand und tätschelte sie gütig. »Sag schon, Schätzchen, geht es um einen Mann?«

»Ja, es geht um einen Mann«, sagte Sylvia, mit einem Anflug von Lachen in der Stimme.

»Du hättest schon früher zu mir kommen sollen«, seufzte Estelle. »Ich kenne mich mit Männern aus. Deswegen brauchst du dich nicht zu schämen. Männer verstehen es, mit einer Frau so umzugehen, dass sie alles vergisst. Wenn Henry nicht der feine aufrechte angehende Anwalt wäre, der er ist, tja, dann würde ich ihn trotzdem lieben und ihm zuliebe Dinge tun, die ich früher, bevor ich wusste, wie es ist, mit einem Mann zusammen zu sein, für schockierend und abscheulich gehalten hätte. Aber Schätzchen, der Bursche, mit dem du dich da eingelassen hast, der nutzt dich nur aus.«

»Es ist nicht die Art von Beziehung«, sagte Sylvia, stand auf und machte ein Paar Strümpfe im Chaos ihrer Kommodenschubladen ausfindig. »Es hat nichts mit Liebe zu tun. Vergiss es. Ja, geh nach Hause, und vergiss mich.«

Estelle sah sie scharf an. »Du machst mir Angst, Sylvia; du machst mir wirklich Angst.« Sylvia lachte und fuhr fort, sich anzukleiden. »Erinnerst du dich, dass ich dir vor langer Zeit einmal gesagt habe, du solltest heiraten?«

»O ja. Und jetzt hör mal gut zu.« Sylvia drehte sich um; in ihrem Mund steckten säuberlich aufgereihte Haarnadeln; beim Weitersprechen zog sie eine nach der anderen heraus. »Du sprichst vom Heiraten, als wäre das die Antwort auf alles; na schön, bis zu einem gewissen Punkt stimme ich dir zu. Klar möchte ich geliebt werden; wer zum Teufel will das nicht? Aber selbst wenn ich bereit wäre, Kompromisse einzugehen, wo ist denn der Mann, den ich heiraten soll? Glaub mir, er muss irgendwo in einen Kanalschacht gefallen sein. Ich meine es ernst, wenn ich sage, dass es in New York keine Männer gibt – und selbst wenn es welche gäbe, wie lernt man sie kennen? Jeder Mann, den ich hier kennengelernt habe und der auch nur ein winziges bisschen attraktiv wirkte, war entweder verheiratet, zu arm, um zu heiraten, oder schwul. Und außerdem ist das hier kein Ort, um sich zu verlieben; hierher sollte man kommen, wenn man das Verliebtsein überwinden will. Klar, irgendwen könnte ich sicher heiraten; aber will ich das? Will ich das?«

Estelle zog die Schultern hoch. »Was willst du dann?«

»Mehr, als mir zusteht.« Sie schob die letzte Haarnadel an ihren Platz und strich sich vor dem Spiegel die Augenbrauen glatt. »Ich habe eine Verabredung, Estelle, und es wird Zeit, dass du gehst.«

»Ich kann dich hier nicht einfach alleinlassen«, sagte Estelle mit einer hilflosen Handbewegung, die das ganze Zimmer einschloss. »Sylvia, wir waren als Kinder befreundet.«

»Das ist genau der Punkt: Wir sind keine Kinder mehr, zumindest ich nicht. Nein, ich möchte, dass du nach Hause gehst, und ich möchte, dass du nicht mehr herkommst. Ich möchte nichts weiter, als dass du mich vergisst.«

Estelle tupfte mit einem Taschentuch an ihren Augen herum, und als sie die Tür erreichte, weinte sie bereits laut. Sylvia konnte sich keine Gewissensbisse gestatten: Nachdem sie gemein gewesen war, blieb nichts anderes übrig, als noch gemeiner zu sein. »Geh schon«, sagte sie, während sie Estelle in den Flur folgte, »und schreib jeden verdammten Blödsinn über mich nach Hause, der dir einfällt!« Mit einem Aufschrei, der andere Untermieter an ihre Türen lockte, floh Estelle die Treppe hinunter.

Danach ging Sylvia zurück in ihr Zimmer und lutschte ein Stück Würfelzucker, um den sauren Geschmack aus dem Mund zu bekommen: das Rezept ihrer Großmutter gegen schlechte Laune. Dann kniete sie sich hin und zog eine Zigarrenkiste unter dem Bett hervor, die sie dort versteckte. Wenn man sie aufmachte, spielte sie eine selbstgebastelte und etwas chaotische Version von *Oh how I hate to get up in die morning*. Ihr Bruder hatte diese Spieldose für sie gebastelt und sie ihr zum vierzehnten Geburtstag geschenkt. Als sie den Würfelzucker aß, hatte sie an ihre Großmutter gedacht, und als sie nun die Melodie hörte, dachte sie an ihren Bruder; die Zimmer des Hauses, in dem sie gewohnt hatten, kreisten vor ihren Augen, alle dunkel und sie selbst wie ein Licht, das sich in ihnen bewegte: die Treppe hinauf, hinunter, hinaus und hinein, Frühlingsmilde und fliederfarbene Schatten in der Luft und das Knarren der Verandaschaukel. Alles fort, dachte sie, ihre Namen rufend, und jetzt bin ich vollkommen allein. Die Musik brach ab. Doch in ihrem Kopf ging sie weiter; sie konnte sie trotz der Kinderrufe auf dem unbebauten Grundstück deutlich hören. Und es störte sie beim Lesen. Sie las in einer Art kleinem Tagebuch, das sie in der Kiste aufbewahrte. In diesem Buch hielt sie die wesentlichen Punkte ihrer Träume fest; diese waren inzwischen endlos, und es war so schwer, sich an alles zu erinnern. Heute würde sie Mr. Revercomb von den drei blinden Kindern erzählen. Das würde ihm gefallen. Die Preise, die er bezahlte, variierten, und sie war sicher, dass dies mindestens ein Zehn-Dollar-Traum war. Das Zigarrenkistenlied folgte ihr die Treppe hinunter und durch die Straßen, und sie wünschte sich sehnlich, es würde aufhören.

In dem Geschäft, in dem der Weihnachtsmann gestanden hatte, war etwas Neues und ebenso Entnervendes ausgestellt. Selbst wenn sie deshalb, wie heute, zu spät zu Mr. Revercomb kam, konnte Sylvia nicht anders als vor dem Schaufenster stehen bleiben. Eine weibliche Gipsfigur mit starren Glasaugen saß auf einem Fahrrad und trat wie irrsinnig in die Pedale; obwohl die Speichen hypnotisch rotierten, rührte sich das Fahrrad natürlich nicht von der Stelle: die ganze Anstrengung, ohne dass das arme Ding je irgendwo ankam. Es war eine bemitleidenswert menschliche

Situation, mit der sich Sylvia so vollkommen identifizieren konnte, dass es ihr jedes Mal einen Stich gab. Die Spieldose in ihrem Kopf wurde wieder aufgezogen: die Melodie, ihr Bruder, das Haus, ein Schulball, das Haus, die Melodie! Hörte Mr. Revercomb sie denn nicht? In seinem durchdringenden Blick lag dumpfer Argwohn. Aber ihr Traum schien ihm zu gefallen, und als sie ging, gab ihr Miss Mozart einen Umschlag, der zehn Dollar enthielt.

»Ich hatte einen Zehn-Dollar-Traum«, erzählte sie Oreilly, und Oreilly sagte, sich die Hände reibend: »Prima! Prima! Aber Pech für mich, Kleines – du hättest früher hier sein sollen, ich hab nämlich was Schlimmes angestellt. Ich bin weiter oben in der Straße in einen Spirituosenladen spaziert, hab mir 'ne Buddel geschnappt und bin abgehauen.« Sylvia glaubte ihm nicht, bis er aus seinem von Sicherheitsnadeln zusammengehaltenen Mantel eine Flasche Bourbon herausholte, die schon halb leer war. »Eines Tages wirst du noch Ärger kriegen«, sagte sie, »und was wird dann aus mir? Ich weiß nicht, was ich ohne dich tun würde.« Oreilly lachte und goss Bourbon in ein Wasserglas. Sie saßen in einem Selbstbedienungsrestaurant, das die ganze Nacht geöffnet hatte, einem großen grellen Proviantlager voll blauer Spiegel und primitiver Wandgemälde. Obwohl Sylvia das Lokal abstoßend fand, trafen sie sich hier oft zum Abendessen; aber selbst wenn sie sich etwas anderes hätte leisten können, hätte sie nicht gewusst, wohin sie gehen sollten, denn zusammen gaben sie ein seltsames Bild ab: eine junge Frau und ein torkelnder, betrunkener Mann. Selbst hier wurden sie oft angestarrt; wenn die Leute lange genug hergestarrt hatten, richtete sich Oreilly gern würdevoll auf und sagte: »Hallo, Schwester, dich kenn ich doch von früher. Schaffst du immer noch auf dem Männerklo an?« Aber im Allgemeinen ließ man sie in Ruhe, und manchmal saßen sie dort bis zwei oder drei Uhr morgens und redeten.

»Nur gut, dass der Rest der Bande nicht weiß, dass dir der Schwarze Mann zehn Dollar gegeben hat. Sonst würde noch einer behaupten, du hättest ihm den Traum gestohlen. Mir ist das mal passiert. Futterneidisch, alle miteinander, hab noch nie so was von Haifischen gesehen, schlimmer als Schauspieler oder Clowns oder Geschäftsleute. Verrückt, wenn man sich's recht überlegt: Du machst dir Sorgen, ob du einschlafen wirst, ob du was träumen wirst, ob du dich an den Traum erinnern wirst. Immer im Kreis herum. Dann kriegst du ein paar Dollar, du rennst zum nächsten Schnapsladen – oder zum nächsten Schlaftabletten-Automaten. Und bevor du weißt, wie dir geschieht, steckst du bis zum Hals in der Scheiße. Und weißt du, Kleines, wie das ist? Es ist gerade so wie das Leben.«

»Nein, Oreilly, so ist es gerade nicht. Es hat nichts mit dem Leben zu tun. Es hat mehr damit zu tun, tot zu sein. Ich habe das Gefühl, als würde mir alles weggenommen, als würde mich ein Dieb bis auf die Knochen ausrauben. Oreilly, ich sage dir, ich habe keinen Ehrgeiz mehr, und ich hatte früher so viel. Ich verstehe es nicht, und ich weiß nicht, was ich tun soll.«

Er grinste. »Und du sagst, das ist nicht wie das Leben? Wer versteht schon das Leben, und wer weiß schon, was er tun soll.«

»Im Ernst«, sagte sie. »Im Ernst jetzt, und steck den Bourbon ein, und iss deine Suppe, bevor sie eiskalt wird.« Sie zündete sich eine Zigarette an, und der Rauch, der ihr in den Augen brannte, verstärkte ihren finsteren Blick. »Wenn ich nur wüsste, was er mit den ganzen Träumen will, alle getippt und abgelegt. Was macht er damit? Du hast recht, wenn du sagst, er ist der Schwarze Mann… Er kann nicht bloß irgendein Scharlatan sein; es muss eine Bedeutung haben. Aber warum will er Träume? Hilf mir, Oreilly, denk nach, denk nach: Was hat das zu bedeuten?«

Ein Auge zukneifend, schenkte sich Oreilly noch einen ein; sein clownartig verzogener Mund nahm einen Ausdruck gelehrter Aufrichtigkeit an. »Das ist die Eine-Million-Dollar-Frage, Kindchen. Frag mich was Leichteres, zum Beispiel wie man einen Schnupfen kuriert. Tja, Kindchen, was hat das zu bedeuten? Ich habe viel darüber nachgedacht. Ich habe darüber nachgedacht, während ich mit einer Frau schlief, und ich habe mitten in einer Pokerrunde darüber nachgedacht.« Er kippte den Bourbon hinunter und schüttelte sich. »Jeder beliebige Laut kann einen Traum auslösen; das Geräusch eines einzigen vorbeifahrenden Autos in der Nacht kann hundert Schläfer tiefer in sich selbst versenken. Schon komisch, wenn man bedenkt, dass ein einziges durch die Nacht rasendes Auto so viele Träume nach sich zieht. Sex, plötzlich veränderte Lichtverhältnisse, eine Lappalie, all das sind kleine Schlüssel, die auch unser Innerstes aufschließen können. Aber die meisten Träume beginnen, weil Furien in uns sind, die alle Türen aufsprengen. Ich glaube nicht an Jesus Christus, aber ich glaube an die menschliche Seele; und ich stelle es mir so vor, Kleines: Träume sind der Geist der Seele und die geheime Wahrheit über uns. Und der Schwarze Mann, der hat vielleicht keine Seele, und darum leiht er sich Stück für Stück deine, stiehlt sie dir, so wie er deine Puppen oder die Hühnerflügel von deinem Teller stehlen würde. Hunderte von Seelen sind durch ihn hindurchgegangen und in eine Aktenablage gewandert.«

»Oreilly, im Ernst«, sagte sie abermals, verärgert, weil sie dachte, er mache Witze. »Und schau, deine Suppe wird…« Sie brach unvermittelt ab, erschrocken über Oreillys merkwürdigen Gesichtsausdruck. Er blickte in Richtung des Eingangs. Drei Männer standen dort, zwei Polizisten und ein Mann, der einen Arbeitsmantel wie ein Verkäufer trug. Der Verkäufer deutete auf ihren Tisch. Oreillys Augen huschten mit der Verzweiflung eines gefangenen Tieres durch den Raum; dann seufzte er, lehnte sich auf seinem Stuhl zurück und schenkte sich ostentativ noch einen Bourbon ein. »Guten Abend, die Herren«, sagte er, als die offizielle Delegation vor ihm stand, »möchten Sie etwas mit uns trinken?«

»Sie können ihn nicht verhaften«, rief Sylvia, »Sie können einen Clown doch nicht verhaften!« Sie warf ihnen ihren Zehn-Dollar-Schein hin, doch die Polizisten nahmen keine Notiz davon, und sie begann auf den Tisch zu hämmern. Alle Gäste im Lokal starrten her, und der Geschäftsführer kam händeringend angelaufen. Die Polizisten sagten, Oreilly solle aufstehen. »Aber gern«, sagte Oreilly, »auch wenn ich es empörend finde, dass Sie sich wegen eines solchen

Bagatelldelikts Umstände machen müssen, während überall Meisterdiebe herumlaufen. Nehmen Sie nur mal diesen Fall«, er stellte sich zwischen die Beamten und deutete auf Sylvia, »dieses hübsche Kind wurde gerade erst Opfer eines schweren Diebstahls: Man hat der armen Kleinen ihre Seele gestohlen.«

Nach Oreillys Verhaftung verließ Sylvia zwei Tage lang nicht das Zimmer: Sonne auf dem Fenster, dann Dunkelheit. Am dritten Tag gingen ihr die Zigaretten aus, und so wagte sie sich bis zum Laden an der Ecke. Sie kaufte eine Packung Muffins, eine Dose Ölsardinen, eine Zeitung und Zigaretten. Während der ganzen Zeit hatte sie nichts gegessen, und es war ein leichtes, köstliches, stimulierendes Gefühl; aber der Weg wieder die Treppe hinauf, die Erleichterung, die Tür hinter sich zuzumachen, all das erschöpfte sie so sehr, dass sie es nicht mehr bis zur Schlafcouch schaffte. Sie sank zu Boden und rührte sich nicht, bis es wieder Tag war. Später dachte sie, sie hätte etwa zwanzig Minuten dort gelegen. Nachdem sie das Radio angemacht und auf volle Lautstärke gestellt hatte, zog sie einen Stuhl ans Fenster und schlug die Zeitung auf ihrem Schoß auf: *Lana dementiert, Russland lehnt ab, Bergarbeiter geben nach*. Das war das Traurigste von allem, dass das Leben weiterging. Wenn man den Geliebten verlässt, sollte für ihn das Leben stehenbleiben, und wenn man aus der Welt verschwindet, dann sollte auch die Welt stehenbleiben; aber so war es nicht. Und das war der wahre Grund, warum die meisten Menschen morgens aufstehen: nicht weil es darauf ankommt, sondern weil es eben *nicht* darauf ankommt. Aber falls es Mr. Revercomb irgendwann gelingen sollte, alle Träume aus jedem einzelnen Kopf zu klauben, dann – der Gedanke entzog sich, verhedderte sich mit dem Radio und der Zeitung. *Sinkende Temperaturen.* Ein Schneesturm zog durch Colorado, durch den Westen, tobte über Dörfern und Städten, machte jedes Licht fahl, füllte jeden Fußstapfen, tobte hier und jetzt: Wie schnell er gekommen war, der Schneesturm; die Dächer, das unbebaute Grundstück, die Ferne tief in Weiß und immer tiefer versinkend, wie in Schlaf. Sie betrachtete die Zeitung, und sie betrachtete den Schnee. Es musste schon den ganzen Tag geschneit haben. Es konnte nicht gerade erst angefangen haben. Es waren keine Verkehrsgeräusche zu hören; in den wirbelnden Weiten des freien Grundstücks tanzten Kinder um ein Feuer herum; ein Auto, das am Straßenrand stecken geblieben war, blinkte mit den Scheinwerfern: Hilfe! Hilfe!, lautlos wie die Verzweiflung des Herzens. Sie zerdrückte einen Muffin und streute die Krümel auf den Fenstersims: Nordlandvögel würden kommen und ihr Gesellschaft leisten. Und sie ließ das Fenster für sie offen; Schneewind verstreute Flocken, die sich auf dem Fußboden auflösten wie Zuckerperlen. *Präsentiert: Das Leben kann so schön sein.* Machen Sie das Radio leiser! Die böse Hexe klopfte an ihre Tür. Ja, Mrs. Halloran, sagte sie und stellte das Radio ganz ab. Schneeruhe, Schlafstille, nur der ferne Freudenfeuer-Singsang von Kindern; und das Zimmer war blau vor Kälte, kälter als die Kälte in Märchen: Legt mein Herz zwischen die Iglublumen aus Schnee. Mr. Revercomb, warum warten Sie unter der Tür? Kommen Sie doch herein, es ist ja so kalt da draußen.

Aber ihr Augenblick des Erwachens war warm und geborgen. Das Fenster war geschlossen, und die Arme eines Mannes hielten sie. Er sang ihr etwas vor, und seine Stimme war sanft, aber fröhlich: *Kirschenbeeren-, Kleingeldbeeren-, Freudenbeeren-Kuchen, doch es gibt nichts Besseres als Liebesbeeren-Kuchen…*

»Oreilly, bist das – bist das wirklich du?«

Er drückte sie. »Die Kleine ist endlich wach. Und wie geht es uns jetzt?«

»Ich dachte, ich bin tot«, sagte sie, und Freude flatterte in ihr auf wie ein verletzter Vogel, der aber noch fliegen kann. Sie versuchte Oreilly zu umarmen und war zu schwach dazu. »Ich liebe dich, Oreilly, du bist mein einziger Freund, und ich habe mich so gefürchtet. Ich dachte, ich würde dich nie wiedersehen.« Sie hielt inne, erinnerte sich. »Aber warum bist du nicht im Gefängnis?«

Oreillys Gesicht spiegelte diebisches Vergnügen wider. »Ich war gar nicht im Gefängnis«, sagte er seltsamerweise. »Aber lass uns erst etwas essen. Ich hab heute Morgen ein paar Sachen aus dem Delikatessengeschäft geholt.«

Sie hatte plötzlich das Gefühl zu schweben. »Wie lange bist du schon da?«

»Seit gestern«, sagte er, während er sich mit Päckchen und Papptellern zu schaffen machte. »Du hast mich selbst reingelassen.«

»Das ist unmöglich. Ich kann mich überhaupt nicht daran erinnern.«

»Ich weiß«, sagte er und beließ es dabei. »So, du trinkst jetzt brav deine Milch, und ich erzähle dir eine wirklich tolle Geschichte. Eine ganz unglaubliche«, versprach er, schlug sich in die Seiten und sah mehr denn je wie ein Clown aus. »Also, wie gesagt, ich war gar nicht im Gefängnis, denn der Zufall wollte es, dass gerade als ich von diesen Armleuchtern die Straße hinuntergezerrt wurde, wen sehe ich da angerauscht kommen? Das Gorillaweib; richtig geraten, Miss Mozart. Hallo, sage ich zu ihr, unterwegs zum Friseur, um sich rasieren zu lassen? Wird auch Zeit, dass man Sie verhaftet, sagt sie und lächelt einen der Bullen an. Tun Sie Ihre Pflicht, Wachtmeister. Oh, sag ich zu ihr, ich bin nicht verhaftet. Ich bin nur auf dem Weg zum Revier, um die Polizei über Sie aufzuklären, Sie dreckige Kommunistin, Sie. Du kannst dir vorstellen, was sie daraufhin gezetert hat; sie packte mich am Schlafittchen, und die Polizisten packten *sie* am Schlafittchen. Nicht dass ich die beiden nicht gewarnt hätte: Vorsicht, Jungs, hab ich gesagt, die hat Haare auf der Brust. Und sie hat prompt um sich geschlagen. Also bin ich einfach weitergegangen. Hab noch nie was davon gehalten, bei einer Schlägerei stehen zu bleiben und zu gaffen, wie das die Leute hier in der Stadt tun.«

Oreilly blieb über das Wochenende bei ihr im Zimmer. Es war wie das herrlichste Fest, an das sich Sylvia erinnern konnte; zum einen hatte sie noch nie so gelacht, und niemand, jedenfalls niemand in ihrer Familie, hatte ihr je das Gefühl gegeben, so geliebt zu werden. Oreilly war ein guter Koch, und er bereitete köstliche Gerichte auf dem kleinen elektrischen Herd zu; einmal holte er Schnee vom Fenstersims und machte Sorbet, indem er Erdbeersirup hineinrührte. Am Sonntag war sie kräftig genug, um zu tanzen. Sie machten das Radio an, und sie tanzte, bis sie atemlos und lachend auf die Knie sank. »Ich werde nie wieder Angst haben«, sagte sie. »Ich weiß schon fast nicht mehr, wovor ich überhaupt Angst hatte.«

»Vor denselben Dingen, vor denen du das nächste Mal Angst haben wirst«, sagte ihr Oreilly ruhig. »Das ist eine der Eigenschaften des Schwarzen Mannes: Kein Mensch kann je wissen, was er ist – nicht einmal Kinder, und die wissen fast alles.«

Sylvia ging zum Fenster; arktisches Weiß lag über der Stadt, aber es hatte aufgehört zu schneien, und der Nachthimmel war so klar wie Eis: Drüben, hoch über dem Fluss, sah sie den ersten Abendstern. »Ich sehe den ersten Stern«, sagte sie und drückte die Daumen.

»Und was wünschst du dir, wenn du den ersten Stern siehst?«

»Ich wünsche mir, noch einen Stern zu sehen«, sagte sie. »Zumindest wünsche ich mir das für gewöhnlich.«

»Aber nicht heute Abend?«

Sie setzte sich auf den Boden und lehnte den Kopf an sein Knie. »Heute Abend habe ich mir gewünscht, ich könnte meine Träume zurückhaben.«

»Wünschen wir uns das nicht alle«, sagte Oreilly und strich ihr über das Haar. »Und was würdest du dann tun? Ich meine, was würdest du tun, wenn du sie zurückhaben könntest?«

Sylvia schwieg einen Moment; als sie sprach, waren ihre

Augen ernst und abwesend. »Ich würde nach Hause fahren«, sagte sie langsam. »Und das ist eine schreckliche Entscheidung, denn es würde bedeuten, fast alle meine anderen Träume aufzugeben. Aber wenn Mister Revercomb sie mir zurückgeben würde, dann würde ich schon morgen nach Hause fahren.«

Oreilly ging wortlos zum Schrank und brachte ihren Mantel. »Was soll das?«, fragte sie, als er ihr in den Mantel half. »Wart's ab«, sagte er, »tu einfach, was ich dir sage. Wir werden jetzt Mister Revercomb einen Besuch abstatten, und du wirst ihn bitten, dir deine Träume zurückzugeben. Vielleicht hast du Glück.«

An der Tür sträubte sich Sylvia. »Bitte, Oreilly, zwing mich nicht hinzugehen. Ich kann nicht, bitte, ich habe Angst.«

»Hast du nicht gesagt, dass du nie wieder Angst haben wirst?«

Aber als sie auf der Straße waren, eilte er so schnell gegen den Wind mit ihr vorwärts, dass sie keine Zeit hatte, sich zu fürchten. Es war Sonntag, die Geschäfte waren geschlossen, und die Verkehrsampeln schienen nur für sie zu blinken, denn auf der tief verschneiten Avenue fuhren keine Autos. Sylvia vergaß sogar, wohin sie gingen, und schwatzte von banalen Dingen: Genau hier an dieser Ecke hatte sie die Garbo gesehen, und dort drüben, dort wurde die alte Frau überfahren. Kurz darauf blieb sie jedoch stehen, außer Atem und überwältigt von dem, was sie vorhatten. »Ich kann nicht, Oreilly«, sagte sie zurückweichend. »Was soll ich ihm denn sagen?«

»Mach daraus eine geschäftliche Transaktion«, sagte Oreilly. »Sag ihm frei heraus, dass du deine Träume wiederhaben willst und dass du ihm, wenn er sie dir gibt, das ganze Geld zurückzahlen wirst; in Raten natürlich. Ist doch ganz einfach, Kindchen. Warum in aller Welt sollte er sie dir nicht zurückgeben? Sie liegen doch alle in seinem Aktenschrank.«

Die Worte klangen durchaus überzeugend, und mit den eiskalten Füßen stampfend, ging Sylvia etwas mutiger weiter. »So ist's recht«, sagte er. Sie trennten sich auf der Third Avenue, da Oreilly der Meinung war, dass Mr. Revercombs unmittelbare Nachbarschaft derzeit kein geeigneter Ort für ihn sei. Er stellte sich in einen Hauseingang, wo er ab und zu ein Streichholz anzündete und laut sang: *Doch es gibt nichts Besseres als Bourbonbeerenkuchen!* Wie ein Wolf kam ein langer dürrer Hund über die Mondlichtstreifen unter der Hochbahn getappt, und auf der anderen Straßenseite drängten sich die nebelhaften Gestalten von Männern vor einer Bar: Der Gedanke, drinnen vielleicht einen Whiskey zu schnorren, machte ihn schwindelig.

Gerade als er beschlossen hatte, dass er es zumindest versuchen sollte, erschien Sylvia. Und sie lag in seinen Armen, bevor er wusste, dass es wirklich sie war. »So schlimm kann's doch nicht sein, Engelchen«, sagte er leise und hielt sie so fest, wie er konnte. »Nicht weinen, Kleines; es ist zu kalt zum Weinen; davon kriegst du nur rissige Haut.« Während sie nach Worten rang, wurde aus ihrem Weinen ein zittriges, unnatürliches Lachen. Die Luft war erfüllt von den Dunstschwaden ihres Gelächters. »Weißt du, was er gesagt hat?«, stieß sie hervor. »Weißt du, was er gesagt hat, als ich um meine Träume bat?« Sie warf den Kopf zurück, und ihr Gelächter schwoll an und schwebte über der Straße wie ein freigelassener grellbunter Drachen. Oreilly musste sie schließlich bei den Schultern packen und schütteln. »Er sagte – ich kann sie nicht zurückhaben, weil – weil er sie alle aufgebraucht hat.«

Dann schwieg sie, und ihr Gesicht entspannte sich, wurde ausdruckslos ruhig. Sie hängte sich bei Oreilly ein, und gemeinsam gingen sie die Straße hinunter; doch es war, als wären sie Freunde, die auf einem Bahnsteig auf und ab gehen, jeder auf den Zug des anderen wartend, und als sie an die Kreuzung kamen, räusperte er sich und sagte: »Ich glaube, ich sollte hier abbiegen. Diese Ecke ist so gut wie jede andere.«

Sylvia hielt ihn am Ärmel fest. »Wo willst du denn jetzt hin, Oreilly?«

»Durch das Blau des Himmels wandern«, sagte er und rang sich ein Lächeln ab, das nicht sehr überzeugend war.

Sie machte ihre Handtasche auf. »Ein Mann kann nicht ohne Flasche durch das Blau wandern«, sagte sie und küsste ihn auf die Wange, während sie ihm fünf Dollar zusteckte.

»Danke, Kindchen.«

Es machte nichts, dass es ihr letztes Geld war, dass sie nun zu Fuß nach Hause gehen musste, und allein. Die Schneehaufen waren wie die weißen Wellen eines weißen Meeres, und sie fuhr auf ihnen dahin, getragen von Winden und den Gezeiten des Mondes. Ich weiß nicht, was ich will, und vielleicht werde ich es nie wissen, aber das Einzige, was ich mir von jedem Stern wünsche, wird immer ein weiterer Stern sein; und ich habe wirklich keine Angst mehr, dachte sie. Zwei junge Burschen kamen aus einer Bar und starrten sie an; vor langer Zeit hatte sie irgendwo in einem Park zwei junge Burschen gesehen, und vielleicht waren es dieselben. Ich habe wirklich keine Angst, dachte sie, als sie die Schritte im Schnee hörte, die ihr folgten: Und außerdem gab es nichts mehr zu stehlen.

DAS SCHNÄPPCHEN

Mehrere Dinge an ihrem Ehemann ärgerten Mrs. Chase. Zum Beispiel seine Stimme: Er hörte sich immer an, als biete er bei einem Pokerspiel. Seine desinteressierte schleppende Art zu sprechen war zum Verzweifeln, insbesondere jetzt, da sie mit ihm telefonierte und selbst vor Aufregung schrill klang. »Natürlich habe ich schon einen, das weiß ich. Aber du verstehst nicht, Schatz – das ist ein Schnäppchen«, sagte sie, das letzte Wort betonend, und machte eine Kunstpause, damit es seine magische Wirkung entfalten konnte. Simple Stille trat ein. »Du könntest ruhig etwas sagen. Nein, ich bin nicht in einem Geschäft, ich bin zu Hause. Alice Severn kommt zum Mittagessen. Ihr gehört der Mantel, von dem ich dir zu erzählen versuche. Du erinnerst dich sicherlich an Alice Severn.« Sein kurzes Gedächtnis war ein weiteres Ärgernis, und obwohl sie ihn darauf hinwies, dass sie Arthur und Alice Severn früher in Greenwich häufig gesehen hatten, sie sogar bei sich zu Gast gehabt hatten, gab er vor, den Namen nicht zu kennen. »Ist ja auch egal«, seufzte sie. »Ich will mir den Mantel ohnehin nur anschauen. Dann guten Appetit, Schatz.«

Später, als sie an den peniblen Wellen ihres aufgehellten Haares herumzupfte, musste Mrs. Chase einräumen, dass es eigentlich keinen Grund gab, warum sich ihr Mann noch deutlich an die Severns erinnern sollte. Dies wurde ihr klar, als sie, mit mäßigem Erfolg, versuchte, ein Bild von Alice Severn heraufzubeschwören. Da, sie hatte es fast: eine frische, schlaksige Frau, unter dreißig, und immer in einem Kombiwagen unterwegs, begleitet von einem Irischen Setter und drei entzückenden goldroten Kindern. Es hieß, dass der Ehemann trank; oder war es umgekehrt? Außerdem waren sie angeblich nicht kreditwürdig, zumindest erinnerte sich Mrs. Chase, einmal von unglaublichen Schulden gehört zu haben, und irgendjemand, vielleicht sie selbst?, hatte gesagt, Alice Severn sei einfach zu bohemienhaft.

Bevor sie nach Manhattan zogen, hatten die Chases ein Haus in Greenwich bewohnt, was für Mrs. Chase sehr eintönig war, da sie den Anflug von Natur dort nicht mochte und die Freuden der New Yorker Schaufenster vorzog. In Greenwich waren sie, auf Cocktailparties, am Bahnhof, hin und wieder den Severns begegnet, mehr war eigentlich nicht gewesen. Wir waren nicht einmal befreundet, befand sie, etwas überrascht. Wie es häufig der Fall ist, wenn man unvermutet von einem Menschen von früher hört, noch dazu jemandem, den man in einem anderen Zusammenhang kannte, hatte sie spontan ein Gefühl der Intimität empfunden. Nach reiflicher Überlegung erschien es jedoch höchst merkwürdig, dass Alice Severn, die sie seit über einem Jahr nicht gesehen hatte, anrief und einen Nerzmantel zum Kauf anbot.

Mrs. Chase ging kurz in die Küche, um eine Suppe und einen Salat zum Mittagessen zu bestellen: Es kam ihr nie in den Sinn, dass nicht jeder Mensch Diät hielt. Sie füllte eine Sherrykaraffe und nahm sie mit ins Wohnzimmer. Es war ein grüner glasblitzender Raum, vergleichbar ihrem allzu jugendlichen Geschmack in puncto Kleidung. Wind rüttelte an den Fenstern, denn die Wohnung lag hoch oben und blickte wie aus einem Flugzeug auf das südliche Manhattan. Sie legte eine Linguaphone-Schallplatte auf und nahm in bewusst unentspannter Körperhaltung Platz, um der forcierten Stimme zu lauschen, die französische Sätze vorsprach. Im April planten die Chases zur Feier ihres zwanzigsten Hochzeitstages eine Reise nach Paris; aus diesem Grund hatte sie den Sprachkurs auf sich genommen, und aus diesem Grund zog sie auch Alice Severns Mantel in Erwägung: Es war zweckmäßiger, befand sie, in einem Nerz aus zweiter Hand zu reisen; später konnte sie ihn ja zu einer Stola umarbeiten lassen.

Alice Severn traf einige Minuten zu früh ein, ein Zufall sicherlich, denn sie war keine ängstliche Person, zumindest nicht ihrem ruhigen, bedächtigen Auftreten nach zu urteilen. Sie trug vernünftige Schuhe, ein Tweedkostüm, das seine besten Tage gesehen hatte, und hatte eine Schachtel dabei, die mit einer zusammengestoppelten Schnur zugebunden war.

»Ich habe mich so gefreut, als Sie heute Vormittag anriefen. Du lieber Himmel, es ist ja ewig her, aber wir kommen natürlich überhaupt nicht mehr nach Greenwich.«

Ihr Gast lächelte zwar, blieb jedoch stumm, und Mrs. Chase, auf Überschwänglichkeit eingestimmt, war etwas erstaunt. Als sie sich setzten, blieben ihre Augen auf die jüngere Frau geheftet, und ihr kam in den Sinn, dass sie Alice Severn bei einer zufälligen Begegnung vielleicht nicht wiedererkannt hätte, nicht weil diese sich äußerlich so sehr verändert hatte, sondern weil Mrs. Chase klar wurde, dass sie sie noch nie eingehend betrachtet hatte, was eigenartig schien, da Alice Severn jemand war, der einem auffiel. Wenn sie weniger lang, mehr gedrungen gewesen wäre, hätte man sie möglicherweise nicht weiter beachtet, höchstens gesagt, dass sie attraktiv sei. Aber so, mit ihren roten Haaren, der leichten Distanziertheit in ihren Augen, ihrem sommersprossigen Herbstgesicht und den sehnigen, kräftigen Händen, besaß sie eine gewisse Vornehmheit, die man nicht ohne weiteres ignorieren konnte.

»Sherry?«

Alice Severn nickte, und ihr Kopf, bedenklich auf dem dünnen Hals balancierend, war wie eine Chrysantheme, die zu schwer für ihren Stengel ist.

»Cracker?«, bot Mrs. Chase an und dachte bei sich, jemand, der so mager und hochaufgeschossen sei, esse bestimmt wie ein Scheunendrescher. Sie hatte plötzlich Skrupel wegen ihres kärglichen Suppe-und-Salat-Menüs und erzählte die folgende Lüge: »Ich weiß nicht, was Martha zum Mittagessen macht. Sie wissen ja, wie schwierig dergleichen ohne Vorwarnung ist. Aber sagen Sie, meine Liebe, was gibt es Neues in Greenwich?«

»In Greenwich?«, sagte ihr Gast, heftig blinzelnd, als wäre im Zimmer unerwartet Licht aufgeflammt. »Ich habe keine Ahnung. Wir leben schon seit einiger Zeit nicht mehr da, sechs Monate oder länger.«

»Ach«, sagte Mrs. Chase. »Da sehen Sie mal, wie wenig ich auf dem Laufenden bin. Und wo leben Sie jetzt, meine Liebe?«

Alice Severn hob eine ihrer knochigen, unbeholfenen Hände und wedelte in Richtung der Fenster. »Da draußen«, sagte sie, eigenartigerweise. Ihre Stimme war gleichmütig, aber es lag ein erschöpfter Ton darin, als wäre eine Erkältung im Anzug. »Hier in der Stadt, meine ich. Es gefällt uns nicht besonders, Fred schon gar nicht.«

Mit kaum vernehmbarer Modulation sagte Mrs. Chase: »Fred?«, denn sie erinnerte sich ganz genau, dass der Ehemann ihres Gastes Arthur hieß.

»Ja, Fred, mein Hund, ein Irischer Setter, Sie haben ihn bestimmt schon gesehen. Er ist Auslauf gewohnt, und die Wohnung ist so klein, eigentlich nur ein Zimmer.«

Es musste wirklich schlimm gekommen sein, wenn alle Severns in einem einzigen Zimmer lebten. So neugierig sie auch war, hielt sich Mrs. Chase doch zurück und fragte nicht weiter nach. Sie nippte an ihrem Sherry und sagte: »Natürlich erinnere ich mich an Ihren Hund; und an die Kinder: wie alle drei die roten Köpfe aus Ihrem Kombiwagen steckten.«

»Die Kinder haben keine roten Haare. Sie sind blond, so wie Arthur.«

Die Berichtigung wurde so humorlos vorgebracht, dass Mrs. Chase zu einem verwirrten kurzen Lachen provoziert wurde. »Und was macht Arthur?«, sagte sie und begann aufzustehen, um zu Tisch zu bitten. Doch Alice Severns Antwort ließ sie wieder Platz nehmen. Denn ohne ihre unerschütterlich ausdruckslose Miene zu verziehen, erwiderte sie: »Wird immer dicker.«

»Immer dicker«, wiederholte sie nach einer kurzen Pause. »Als ich ihn das letzte Mal sah, ich glaube, das ist erst eine Woche her, überquerte er gerade eine Straße und watschelte geradezu. Wenn er mich gesehen hätte, hätte ich lachen müssen: Er war doch immer so auf seine Figur bedacht.«

Mrs. Chase fasste sich an die Hüfte. »Sie und Arthur. Getrennt? Wirklich erstaunlich.«

»Wir sind nicht getrennt.« Sie wischte mit der Hand durch die Luft, als wollte sie Spinnweben wegfegen. »Ich kenne ihn seit meiner Kindheit, seit wir beide Kinder waren: Glauben Sie«, sagte sie ruhig, »dass wir da jemals voneinander getrennt sein könnten, Mrs. Chase?«

Die förmliche Verwendung ihres Namens schien Mrs. Chase auszuschließen; flüchtig hatte sie das Gefühl, isoliert zu sein, und während sie gemeinsam ins Esszimmer gingen, glaubte sie, eine gewisse Feindseligkeit zwischen sich und ihrem Gast zu spüren. Möglicherweise war es der Anblick von Alice Severns ungelenken Händen, die ungeschickt die Serviette entfalteten, der sie davon überzeugte, dass dies nicht der Fall war. Abgesehen von einigen höflich gewechselten Worten aßen sie schweigend, und Mrs. Chase begann schon zu befürchten, dass sie keine Einzelheiten erfahren werde.

Schließlich, »um die Wahrheit zu sagen«, platzte Alice Severn damit heraus, »wir wurden im letzten August geschieden«.

Mrs. Chase wartete; dann, zwischen dem Senken und

Heben ihres Suppenlöffels, sagte sie: »Wie schrecklich. Seine Trinkerei, nehme ich an?«

»Arthur hat nie getrunken«, erwiderte sie mit einem freundlichen, aber erstaunten Lächeln. »Das heißt, wir tranken beide. Wir tranken zum Spaß, nicht aus Bosheit. Im Sommer war das sehr nett. Wir fuhren hinunter an den Bach und pflückten Minze und machten Mint Juleps, riesige Einweckgläser voll. In heißen Nächten, wenn wir nicht schlafen konnten, füllten wir manchmal die Thermoskanne mit kaltem Bier und weckten die Kinder, und dann fuhren wir rüber ans Meer: Es macht Spaß, Bier zu trinken und zu schwimmen und im Sand zu schlafen. Das waren schöne Zeiten; ich weiß noch, dass wir einmal bis zum nächsten Morgen blieben. Nein«, sagte sie, und ein ernster Gedanke straffte ihr Gesicht, »ich will es Ihnen sagen. Ich bin fast einen Kopf größer als Arthur, und ich glaube, das hat ihn gestört. Als wir Kinder waren, dachte er immer, dass er über mich hinauswachsen würde, aber das tat er nicht. Er hasste es, mit mir zu tanzen, und dabei tanzt er so gern. Und er hatte gern viele Menschen um sich, kleine Menschen mit hohen Stimmen. Ich bin da anders, ich wollte nur uns. Auf dem Gebiet war ich keine Freude für ihn. Erinnern Sie sich an Jeannie Bjorkman? Die mit dem runden Gesicht und den Locken, etwa Ihre Größe.«

»Sehr gut sogar«, sagte Mrs. Chase. »Sie war im Rotkreuz-Komitee. Grässliche Person.«

»Nein«, sagte Alice Severn nachdenklich. »Jeannie ist nicht grässlich. Wir waren sehr gute Freundinnen. Das Komische ist, dass Arthur früher sagte, er könne sie nicht ausstehen, aber ich vermute, dass er schon immer verrückt nach ihr war, jedenfalls ist er es jetzt, und die Kinder ebenfalls. Irgendwie wünschte ich, die Kinder hätten sie nicht so gern, obwohl ich darüber froh sein sollte, da sie bei ihr leben müssen.«

»Das gibt es nicht: Ihr Mann und mit dieser schrecklichen Bjorkman verheiratet!«

»Seit August.«

Mrs. Chase, die kurz innegehalten hatte, um vorzuschlagen, den Kaffee im Wohnzimmer zu trinken, sagte: »Es ist empörend, dass Sie allein in New York leben. Zumindest die Kinder könnten bei Ihnen sein.«

»Arthur wollte sie«, sagte Alice Severn schlicht. »Aber ich bin nicht allein. Fred ist einer meiner besten Freunde.«

Mrs. Chase machte eine ungehaltene Handbewegung: Sie mochte keine Hirngespinste. »Ein Hund. Das ist doch absurd. Ich kann dazu nur sagen, dass Sie eine Närrin sind: Ein Mann, der versuchen sollte, derart auf mir herumzutrampeln, würde sich gewaltig ins eigene Fleisch schneiden. Vermutlich haben Sie nicht einmal dafür gesorgt, dass er Sie«, sie zögerte, »finanziell unterstützt.«

»Sie verstehen nicht, Arthur hat kein Geld«, sagte Alice Severn mit der Bestürzung eines Kindes, das entdeckt, dass Erwachsene im Grunde nicht sehr scharfsinnig sind. »Er musste sogar das Auto verkaufen und geht zu Fuß zum Bahnhof. Aber wissen Sie, ich glaube, er ist glücklich.«

»Man sollte Sie schütteln, damit Sie zur Vernunft kommen«, sagte Mrs. Chase, als hätte sie gute Lust, zur Tat zu schreiten.

»Mir macht nur Fred Sorgen. Er ist Auslauf gewohnt, und eine Person allein lässt nicht viele Knochen übrig. Meinen Sie, ich könnte eine Stelle in Kalifornien bekommen, wenn ich meinen Kurs abgeschlossen habe? Ich besuche nämlich eine Handelsschule, aber ich bin nicht furchtbar schnell, vor allem nicht beim Tippen, meine Finger scheinen es geradezu zu hassen. Vermutlich ist es wie mit dem Klavierspielen, man sollte es lernen, wenn man sehr jung ist.« Sie warf einen prüfenden Blick auf ihre Hände und seufzte. »Ich habe um drei Uhr Unterricht; wäre es Ihnen recht, wenn ich Ihnen jetzt den Mantel zeige?«

Das festliche Gepräge von Dingen, die aus einer Schachtel kommen, war im Allgemeinen dazu angetan, Mrs. Chase munter zu machen, aber als sie sah, wie der Deckel abgenommen wurde, befiel sie ein melancholisches Unbehagen.

»Er gehörte meiner Mutter.«

Die ihn sechzig Jahre getragen haben muss, dachte Mrs. Chase, als sie vor dem Spiegel stand. Der Mantel ging ihr bis zu den Fußknöcheln. Sie fuhr mit der Hand über den glanzlosen, kahle Stellen aufweisenden Pelz, der muffig und säuerlich roch, als hätte er auf einem feuchten Dachboden gelegen. Ihr war kalt in dem Mantel, sie zitterte, zugleich erhitzte jähe Röte ihr Gesicht, denn genau da bemerkte sie, dass ihr Alice Severn über die Schulter starrte, in deren Miene eine gespannte, unwürdige Erwartung lag, die vorher nicht da gewesen war. Was Mitgefühl betraf, war Mrs. Chase sparsam: Bevor sie es bezeigte, knüpfte sie vorsichtshalber eine Bedingung daran, so dass sie es notfalls abrupt entziehen konnte. Doch als sie nun Alice Severn anschaute, war es, als ob die Bedingung abgetrennt worden wäre, und diesmal sah sie sich unmittelbar mit der Verpflichtung konfrontiert, Mitgefühl zu zeigen. Sie wand sich trotzdem, suchte nach einem Schlupfloch, doch dann stießen ihre Augen mit denen der anderen zusammen, und sie merkte, dass es keinen Ausweg gab. Die Erinnerung an ein Wort aus ihrem Linguaphone-Kurs machte eine Frage leichter: »*Combien?*«

»Er ist nicht viel wert, oder?« Es lag Unsicherheit in der Frage, nicht Offenheit.

»Nein, absolut nicht«, sagte sie müde, fast ungehalten. »Aber ich habe vielleicht Verwendung dafür.« Sie erkundigte sich kein zweites Mal; es war klar, dass ihre Verpflichtung unter anderem dadurch erfüllt werden musste, dass sie den Preis selbst bestimmte.

Noch immer den unförmigen Mantel mit sich schleifend, ging sie in eine Ecke des Zimmers, wo ein Schreibtisch stand, und stellte, mit unwilligen Bewegungen, einen Scheck auf ihr Privatkonto aus: Sie wollte keinesfalls, dass ihr Mann davon erfuhr. Mehr als die meisten verabscheute Mrs. Chase das Gefühl, etwas verloren zu haben; ein verlegter Schlüssel, eine verschwundene Münze riefen sofort den Gedanken an Diebstahl und die Ungerechtigkeiten des Lebens wach. Ähnlich erging es ihr jetzt, als sie Alice Severn den Scheck reichte, die ihn zusammenfaltete und, ohne einen Blick darauf zu werfen, in ihre Jackentasche steckte. Er war für fünfzig Dollar.

»Schätzchen«, sagte Mrs. Chase, grimmig vor unechter

Sorge, »Sie müssen mich unbedingt anrufen und mir sagen, wie alles läuft. Sie dürfen sich nicht einsam fühlen.«

Alice Severn dankte ihr nicht, und an der Tür verabschiedete sie sich nicht. Stattdessen nahm sie die Hand von Mrs. Chase in ihre und tätschelte sie, als würde sie nachsichtig ein Tier, einen Hund belohnen. Nach dem Schließen der Tür starrte Mrs. Chase auf ihre Hand, hob sie an die Lippen. Das Gefühl der anderen Hand war noch darauf, und sie blieb wartend stehen, während es sich verflüchtigte: Kurz darauf war ihre Hand wieder ganz kalt.

DIE DIAMANTGITARRE

Der nächste Ort ist vom Arbeitslager zwanzig Meilen entfernt. Viele Kiefernwälder liegen zwischen dem Lager und dem Ort, und in diesen Wäldern arbeiten die Gefangenen; sie zapfen Terpentin. Auch die Strafanstalt selbst liegt in einem Wald. Man findet sie dort am Ende einer roten, ausgefahrenen Straße, und Stacheldraht überwuchert die Mauer wie eine Kletterpflanze. Drinnen leben einhundertundneun Weiße, siebenundneunzig Neger und ein Chinese. Es gibt zwei Schlafbaracken – große grüne Holzbauten mit Dächern aus Teerpappe. Die Weißen bewohnen die eine, die Neger und der Chinese die andere. In jeder Schlafbaracke steht ein großer Kanonenofen, aber die Winter hier sind kalt, und nachts, wenn die Kiefern froststarr schwanken und ein eisiges Licht vom Mond fällt, liegen die Männer, auf ihren Eisenpritschen ausgestreckt, wach, und der Feuerschein des Ofens spielt in ihren Augen.

Die Männer, deren Pritschen am dichtesten beim Ofen stehen, sind die wichtigen Männer – die, zu denen man aufblickt oder die man fürchtet. Mr. Schaeffer ist einer von ihnen. Mr. Schaeffer – denn so wird er genannt, ein Zeichen besonderen Respekts – ist ein schlaksiger, hochaufgeschossener Mann. Er hat rötliches, grau werdendes Haar, und sein Gesicht ist ausgezehrt, religiös; es ist kein bisschen Fleisch an ihm; man kann sehen, wie sich seine Knochen bewegen, und seine Augen haben eine ungesunde, stumpfe Farbe. Er kann lesen und schreiben, er kann Zahlenreihen addieren. Wenn ein anderer Mann einen Brief erhält, bringt er ihn Mr. Schaeffer. Die meisten dieser Briefe sind traurig und voller Klagen; häufig improvisiert Mr. Schaeffer aufmunterndere Botschaften und liest nicht vor, was auf dem Blatt steht. In der Schlafbaracke gibt es noch zwei weitere Männer, die lesen können. Dennoch bringt einer von ihnen seine Briefe zu Mr. Schaeffer, der ihm zu Gefallen niemals die Wahrheit vorliest. Mr. Schaeffer selbst erhält keine Post, nicht einmal an Weihnachten; er scheint keine Freunde außerhalb der Strafanstalt zu haben, und tatsächlich hat er auch dort keine – das heißt keinen speziellen Freund. Das war nicht immer so.

An einem Wintersonntag vor einigen Wintern saß Mr. Schaeffer auf den Stufen der Schlafbaracke und schnitzte eine Puppe. Er ist darin sehr talentiert. Seine Puppen werden in einzelnen Teilen geschnitzt, dann mit etwas Draht zusammengesetzt; die Arme und Beine lassen sich bewegen, der Kopf drehen. Wenn er etwa ein Dutzend dieser Puppen fertiggestellt hat, bringt der Captain, der Leiter der Strafanstalt, sie in den Ort, und dort werden sie in einer Gemischtwarenhandlung verkauft. Auf diese Weise verdient sich Mr. Schaeffer Geld für Süßigkeiten und Tabak.

An diesem Sonntag, als er da saß und die Finger für eine kleine Hand ausschnitt, fuhr ein Lastwagen auf den Hof.

Ein junger Bursche, mit Handschellen an den Captain gefesselt, kletterte aus dem Lastwagen und blieb blinzelnd in der gespenstischen Wintersonne stehen. Mr. Schaeffer warf nur einen flüchtigen Blick auf ihn. Er war damals ein Mann von fünfzig, und siebzehn von diesen Jahren hatte er in der Strafanstalt verbracht. Die Ankunft eines neuen Gefangenen konnte ihn nicht aus der Ruhe bringen. Der Sonntag ist der freie Tag im Arbeitslager, und andere Männer, die im Hof herumlungerten, drängten sich um den Lastwagen. Hinterher blieben Pick Axe und Goober bei Mr. Schaeffer stehen.

Pick Axe sagte: »Ist 'n Ausländer, der Neue. Aus Kuba. Aber mit hellen Haaren.«

»Ein Messerstecher, sagt der Chef«, sagte Goober, der selbst ein Messerstecher war. »Hat in Mobile einen Matrosen aufgeschlitzt.«

»Zwei Matrosen«, sagte Pick Axe. »Und es war bloß 'ne Wirtshausschlägerei. Er hat kein' der beiden nich' verletzt.«

»Einem Mann das Ohr abschneiden? Ist das bei dir vielleicht nicht verletzt? Er hat zwei Jahre gekriegt, sagt der Chef.«

Pick Axe sagte: »Der hat 'ne Gitarre mit lauter Juwelen drauf.«

Es wurde zu dunkel zum Arbeiten. Mr. Schaeffer fügte die Teile seiner Puppe zusammen und setzte sie, ihre kleinen Hände haltend, auf sein Knie. Er rollte sich eine Zigarette; die Kiefern waren blau im Licht des Sonnenuntergangs, und der Rauch seiner Zigarette hing in der kalten, dunkler werdenden Luft. Er konnte den Captain über den Hof kommen sehen. Der neue Gefangene, ein blonder junger Bursche, folgte einen Schritt hinter ihm. Er hatte eine Gitarre dabei, besetzt mit Diamanten aus Glas, die wie Sterne funkelten, und seine neue Sträflingskleidung war zu groß für ihn; sie sah aus wie ein Halloween-Kostüm.

»Jemand für dich, Schaeffer«, sagte der Captain und blieb auf den Stufen der Schlafbaracke stehen. Der Captain war kein hartherziger Mensch; gelegentlich lud er Mr. Schaeffer in sein Büro ein, und dann sprachen sie miteinander über Dinge, die sie in der Zeitung gelesen hatten. »Tico Feo«, sagte er, als wäre es der Name eines Vogels oder eines Schlagers, »das ist Mr. Schaeffer. Stell dich gut mit ihm, dann geht's dir gut.«

Schaeffer blickte zu dem Jungen hoch und lächelte. Er lächelte ihn länger an, als er gewollt hatte, denn der Junge hatte Augen wie zwei Fleckchen Himmel – blau wie der Winterabend –, und sein Haar war so golden wie die Zähne des Captains. Er hatte ein fröhliches Gesicht, lebhaft, gescheit; und als er ihn so ansah, musste Mr. Schaeffer an Feiertage und gute Zeiten denken.

»Ist wie meine kleine Schwester«, sagte Tico Feo und berührte Mr. Schaeffers Puppe. Seine Stimme mit dem kubanischen Akzent war weich und süß wie eine Banane. »Sie auch sitzen auf mein Knie.«

Mr. Schaeffer war plötzlich befangen. Er verbeugte sich vor dem Captain und ging hinaus in die Dunkelheit des Hofes. Er stand dort und flüsterte die Namen der Abendsterne, die nacheinander über ihm aufgingen wie Blumen.

Die Sterne waren seine Freude, doch an diesem Abend trösteten sie ihn nicht; sie riefen ihm nicht ins Gedächtnis zurück, dass alles, was mit uns auf Erden geschieht, im endlosen Licht der Ewigkeit vergeht. Während er zu ihnen – den Sternen – aufblickte, dachte er an die mit Juwelen besetzte Gitarre und ihren weltlichen Glanz.

Man konnte von Mr. Schaeffer sagen, dass er in seinem Leben nur ein einziges Mal etwas Böses getan hatte: Er hatte einen Mann getötet. Die Umstände der Tat sind unwichtig, außer dass der Mann den Tod verdient hatte und dass Mr. Schaeffer dafür zu neunundneunzig Jahren und einem Tag verurteilt wurde. Seit längerer Zeit – seit vielen Jahren, genaugenommen – hatte er nicht mehr daran gedacht, wie es war, bevor er in die Strafanstalt kam. Seine Erinnerung an jene Zeit war wie ein Haus, in dem niemand wohnt und wo die Möbel vermodert sind. Doch an diesem Abend war es, als wären in all den düsteren toten Räumen Lampen angezündet worden. Es hatte angefangen, als er Tico Feo mit seiner prächtigen Gitarre durch die Abenddämmerung kommen sah. Bis zu diesem Moment war er nicht einsam gewesen. Nun, da er sich seine Einsamkeit eingestand, fühlte er sich lebendig. Er hatte nicht lebendig sein wollen. Lebendig sein hieß, sich an braune Flüsse zu erinnern, in denen Fische zu ihren Laichplätzen wandern, und an Sonnenlicht auf dem Haar einer Frau.

Mr. Schaeffer ließ den Kopf hängen. Der grelle Schein der Sterne hatte ihm Tränen in die Augen getrieben.

Die Schlafbaracke ist gewöhnlich ein bedrückender Ort, schal vom Geruch der Männer und kahl im Licht zweier nackter Glühbirnen. Aber mit der Ankunft von Tico Feo war es, als hätte in dem kalten Raum ein tropisches Ereignis stattgefunden, denn als Mr. Schaeffer von seiner Beobachtung der Sterne zurückkam, bot sich ihm ein ausgelassenes und spektakuläres Schauspiel. Im Schneidersitz auf einer Pritsche sitzend, zupfte Tico Feo mit langen, flinken Fingern seine Gitarre und sang ein Lied, das so munter klang wie klimpernde Münzen. Obwohl das Lied auf Spanisch war, versuchten einige der Männer mitzusingen, und Pick Axe und Goober tanzten miteinander. Charlie und Wink tanzten ebenfalls, aber jeder für sich. Es war schön, die Männer lachen zu hören, und als Tico Feo seine Gitarre schließlich weglegte, war Schaeffer unter denen, die ihn beglückwünschten.

»Du hast so eine schöne Gitarre verdient«, sagte er.

»Ist Diamantgitarre«, sagte Tico Feo und strich mit der Hand über ihr Varieté-Gefunkel. »Einmal ich habe eine mit Rubinen. Aber die ist gestohlen. In Havanna meine Schwester arbeiten in, wie sagt man, wo machen Gitarre, darum ich habe diese.«

Mr. Schaeffer fragte ihn, ob er viele Schwestern habe, und Tico Feo hielt grinsend vier Finger hoch. Seine blauen Augen verengten sich gierig, und er sagte: »Bitte, Mister, du mir geben Puppe für meine zwei kleine Schwester?«

Am Abend darauf brachte ihm Mr. Schaeffer die Puppen. Danach war er Tico Feos bester Freund, und sie waren immer zusammen. Stets kümmerten sie sich umeinander.

Tico Feo war achtzehn Jahre alt und hatte zwei Jahre lang in der Karibik auf einem Frachter gearbeitet. Als Kind war er bei Nonnen in die Schule gegangen, und er trug ein goldenes Kruzifix um den Hals. Er hatte auch einen Rosenkranz. Den Rosenkranz hatte er in einen grünen Seidenschal eingewickelt, der noch drei weitere Schätze enthielt: eine Flasche Evening-in-Paris-Kölnischwasser, einen Taschenspiegel und eine Rand-McNally-Weltkarte. Dies und die Gitarre waren sein einziger Besitz, und er erlaubte niemandem, sie anzufassen. Vielleicht schnitzte er seine Karte am meisten. Abends, bevor das Licht ausgeschaltet wurde, breitete er seine Karte oft aus und zeigte Mr. Schaeffer, wo er schon gewesen war – Galveston, Miami, New Orleans, Mobile, Cuba, Haiti, Jamaica, Puerto Rico, die Jungferninseln – und wo er noch hinwollte. Er wollte fast überall hin, vor allem nach Madrid, vor allem an den Nordpol. Das entzückte und ängstigte Schaeffer zugleich. Es tat ihm weh, sich Tico Feo auf den Meeren und an fernen Orten vorzustellen. Manchmal sah er seinen Freund abwehrend an und dachte: »Du bist bloß ein Faulenzer und Träumer.«

Es trifft zu, dass Tico Feo ein Faulenzer war. Nach jenem ersten Abend musste er sogar gedrängt werden, auf seiner Gitarre zu spielen. Bei Tagesanbruch, wenn der Wärter kam, um die Männer zu wecken, was er tat, indem er mit einem Hammer auf den Ofen schlug, wimmerte Tico Feo wie ein Kind. Manchmal gab er vor, krank zu sein, stöhnte und massierte seinen Bauch; aber er kam nie damit durch, denn der Captain schickte ihn immer mit den anderen Männern hinaus zur Arbeit. Er und Mr. Schaeffer wurden zusammen einem Straßenbautrupp zugeteilt. Es war harte Arbeit, den gefrorenen Lehmboden aufzuhacken und Säcke voll Bruchsteinen zu schleppen. Der Aufseher musste Tico Feo ständig anschreien, da der die meiste Zeit damit verbrachte, sich irgendwo anzulehnen.

Jeden Mittag, wenn die Essnäpfe ausgegeben wurden, saßen die beiden Freunde zusammen. In Mr. Schaeffers Napf waren gute Sachen, da er sich Äpfel und Schokoriegel aus dem Ort leisten konnte. Er gab diese Sachen gern seinem Freund, da sein Freund sie so mochte, und er dachte: »Du musst noch wachsen; es wird noch lange dauern, ehe du ein erwachsener Mann bist.«

Nicht alle Männer mochten Tico Feo. Weil sie eifersüchtig waren, oder aus subtileren Gründen, erzählten einige von ihnen hässliche Dinge über ihn. Tico Feo selbst schien sich dessen nicht bewusst zu sein. Wenn sich die Männer um ihn scharten und er seine Gitarre spielte und seine Lieder sang, konnte man sehen, dass er sich geliebt fühlte. Die meisten der Männer empfanden tatsächlich so etwas wie Liebe für ihn; sie warteten und zählten auf die Stunde zwischen dem Abendessen und dem Löschen des Lichts. »Tico, spiel deine Klampfe«, sagten sie dann. Sie bemerkten nicht, dass hinterher eine tiefere Traurigkeit herrschte als davor. Der Schlaf entzog sich ihnen wie ein flüchtender Hase, und ihre Augen verweilten sinnend auf dem Schein des Feuers, das hinter dem Ofengitter knisterte. Mr. Schaeffer war der Einzige, der ihre aufgewühlten Gefühle verstand, da es ihm genauso ging. Denn sein Freund hatte die braunen Flüsse, in denen Fische zu ihren Laichplätzen wandern, wiederaufleben lassen und die Frauen mit dem Sonnenlicht im Haar.

Schon bald wurde Tico Feo die Ehre zugestanden, ein Bett nahe am Ofen und neben Mr. Schaeffer zu haben. Mr. Schaeffer hatte immer gewusst, dass sein Freund ein schrecklicher Lügner war. Er achtete nicht auf den Wahrheitsgehalt von Tico Feos Schilderungen von Abenteuern, von Eroberungen und Begegnungen mit berühmten Leuten. Vielmehr genoss er sie einfach als Geschichten, wie man sie in Zeitschriften liest, und es tat ihm wohl, die tropische Stimme seines Freundes im Dunkeln flüstern zu hören.

Abgesehen davon, dass sie ihre Körper nicht vereinigten und dies auch nicht im Sinn hatten, obwohl dergleichen in der Strafanstalt nicht unbekannt war, waren sie wie ein Liebespaar. Von allen Jahreszeiten ist der Frühling die zerstörerischste: Stengel stoßen durch die winterharte Kruste des Erdbodens, junge Blätter schießen aus alten, für tot gehaltenen Zweigen, ein schläfriger Wind streicht durch all das neugeborene Grün. Und bei Mr. Schaeffer war es das Gleiche, ein Aufbrechen, ein Anspannen von Muskeln, die steif geworden waren.

Es war Ende Januar. Die Freunde saßen auf den Stufen der Schlafbaracke, jeder mit einer Zigarette in der Hand. Der Mond, schmal und gelb wie ein Stück Zitronenschale, wölbte sich über ihnen, und unter seinem Licht glänzten Fäden von Bodenfrost wie silbrige Schneckenspuren. Schon seit vielen Tagen war Tico Feo in sich gekehrt – still wie ein Räuber, der im Dunkeln lauert. Es war zwecklos, zu ihm zu sagen: »Tico, spiel deine Klampfe.« Er sah einen nur mit starren, ätherbetäubten Augen an.

»Erzähl mir was«, sagte Mr. Schaeffer, den es nervös und

hilflos machte, wenn er seinen Freund nicht erreichen konnte. »Erzähl mir, wie du damals in Miami auf die Rennbahn gegangen bist.«

»Ich nie gehen auf keine Rennbahn«, sagte Tico Feo, womit er sich zu seiner dreistesten Lüge bekannte, in der es um Hunderte von Dollar und eine Begegnung mit Bing Crosby ging. Es schien ihm egal zu sein. Er holte einen Kamm hervor und zog ihn mürrisch durch sein Haar. Einige Tage davor war dieser Kamm die Ursache eines heftigen Streits gewesen. Einer der Männer, Wink, behauptete, Tico Feo habe ihm den Kamm gestohlen, worauf der Beschuldigte ihm zur Antwort ins Gesicht spuckte. Sie hatten miteinander gekämpft, bis Mr. Schaeffer und ein anderer Mann sie trennen konnten. »Ist mein Kamm. Du sagen ihm!«, hatte Tico Feo von Mr. Schaeffer verlangt. Doch Mr. Schaeffer hatte mit ruhiger Bestimmtheit gesagt, nein, das sei nicht der Kamm seines Freundes – eine Antwort, die alle Betroffenen zu verblüffen schien. »Was soll's«, sagte Wink, »wenn er ihn unbedingt will, dann soll der Mistkerl ihn eben behalten.« Und später, mit verwirrter, unsicherer Stimme, hatte Tico Feo gesagt: »Ich gedacht, du waren mein Freund.« – »Das bin ich«, hatte Mr. Schaeffer gedacht, obwohl er nichts sagte.

»Ich nicht gehen auf keine Rennbahn, und was ich sagen über Witwefrau, das auch nicht wahr.« Er paffte an seiner Zigarette, bis sie rot glühte, und sah Mr. Schaeffer mit einem abwägenden Ausdruck an. »Sag, du haben Geld, Mister?«

»Vielleicht zwanzig Dollar«, sagte Mr. Schaeffer zögernd, besorgt, wohin das führen würde.

»Nicht so gut, zwanzig Dollar«, sagte Tico, aber ohne Enttäuschung. »Nicht wichtig, wir arbeiten unterwegs. In Mobile ich habe mein Freund Frederico. Er uns bringen auf Schiff. Ist gar kein Problem«, und es war, als würde er sagen, dass es kälter geworden sei.

Mr. Schaeffer schnürte es das Herz zusammen; er konnte nicht sprechen.

»Niemand hier kann rennen und fangen Tico. Er rennen am schnellsten.«

»Gewehre sind schneller«, sagte Mr. Schaeffer mit fast lebloser Stimme. »Ich bin zu alt«, sagte er, und das Wissen um sein Alter rumorte wie Übelkeit in ihm.

Tico Feo hörte nicht zu. »Und dann die Welt. Die Welt, *el mundo,* mein Freund.« Als er aufstand, zitterte er wie ein junges Pferd; alles schien dichter an ihn heranzurücken – der Mond, die Rufe schreiender Eulen. Sein Atem kam schneller und wurde in der Luft zu Rauch. »Sollen wir gehen nach Madrid? Vielleicht jemand mich lernen Stierkampf. Was du meinen, Mister?«

Mr. Schaeffer hörte ebenfalls nicht zu. »Ich bin zu alt«, sagte er. »Ich bin einfach zu alt.«

In den darauffolgenden Wochen drang Tico Feo beständig in ihn – die Welt, *el mundo,* mein Freund; und er hätte sich am liebsten versteckt. Er schloss sich auf dem Klosett ein und vergrub den Kopf in den Händen. Nichtsdestotrotz war er aufgeregt, verlockt. Wenn sie sich nun doch verwirklichen ließe, die Flucht mit Tico Feo durch die Wälder und bis ans Meer? Und er stellte sich vor, auf einem Schiff zu sein, er, der noch nie das Meer gesehen hatte, der sein Leben lang festes Land unter den Füßen gehabt hatte. Während dieser Zeit starb einer der Gefangenen, und im Hof konnte man hören, wie der Sarg getischlert wurde. Bei jedem Nagel, der eingeschlagen wurde, dachte Mr. Schaeffer: »Der ist für mich, das ist meiner.«

Tico Feo selbst war nie in besserer Stimmung gewesen; er schlenderte mit der forschen Gigolo-Grazie eines Tänzers umher und hatte für jeden einen Scherz parat. In der Schlafbaracke entzündeten seine Finger nach dem Abendessen ein wahres Feuerwerk auf der Gitarre. Er brachte den Männern bei, *olé* zu rufen, und einige von ihnen ließen ihre Mützen durch die Luft segeln.

Als die Arbeit an der Straße beendet war, wurden Mr. Schaeffer und Tico Feo wieder im Wald eingesetzt. Am Valentinstag verzehrten sie ihr Mittagessen unter einer Kiefer. Mr. Schaeffer hatte sich ein Dutzend Orangen aus dem Ort kommen lassen und schälte sie nun langsam, so dass sich die Schale spiralförmig ablöste; die saftigeren Scheiben gab er seinem Freund, der stolz darauf war, wie weit er die Kerne spucken konnte – mehr als drei Meter.

Es war ein kalter, schöner Tag, Fetzen von Sonnenlicht flatterten um sie herum wie Schmetterlinge, und Mr. Schaeffer, der gerne an den Bäumen arbeitete, war abwesend und glücklich. Dann sagte Tico Feo: »Der da, er nicht kann fangen Fliege in sein Mund.« Er meinte Armstrong, einen Mann mit Hängebacken, der mit einem Gewehr zwischen den Beinen dasaß. Er war der Jüngste von den Aufsehern und neu im Lager.

»Ich weiß nicht«, sagte Mr. Schaeffer. Er hatte Armstrong

beobachtet und bemerkt, dass sich der neue Aufseher wie viele Leute, die sowohl untersetzt als auch eitel sind, mit leichtfüßiger Behendigkeit bewegte. »Du könntest dich in ihm täuschen.«

»Vielleicht er sich täuschen in mich«, sagte Tico Feo und spuckte einen Orangenkern in Armstrongs Richtung. Der Aufseher blickte ihn finster an, dann ließ er seine Trillerpfeife ertönen. Es war das Signal, wieder an die Arbeit zu gehen.

Irgendwann im Laufe des Nachmittags trafen die beiden Freunde erneut zusammen; das heißt, sie nagelten Terpentin-Eimer an Bäume, die nebeneinander standen. In einiger Entfernung und unterhalb von ihnen zog sich ein seichter plätschernder Bach durch den Wald. »In Wasser kein Geruch«, sagte Tico Feo penibel, als erinnerte er sich an etwas, das er einmal gehört hatte. »Wir laufen in das Wasser; wenn dunkel, wir klettern auf Baum. Ja, Mister?«

Mr. Schaeffer hämmerte weiter, doch seine Hand zitterte, und der Hammer traf seinen Daumen. Er sah benommen zu seinem Freund. Sein Gesicht spiegelte keinen Schmerz wider, und er steckte auch nicht den Daumen in den Mund, wie ein Mann es normalerweise tun würde.

Tico Feos blaue Augen schienen anzuschwellen wie Seifenblasen, und als er mit einer Stimme, leiser als die Windgeräusche in den Kiefernwipfeln, sagte: »Morgen«, waren diese Augen das Einzige, was Mr. Schaeffer sah.

»Morgen, Mister?«

»Morgen«, sagte Mr. Schaeffer.

Die ersten Farben des Morgens fielen auf die Wände der

Schlafbaracke, und Mr. Schaeffer, der kaum Ruhe gefunden hatte, wusste, dass auch Tico Feo wach war. Mit den trägen Augen eines Krokodils verfolgte er die Bewegungen seines Freundes auf der nächsten Pritsche. Tico Feo knotete den Schal auf, der seine Schätze enthielt. Als Erstes nahm er den Taschenspiegel. Dessen quallenartiges Licht flackerte auf seinem Gesicht. Eine Zeitlang bewunderte er sich mit ernsthaftem Entzücken und kämmte und glättete sich das Haar, als schickte er sich an, auf ein Fest zu gehen. Dann hängte er sich den Rosenkranz um den Hals. Das Kölnischwasser machte er nicht auf, auch nicht die Landkarte. Das Letzte, was er tat, war, seine Gitarre zu stimmen. Während die anderen Männer sich anzogen, saß er auf der Kante seiner Pritsche und stimmte die Gitarre. Es war seltsam, denn er muss gewusst haben, dass er sie nie wieder spielen würde.

Vogelkreischen folgte den Männern durch den dunstigen morgendlichen Wald. Sie gingen im Gänsemarsch, fünfzehn Männer pro Kolonne, deren Schluss jeweils ein Aufseher bildete. Mr. Schaeffer schwitzte, als wäre es ein heißer Tag, und er konnte nicht Gleichschritt halten mit seinem Freund, der vor ihm ging, mit den Fingern schnalzte und den Vögeln zupfiff.

Ein Signal war ausgemacht worden. Tico Feo sollte rufen: »Austreten«, und so tun, als ginge er hinter einen Baum. Aber Mr. Schaeffer wusste nicht, wann das sein würde.

Der Aufseher namens Armstrong ließ seine Trillerpfeife ertönen, und seine Männer traten aus der Reihe und gingen einzeln an ihren jeweiligen Platz. Obwohl Mr. Schaeffer seine Arbeit tat, so gut er konnte, war er darauf bedacht, sich immer in einer Position zu befinden, wo er sowohl Tico Feo als auch den Aufseher im Auge hatte. Armstrong saß auf einem Baumstumpf, das Gesicht auf der einen Seite dicker wegen des Priems in seinem Mund, und sein Gewehr wies in Richtung der Sonne. Er hatte die verschlagenen Augen eines Falschspielers; man wusste eigentlich nie, wo er gerade hinsah.

Einmal gab ein anderer Mann das Signal. Obwohl Mr. Schaeffer sofort gewusst hatte, dass es nicht die Stimme seines Freundes war, hatte panischer Schrecken ihm die Kehle zugeschnürt wie ein Strick. Während der Vormittag sich dahinschleppte, hatte er ein solches Dröhnen in den Ohren, dass er Angst hatte, das Signal nicht zu hören, wenn es kam.

Die Sonne stand mitten am Himmel. »Er ist bloß ein Faulenzer und Träumer. Es wird nie dazu kommen«, dachte Mr. Schaeffer, wagte es einen Moment lang, dies zu glauben. Aber »Erst wir essen«, sagte Tico Feo mit sachlicher Miene, als sie ihre Essnäpfe am Abhang oberhalb des Baches abstellten. Sie aßen schweigend, fast so, als hätte jeder einen Groll auf den anderen, doch am Ende spürte Mr. Schaeffer, wie sich die Hand seines Freundes um seine eigene schloss und sie mit sanftem Druck festhielt.

»Mister Armstrong, austreten...«

In der Nähe des Baches hatte Mr. Schaeffer einen Amberbaum gesehen, und er dachte, dass es bald Frühling sein würde und man dann das Harz des Baumes kauen konnte. Ein rasiermesserscharfer Stein schnitt ihm die Handfläche auf, als er von der schlüpfrigen Böschung ins Wasser glitt. Er richtete sich auf und begann zu rennen; seine Beine waren lang, er hielt fast Schritt mit Tico Feo, und eisige Geysire spritzten um sie herum auf. Hin und her erschallten durch den Wald hohl die Rufe von Männern wie Stimmen in einer Höhle, und es fielen drei Schüsse, alle in die Luft, als würden die Aufseher auf einen Schwarm Gänse schießen.

Mr. Schaeffer sah den Baumstamm nicht, der quer im Bach lag. Er glaubte, noch immer zu laufen, und seine Beine traten weiter um sich; es war, als wäre er eine Schildkröte, die auf dem Rücken gelandet ist.

Während er sich abmühte, schien ihm das Gesicht seines Freundes, das über ihm schwebte, ein Teil des weißen Winterhimmels zu sein – es war so fern, abwägend. Es hing dort nur einen Moment, wie ein Kolibri, doch in dieser kurzen Zeitspanne hatte er gesehen, dass Tico Feo nicht gewollt hatte, dass er es schaffte, nie gedacht hatte, dass er es schaffen würde, und er erinnerte sich, mal gedacht zu haben, dass es noch dauern würde, ehe sein Freund ein erwachsener Mann war. Als sie ihn fanden, lag er noch immer im knöcheltiefen Wasser, als wäre es ein Sommernachmittag und er ließe sich träge von der Strömung tragen.

Seit damals sind drei Winter vergangen, und von jedem hieß es, er sei der kälteste, der längste. Zwei verregnete Monate in jüngster Zeit wuschen die Furchen in der zum Arbeitslager führenden Lehmstraße tiefer aus, und es ist schwerer denn je zu erreichen, schwerer, von dort wegzukommen. Zwei Scheinwerfer wurden auf der Mauer angebracht, und sie brennen dort die ganze Nacht wie die Augen einer riesigen Eule. Ansonsten hat sich nicht viel verändert. Mr. Schaeffer, zum Beispiel, sieht noch fast genauso aus, nur dass das Grau in seinem Haar dichter geworden ist und er als Folge eines gebrochenen Knöchels nun hinkt. Es war der Captain persönlich, der sagte, dass Mr. Schaeffer sich den Knöchel gebrochen habe bei dem Versuch, Tico Feo zu ergreifen. Es war sogar ein Bild von Mr. Schaeffer in der Zeitung, und darunter stand: »Mann wollte Flucht verhindern.« Damals war ihm das furchtbar peinlich, nicht weil er wusste, dass die anderen Männer lachten, sondern weil er dachte, Tico Feo könnte es sehen. Aber er schnitt es trotzdem aus und bewahrt es in einem Umschlag auf zusammen mit mehreren Zeitungsausschnitten, die seinen Freund betreffen: Eine alte Jungfer berichtete der Polizei, er sei in ihr Haus eingedrungen und habe sie geküsst, zweimal wurde er Meldungen zufolge in der Umgebung von Mobile gesehen, zuletzt hieß es, er habe das Land verlassen.

Niemand hat jemals Mr. Schaeffers Anspruch auf die Gitarre bestritten. Vor einigen Monaten wurde ein neuer Gefangener in die Schlafbaracke verlegt. Er war angeblich ein guter Gitarrespieler, und Mr. Schaeffer wurde überredet, ihm die Gitarre zu leihen. Aber alle Melodien des Mannes klangen falsch, denn es war, als hätte Tico Feo, als er seine Gitarre an jenem letzten Morgen stimmte, sie mit einem Fluch belegt. Jetzt liegt sie unter Mr. Schaeffers Pritsche, wo ihre Glasdiamanten gelb werden; nachts tastet seine Hand manchmal nach ihr, und seine Finger streichen über die Saiten: und dann die Welt.

EIN HAUS AUS BLUMEN

Ottilie hätte das glücklichste Mädchen in Port-au-Prince sein müssen. Wie Baby immer zu ihr sagte, überleg' doch mal, was du alles vorzuweisen hast. Zum Beispiel?, sagte Ottilie, denn sie war eitel und zog Komplimente jederzeit Pralinen und Parfüms vor. Zum Beispiel deine äußere Erscheinung, sagte Baby: Du hast eine wunderschöne helle Hautfarbe, sogar fast blaue Augen und ein so hübsches, süßes Gesicht – kein Mädchen auf der Straße hat mehr Stammkunden, jeder Einzelne bereit, dir so viel Bier zu kaufen, wie du nur trinken kannst. Ottilie räumte ein, dass dies zutraf, und fuhr mit einem Lächeln fort, ihr weiteres Kapital aufzuzählen: Ich habe fünf Seidenkleider und ein Paar grüne Satinschuhe, ich habe drei Goldzähne im Wert von dreißigtausend Francs, vielleicht schenkt mir Mr. Jamison oder ein anderer ein weiteres Armband. Ach, Baby, seufzte sie und konnte ihr Unbehagen nicht in Worte fassen.

Baby war ihre beste Freundin; sie hatte noch eine weitere Freundin: Rosita. Baby war wie eine Kugel, rund, rollend; billige Ringe hatten grüne Abdrücke auf mehreren ihrer dicken Finger hinterlassen, ihre Zähne waren so dunkel wie verkohlte Baumstümpfe, und wenn sie lachte, konnte man sie auf hoher See hören, zumindest behaupteten das die Matrosen. Rosita, die andere Freundin, war größer als die meisten Männer, und stärker; abends, wenn die Freier zur Stelle waren, trippelte sie herum und lispelte mit einer albernen Puppenstimme, aber bei Tage machte sie lange, federnde Schritte und sprach in einem militärischen Bariton. Ottilies Freundinnen kamen beide aus der Dominikanischen Republik und betrachteten dies als hinlänglichen Grund, sich für etwas Besseres zu halten als die Einheimischen dieses dunkleren Landes. Es kümmerte sie nicht, dass Ottilie eine Einheimische war. Du hast Grips, sagte Baby zu ihr, und es stand außer Zweifel, was Baby liebte, war ein klarer Verstand. Ottilie hatte oft Angst, ihre Freundinnen könnten entdecken, dass sie weder lesen noch schreiben konnte.

Das Haus, in dem sie lebten und arbeiteten, war heruntergekommen, schmal wie ein Handtuch und verziert mit zierlichen, von Bougainvilleen überwucherten Balkonen. Obwohl außen kein Schild hing, wurde es das Champs Elysées genannt. Die Besitzerin, eine altjüngferliche, geschlagen wirkende Invalidin, regierte von einem Zimmer im Obergeschoss aus, in dem sie sich einschloss, in einem Schaukelstuhl schaukelte und zehn bis zwanzig Coca-Colas am Tag trank. Alles in allem arbeiteten acht Damen für sie; abgesehen von Ottilie war keine davon unter dreißig. Abends, wenn sich die Damen auf der Veranda versammelten, wo sie schwatzten und Papierfächer schwangen, die wie trunkene Falter die Luft peitschten, wirkte Ottilie wie ein entzückendes verträumtes Kind im Kreise älterer, hässlicherer Schwestern.

Ihre Mutter war tot, ihr Vater war ein Pflanzer, der nach Frankreich zurückgekehrt war, und sie war in den Bergen von einer derben Bauernfamilie aufgezogen worden, deren Söhne ihr jeweils in jungen Jahren an einem grünen und schattigen Ort beigelegen hatten. Vor drei Jahren, als sie vierzehn war, war sie zum ersten Mal nach Port-au-Prince auf den Markt herunter gekommen. Zu Fuß war es eine Reise von zwei Tagen und einer Nacht, und sie hatte einen Zehn-Pfund-Sack Mais bei sich gehabt; um die Last leichter zu machen, hatte sie ein wenig von dem Mais herausrieseln lassen, dann ein wenig mehr, und als sie den Markt erreicht hatte, war fast nichts mehr übrig. Ottilie hatte geweint, weil sie daran dachte, wie zornig die Familie sein würde, wenn sie ohne das Geld für den Mais heimkam; doch ihre Tränen währten nicht lange: Ein wirklich sehr netter Mann half ihr, sie zu trocknen. Er kaufte ihr eine Scheibe Kokosnuss und nahm sie mit zu seiner Kusine, die die Besitzerin des Champs Elysées war. Ottilie konnte ihr Glück kaum fassen; die Jukebox-Musik, die Satinschuhe und die scherzenden Männer waren so ungewohnt und wunderbar wie die elektrische Glühbirne in ihrem Zimmer, die sie nie müde wurde ein- und auszuschalten. Schon bald war sie das gefragteste Mädchen auf der Straße, die Besitzerin konnte das Doppelte für sie verlangen, und Ottilie wurde eitel; sie konnte stundenlang vor dem Spiegel stehen. Nur selten dachte sie noch an die Berge; und doch war, drei Jahre später, noch immer viel von den Bergen an ihr: Der dortige Wind schien sie noch immer zu umwehen, ihre festen, hohen Gesäßbacken waren nicht weicher geworden, so wenig wie ihre Fußsohlen, die rau waren wie Eidechsenhaut.

Wenn ihre Freundinnen über die Liebe sprachen, über Männer, die sie geliebt hatten, wurde Ottilie trübsinnig: Wie fühlt man sich, wenn man verliebt ist?, fragte sie. Ah, sagte Rosita mit schmachtenden Augen, du hast das Gefühl, als ob man dir Pfeffer aufs Herz gestreut hätte, als ob winzige Fische in deinen Adern schwimmen würden. Ottilie schüttelte den Kopf; falls Rosita die Wahrheit sagte, dann war sie noch nie verliebt gewesen, denn dieses Gefühl hatte sie noch bei keinem der Männer gehabt, die in das Haus kamen.

Das beunruhigte sie so sehr, dass sie schließlich einen *Houngan* aufsuchte, der in den Hügeln oberhalb der Stadt lebte. Im Gegensatz zu ihren Freundinnen brachte Ottilie keine christlichen Bilder an den Wänden ihres Zimmers an; sie glaubte nicht an Gott, sondern an viele Götter: des Essens, des Lichts, des Todes, der Zerstörung. Der Houngan stand mit diesen Göttern in Verbindung; er bewahrte ihre Geheimnisse auf seinem Altar, konnte ihre Stimmen im Rasseln einer Kürbisflasche hören, konnte ihre Macht mittels eines Zaubertrankes weitergeben. Der Houngan, durch den die Götter sprachen, übermittelte ihr folgende Botschaft: Du musst eine wilde Biene fangen, sagte er, und sie in der geschlossenen Hand halten… wenn die Biene nicht sticht, dann weißt du, dass du die Liebe gefunden hast.

Auf dem Heimweg dachte sie an Mr. Jamison. Er war ein Mann über fünfzig, ein Amerikaner, der mit einem Bauprojekt zu tun hatte. Die goldenen Armreifen, die an ihren Handgelenken klimperten, waren Geschenke von ihm, und als Ottilie an einem Zaun vorbeikam, der vor Geißblatt schneeweiß war, fragte sie sich, ob sie nicht vielleicht doch in Mr. Jamison verliebt war. Schwarze Bienen hingen wie Girlanden im Geißblatt. Mit mutiger Hand zupackend, erwischte sie eine allzu träge. Der Stich traf sie wie ein Schlag, so dass sie auf die Knie fiel; und so kniete sie und weinte, bis es schwer zu sagen war, ob die Biene sie in die Hand gestochen hatte oder in die Augen.

Es war März, und die Festlichkeiten strebten dem Höhepunkt des Karnevals zu. Im Champs Elysées nähten die Damen an ihren Kostümen; Ottilies Hände waren untätig, denn sie hatte beschlossen, überhaupt kein Kostüm zu tragen. An den Wochenenden, wenn Trommelschläge zum aufgehenden Mond schallten, saß sie an ihrem Fenster und sah geistesabwesend den kleinen Gruppen von Sängern zu, die tanzend und trommelnd durch die Straße zogen; sie lauschte den Pfiffen und dem Gelächter und verspürte nicht den Wunsch mitzumachen. Man konnte fast meinen, du wärst tausend Jahre alt, sagte Baby; und Rosita sagte: Ottilie, warum gehst du nicht mit zum Hahnenkampf?

Sie sprach nicht von einem gewöhnlichen Hahnenkampf. Aus allen Teilen der Insel waren Teilnehmer mit ihren wildesten Hähnen eingetroffen. Ottilie fand, sie könne ebenso gut hingehen, und drehte sich Perlen in die Ohren. Als die drei ankamen, war die Veranstaltung schon in vollem Gange; in einem großen Zelt schluchzte und schrie ein Meer von Zuschauern, während eine zweite Menschenmenge, die, die nicht hineingelangen konnte, außen um das Zelt wogte. Einlass zu finden, war kein Problem für die Damen vom Champs Elysées: Ein befreundeter Polizist bahnte ihnen einen Weg und machte Plätze auf einer Bank an der Arena frei. Die Leute vom Land, die um sie herumsaßen, schienen verlegen zu sein, sich in so feiner Gesellschaft zu befinden. Sie blickten scheu auf Babys lackierte Nägel, die Strasskämme in Rositas Haar, den Schimmer von Ottilies Perlenohrringen. Aber die Kämpfe waren aufregend, und die Damen waren bald vergessen; Baby ärgerte sich, dass dies der Fall war, und ihre Augen suchten die Umgebung hektisch nach Blicken in ihre Richtung ab. Plötzlich stieß sie Ottilie an. Ottilie, sagte sie, du hast einen Verehrer: Sieh mal den Burschen da drüben, der starrt dich an, als ob du was Kaltes zu trinken wärst.

Zuerst dachte sie, es müsse jemand sein, den sie kannte, denn er sah sie an, als ob sie ihn wiedererkennen müsste; aber wie sollte sie ihn kennen, wenn sie noch nie jemand so Schönes gekannt hatte, jemand mit so langen Beinen, so kleinen Ohren? Sie konnte sehen, dass er aus den Bergen war: Sein bäuerlicher Strohhut und das abgetragene Blau seines dicken Hemdes verrieten es ihr. Seine Haut war rötlichbraun, glänzend wie eine Zitrone, glatt wie ein Guavenblatt, und die Neigung seines Kopfes war so arrogant wie der schwarz und scharlachrot gefiederte Vogel, den er in den Händen hielt. Ottilie war es gewohnt, Männer keck anzulächeln; doch nun war ihr Lächeln bruchstückhaft, es klebte an ihren Lippen wie Kuchenkrümel.

Schließlich gab es eine Pause. Die Arena wurde geräumt, und wer auch nur konnte, drängte hinein, um zu tanzen und zu stampfen, während eine Kapelle aus Trommeln und Streichinstrumenten Karnevalslieder spielte. In diesem Moment kam der junge Mann auf Ottilie zu; sie lachte, als sie seinen Vogel wie einen Papagei auf seiner Schulter sitzen sah. Hau bloß ab, sagte Baby, empört, dass ein Bauer Ottilie zum Tanz auffordern wollte, und Rosita erhob sich drohend und stellte sich zwischen den jungen Mann und ihre Freundin. Er lächelte nur und sagte: Bitte, Madame, ich würde gern mit Ihrer Tochter sprechen. Ottilie spürte, wie sie hochgehoben wurde, spürte, wie ihre Hüfte im Rhythmus der Musik an seine stieß, und sie hatte überhaupt nichts dagegen, ließ sich von ihm in das dichteste Gewühl der Tänzer führen. Rosita sagte: Hast du das gehört? Der denkt, ich bin ihre Mutter! Und Baby, um sie zu trösten, sagte grimmig: Was hast du denn erwartet? Das sind eben Einheimische, alle beide. Wenn sie zurückkommt, tun wir einfach so, als ob wir sie nicht kennen.

Wie es sich ergab, kehrte Ottilie nicht zu ihren Freundinnen zurück. Royal, denn so hieß der junge Mann, Royal Bonaparte, hatte, wie er ihr sagte, gar nicht tanzen wollen. Wir müssen an einen ruhigen Ort gehen, sagte er, halte meine Hand, und ich werde dich führen. Sie fand ihn merkwürdig, fühlte sich aber nicht merkwürdig bei ihm, denn die Berge waren noch immer in ihr, und er war aus den Bergen. Sich bei den Händen haltend, auf seiner Schulter der schaukelnde schillernde Hahn, verließen sie das Zelt und schlenderten gemächlich eine weiße Straße hinunter, dann einen weichen Weg entlang, wo Vögel aus Sonnenlicht durch das Grün sich neigender Akazienbäume flatterten.

Ich bin traurig, sagte er, sah aber nicht traurig aus. In meinem Dorf ist Juno ein Champion, aber die Hähne hier sind stark und hässlich, und wenn ich ihn kämpfen ließe, hätte ich nur einen toten Juno. Darum bringe ich ihn heim und sage, dass er gewonnen hat. Ottilie, möchtest du eine Prise Schnupftabak?

Sie nieste genüsslich. Schnupftabak erinnerte sie an ihre Kindheit, und so elend diese Jahre auch gewesen waren, berührte sie nun doch der weit reichende Zauberstab der Sehnsucht. Royal, sagte sie, sei einen Moment still, ich möchte meine Schuhe ausziehen.

Royal selbst hatte keine Schuhe; seine goldenen Füße waren schlank und anmutig, und die Abdrücke, die sie hinterließen, waren wie die Spur eines grazilen Tieres. Er sagte: Wie kommt es, dass ich dich hier finde, ausgerechnet hier, wo nichts gut ist, wo der Rum schlecht ist und alle Leute Diebe sind? Warum finde ich dich hier, Ottilie?

Weil ich mein Auskommen verdienen muss, genau wie du, und es hier einen Platz für mich gibt. Ich arbeite in einem – einer Art Hotel.

Wir haben unser eigenes Land, sagte er. Die ganze Seite eines Hügels, und oben auf der Spitze des Hügels steht mein kühles Haus. Ottilie, willst du mitkommen und drinnen sitzen?

Verrückt, sagte Ottilie, ihn hänselnd, verrückt, und sie lief zwischen die Bäume, und er hinter ihr her, die Arme ausgestreckt, als hielte er ein Netz. Der Vogel Juno breitete seine Flügel aus, krähte, flog auf den Boden. Kratzige Blätter und weiches Moos kitzelten Ottilies Fußsohlen, während sie durch den Schatten und das Dunkel eilte; dann stürzte sie plötzlich in einen regenbogenfarbenen Schleier aus Farnen, einen Dorn in der Ferse. Sie zuckte zusammen, als Royal den Dorn herauszog; er küsste die Stelle, wo er gesteckt hatte, seine Lippen wanderten zu ihren Händen, ihrer Kehle, und es war, als schwebte sie zwischen treibenden Blättern. Sie atmete seinen Duft ein, den schweren, sauberen Geruch, der an die Wurzeln von Pflanzen erinnerte, von Geranien, von dicken Bäumen.

Genug jetzt, bat sie inständig, obwohl sie nicht fand, dass es genug war: Erst nach einer Stunde mit ihm war ihr Herz im Begriff zu versagen. Er war dann still, sein Kopf mit den kitzelnden Haaren ruhte über ihrem Herzen, und weg da, sagte sie zu den Mücken, die seine schlafenden Augen umschwärmten, psst, sagte sie zu Juno, der herumstolzierte und den Himmel ankrähte.

Während sie dort lag, sah Ottilie ihre alten Feinde, die Bienen. Lautlos, wie Ameisen in einer Reihe, krochen die Bienen in einem abgebrochenen Baumstumpf ein und aus, der nicht weit von ihr stand. Sie löste sich aus Royals Armen und ebnete auf dem Boden einen Platz für seinen Kopf. Ihre Hand zitterte, als sie sie den Bienen in den Weg legte, doch schon die erste, die entlangkam, krabbelte in ihre hohle Hand, und als sie diese schloss, machte die Biene keine Anstalten, ihr weh zu tun. Sie zählte auf zehn, nur um sicher zu sein, machte die Hand dann auf, und die

Biene, freudig summend, stieg spiralförmig hinauf in die Luft.

Die Besitzerin gab Baby und Rosita einen guten Rat: Lasst sie in Ruhe, lasst sie gehen, in ein paar Wochen ist sie wieder da. Die Besitzerin sprach im ruhigen Ton einer erlittenen Niederlage: Um Ottilie zu halten, hatte sie ihr das beste Zimmer im Haus angeboten, einen neuen Goldzahn, eine Kodak, einen elektrischen Ventilator, doch Ottilie hatte nicht gewankt, sie fuhr unbeirrt fort, ihre Habseligkeiten in einem Pappkarton zu verstauen. Baby versuchte zu helfen, aber sie weinte so sehr, dass Ottilie ihr Einhalt gebieten musste: Es bringe bestimmt Unglück, wenn so viele Tränen auf die Habe einer Braut fielen. Und zu Rosita sagte sie: Rosita, du solltest dich für mich freuen, statt dazustehen und die Hände zu ringen.

Nur zwei Tage nach dem Hahnenkampf schulterte Royal Ottilies Pappkarton und führte sie in der Abenddämmerung auf die Berge zu. Als bekannt wurde, dass sie nicht mehr im Champs Elysées war, kehrten ihm viele der Kunden den Rücken; andere blieben dem Haus zwar treu, beschwerten sich aber über die gedrückte Stimmung: An manchen Abenden war kaum jemand da, um den Mädchen ein Bier zu spendieren. Nach und nach machte sich das Gefühl breit, dass Ottilie doch nicht zurückkommen werde; nach sechs Monaten sagte die Besitzerin: Sie muss tot sein.

Royals Haus war wie ein Haus aus Blumen: Glyzinien bedeckten das Dach, ein Vorhang aus Kletterpflanzen spendete den Fenstern Schatten, Lilien blühten an der Tür. Von den Fenstern aus konnte man das ferne, schwache Glitzern des Meeres sehen, da das Haus hoch oben auf einem Hügel lag; hier brannte die Sonne heiß, aber im Schatten war es kalt. Innen war das Haus immer dunkel und kühl, und an den Wänden raschelten dort angeklebte rosa und grüne Zeitungen. Es gab nur einen einzigen Raum; er enthielt einen Herd, einen wackelnden Spiegel auf einem Marmortischchen und ein Messingbett, groß genug für drei dicke Männer.

Doch Ottilie schlief nicht in diesem imposanten Bett. Sie durfte sich nicht einmal daraufsetzen, denn es war das Eigentum von Royals Großmutter, Old Bonaparte. Diese, ein kohlschwarzes, massiges Weib, o-beinig wie ein Zwerg und kahl wie ein Bussard, war meilenweit wegen ihrer Fähigkeiten als Hexe hochgeachtet. Es gab viele, die Angst hatten, Old Bonapartes Schatten könnte auf sie fallen; selbst Royal nahm sich vor ihr in Acht, und er stammelte, als er ihr sagte, dass er eine Ehefrau mitgebracht hatte. Die Alte winkte Ottilie zu sich, kniff sie da und dort bösartig und schmerzhaft und teilte ihrem Enkelsohn mit, dass seine Frau zu dünn sei: Sie wird bei ihrem Ersten sterben.

Jeden Abend wartete das junge Paar damit, sich zu lieben, bis sie meinten, dass Old Bonaparte eingeschlafen sei. Manchmal, auf dem mondbeschienenen Strohsack ausgestreckt, auf dem sie schliefen, war Ottilie überzeugt, dass Old Bonaparte wach war und sie beobachtete. Einmal sah sie ein triefendes, funkelndes Auge in der Dunkelheit leuchten. Es war zwecklos, sich bei Royal zu beschweren, er lachte nur: Was schadete es denn, wenn eine alte Frau, die so viel vom Leben gesehen hatte, noch ein bisschen mehr sehen wollte?

Weil sie Royal liebte, unterdrückte Ottilie ihren Unmut und bemühte sich, Old Bonaparte nicht zu grollen. Längere Zeit war sie glücklich; sie vermisste weder ihre Freundinnen noch das Leben in Port-au-Prince; dennoch hielt sie ihre Andenken an jene Zeit gut in Schuss: Mit Hilfe eines Nähkorbs, den ihr Baby zur Hochzeit geschenkt hatte, besserte sie die Seidenkleider aus, stopfte die grünen Seidenstrümpfe, die sie nun nie trug, da es keinen Ort gab, wo sie sie hätte tragen können: Nur Männer versammelten sich im Café im Dorf, bei den Hahnenkämpfen. Wenn Frauen sich treffen wollten, trafen sie sich am Waschplatz. Aber Ottilie war zu beschäftigt, um einsam zu sein. Bei Tagesanbruch sammelte sie Eukalyptusblätter, um Feuer zu machen und die Mahlzeiten zuzubereiten; da waren Hühner zu füttern, eine Ziege zu melken, da war Old Bonapartes Quengeln um Bedienung. Drei- und viermal am Tag füllte sie einen Eimer mit Trinkwasser und trug ihn dorthin, wo Royal eine Meile unterhalb des Hauses auf den Zuckerrohrfeldern arbeitete. Es machte ihr nichts aus, dass er bei diesen Gelegenheiten barsch zu ihr war: Sie wusste, dass er sich vor den anderen Männern aufspielte, die auf den Feldern arbeiteten und die sie angrinsten wie angeschnittene Wassermelonen. Doch abends, wenn sie ihn daheim hatte, zog sie ihn an den Ohren und schmollte, er behandele sie wie einen Hund, bis er sie, in der Dunkelheit des Hofes, wo die Leuchtkäfer schimmerten, dann in die Arme nahm und etwas flüsterte, damit sie lächelte.

Sie waren etwa fünf Monate verheiratet, als Royal die Dinge zu tun begann, die er vor seiner Ehe getan hatte. Andere Männer gingen abends ins Café, blieben den ganzen Sonntag beim Hahnenkampf – er konnte nicht begreifen, warum Ottilie sich darüber aufregte; aber sie sagte, er habe kein Recht, sich so zu benehmen, und dass er, wenn er sie lieben würde, sie nicht Tag und Nacht mit dem bösen alten Weib alleinlassen würde. Ich liebe dich, sagte er, aber ein Mann muss auch sein Vergnügen haben. Es gab Nächte, in denen er seinem Vergnügen nachging, bis der Mond mitten am Himmel stand; sie wusste nie, wann er nach Hause kommen würde, und dann lag sie auf dem Strohsack und sorgte sich, da sie glaubte, nur in seinen Armen einschlafen zu können.

Aber die eigentliche Plage war Old Bonaparte. Sie war im Begriff, Ottilie um den Verstand zu bringen. Wenn Ottilie kochte, schlich die grässliche Alte bestimmt um den Herd herum, und wenn ihr nicht passte, was es zu essen gab, nahm sie einen Mundvoll und spuckte ihn auf den Fußboden. Jede Schweinerei, die ihr einfiel, war ihr recht: Sie machte ins Bett, bestand darauf, die Ziege im Haus zu haben, was immer sie anfasste, war bald verschüttet oder kaputt, und bei Royal beschwerte sie sich, dass eine Frau, die ihrem Mann nicht ordentlich den Haushalt führen könne, nichts tauge. Sie war den ganzen Tag im Weg, und ihre roten, grausamen Augen waren selten geschlossen; aber das Schlimmste, das, was Ottilie schließlich veranlasste, damit zu drohen, sie umzubringen, war die Angewohnheit der Alten, sich heimlich anzuschleichen und sie so heftig zu kneifen, dass man die Abdrücke der Fingernägel sah. Wenn du das noch ein einziges Mal machst, wenn du es auch nur wagst, nehme ich das Messer und schneide dir das Herz aus dem Leib! Old Bonaparte wusste, dass Ottilie es ernst meinte, und so hörte sie zwar mit dem Kneifen auf, dachte sich aber andere Possen aus: Zum Beispiel ging sie prinzipiell immer über einen bestimmten Teil des Hofs und gab vor, nicht zu wissen, dass Ottilie dort einen kleinen Garten angelegt hatte.

Eines Tages passierten zwei außergewöhnliche Dinge. Ein Junge kam aus dem Dorf und brachte einen Brief für Ottilie; im Champs Elysées waren gelegentlich Postkarten von Matrosen und Handlungsreisenden eingetroffen, die angenehme Momente mit ihr verbracht hatten, doch dies war der erste Brief, den sie je erhalten hatte. Da sie ihn nicht lesen konnte, wollte sie ihn zuerst spontan zerreißen: Es war sinnlos, ihn herumliegen zu lassen, damit er sie quälte. Natürlich bestand die Möglichkeit, dass sie eines Tages lesen lernen würde; und so beschloss sie, ihn in ihrem Nähkorb zu verstecken.

Als sie den Nähkorb öffnete, machte sie eine böse Entdeckung: Wie ein schauerlicher Garnknäuel lag darin der abgetrennte Kopf einer gelben Katze. Das elende alte Weib hatte also neue Gemeinheiten auf Lager! Sie will mich verhexen, dachte Ottilie, nicht im Mindesten eingeschüchtert. Den Kopf mit spitzen Fingern am Ohr haltend, trug sie ihn zum Herd und warf ihn in einen brodelnden Topf: Mittags saugte Old Bonaparte an den Zähnen und bemerkte, dass die Suppe, die Ottilie für sie gemacht hatte, überraschend schmackhaft sei.

Am nächsten Vormittag, gerade rechtzeitig zum Mittagessen, fand sie in ihrem Nähkorb eine zusammengeringelte kleine grüne Schlange, die sie, so fein wie Sand gehackt, auf ein Eintopfgericht streute. Jeden Tag wurde ihr Erfindungsreichtum auf die Probe gestellt: Da waren Spinnen zu backen, eine Eidechse zu braten, eine Bussardbrust zu kochen. Old Bonaparte aß von allem mehrere Portionen. Unruhig flackernd folgten ihre Augen Ottilie, während sie auf Anzeichen lauerte, dass der Zauber zu wirken begann. Du siehst nicht gut aus, Ottilie, sagte sie, ein wenig Melasse in den Essig ihrer Stimme mischend. Du isst wie eine Ameise: Komm schon, warum isst du nicht einen Teller von dieser guten Suppe?

Weil ich, antwortete Ottilie gelassen, keinen Bussard in meiner Suppe mag; weder Spinnen in meinem Brot noch Schlangen im Eintopf: Ich habe keinen Appetit auf derlei Dinge.

Old Bonaparte verstand; mit schwellenden Adern und erstickter, machtloser Stimme stand sie schwankend auf und fiel dann krachend auf den Tisch. Vor Einbruch der Nacht war sie tot.

Royal rief die Trauergemeinde. Sie kamen aus dem Dorf, von den benachbarten Hügeln und nahmen, heulend wie Hunde um Mitternacht, das Haus in Beschlag. Alte Frauen schlugen mit den Köpfen gegen die Wand, stöhnende Männer warfen sich zu Boden: Es war die Hohe Schule des Klagens, und diejenigen, die Schmerz am besten nachahmten, wurden sehr bewundert. Nach der Beerdigung gingen alle wieder heim, zufrieden, gute Arbeit geleistet zu haben.

Nun gehörte das Haus Ottilie. Ohne Old Bonapartes Herumschnüffeln und das Hinter-ihr-her-Putzen hatte sie mehr freie Zeit, aber sie wusste nicht, was sie damit anfangen sollte. Sie rekelte sich auf dem großen Messingbett, sie lungerte vor dem Spiegel herum; die Monotonie dröhnte in ihrem Kopf, und um dieses Fliegengesumme zu vertreiben, sang sie die Schlager, die sie von der Jukebox im Champs Elysées gelernt hatte. Wenn sie in der Dämmerung auf Royal wartete, musste sie daran denken, dass um diese Zeit ihre Freundinnen in Port-au-Prince auf der Veranda plauderten und auf die umkehrenden Scheinwerfer eines Autos warteten; aber wenn sie Royal den Pfad heraufschlendern sah, an der Seite das Zuckerrohrmesser, das hin und her schwang wie eine Mondsichel, dann vergaß sie derlei Gedanken und lief ihm fröhlichen Herzens entgegen.

Eines Abends, als sie schon halb schliefen, spürte Ottilie plötzlich, dass noch jemand im Zimmer war. Dann sah sie, unten am Fußende des Bettes, wo sie es schon früher gesehen hatte, ein lauerndes Auge funkeln; somit wusste sie, was sie schon seit einiger Zeit vermutet hatte: dass Old Bonaparte zwar tot war, aber nicht fort. Einmal, als sie allein im Haus war, hatte sie ein Lachen gehört, und ein andermal, draußen im Hof, hatte sie gesehen, wie die Ziege auf jemanden starrte, der nicht da war, und die Ohren bewegte, wie sie es tat, wenn die alte Frau ihr den Kopf kraulte.

Hör auf, das ganze Bett wackelt, sagte Royal, und Ottilie, mit dem Finger auf das Auge deutend, fragte ihn flüsternd, ob er es denn nicht sehe. Als er erwiderte, dass sie träume, griff sie nach dem Auge und schrie auf, als sie nur Luft erhaschte. Royal zündete eine Lampe an; er nahm Ottilie auf den Schoß und strich ihr die Haare glatt, während sie ihm von den Dingen berichtete, die sie in ihrem Nähkorb entdeckt hatte, und was sie damit gemacht hatte. War es unrecht gewesen, was sie getan hatte? Royal wusste es nicht, es stand ihm nicht zu, darüber zu urteilen, aber er war der Meinung, dass sie bestraft werden müsse; und warum? Weil die alte Frau es so wollte, weil sie Ottilie sonst nie in Ruhe lassen würde: So sei das eben bei einem Spuk.

Infolgedessen holte Royal am nächsten Morgen einen Strick und schlug vor, Ottilie im Hof an einen Baum zu binden: Dort sollte sie bis zum Abend bleiben, ohne Nahrung und Wasser, und jeder, der vorbeikam, würde wissen, dass sie sich im Zustand der Schande befand.

Doch Ottilie kroch unter das Bett und weigerte sich herauszukommen. Ich laufe weg, wimmerte sie. Royal, wenn du versuchst, mich an den Baum zu binden, laufe ich weg.

Dann müsste ich kommen und dich holen, sagte Royal, und das wäre nur noch schlimmer für dich.

Er packte sie am Fußknöchel und zerrte sie unter Kreischen unter dem Bett hervor. Auf dem ganzen Weg in den Hof griff sie nach allem, was da war, der Tür, einer Kletterpflanze, dem Bart der Ziege, doch nichts davon bot ihr einen festen Halt, und so wurde Royal durch nichts daran gehindert, sie an den Baum zu binden. Er machte drei Knoten in den Strick und ging zur Arbeit, an seiner Hand saugend, wo sie ihn gebissen hatte. Sie schrie ihm alle Schimpfwörter nach, die sie je gehört hatte, bis er hinter dem Hügel verschwand. Die Ziege, Juno und die Hühner versammelten sich und beobachteten sie in ihrer Demütigung; Ottilie ließ sich auf den Boden sinken und streckte ihnen die Zunge heraus.

Da sie fast schlief, dachte Ottilie, es sei ein Traum, als, begleitet von einem Kind aus dem Dorf, Baby und Rosita, auf hohen Absätzen schwankend und mit schicken Sonnenschirmen in der Hand, den Pfad heraufgewankt kamen und ihren Namen riefen. Da sie Menschen in einem Traum waren, würden sie vermutlich nicht überrascht sein, sie an einen Baum gefesselt vorzufinden.

Mein Gott, bist du übergeschnappt?, kreischte Baby, Abstand haltend, als fürchtete sie, dass dies tatsächlich der Fall sein müsse. Sprich mit uns, Ottilie!

Blinzelnd, kichernd sagte Ottilie: Ich freue mich so, euch zu sehen. Rosita, binde mich bitte los, damit ich euch umarmen kann.

So geht dieser Rohling also mit dir um, sagte Rosita, an dem Strick zerrend. Warte nur, bis ich den sehe, dich zu schlagen und im Hof anzubinden wie einen Hund.

O nein, sagte Ottilie. Royal schlägt mich nie. Es ist nur, weil ich heute bestraft werden muss.

Du wolltest ja nicht auf uns hören, sagte Baby. Und da siehst du, wohin das führt. Der Kerl kann sich auf einiges gefasst machen, fügte sie hinzu und schwang drohend ihren Schirm.

Ottilie umarmte ihre Freundinnen und küsste sie. Ist das nicht ein hübsches Haus?, sagte sie, als sie sie zu ihm führte. Es sieht aus, als hätte man eine Wagenladung Blumen gepflückt und daraus ein Haus gebaut: Genau so wirkt es auf mich. Geht aus der Sonne, und kommt herein. Es ist kühl drinnen und riecht so süß.

Rosita schnupperte, als wäre das, was sie roch, keineswegs süß, und verkündete mit ihrer schnarrenden Stimme, ja, es sei besser, im Schatten zu bleiben, da die Sonne anscheinend Ottilies Verstand beeinträchtige.

Ein Glück, dass wir gekommen sind, sagte Baby, in einer riesigen Handtasche kramend. Und dafür kannst du dich bei Mr. Jamison bedanken. Madame hat gesagt, du seist tot, und als du unseren Brief nicht beantwortet hast, dachten wir, so müsse es sein. Aber Mr. Jamison, das ist der reizendste Mann, der dir je begegnen wird, der hat einen Wagen gemietet für mich und Rosita, deine teuren, dich liebenden Freundinnen, damit wir herkommen und nachsehen, was aus unserer Ottilie geworden ist. Ottilie, ich habe da eine Flasche Rum in meiner Tasche, also hol Gläser, und dann genehmigen wir uns einen.

Das feine fremdländische Benehmen und die auffällige Eleganz der Großstadtdamen hatten deren Führer berauscht, einen kleinen Jungen, dessen spähende schwarze Augen am Fenster hin und her huschten. Ottilie war ebenfalls beeindruckt, denn es war lange her, seit sie geschminkte Lippen gesehen oder Flaschenparfüm gerochen hatte, und während Baby den Rum einschenkte, holte sie ihre Satinschuhe, ihre Perlenohrringe. Schätzchen, sagte

Rosita, nachdem Ottilie sich herausgeputzt hatte, es gibt keinen Mann auf der Welt, der dir nicht ein ganzes Fass Bier spendieren würde; wenn man sich vorstellt, was ein hinreißendes Ding wie du zu leiden hat, weit weg von denen, die dich lieben.

Ich habe nicht arg viel zu leiden, sagte Ottilie. Nur manchmal.

Still jetzt, sagte Baby. Du musst noch nicht darüber reden. Es ist sowieso vorbei. Los, Schätzchen, gib nochmal dein Glas her. Ein Toast auf die alten Zeiten und die, die kommen werden! Heute Abend spendiert Mr. Jamison Champagner für alle: Madame überlässt ihn ihm zum halben Preis.

Oh, sagte Ottilie und beneidete ihre Freundinnen. Was, wollte sie wissen, sagten die Leute über sie, erinnerte man sich an sie?

Ottilie, du hast ja keine Ahnung, sagte Baby; Männer, die kein Mensch je gesehen hat, kommen ins Haus und fragen, wo Ottilie ist, weil sie weit fort, in Havanna und Miami, von dir gehört haben. Was Mr. Jamison betrifft, der sieht uns Mädchen nicht einmal an, kommt nur her und sitzt auf der Veranda und trinkt allein.

Ja, sagte Ottilie wehmütig. Er war immer lieb zu mir, der Mr. Jamison.

Bald darauf stand die Sonne tiefer, und die Flasche Rum war zu drei Vierteln leer. Ein heftiger Gewitterregen war kurzzeitig über den Hügeln niedergegangen, die nun, durch die Fenster betrachtet, schimmerten wie Libellenflügel, und eine Brise, schwer vom Duft der regennassen

Blumen, durchzog das Zimmer und ließ die grünen und rosafarbenen Zeitungen an den Wänden rascheln. Viele Geschichten waren erzählt worden, einige davon lustig, ein paar, die traurig waren; es waren Gespräche wie allabendlich im Champs Elysées, und Ottilie war glücklich, wieder ein Teil davon zu sein.

Aber es wird spät, sagte Baby. Und wir haben versprochen, vor Mitternacht zurück zu sein. Ottilie, können wir dir beim Packen helfen?

Obwohl ihr nicht klar gewesen war, dass ihre Freundinnen erwarteten, dass sie mit ihnen zurückfuhr, machte der genossene Rum dies zu einer naheliegenden Vermutung, und mit einem Lächeln dachte sie: Ich habe ihm ja gesagt, dass ich weggehen würde. Aber, sagte sie laut, ich hätte nicht einmal eine Woche, um mich zu amüsieren: Royal wird sofort kommen und mich holen.

Ihre Freundinnen lachten darüber. Du bist wirklich naiv, sagte Baby. Ich möchte Royal mal sehen, wenn einige unserer Männer mit ihm fertig sind.

Ich würde nicht zulassen, dass jemand Royal weh tut, sagte Ottilie. Außerdem wäre er dann nur noch wütender, wenn wir wieder daheim sind.

Baby sagte: Aber, Ottilie, du würdest doch gar nicht mehr mit ihm zurückkommen.

Ottilie kicherte und blickte sich im Zimmer um, als sähe sie etwas, das die anderen nicht sehen konnten. O doch, das würde ich, sagte sie.

Die Augen verdrehend, holte Baby einen Fächer heraus und wedelte damit vor ihrem Gesicht herum. Das ist das

Verrückteste, was ich je gehört habe, sagte sie mit schmalen Lippen. Ist das nicht das Verrückteste, was man je gehört hat, Rosita?

Ottilie hat eben viel durchgemacht, sagte Rosita. Schätzchen, warum legst du dich nicht aufs Bett, während wir deine Sachen packen?

Ottilie sah zu, wie sie ihre Habseligkeiten zusammenzutragen begannen. Sie holten ihre Kämme und Haarnadeln, sie rollten ihre Seidenstrümpfe auf. Sie legte ihre hübschen Sachen ab, als wollte sie etwas noch Schöneres anziehen; stattdessen schlüpfte sie wieder in ihr altes Kleid; dann, ganz unauffällig und als würde sie ihren Freundinnen helfen, legte sie alles wieder zurück, wo es hingehörte. Baby stampfte mit dem Fuß auf, als sie merkte, was vor sich ging.

Hört zu, sagte Ottilie. Wenn ihr zwei meine Freundinnen seid, dann tut bitte, was ich euch sage: Bindet mich im Hof wieder genau so an, wie ich es war, als ihr gekommen seid. Dann wird mich auch nie eine Biene stechen.

Stockbesoffen, sagte Baby; aber Rosita sagte, sie solle den Mund halten. Ich glaube, sagte Rosita seufzend, ich glaube, Ottilie ist verliebt. Falls Royal sie zurückhaben wolle, werde sie mit ihm gehen, und da es sich nun einmal so verhalte, könnten sie genauso gut heimgehen und sagen, dass Madame recht gehabt habe, dass Ottilie tot sei.

Ja, sagte Ottilie, denn die Dramatik dieses Ausgangs gefiel ihr. Sagt ihnen, dass ich tot bin.

Also gingen sie in den Hof; dort, mit wogendem Busen und Augen, so rund wie der Tagmond, der oben dahinjagte, sagte Baby, dass sie nichts damit zu schaffen haben wolle, Ottilie an einen Baum zu binden, so dass Rosita es alleine machen musste. Beim Abschied war Ottilie diejenige, die am meisten weinte, obwohl sie froh war, dass sie gingen, denn sie wusste, sobald sie fort waren, würde sie nicht mehr an sie denken. Die beiden, auf hohen Absätzen den abschüssigen Pfad hinunterschwankend, drehten sich um und winkten, doch Ottilie konnte nicht zurückwinken, und so vergaß sie sie, noch bevor sie außer Sichtweite waren.

Während sie Eukalyptusblätter kaute, um einen süßen Atem zu haben, spürte sie die erste Kühle der Abenddämmerung in der Luft. Das Gelb des Tagmondes vertiefte sich, und Vögel ließen sich für die Nacht in der Dunkelheit des Baumes nieder. Plötzlich, da sie Royal auf dem Pfad hörte, warf sie die Beine auseinander, ließ ihren Hals schlaff werden, die Augen weit in ihre Höhlen zurückrollen. Aus der Ferne würde es aussehen, als hätte sie ein gewaltsames, bedauernswertes Ende gefunden; und als sie hörte, wie Royals Schritte schneller wurden und er zu rennen begann, dachte sie zufrieden: Das wird ihm einen ordentlichen Schreck einjagen.

WEIHNACHTSERINNERUNGEN

Stellen Sie sich einen Morgen Ende November vor. Einen Winteranfangsmorgen vor über zwanzig Jahren. Versetzen Sie sich in die Küche eines weitläufigen alten Hauses auf dem Lande. Ihr wesentliches Merkmal ist ein wuchtiger schwarzer Herd; aber es gibt auch einen großen runden Tisch und einen offenen Kamin, vor dem zwei Schaukelstühle stehen. Erst heute begann der Kamin jahreszeitgemäß zu prasseln.

Eine Frau mit kurzgeschorenen weißen Haaren steht am Küchenfenster. Sie trägt Tennisschuhe und einen unförmigen grauen Pullover über einem sommerlichen Kattunkleid. Sie ist klein und lebhaft, wie ein Zwerghuhn; aber infolge einer langen Krankheit in der Jugend sind ihre Schultern mitleiderregend gekrümmt. Ihr Gesicht ist bemerkenswert – nicht unähnlich dem von Lincoln, zerklüftet wie seines, und von Sonne und Wind gefärbt; aber es ist auch zart, feinknochig, und ihre Augen sind sherryfarben und ängstlich. »Du meine Güte«, ruft sie aus, und ihr Atem beschlägt die Fensterscheibe, »es ist Früchtekuchenwetter!«

Die Person, zu der sie spricht, bin ich. Ich bin sieben; sie ist über sechzig. Wir sind miteinander verwandt, sehr entfernt, und wir leben zusammen – schon seit ich mich erinnern kann. Es wohnen noch andere Leute im Haus, Familienangehörige; und obwohl sie Macht über uns haben und uns häufig zum Weinen bringen, haben wir, im Großen und Ganzen, nicht allzu viel mit ihnen zu tun. Wir beide sind uns selbst die besten Freunde. Sie nennt mich Buddy, zum Andenken an einen Jungen, der früher ihr bester Freund war. Der andere Buddy starb in den 1880er Jahren, als sie noch ein Kind war. Sie ist noch immer ein Kind.

»Ich wusste es schon, bevor ich aufstand«, sagt sie, als sie sich vom Fenster abwendet, ein zielstrebiges Leuchten in den Augen. »Die Schläge der Dorfuhr klangen so kalt und klar. Und es waren keine Vögel zu hören; sie sind in wärmere Gefilde gezogen, in der Tat. Ach, Buddy, hör auf, dich vollzustopfen, und hol unser Wägelchen. Hilf mir, meinen Hut zu suchen. Wir müssen dreißig Kuchen backen.«

Es ist immer das Gleiche: Ein Morgen im November kommt, und meine Freundin, wie um offiziell die Weihnachtszeit einzuläuten, die ihre Phantasie beflügelt und das Feuer in ihrem Herzen anfacht, verkündet: »Es ist Früchtekuchenwetter! Hol unser Wägelchen. Hilf mir, meinen Hut zu suchen.«

Der Hut wird gesucht und gefunden, ein Wagenrad aus Stroh, garniert mit Samtrosen, die der Aufenthalt im Freien ausgebleicht hat: Er gehörte früher einer modebewussteren Verwandten. Gemeinsam ziehen wir unser Wägelchen, einen klapprigen Kinderwagen, hinaus in den Garten und in ein Gehölz aus Pekannussbäumen. Der Kinderwagen gehört mir; das heißt, er wurde für mich gekauft, als ich geboren wurde. Er ist aus Korbgeflecht, inzwischen ziemlich lädiert, und die Räder wackeln wie die Beine eines Betrunkenen. Aber er leistet uns treue Dienste; im Frühling nehmen wir ihn mit in den Wald und füllen ihn mit Blumen, Kräutern, wildem Farn für unsere Verandatöpfe; im Sommer beladen wir ihn mit unseren Picknicksachen und Zuckerrohrangeln und schieben ihn hinunter an den Bach; auch im Winter findet er Verwendung: als Karren, um Brennholz vom Hof in die Küche zu schaffen, als warmes Bett für Queenie, unseren zähen orangeweißen kleinen Terrier, der die Staupe und zwei Klapperschlangenbisse überlebt hat. Queenie trottet auch jetzt neben ihm her.

Drei Stunden später sind wir wieder in der Küche und schälen eine gehäufte Kinderwagenladung aufgelesener Pekannüsse. Vom vielen Bücken tut uns der Rücken weh: wie schwer sie zu finden waren (die Haupternte wurde bereits von den Bäumen geschüttelt und verkauft, nicht von uns, sondern von den Besitzern des Wäldchens) zwischen dem alles bedeckenden Laub, dem mit Reif überzogenen, trügerischen Gras. Krrrack! Ein fröhliches Knacken, wie Fetzen von fernem Donnergrollen, wenn die Schalen aufbrechen und der glänzende Berg aus süßem öligem elfenbeinfarbenem Fruchtfleisch in der Milchglasschüssel anwächst. Queenie bettelt um eine Kostprobe, und hin und wieder steckt ihr meine Freundin ein Bröckchen zu, obwohl sie behauptet, dass wir uns dadurch selber schaden. »Wir dürfen ihr nichts geben, Buddy. Wenn wir damit anfangen, hören wir nicht mehr auf. Und es ist ohnehin kaum genug da. Für dreißig Kuchen.« In der Küche wird es dunkel. Die Abenddämmerung verwandelt das Fenster in einen Spiegel: Unsere Spiegelbilder verschmelzen mit dem aufgehenden Mond, während wir am offenen Kamin im Feuerschein arbeiten. Schließlich, als der Mond schon sehr hoch steht, werfen wir die letzte Schale ins Feuer und sehen mit einem Seufzer zu, wie sie Feuer fängt. Der Kinderwagen ist leer, die Schüssel randvoll.

Wir essen zu Abend (kalte Maisbrötchen, Speck, Brombeermarmelade) und besprechen den nächsten Tag. Morgen beginnt die Arbeit, die ich am liebsten mag: das Einkaufen. Kirschen und Zitronat, Ingwer und Vanille und dosenweise Hawaii-Ananas, dazu Orangeat und Rosinen und Walnüsse und Whiskey und soundso viel Mehl, Butter, soundso viele Eier, Gewürze, Essenzen: Wir werden bestimmt ein Pferd brauchen, um unser Wägelchen nach Hause zu ziehen.

Doch bevor diese Einkäufe getätigt werden können, erhebt sich die Frage, wie das alles bezahlen. Wir beide haben kein Geld, abgesehen von minimalen Beträgen, die andere Personen im Haus gelegentlich bereitstellen (zehn Cent gelten bereits als größere Summe), und was wir durch diverse Aktivitäten selbst verdienen: Wir veranstalten Trödelmärkte, verkaufen Eimer voll selbstgepflückter Brombeeren, Gläser mit selbstgemachter Marmelade und Apfelgelee und eingeweckten Pfirsichen, holen Blumen für Beerdigungen und Hochzeiten. Einmal haben wir den neunundsiebzigsten Preis, fünf Dollar, bei einem landesweiten Football-Preisausschreiben gewonnen. Nicht dass wir die blasseste Ahnung von Football hätten. Aber wir nehmen an jedem Preisausschreiben teil, von dem wir erfahren: Derzeit richten sich unsere Hoffnungen auf den 50 000-Dollar-Hauptpreis, der für den Namen einer neuen Kaffeemarke winkt (wir schlugen »Göttertrank« vor; und, nach einigem Zögern, da meine Freundin fand, es könnte vielleicht ein Sakrileg sein, den Slogan »Göttertrank! Gott sei Dank!«. Um die Wahrheit zu sagen, unser einziges *wirklich* einträgliches Geschäft war das Unterhaltungs- und Kuriositätenmuseum, das wir im Sommer vor zwei Jahren im Holzschuppen hinten im Hof einrichteten. Die Unterhaltung war ein Stereoskop mit Ansichten von Washington und New York, das uns eine Verwandte geliehen hatte, die schon in diesen Städten gewesen war (sie war furchtbar wütend, als sie herausfand, warum wir es uns geborgt hatten); die Kuriosität war ein dreibeiniges Küken, das eine unserer eigenen Hennen ausgebrütet hatte. Jeder hier in der Gegend wollte das Küken sehen: Als Eintritt verlangten wir von Erwachsenen fünf Cent, von Kindern zwei Cent. Und nahmen über zwanzig Dollar ein, bevor das Museum infolge des Ablebens der Hauptattraktion schloss.

Aber irgendwie schaffen wir es jedes Jahr, Rücklagen für Weihnachten zu bilden, eine Art Früchtekuchen-Fonds. Dieses Geld verwahren wir in einem uralten Perlentäschchen unter einem losen Brett unter dem Fußboden unter einem Nachttopf unter dem Bett meiner Freundin. Das Täschchen wird selten aus seinem sicheren Versteck geholt, außer um eine Einzahlung oder, was jeden Samstag der Fall ist, eine Abhebung vorzunehmen; denn samstags werden mir zehn Cent zugebilligt, damit ich ins Kino gehen kann. Meine Freundin war noch nie im Kino und hat dies auch nicht vor: «Ich möchte lieber, dass du mir den Film erzählst. Buddy. Auf diese Weise kann ich ihn mir besser vorstellen. Außerdem sollte man in meinem Alter sein Augenlicht nicht verplempern. Wenn der Herr kommt, will ich ihn klar und deutlich sehen.» Außer dass sie noch nie einen Film gesehen hat, hat sie auch noch nie: in einem Restaurant gegessen, sich mehr als fünf Meilen von zu Hause entfernt, ein Telegramm bekommen oder geschickt, etwas anderes als Comic-Hefte und die Bibel gelesen, Make-up benutzt, geflucht, einem Menschen Böses gewünscht, vorsätzlich gelogen, einen hungrigen Hund hungern lassen. Hier einige Dinge, die sie tut oder kann: mit einer Hacke die größte Klapperschlange töten, die je in unserem Bezirk gesehen wurde (sechzehn Rasselsegmente), Tabak schnupfen (heimlich), Kolibris zähmen (versuchen Sie es mal), bis sie sich auf ihren Finger setzen, Gespenstergeschichten erzählen (wir glauben beide an Gespenster), die so schauerlich sind, dass man sogar im Juli eine Gänsehaut bekommt, Selbstgespräche führen, im Regen spazierengehen, die schönsten Kamelien im Ort züchten, sämtliche traditionellen indianischen Heilmittel herstellen, einschließlich eines garantiert wirkenden Warzenentferners.

Nachdem wir zu Abend gegessen haben, ziehen wir uns in das Zimmer in einem abgelegenen Teil des Hauses zurück, in dem meine Freundin unter einer Patchworkdecke in einem Eisenbett schläft, das rosarot gestrichen ist, ihrer Lieblingsfarbe. Still und stumm, die Freude an unserem heimlichen Tun auskostend, holen wir das Perlentäschchen aus seinem Versteck und schütten den Inhalt auf die Patchworkdecke. Dollarscheine, fest zusammengerollt und so grün wie Knospen im Mai. Düstere Fünfzigcentstücke, schwer genug, um einem Toten die Augen zu schließen. Hübsche Zehner, die lebhafteste Münze, die, die wirklich klimpert. Fünfcent- und Fünfundzwanzigcentstücke, abgenutzt und glatt wie Flusskiesel. Aber hauptsächlich ein hassenswertes Häufchen bitter riechender Centstücke. Letzten Sommer verpflichteten sich andere im Haus, uns einen Cent je fünfundzwanzig getötete Fliegen zu bezahlen. War das ein Gemetzel im August: als Fliegen ins Jenseits befördert wurden! Aber es war keine Arbeit, auf die wir stolz waren. Und wie wir nun dasitzen und Münzen zählen, ist es, als wären wir wieder dabei, tote Fliegen zu addieren. Weder meine Freundin noch ich haben ein Gedächtnis für Zahlen; wir zählen langsam, verlieren den Faden, fangen von vorne an. Ihren Berechnungen zufolge haben wir 12,73 Dollar. Meinen zufolge genau 13 Dollar. »Hoffentlich hast du dich verzählt, Buddy. Mit dreizehn können wir nichts anfangen. Sonst fallen die Kuchen zusammen. Oder es kommt jemand auf den Friedhof. Mir selbst würde es nicht im Traum einfallen, am Dreizehnten aufzustehen.« Das stimmt: Sie verbringt den Dreizehnten immer im Bett. Also ziehen wir, um auf Nummer sicher zu gehen, einen Cent ab und werfen ihn aus dem Fenster.

Von den Zutaten, die in unsere Früchtekuchen kommen, ist der Whiskey am teuersten und auch am schwersten zu beschaffen: Die Gesetze unseres Bundesstaates verbieten seinen Verkauf. Aber jeder weiß, dass man bei Mr. Haha Jones eine Flasche erwerben kann. Und am nächsten Tag, nachdem unsere prosaischeren Einkäufe getätigt sind, machen wir uns auf den Weg zu Mr. Haha Jones' Geschäftsadresse, einem »sündigen« (um die öffentliche Meinung zu zitieren) Fisch- und Tanzlokal unten am Fluss. Wir waren schon mehrmals dort, und aus dem gleichen Grund; aber in früheren Jahren hatten wir stets mit Hahas Frau zu tun, einer Indianerin mit jodfarbener Haut und mit Wasserstoffsuperoxyd gebleichten Haaren, die immer einen todmüden Eindruck macht. Genau gesagt haben wir ihren Mann noch nie zu Gesicht bekommen, aber wir haben gehört, dass er ebenfalls ein Indianer ist. Ein Riese mit Narben von Messerstechereien auf den Wangen. Man nennt ihn Haha, weil er so trübsinnig ist, ein Mann, der niemals lacht. Als wir uns seinem Lokal nähern (einer großen Blockhütte, die innen und außen mit Ketten schreiend bunter nackter Glühbirnen dekoriert ist und am schlammigen Rand des Flusses im Schutz von Bäumen steht, in denen Spanisches Moos zwischen den Ästen hängt wie graue Schleier), verlangsamen sich unsere Schritte. Selbst Queenie hört auf herumzutollen und bleibt dicht neben uns. In Hahas Lokal wurden schon Leute umgebracht. Zerstückelt. Niedergeschlagen. Ein Fall kommt nächsten Monat vor Gericht. Natürlich ereignen sich diese Vorfälle bei Nacht, wenn die bunten Lichter verrückte Muster werfen und das Grammophon spielt. Tagsüber ist Hahas Lokal schäbig und verlassen. Ich klopfe an die Tür, Queenie bellt, meine Freundin ruft: »Mrs. Haha, Ma'am? Jemand zu Hause?«

Schritte. Die Tür geht auf. Uns bleibt das Herz stehen. Es ist Mr. Haha persönlich! Und er ist *wirklich* ein Riese; er hat *wirklich* Narben; er lächelt *wirklich* nicht. Nein, er stiert uns finster aus satanisch verzogenen Augen an und verlangt zu wissen: »Was wollt ihr von Haha?«

Einen Moment lang sind wir zu gelähmt, um sprechen zu können. Doch dann findet meine Freundin ihre Stimme wieder, die bestenfalls ein Flüstern ist: »Verzeihen Sie, Mister Haha, wir hätten gern einen Liter von Ihrem feinsten Whiskey.«

Seine Augen verziehen sich noch mehr. Ist das die Möglichkeit? Haha beginnt zu lächeln! Sogar zu lachen. »Wer von euch ist denn der Schluckspecht?«

»Für Früchtekuchen, Mr. Haha. Zum Backen.«

Das ernüchtert ihn. Er runzelt die Stirn. »Pure Verschwendung für guten Whiskey.« Nichtsdestotrotz zieht er sich in sein schummriges Lokal zurück und taucht kurz darauf mit einer unetikettierten Flasche auf, in der sich eine buttergelbe Flüssigkeit befindet. Er demonstriert uns, wie sie in der Sonne funkelt, und sagt: »Zwei Dollar.«

Wir bezahlen ihn mit Fünfern, Zehnern und Centstücken. Aber als er die Münzen wie eine Handvoll Würfel in der hohlen Hand klimpern lässt, wird sein Gesicht auf einmal weicher. »Ich mach euch 'n Vorschlag«, sagt er und kippt das Geld wieder in unser Perlentäschchen, »schickt mir einfach einen von euren Früchtekuchen dafür.«

»Das«, bemerkt meine Freundin auf dem Heimweg, »ist wirklich ein netter Mann. Wir werden eine Extratasse Rosinen in seinen Kuchen tun.«

Der schwarze Herd, geschürt mit Kohlen und Brennholz, glüht wie ein erleuchteter Kürbis. Schneebesen wirbeln, Rührlöffel kreisen in Schüsseln mit Butter und Zucker, Vanille parfümiert die Luft, Ingwer gibt ihr Würze; aromatische, die Nase kitzelnde Düfte erfüllen die Küche, durchdringen das Haus, ziehen auf Rauchwölkchen aus dem Kamin hinaus in die Welt. Nach vier Tagen ist die Arbeit getan. Einunddreißig Kuchen, mit Whiskey angefeuchtet, ruhen auf Fensterbänken und Regalen.

Für wen sie sind?

Für Freunde. Nicht unbedingt hiesige Freunde: Tatsächlich ist der größte Teil für Personen bestimmt, denen wir vielleicht nur ein einziges Mal oder sogar noch nie begegnet sind. Für Menschen, die unsere Bewunderung erregen. Wie Präsident Roosevelt. Wie Pfarrer J.C. Lucey und seine Frau, baptistische Missionare in Borneo, die hier im letzten Winter einen Vortrag gehalten haben. Oder der kleine Scherenschleifer, der zweimal im Jahr durchkommt. Oder Abner Packer, der Fahrer des Sechs-Uhr-Busses aus Mobile, der uns jeden Tag zuwinkt, wenn er in einer Staubwolke vorbeisaust. Oder die jungen Wistons, ein Ehepaar aus Kalifornien, deren Auto eines Nachmittags vor dem Haus eine Panne hatte und die sich eine Stunde lang sehr nett mit uns auf der Veranda unterhielten (der junge Mr. Wiston machte ein Foto von uns, das einzige, das je von uns aufgenommen wurde). Ist es, weil meine Freundin allen *außer* Fremden gegenüber schüchtern ist, dass uns diese Fremden, und selbst flüchtige Bekannte, wie unsere treuesten Freunde erscheinen? Ich glaube, ja. Und unsere Sammelalben mit Dankesschreiben auf Briefpapier des Weißen Hauses, gelegentlichen Nachrichten aus Kalifornien und Borneo, billigen Postkarten des Scherenschleifers geben uns das Gefühl, mit der großen, weiten Welt verbunden zu sein, die jenseits der Küche mit ihrem begrenzten Blick auf den Himmel liegt.

Ein dezemberlich kahler Feigenzweig schabt am Fenster. Die Küche ist leer, die Kuchen sind fort; gestern haben wir die letzten zur Post gebracht, wo die Portokosten unseren letzten Cent auffraßen. Wir sind pleite. Das deprimiert mich, doch meine Freundin besteht darauf zu feiern – mit zwei Fingerbreit Whiskey, die noch in Hahas Flasche sind. Queenie bekommt einen Löffel voll in einen Napf Kaffee (sie mag ihren Kaffee stark und mit Zichorienzusatz). Den Rest teilen wir auf zwei Geleegläser auf. Wir sind beide ganz ehrfürchtig angesichts der Vorstellung, puren Whiskey zu trinken; sein Geschmack löst grimassierende Gesichter und angewidertes Schütteln aus. Doch nach und nach beginnen wir zu singen, jeder von uns ein anderes Lied, und das gleichzeitig. Ich kenne den Text meines Liedes nicht, nur die Zeile: *Come on along, come on along, to the dark-town strutters' ball*. Aber ich kann tanzen: Denn das will ich einmal werden, Stepptänzer beim Film. Mein tanzender Schatten hüpft über die Wände; unsere Stimmen lassen das Geschirr wackeln; wir kichern, als würden uns unsichtbare Hände kitzeln. Queenie rollt sich auf den Rücken, ihre Pfoten pflügen durch die Luft, eine Art Grinsen zieht ihre schwarzen Lefzen auseinander. Tief drinnen bin ich so warm und sprühend wie die zerfallenden Holzscheite, so sorgenfrei wie der Wind im Kamin. Meine Freundin tänzelt um den Herd herum, den Saum ihres armseligen Kattunkleides mit den Fingerspitzen haltend, als wäre es ein Festgewand: *Show me the way to go home,* singt sie, und ihre Tennisschuhe quietschen auf dem Fußboden. *Show me the way to go home.*

Auftritt: zwei Verwandte. Sehr zornig. Mit Augen, die schimpfen, Zungen, die schelten. Hören Sie, was sie zu sagen haben, wie ihre Worte sich zu einer grimmigen Melodie überschlagen: »Ein siebenjähriges Kind! Atem nach Alkohol riecht! hast du den Verstand verloren? siebenjähriges Kind betrunken machen! jetzt total übergeschnappt! der Anfang vorn Ende! Kusine Kate vergessen? Onkel Charlie? Onkel Charlies Schwager? dich schämen! skandalös! eine Schande! auf die Knie, beten, den Herrn um Verzeihung bitten!«

Queenie verkriecht sich unter den Herd. Meine Freundin starrt auf ihre Schuhe, ihr Kinn zittert, sie hebt den Rock hoch und schneuzt sich und rennt in ihr Zimmer. Lange nachdem das Dorf schlafen gegangen und das Haus still ist, abgesehen vom Schlagen der Uhren und dem Knistern ausgehender Kaminfeuer, weint sie noch in ihr Kissen, das schon so nass ist wie das Taschentuch einer Witwe.

»Nicht weinen«, sage ich, als ich mich auf das Fußende ihres Betts setze und trotz meines Flanellnachthemds zittere, das noch nach Hustensaft vom letzten Winter riecht, »nicht weinen«, bitte ich, streichle ihre Zehen, kitzle ihre Füße, »dafür bist zu alt.«

»Ich weine«, bringt sie hervor, »*weil* ich zu alt bin. Alt und komisch.«

»Du bist nicht komisch. Sondern lustig. Viel lustiger als alle anderen. Aber wenn du nicht zu weinen aufhörst, bist du morgen so müde, dass wir keinen Baum holen können.«

Sie richtet sich auf. Queenie springt aufs Bett (was Queenie nicht darf) und leckt ihr die Wangen. »Ich weiß, wo wir schöne Bäume finden, Buddy. Und Stechpalmenzweige. Mit Beeren, so groß wie deine Augen. Tief drinnen im Wald. Weiter weg, als wir je waren. Dort hat Papa früher immer unsere Weihnachtsbäume geholt: hat sie auf der Schulter heimgetragen. Das ist fünfzig Jahre her. Ich kann es kaum erwarten, bis es Morgen wird.«

Morgen. Raureif glitzert auf dem Gras; die Sonne, rund wie eine Orange und orangerot wie der Mond im Hochsommer, schwebt am Horizont, lässt den mit Silber überzogenen Wald erstrahlen. Ein wilder Truthahn kollert. Ein entlaufenes Schwein grunzt im Unterholz. Dann, am Rand eines knietiefen, schnell fließenden Wasserlaufs, müssen wir unser Wägelchen zurücklassen. Queenie watet als Erste in den Bach, überquert ihn planschend mit vorwurfsvollem Gebell wegen der starken Strömung, der Lungenentzündung verursachenden Kälte. Wir folgen, unsere Schuhe und Ausrüstung (ein Beil, ein Rupfensack) hoch über den Köpfen tragend. Noch eine Meile: voll scharfer Stacheln, Kletten und dorniger Sträucher, die sich in unserer Kleidung verfangen; voll rostiger Kiefernnadeln, auf denen bunte Pilze und abgeworfene Federn schimmern. Da, dort, ein Aufblitzen, ein Flattern, ein schrilles Kreischen, das uns daran erinnert, dass nicht alle Vögel in den Süden gezogen sind. Die ganze Zeit windet sich der Pfad durch zitronengelbe Tümpel aus Sonnenlicht und pechschwarze Tunnel aus Kletterpflanzen. Ein weiterer Bach wird überquert: Ein aufgescheuchter Schwarm gesprenkelter Forellen bringt das Wasser um uns herum zum Schäumen, und Frösche, so groß wie Essteller, üben Bauchlandungen; fleißige Biber bauen an einem Damm. Am gegenüberliegenden Ufer schüttelt sich Queenie und zittert. Meine Freundin zittert ebenfalls: nicht vor Kälte, sondern vor Begeisterung. Eine der ramponierten Rosen auf ihrem Hut verliert ein Blütenblatt, als sie den Kopf hebt und den schweren Kieferngeruch einatmet. »Wir sind fast da; riechst du es schon, Buddy?«, sagt sie, als würden wir uns dem Meer nähern.

Und tatsächlich ist es eine Art Meer. Ein Areal würziger Christbäume, stacheliger Stechpalmen. Rote Beeren, so glänzend wie chinesische Glocken: Schwarze Krähen stürzen sich krächzend auf sie. Nachdem wir unseren Sack mit genug Grün und Rot vollgestopft haben, um ein Dutzend Fenster mit Girlanden zu schmücken, gehen wir daran, einen Baum auszusuchen. »Er sollte«, sagt meine Freundin sinnend, »doppelt so groß sein wie ein Junge. Damit kein Junge den Stern stehlen kann.« Der, den wir auswählen, ist doppelt so groß wie ich. Ein tapferer, stattlicher Kerl, der dreißig Beilhieben standhält, ehe er mit einem ächzenden gellenden Schrei umstürzt. Ihn hinter uns herschleifend wie eine Jagdtrophäe, treten wir den langen Heimweg an. Alle paar Meter geben wir den Kampf auf, setzen uns hin und schnappen nach Luft. Aber wir besitzen die Kraft erfolgreicher Jäger; diese und das männliche, eisige Parfüm des Baumes beleben uns, treiben uns weiter. Viele Komplimente begleiten unsere Rückkehr bei Sonnenuntergang auf der roten Lehmstraße ins Dorf; doch meine Freundin ist schlau und unverbindlich, wenn Vorbeigehende den Schatz bewundern, der auf unserem Wägelchen thront: so ein schöner Baum und woher der kommt? »Von da drüben«, murmelt sie vage. Einmal hält ein Auto, und die träge Frau des reichen Mühlenbesitzers beugt sich heraus und quäkt: »Ich geb euch fünfundzwanzig Cent für den Baum da.« Normalerweise scheut sich meine Freundin, nein zu sagen; doch diesmal schüttelt sie sofort den Kopf. »Den würden wir nicht für einen Dollar hergeben.« Die Frau des Mühlenbesitzers lässt nicht locker. »Ein Dollar? Dass ich nicht lache! Fünfzig Cent. Das ist mein letztes Angebot. Sie können sich ja einen neuen holen, gute Frau.« Als Antwort bemerkt meine Freundin sanft: »Das bezweifle ich. Es gibt alles nur ein Mal.«

Daheim: Queenie sackt vor dem Kamin zusammen und schläft bis zum nächsten Morgen, schnarcht dabei so laut wie ein Mensch.

In einer Truhe auf dem Dachboden befinden sich: eine Schuhschachtel mit Hermelinschwänzen (vom Operncape einer sonderbaren Frau, die einmal ein Zimmer im Haus gemietet hatte), einige Rollen ausgefranste Silbergirlanden, die mit den Jahren goldfarben geworden sind, ein silberner Stern, eine kurze Kette mit angeschlagenen, zweifellos gefährlichen bonbonbunten Glühbirnen. Großartige Dekorationen so weit, aber sie reichen bei weitem nicht aus: Meine Freundin möchte, dass unser Baum glänzt »wie das Fenster in der Baptistenkirche«, sich biegt unter der schieren Masse des Schmucks. Aber die Made-in-Japan-Pracht aus dem Kaufhaus können wir uns nicht leisten. Und so machen wir das, was wir immer machen: sitzen tagelang am Küchentisch und hantieren mit Schere und Farbstiften und Stapeln von Buntpapier. Ich mache die Zeichnungen, und meine Freundin schneidet sie aus: jede Menge Katzen, dazu Fische (weil die leicht zu malen sind), einige Äpfel, einige Wassermelonen, ein paar geflügelte Engel, gefertigt aus dem sorgsam aufbewahrten Stanniolpapier von Hershey-Schokoriegeln. Wir benutzen Sicherheitsnadeln, um diese Kreationen am Baum zu befestigen; als krönenden Abschluss bestreuen wir die Zweige mit zerzupfter Baumwolle (die wir im August eigens für diesen Zweck gepflückt haben). Meine Freundin, die die Wirkung begutachtet, schlägt die Hände zusammen. »Ganz ehrlich, Buddy. Findest du nicht, dass er zum Fressen ist?« Queenie versucht prompt, einen Engel zu fressen.

Nachdem wir für alle Fassadenfenster Stechpalmengirlanden geflochten und bebändert haben, sind als Nächstes die Geschenke für die Familie an der Reihe. Batikschals für die Frauen, für die Männer einen selbstgebrauten Sirup aus Zitrone und Lakritz und Aspirin, einzunehmen »bei den ersten Anzeichen einer Erkältung und nach der Jagd«. Aber wenn es Zeit wird, unser Geschenk für den anderen zu machen, arbeiten meine Freundin und ich getrennt und heimlich. Ich würde ihr gerne ein Messer mit Perlmuttgriff kaufen, ein Radio, ein ganzes Pfund Kirschen mit Schokoladenüberzug (wir haben einmal welche gegessen, und sie sagt immer: »Davon könnte ich glatt leben, Buddy, bei Gott, das könnte ich – und ich führe den Namen des Herrn nicht vergeblich im Munde«). Stattdessen bastle ich ihr einen Drachen. Sie würde mir gerne ein Fahrrad schenken (das hat sie schon eine Million Mal gesagt: »Wenn ich es nur könnte, Buddy. Es ist schlimm genug, im Leben ohne etwas auskommen zu müssen, das man *selbst* haben möchte; aber was mich wirklich in Harnisch bringt, ist, einem anderen nicht das schenken zu können, was *er* haben sollte. Aber eines Tages schaffe ich es, Buddy. Ich besorge dir ein Fahrrad. Frag mich nicht, wie. Und wenn ich's stehlen muss.«). Stattdessen bin ich ziemlich sicher, dass sie mir einen Drachen bastelt – genau wie im letzten Jahr und in dem davor: Im Jahr davor schenkten wir uns Schleudern. Wogegen ich nichts einzuwenden habe. Denn wir sind Meister im Drachensteigen-Lassen und studieren die Windverhältnisse wie Seefahrer; meine Freundin, die erfahrener ist als ich, kann einen Drachen fliegen lassen, wenn nicht einmal genug Wind da ist, um Wolken zu tragen.

An Heiligabend kratzen wir nachmittags fünf Cent zusammen und gehen zum Fleischer, um Queenie ihr traditionelles Geschenk zu kaufen, einen guten Rinderknochen zum Nagen. Der Knochen, in eine Comic-Seite eingewickelt, wird oben in der Nähe des silbernen Sterns in den Baum gehängt. Queenie weiß, dass er da ist. Sie hockt sich vor den Baum und starrt wie gebannt gierig hinauf: Selbst wenn es Zeit zum Schlafengehen ist, rührt sie sich nicht von der Stelle. Sie ist genauso aufgeregt wie ich. Ich trete die Zudecke weg und drehe mein Kopfkissen um, als wäre es eine glühend heiße Sommernacht. Irgendwo kräht ein Hahn: fälschlicherweise, denn die Sonne ist noch auf der anderen Seite der Welt.

»Buddy, bist du wach?« Es ist meine Freundin, die aus ihrem Zimmer ruft, das neben meinem liegt; und schon im nächsten Moment sitzt sie mit einer Kerze in der Hand auf meinem Bett. »Ich kann einfach nicht schlafen«, verkündet sie. »In meinem Kopf geht alles drunter und drüber. Buddy, meinst du, dass Mrs. Roosevelt unseren Kuchen zum Abendessen serviert?« Wir kuscheln uns ins Bett, und sie drückt meine Hand, liebevoll. »Früher kam mir deine Hand immer viel kleiner vor. Es will mir gar nicht gefallen, dass du langsam groß wirst. Wenn du groß bist, sind wir dann immer noch Freunde?« Ich sage, immer und ewig. »Aber ich bin so traurig, Buddy. Ich wollte dir doch so gern ein Fahrrad schenken. Ich hab versucht, meine Kamee zu verkaufen, die Papa mir geschenkt hat. Buddy« – sie zögert, als wäre es ihr peinlich – »ich hab dir wieder einen Drachen gebastelt.« Dann gestehe ich, dass auch ich ihr einen gemacht habe; und wir lachen. Die Kerze brennt herunter, bis man sie nicht mehr halten kann. Sie geht aus, das Sternenlicht wird sichtbar, die Sterne, die sich am Fenster drehen wie Weihnachtssänger, die der Tagesanbruch allmählich, ganz allmählich verstummen lässt. Vielleicht nicken wir ein; aber die ersten Anzeichen der Morgendämmerung treffen uns wie ein Schwall kaltes Wasser: Wir sind auf, hellwach und wandern herum, während wir darauf warten, dass die anderen aufwachen. Mit voller Absicht lässt meine Freundin einen Kochtopf auf den Küchenboden fallen. Ich steppe vor geschlossenen Türen. Einer nach dem anderen tauchen die Hausbewohner auf, die aussehen, als würden sie uns beide am liebsten umbringen: Aber es ist Weihnachten, also können sie es nicht. Zuerst ein üppiges Frühstück: einfach alles, was man sich nur vorstellen kann – von Pfannkuchen und gebratenem Eichhörnchen bis hin zu Maisbrei und Honigwaben. Was alle in gute Stimmung versetzt, nur meine Freundin und mich nicht. Wir brennen nämlich so darauf, an die Geschenke zu kommen, dass wir keinen Bissen hinunterbringen.

Offen gesagt, ich bin enttäuscht. Wer wäre das nicht? Bei Socken, einem Sonntagshemd, Taschentüchern, einem abgelegten Pullover und einem Jahresabonnement für eine religiöse Kinderzeitschrift. *Der kleine Hirte.* Es macht mich fuchtig. Ganz ehrlich.

Meine Freundin hat mehr Glück. Ein Säckchen Satsumas ist ihr bester Fang. Am stolzesten ist sie jedoch auf einen weißen Wollschal, den ihre verheiratete Schwester gestrickt hat. Aber sie sagt, ihr liebstes Geschenk sei der Drachen, den ich ihr gebastelt habe. Und er ist *wirklich* wunderschön; wenn auch nicht so schön wie der, den sie für mich gebastelt hat, der blau ist und übersät mit goldenen und grünen Fleißsternchen; außerdem steht mein Name darauf, »Buddy«.

»Buddy, der Wind weht.«

Der Wind weht, und nichts kann uns davon abhalten, auf die Weide unterhalb des Hauses zu laufen, wo Queenie schon dabei ist, ihren Knochen zu vergraben (und wo, im Winter darauf, auch Queenie begraben werden wird). Dort stürmen wir durch das kräftige hüfthohe Gras, lassen unsere Drachen steigen, spüren, wie sie an der Schnur zerren wie Himmelsfische, als sie in den Wind eintauchen. Zufrieden, von der Sonne gewärmt, strecken wir uns im Gras aus und schälen Satsumas und sehen dem Treiben unserer Drachen zu. Schon bald vergesse ich die Socken und den abgelegten Pullover. Ich bin so glücklich, als hätten wir den 50 000-Dollar-Hauptpreis bei dem Kaffeenamen-Preisausschreiben bereits gewonnen.

»Ich bin ja so töricht!«, ruft meine Freundin aus, plötzlich munter geworden wie ein Frau, der zu spät einfällt, dass sie Plätzchen im Backofen hat. »Weißt du, was ich immer gedacht habe?«, fragt sie, als hätte sie eine Entdeckung gemacht, und lächelt nicht mich, sondern einen Punkt weiter weg an. »Ich dachte immer, ein Mensch müsse krank sein und im Sterben liegen, bevor er den Herrn sieht. Und ich habe mir immer vorgestellt, wenn Er kommt, dann ist das so ähnlich, wie wenn man das Fenster in der Baptistenkirche betrachtet: so hübsch wie Buntglas, durch das die Sonne einfällt, ein solcher Glanz, dass man nicht merkt, wie es dunkel wird. Und es war mir immer ein Trost: der Gedanke, dass dieser Glanz alle schaurigen Gefühle vertreibt. Aber ich möchte wetten, es ist nicht so. Ich möchte wetten, dass der Mensch am Ende erkennt, dass der Herr sich bereits gezeigt hat. Dass alles, was da ist« – sie macht eine ausladende Handbewegung, die Wolken und Drachen und Gras und die ihren Knochen verbuddelnde Queenie einschließt – »alles, was man immer sieht, dass das bedeutet, das Antlitz des Herrn zu sehen. Was mich angeht, ich könnte die Welt mit dem heutigen Tag vor Augen verlassen.«

Es ist unser letztes gemeinsames Weihnachtsfest.

Das Leben trennt uns. Die, die es am besten wissen, beschließen, dass ich auf eine Schule mit militärischer Ausbildung gehöre. Und so beginnt eine ununterbrochene Folge elender disziplinierender Gefängnisse und streng reglementierter Ferienlager. Ich habe auch ein neues Zuhause. Aber das zählt nicht. Zu Hause ist da, wo meine Freundin ist, und dort komme ich nie mehr hin.

Doch sie bleibt dort, werkelt weiter in der Küche herum. Allein mit Queenie. Dann ganz allein. (»Lieber Buddy«, schreibt sie in ihrer krakeligen, fast unleserlichen Handschrift, »gestern hat Jim Macys Pferd Queenie böse getreten. Sei dankbar, dass sie nicht sehr leiden musste. Ich habe sie in ein gutes Leintuch gewickelt und sie in unserem Wägelchen hinunter auf Simpsons Weide gefahren, wo sie bei all ihren Knochen ist...«) Eine Zeitlang fährt sie fort, jeden November ganz allein ihre Früchtekuchen zu backen; nicht mehr so viele, aber doch einige, und natürlich schickt sie mir immer »den Besten vom ganzen Schub«. Und jedem Brief legt sie ein in Toilettenpapier eingewickeltes Zehncentstück bei: »Geh ins Kino, und schreibe mir den Inhalt des Films.« Doch allmählich beginnt sie mich in ihren Briefen mit ihrem anderen Freund zu verwechseln, dem Buddy, der in den 1880er Jahren starb; mehr und mehr ist der Dreizehnte nicht der einzige Tag, an dem sie im Bett bleibt:

Dann kommt ein Morgen im November, ein blätterloser, gesangloser Winteranfangsmorgen, an dem sie sich nicht dazu aufraffen kann auszurufen: »Du meine Güte, es ist Früchtekuchenwetter!«

Und als das passiert, weiß ich es. Eine Nachricht, die es mir mitteilt, bestätigt lediglich eine Information, die eine geheime Ader bereits erhalten hat, einen unersetzbaren Teil von mir abtrennt, ihn davonfliegen lässt wie einen Drachen, dessen Schnur gerissen ist. Darum suche ich, als ich an diesem Dezembermorgen über einen Schulhof gehe, ständig den Himmel ab. Als erwartete ich, zwei verlorene Drachen zu sehen, die fast wie Herzen hinauf in den Himmel steigen.

WEGE INS PARADIES

An einem Sonnabend im März, einem Tag mit sanften Winden und dahinziehenden Wolken, kaufte Mr. Ivor Belli bei einem Blumenhändler in Brooklyn einen großen Strauß Narzissen und brachte diesen, erst per U-Bahn, dann zu Fuß, auf einen riesigen Friedhof in Queens, eine Stätte, die von ihm nicht mehr aufgesucht worden war, seit man im letzten Herbst seine Frau dort begraben hatte. Gefühlen war es nicht zuzuschreiben, dass er heute hierherkam, denn Mrs. Belli, mit der er siebenundzwanzig Jahre verheiratet gewesen war, in denen sie zwei inzwischen erwachsene und verehelichte Töchter hervorgebracht hatte, war eine Frau mit vielen Charaktereigenschaften gewesen, zumeist unangenehmen: Er hatte kein Verlangen, eine derart anstrengende Bekanntschaft zu erneuern, nicht einmal im Geiste. O nein; aber gerade war ein harter Winter zu Ende gegangen, und er hatte das Bedürfnis nach Bewegung, frischer Luft, einem belebenden Spaziergang bei dem prächtigen, Frühling prophezeienden Wetter; außerdem, quasi als Extrabonus, war es natürlich nett, wenn er seinen Töchtern von einem Besuch am Grab ihrer Mutter berichten konnte, insbesondere deshalb, weil es die ältere vielleicht ein wenig besänftigen würde, die Mr. Belli seine allzu selbstverständliche Akzeptanz des Alleinlebens zu verübeln schien.

Der Friedhof war kein geruhsamer, schöner Ort: in Wahrheit sogar ein verdammt beängstigender: Morgen um Morgen nebelgrauer Steine, die sich über spärliches Gras und ein schattenloses Plateau ergossen. Der ungehinderte Blick auf die Silhouette von Manhattan verlieh dem Gelände die Schönheit einer Theaterkulisse – sie ragte hinter den Gräbern auf wie ein hoher Gedenkstein zu Ehren der stillen Leutchen hier, der aufgebrauchten und abgelegten früheren Bewohner der Stadt: Das Nebeneinander der Szenerie entlockte Mr. Belli, der von Beruf Steuerberater war und Ironie, auch sadistischer Art, daher zu würdigen wusste, ein Lächeln, ja sogar ein Glucksen – aber, Herrgott nochmal, die Schlussfolgerungen daraus ließen ihn auch frösteln, nahmen den federnden Schritten, die ihn über die strengen, kiesbestreuten Wege des Friedhofs trugen, ihren Schwung. Er ging langsamer, bis er zum Stehen kam, und dachte: »Ich hätte mit Morty in den Zoo gehen sollen.« Morty war sein Enkel und drei Jahre alt. Aber umzukehren wäre ungehörig, nachtragend; und wozu einen Strauß vergeuden? Die Mischung aus Geiz und Tugendhaftigkeit reaktivierte ihn; er atmete schwer vom schnellen Gehen, als er sich schließlich bückte, um die Narzissen in eine steinerne Vase zu stopfen, die auf einer groben grauen Platte thronte, auf der in Frakturschrift eingraviert war, dass es sich bei

SARAH BELLI
1901–1957

um die

TREUSORGENDE EHEFRAU VON IVOR
INNIG GELIEBTE MUTTER
VON IVY UND REBECCA

handelte.

Mein Gott, welche Erleichterung, dass die scharfe Zunge der Frau endlich verstummt war. Doch dieses Wissen, so beruhigend es auch war, und obgleich es durch den Gedanken an seine neue und stille Junggesellenwohnung untermauert wurde, konnte das plötzlich ausgelöschte Gefühl der Unsterblichkeit, des Froh-am-Leben-zu-Seins nicht neu entflammen, das der Tag bis dahin angefacht hatte. Er hatte sich auf den Weg gemacht, weil er sich viel Gutes von der frischen Luft versprach, dem Spaziergang, der Würze eines neuen Frühlings, der bald kommen würde. Nun wünschte er, er hätte einen Schal umgebunden; der Sonnenschein war trügerisch, ohne echte Wärme, und der Wind, so schien es ihm, war recht heftig geworden. Als er die Narzissen dekorativ zurechtrückte, bedauerte er, dass er ihr Ende nicht verzögern konnte, indem er sie mit Wasser versorgte; er überließ die Blumen ihrem Schicksal und wandte sich zum Gehen.

Eine Frau stand ihm im Weg. Obwohl es kaum andere Besucher auf dem Friedhof gab, hatte er sie zuvor nicht bemerkt, auch nicht näher kommen hören.

Sie trat nicht beiseite. Sie warf rasch einen Blick auf die Narzissen; gleich darauf richteten sich ihre Augen, die hinter einer Metallbrille lagen, wieder auf Mr. Belli. »Äh. Eine Verwandte?«

»Meine Frau«, sagte er und seufzte, als wäre ein Geräusch dieser Art erforderlich.

Sie seufzte ebenfalls; ein merkwürdiger Seufzer, in dem Genugtuung mitschwang. »Ach, das tut mir leid.« Mr. Bellis Gesicht wurde länger. »Tja.«

»Wie bedauerlich.«

»Ja.«

»Hoffentlich keine lange Krankheit. Nichts Schmerzhaftes.«

»Nei-h-h-n«, sagte er, das Gewicht auf den anderen Fuß verlagernd. »Im Schlaf.« Da er ein unbefriedigtes Schweigen zu spüren glaubte, fügte er hinzu: »Das Herz.«

»Ach was. Genau so hab ich meinen Vater verloren. Erst vor kurzem. Dann haben wir ja etwas gemeinsam. Etwas«, sagte sie in einem alarmierend klagenden Ton, »etwas, worüber wir uns unterhalten können.«

»… weiß, wie Ihnen zumute ist.«

»Wenigstens mussten sie nicht leiden. Das ist ein Trost.«

Mr. Belli drohte in Bälde der Geduldsfaden zu reißen. Bis jetzt hatte er, der Situation entsprechend, zu Boden gestarrt, lediglich, nach dem ersten flüchtigen Blick auf die Frau, ihre Schuhe betrachtet, die von der stabilen, sogenannten vernünftigen Sorte waren, wie sie ältere Frauen und Krankenschwestern trugen. »Ein großer Trost«, sagte er, während er drei Dinge tat: die Augen hob, sich an den Hut tippte, einen Schritt vorwärts machte.

Auch jetzt wich die Frau nicht von der Stelle; es war, als

hätte sie den Auftrag, ihn festzuhalten. »Könnten Sie mir sagen, wie spät es ist? Meine alte Uhr«, verkündete sie, während sie verlegen auf ein zierliches Ding klopfte, das sie am Handgelenk trug, »ich hab sie zum Schulabschluss bekommen. Darum geht sie nicht mehr so gut. Ich meine, sie ist ziemlich alt. Aber sie sieht hübsch aus.«

Mr. Belli sah sich genötigt, seinen Mantel aufzuknöpfen und nach der goldenen Uhr zu kramen, die in seiner Westentasche steckte. Gleichzeitig inspizierte er die Frau, nahm sie geradezu auseinander. Sie musste als Kind blond gewesen sein, ihre Gesichtsfarbe legte dies nahe: die Reinheit ihres skandinavischen Teints, ihre dicken Backen, die bäuerlich gesund gerötet waren, und das Blau ihrer freundlichen Augen – solch ehrliche Augen, attraktiv trotz der schmalen, silbernen Brille, die sie einrahmte; das Haar selbst, was davon unter dem tristen Filzhut auszumachen war, wies eine schlechte krause Dauerwelle und keine spezielle Farbe auf. Die Frau war etwas größer als Mr. Belli, der einen Meter zweiundsiebzig maß in Schuhen mit eingebautem Absatz, und sie mochte auch etwas mehr wiegen; jedenfalls konnte er sich nicht vorstellen, dass sie sich allzu gerne auf die Waage stellte. Ihre Hände: Küchenhände; und die Nägel: nicht nur schartig abgekaut, sondern noch dazu in einem perlmuttartigen Ton lackiert, der eigenartig phosphoreszierte. Sie trug einen schlichten braunen Mantel und hatte eine schlichte schwarze Handtasche bei sich. Als der prüfende Betrachter der einzelnen Bestandteile diese wieder zusammensetzte, stellte er fest, dass sie sich zu einer recht passablen Person verbanden, deren Äußeres ihm gefiel;

der Nagellack war zwar abschreckend, doch Mr. Belli hatte dennoch den Eindruck, dass hier jemand war, auf den man sich verlassen konnte. So wie auf Esther Jackson, Miss Jackson, seine Sekretärin. In der Tat, genau an die erinnerte sie ihn, an Miss Jackson; nicht dass der Vergleich fair gewesen wäre – Miss Jackson gegenüber, die, wie er Mrs. Belli während eines Streits einmal hatte wissen lassen, »intellektuelle Eleganz und auch ansonsten Eleganz« besaß. Nichtsdestoweniger schien die Frau, die vor ihm stand, über die gleiche Bereitwilligkeit zu verfügen, die er an seiner Sekretärin, Miss Jackson, so schätzte, an Esther (wie er sie in letzter Zeit geistesabwesend nannte). Außerdem nahm er an, dass beide etwa gleichaltrig waren: eher diesseits der Vierzig.

»Genau zwölf.«

»Du meine Güte! Dann sind Sie bestimmt am Verhungern«, sagte sie, machte ihre Handtasche auf und sah suchend hinein wie in einen Picknickkorb, der genug Köstlichkeiten enthielt, um ein Smörgasbord zu offerieren. Sie holte eine Handvoll Erdnüsse heraus. »Ich lebe praktisch von Erdnüssen, seit Papa – seit niemand mehr da ist, für den ich kochen kann. Ich will mich ja nicht rühmen, aber ich muss zugeben, dass mir mein eigenes Essen fehlt. Papa hat immer gesagt, bei mir schmeckt es ihm besser als in jedem Restaurant, in dem er je war. Aber es macht keinen Spaß, nur für sich selbst zu kochen, und wenn man noch so luftige Torten backen kann. Kommen Sie. Greifen Sie zu. Sie sind frisch geröstet.«

Mr. Belli nahm das Angebot an; er hatte schon immer eine kindische Schwäche für Erdnüsse gehabt, und als er sich auf dem Grab seiner Frau niederließ, um die Erdnüsse zu essen, hoffte er inständig, dass seine neue Freundin noch mehr davon hatte. Mit einer Handbewegung bedeutete er ihr, sich zu ihm zu setzen; überrascht stellte er fest, dass ihr die Einladung peinlich zu sein schien; ihre Wangen waren plötzlich noch rosiger, als hätte er sie aufgefordert, aus Mrs. Bellis Totenbahre ein Liebeslager zu machen.

»Sie dürfen das. Sie sind ein Angehöriger. Aber ich? Ob es ihr recht wäre, wenn sich eine Fremde auf ihr – ihre Ruhestätte setzt?«

»Bitte. Nur keine Scheu. Sarah hat gewiss nichts dagegen«, sagte er zu ihr, froh, dass Tote nicht hören können, denn es beunruhigte und belustigte ihn zugleich, sich vorzustellen, was Sarah, diese Expertin im Streit-vom-Zaun-Brechen, diese unermüdliche Fahnderin nach Lippenstiftspuren und verirrten blonden Haaren, sagen würde, wenn sie sehen könnte, wie er mit einer nicht ganz unattraktiven Frau auf ihrem Grab Erdnüsse knabberte.

Und dann, als sie sich geziert auf den Rand der Grabplatte niederließ, bemerkte er ihr Bein. Ihr linkes Bein; es stand steif und gerade vor wie ein Stock bei einem Schabernack, mit dem sie Vorbeikommende zu Fall bringen wollte. Als sie seinen Blick bemerkte, lächelte sie, bewegte das Bein auf und ab. »Ein Unfall. Na ja. Als ich noch ein Kind war. Ich bin in Coney Island aus der Achterbahn gefallen. Ehrlich. Es stand in der Zeitung. Keiner weiß, wie ich das überlebt habe. Ich kann nur mein Knie nicht beugen. Ansonsten ist nichts zurückgeblieben. Außer, dass ich nicht tanzen gehen kann. Tanzen Sie gern?«

Mr. Belli schüttelte den Kopf; er hatte den Mund voller Erdnüsse.

»Dann haben wir ja *noch* etwas gemeinsam. Das Tanzen. *Vielleicht* würde es mir gefallen. Aber es geht ja nicht. Aber ich mag Musik.«

Mr. Belli nickte zustimmend.

»Und Blumen«, fügte sie hinzu und strich über den Narzissenstrauß; dann wanderten ihre Finger weiter und fuhren, als würde sie Braille lesen, über die Marmorbuchstaben seines Vornamens. »Ivor«, sagte sie, ihn falsch aussprechend. »Ivor Belli. Ich heiße Mary O'Meaghan. Sie sind also Italiener. Das wäre ich auch gern. So wie meine Schwester; sie hat einen geheiratet. Der ist so was von amüsant, immer vergnügt und extrovertiert wie alle Italiener. Er sagt, meine Spaghetti sind die besten, die er je gegessen hat. Vor allem die mit meiner Sauce aus Meeresfrüchten. Die sollten Sie mal probieren.«

Mr. Belli, der seine Erdnüsse aufgegessen hatte, wischte die Schalen von seinem Schoß. »Mit Vergnügen. Aber ich bin kein Italiener. Belli klingt nur so. Ich bin Jude.«

Sie runzelte die Stirn, nicht missbilligend, sondern als hätte er sie aus unerfindlichen Gründen erschreckt.

»Meine Familie kommt aus Russland; ich bin dort geboren.«

Diese Information weckte wieder ihre Begeisterung, beflügelte sie. »Es ist mir egal, was die Zeitungen schreiben. Ich bin sicher, die Russen sind genau wie alle anderen. Menschen eben. Haben Sie das Bolschoi-Ballett im Fernsehen gesehen? Waren Sie da nicht stolz, Russe zu sein?«

Er dachte: Sie meint es gut; und schwieg.

»Rotkohlsuppe, heiß oder kalt, mit saurer Sahne. Mmm. Sehen Sie«, sagte sie und holte eine weitere Portion Erdnüsse heraus, »Sie hatten wirklich Hunger. Sie Ärmster.« Sie seufzte. »Bestimmt vermissen Sie das Essen Ihrer Frau.«

Er vermisste es tatsächlich; und der gesprächsweise Druck, der auf seinen Appetit ausgeübt wurde, machte es ihm bewusst. Sarah hatte hervorragend aufgetischt: abwechslungsreich, pünktlich und schmackhaft. Er dachte an von Zimtduft erfüllte Feiertage zurück. An Festessen mit Bratensauce und Wein, gestärkter Tischwäsche, dem »guten« Silber; gefolgt von einem Mittagsschläfchen. Im Übrigen hatte Sarah ihn nie gebeten, Geschirr abzutrocknen (er hörte sie noch ruhig in der Küche hantieren), sich nie über die Hausarbeit beklagt; und sie hatte es verstanden, das Aufziehen zweier Mädchen zu einer reibungslosen Folge durchdachter, liebevoller Ereignisse zu machen; Mr. Bellis Beitrag zur Kindererziehung hatte darin bestanden, ein bewundernder Zuschauer zu sein; falls ihm seine Töchter zur Ehre gereichten (Ivy in Bronxville und mit einem Kieferchirurgen verheiratet, ihre Schwester die Ehefrau von A.J. Krakower, Juniorpartner in der Anwaltskanzlei Finnegan, Loeb und Krakower), dann hatte er dies Sarah zu verdanken; die Mädchen gingen auf ihr Konto. Sarah hatte viele Qualitäten, und er stellte erfreut fest, dass ihm das einfiel, dass er sich *daran* erinnerte und nicht an die ewigen Auseinandersetzungen, in denen sie ihre scharfe Zunge an seinen Gewohnheiten gewetzt hatte, seiner angeblichen Spielsucht, seinen unterstellten Seitensprüngen, sondern an erfreulichere Episoden: wie Sarah ihre selbstgemachten Hüte vorführt, wie Sarah im Winter Brotkrumen für die Tauben aufs Fensterbrett streut; eine Flut von Bildern, die die Dschunke mit den hässlicheren Erinnerungen hinaus aufs Meer schwemmte. Er empfand Trauer, war mit einem Mal glücklich, so zu empfinden, bedauerte, nicht schon früher Trauer empfunden zu haben; aber obwohl er Sarah plötzlich aufrichtig zu würdigen wusste, konnte er nicht vorgeben, dass es ihm leidtat, dass ihr gemeinsames Leben beendet war, denn das derzeitige Arrangement war diesem, alles in allem, bei weitem vorzuziehen. Allerdings wünschte er, er hätte ihr statt der Narzissen eine Orchidee gebracht, eine dieser edlen, wie ihre Töchter sie von ihren Verehrern bekamen und die Sarah immer im Kühlschrank aufbewahrt hatte, bis sie verschrumpelten.

»… hab ich recht?«, vernahm er und wusste nicht, wer da gesprochen hatte, bis er, blinzelnd, Mary O'Meaghan erkannte, deren Stimme bislang ungehört verhallt war: eine schüchterne und einlullende Stimme, die seltsam dünn und jung klang für eine so robuste Person.

»Ich sagte, sie sind bestimmt süß, hab ich recht?«

»Na ja«, gab Mr. Belli sicherheitshalber zur Antwort.

»Seien Sie nicht so bescheiden. Bestimmt sind sie das. Wenn sie ihrem Vater nachschlagen; ha, ha, das sollte ein Scherz sein. Aber im Ernst, Kinder sind für mich das Größte. Ich tausche jeden Erwachsenen auf der Welt jederzeit gegen ein Kind ein. Meine Schwester hat fünf, vier Jungs und ein Mädchen. Dot, so heißt meine Schwester, bestürmt mich immer, den Babysitter zu machen, jetzt, wo ich Zeit dafür habe und mich nicht mehr den ganzen Tag um Papa kümmern muss. Sie und Frank, das ist mein Schwager, den ich ja schon erwähnt habe, sie sagen immer, Mary, niemand versteht sich besser auf Kinder als du. Und hat gleichzeitig so viel Freude an ihnen. Dabei ist es ganz einfach; es gibt nichts Besseres als heißen Kakao und eine wilde Kissenschlacht, um Kinder müde zu machen. Ivy«, las sie laut die Inschrift auf dem Grabstein vor. »Ivy und Rebecca. Schöne Namen. Und bestimmt tun Sie Ihr Möglichstes. Aber zwei kleine Mädchen ohne Mutter.«

»Nein, nein«, sagte Mr. Belli, als er endlich begriff. »Ivy ist selbst schon Mutter. Und Becky erwartet ein Kind.«

Ihr Gesicht verwandelte momentane Beschämung in einen Ausdruck ungläubigen Staunens. »Großvater? Sie?«

Mr. Belli hatte seine kleinen Eitelkeiten: Beispielsweise glaubte er, *mehr* Verstand zu haben als andere; und er war überzeugt, ein wandelnder Kompass zu sein; seine Fähigkeit, Informationen zu verdauen und einen verkehrt herum liegenden Text zu lesen, waren weitere Punkte, die sein Selbstwertgefühl steigerten. Aber ein Blick in den Spiegel löste wenig inneren Beifall aus; nicht dass ihm seine äußere Erscheinung missfallen hätte; er wusste, dass sie nur so lala war. Das Lichten seiner Haare hatte schon vor Jahrzehnten begonnen; inzwischen war sein Kopf ein nahezu abgeerntetes Feld. Seine Nase hatte Charakter, sein Kinn, obwohl es sich doppelt anstrengte, dagegen nicht. Seine Schultern waren breit; aber das war auch alles Übrige an ihm. Natürlich war er gepflegt: achtete auf geputzte Schuhe, saubere Wäsche, rasierte und puderte sich zweimal am Tag die bläulichen Wangen; doch dergleichen Maßnahmen konnten sein standes- und altersbezügliches Mittelmaß nicht kaschieren, sondern betonten es vielmehr. Dennoch ging er über Mary O'Meaghans schmeichelhafte Bemerkung nicht einfach hinweg; ein unverdientes Kompliment ist ja oft das wirkungsvollste.

»Mein Gott, ich bin einundfünfzig«, sagte er, vier Jahre abziehend. »Fühle mich aber nicht so.« Und das stimmte; vielleicht weil der Wind nachgelassen hatte, die Wärme der Sonne echter geworden war. Auf jeden Fall hatten sich seine Erwartungen wieder entzündet, er war wieder unsterblich, ein Mann, der vorausplante.

»Einundfünfzig. Das ist doch gar nichts. Im besten Mannesalter. Jedenfalls, wenn man auf sich achtet. Ein Mann in Ihrem Alter will umsorgt werden. Betreut sein.«

War man jetzt nicht einmal mehr auf dem Friedhof vor heiratswütigen Frauen sicher? Diese ihm durch den Kopf schießende Frage machte auf halber Strecke halt, als er prüfend das gemütliche und leichtgläubige Gesicht seines Gegenübers betrachtete, darin nach Arglist suchte. Obwohl beruhigt, hielt er es doch für das Beste, sie daran zu erinnern, wo sie sich befanden. »Ihr Vater. Ist er« – Mr. Belli machte eine unbeholfene Handbewegung – »auch hier?«

»Papa? O nein. Da war er rigoros; hat es entschieden abgelehnt, sich beerdigen zu lassen. Er ist daheim.« Eine bestürzende Vorstellung stieg vor Mr. Bellis geistigem Auge auf, die durch ihre nächsten Worte: »Seine Asche, meine ich«, nicht ganz zerstreut wurde. »Tja«, sagte sie achselzuckend, »so wollte er es eben. Und – ach so – Sie fragen sich, warum ich dann hier bin? Ich wohne ganz in der Nähe. Man kann hier spazierengehen, und die Aussicht...« Beide drehten sich um und betrachteten die Silhouette von Manhattan, wo an den Türmchen bestimmter Gebäude Wolkenfahnen flatterten und sonnenbeschienene Fenster wie Glimmer glitzerten. Mary O'Meaghan sagte: »Der ideale Tag für eine Parade!«

Mr. Belli dachte: *Ich finde sie wirklich sehr nett;* und dann sagte er es laut und wünschte, er hätte es nicht getan, denn natürlich fragte sie ihn, warum. »Darum. Weil es nett war, was Sie gerade gesagt haben. Über Paraden.«

»Sehen Sie? Eine weitere Gemeinsamkeit! Ich lasse mir nie eine Parade entgehen«, verkündete sie triumphierend. »Das Schmettern der Trompeten. Ich spiele selbst Trompete; früher jedenfalls, als ich noch zur Schule ging. Sie sagten vorhin...« Sie senkte die Stimme, als käme sie auf ein Thema zu sprechen, das nach einem ernsten Ton verlangte. »Sie deuteten an, dass Sie Musikliebhaber sind. Ich habe nämlich Tausende von alten Schallplatten. Hunderte. Papa war in der Branche tätig, und das war seine Arbeit. Bis er in Rente ging. In einer Schallplattenfabrik den Schellack auf Schallplatten auftragen. Erinnern Sie sich an Helen Morgan? Die ist für mich die Größte, die finde ich wirklich umwerfend.«

»All*mäch*tiger«, wisperte er. Ruby Keeler, Jean Harlow: Das waren heftige, aber überwindbare Schwärmereien gewesen; aber Helen Morgan, albinobleich, eine Elfe im Paillettenkleid, die das Rampenlicht überstrahlte – bei Gott, die hatte er wirklich geliebt.

»Glauben Sie das? Dass sie sich totgetrunken hat? Wegen einem Gangster?«

»Das spielt keine Rolle. Sie war hinreißend.«

»Manchmal, wenn ich allein bin und alles satt habe, tu ich so, als ob ich *sie* wäre. Tu so, als würde ich in einem Nachtclub singen. Das ist schön; verstehen Sie das?«

»Ja, das verstehe ich«, sagte Mr. Belli, der sich in seiner Phantasie am liebsten die Abenteuer ausmalte, die er haben könnte, wenn er unsichtbar wäre.

»Darf ich fragen, ob Sie mir einen Gefallen tun würden?«

»Gerne. Wenn ich kann.«

Sie holte tief Luft, hielt den Atem an, als schwimme sie unter einer Woge Schüchternheit hindurch; auftauchend sagte sie: »Würden Sie sich meine Imitation anhören? Und mir Ihre ehrliche Meinung dazu sagen?« Dann nahm sie ihre Brille ab: Das silberne Gestell hatte sich so fest eingedrückt, dass es deutliche Ränder in ihrem Gesicht hinterlassen hatte. Ihre Augen, nackt und feucht und hilflos, schienen bestürzt über die ungewohnte Freiheit; die spärlich bewimperten Lider flatterten wie abrupt freigelassene Vögel, die lange eingesperrt waren. »So, jetzt ist alles weich und verschwommen. Und nun müssen Sie Ihre Phantasie benutzen. Stellen Sie sich vor, ich sitze auf einem Klavier… Meine Güte, verzeihen Sie, Mr. Belli.«

»Ist schon in Ordnung. Sie sitzen also auf einem Klavier.«

»Ich sitze auf einem Klavier«, sagte sie und legte träumerisch den Kopf in den Nacken, bis er eine romantische

Pose einnahm. Sie zog die Wangen nach innen, öffnete die Lippen; im gleichen Augenblick biss sich Mr. Belli auf die seinen. Denn der Besuch war ungehörig, den glamouröse Bühnentheatralik hier Mary O'Meaghans rundlichem und rosigem Gesicht abstattete; ein Besuch, der nicht hätte gemacht werden dürfen, da es die falsche Adresse war. Sie wartete, als lauschte sie einem Orchester, bis ihr Einsatz kam; dann: »*Don't ever leave me now that you're here! Here is where you belong. Everything seems so right, when you're near, When you're away it's all wrong.*« Und Mr. Belli war bestürzt, denn was er da hörte, war exakt die Stimme von Helen Morgan, und diese Stimme, mit ihrer verletzlichen Süße, ihrer Kultiviertheit, ihren zarten bebenden umkippenden hohen Tönen, schien nicht geliehen, sondern Mary O'Meaghans eigene zu sein, der natürliche Ausdruck einer verborgenen Persönlichkeit. Nach und nach gab sie die theatralischen Posen auf, setzte sich aufrecht hin und sang mit fest geschlossenen Augen weiter: »*I'm so dependent, When I need comfort, I always run to you. Don't ever leave me! 'Cause if you do, I'll have no one to run to.*« Zu spät erst bemerkten sowohl sie als auch Mr. Belli den Leichenzug, der ihre Zweisamkeit störte: eine schwarze Schlange ernster Neger, die das weiße Paar anstarrten, als wären sie auf zwei betrunkene Grabräuber gestoßen – alle außer einer Person, einem tränenlosen kleinen Mädchen, das zu lachen begann und nicht mehr aufhören konnte; ihre krampfhafte Ausgelassenheit hallte noch wider, nachdem die Prozession längst weiter hinten um eine Ecke verschwunden war.

»Wenn das mein Kind wäre«, sagte Mr. Belli.

»Ist mir das peinlich!«

»Aber warum denn? Das war wunderschön. Ich meine es ernst; Sie können wirklich singen.«

»Danke«, sagte sie; und wie um eine Barriere gegen drohende Tränen zu errichten, setzte sie wieder ihre Brille auf.

»Glauben Sie mir, es hat mich tief bewegt. Ich würde liebend gerne eine Zugabe hören.«

Sie war wie ein Kind, dem er einen Luftballon gereicht hatte, einen ganz besonderen Luftballon, der mehr und mehr anschwoll, bis er sie nach oben riss, mit ihr dahinschwebte, so dass ihre Zehen nur dann und wann den Boden berührten. Sie kam wieder herunter und sagte: »Aber nicht hier. Vielleicht«, begann sie und schien wieder hochgezogen zu werden, durch die Luft zu tanzen, »vielleicht darf ich einmal für Sie kochen. Ich mache auch ein richtiges russisches Abendessen. Und wir können Schallplatten hören.«

Der Gedanke, der undeutliche Verdacht, der schon zuvor auf Zehenspitzen vorbeigeschlichen war, kehrte mit schwereren Schritten zurück, eine feste und vierschrötige Gestalt, die Mr. Belli nicht vertreiben konnte. »Vielen Dank, Miss O'Meaghan. Ich freue mich schon darauf«, sagte er. Er stand auf, rückte seinen Hut zurecht, brachte seinen Mantel in Ordnung. »Man sollte nicht zu lange auf kaltem Stein sitzen, sonst holt man sich etwas.«

«Wann?«

»Eigentlich immer. Man sollte sich *nie* auf einen kalten Stein setzen.«

»Wann kommen Sie zum Abendessen?«

Mr. Bellis Lebensunterhalt hing weitgehend davon ab, wie geschickt er im Erfinden von Ausreden war. »Jederzeit«, antwortete er glatt. »Nur nicht in allernächster Zeit. Ich bin Steuerberater, und Sie wissen ja, was bei uns im März los ist. Also dann«, sagte er, während er wieder seine Uhr hervorholte, »zurück in die Tretmühle.« Aber er konnte doch nicht – oder etwa doch? – einfach davonschlendern, sie hier auf Sarahs Grab sitzen lassen! Der Anstand verbot es ihm; schon wegen der Erdnüsse, aber noch aus anderen Gründen – vielleicht war sie ja der Grund, dass er sich daran erinnert hatte, wie Sarahs Orchideen im Kühlschrank verschrumpelten. Und außerdem war sie *wirklich* nett, eine so liebenswürdige Frau, fremde Frau, wie er nur je einer begegnet war. Er dachte daran, das Wetter zum Vorwand zu nehmen, doch das Wetter bot keinen: Wolken waren kaum mehr da, die Sonne schien klar und deutlich. »Kälter geworden«, bemerkte er und rieb sich die Hände. »Könnte Regen geben.«

»Mr. Belli. Ich werde Ihnen jetzt eine sehr persönliche Frage stellen«, sagte sie, jedes Wort entschieden aussprechend. »Sie dürfen nämlich nicht denken, dass ich herumlaufe und jeden x-beliebigen Mann zum Essen einlade. Meine Absichten sind« – ihre Augen irrten umher, ihre Stimme zitterte, als wäre ihre Freimütigkeit eine Maskerade gewesen, die sie nicht länger aufrechterhalten konnte. »Darum werde ich Ihnen eine sehr persönliche Frage stellen. Erwägen Sie, wieder zu heiraten?«

Er summte, ähnlich wie ein Radio, das warmläuft, bevor etwas zu hören ist; als er antwortete, lief es auf atmosphärische Störungen hinaus: »Ach, in *meinem* Alter. Möchte nicht einmal einen Hund. Fernsehen genügt mir. Ein Bierchen. Poker einmal in der Woche. Was soll's! Wer würde mich schon wollen?«, sagte er; und musste, mit leisem Schaudern, an Rebeccas Schwiegermutter denken, Dr. Pauline Krakower, Zahnärztin (im Ruhestand), Ehefrau von A.J. Krakower senior, die sich unverfroren an einem gewissen innerfamiliären Komplott beteiligt hatte. Und was war mit Sarahs bester Freundin, der hartnäckigen Brownie Pollock? Komisch, als Sarah noch lebte, hatte er Brownies Bewunderung genossen, sie sich gelegentlich sogar zunutze gemacht; danach – zu guter Letzt hatte er ihr klipp und klar sagen müssen, dass sie ihn nicht mehr anrufen solle (und sie hatte gebrüllt: »Es stimmt, was Sarah immer gesagt hat. Du bist ein mieses *haariges* fettes Schwein.«). Tja; und dann war da Miss Jackson. Entgegen Sarahs Verdächtigungen, ihrer tatsächlich festen Überzeugung, war zwischen ihm und der sympathischen Esther, deren Hobby Kegeln war, nichts Ungehöriges, nichts *sehr* Ungehöriges vorgefallen. Aber er hatte immer vermutet, und in den letzten Monaten gewusst, dass, wenn er eines Tages einen Drink, ein Abendessen, den Besuch einer Kegelbahn vorschlagen würde... Er sagte: »Ich *war* verheiratet. Siebenundzwanzig Jahre lang. Das reicht fürs Leben«; aber als er es sagte, merkte er, dass er, genau in diesem Moment, zu einer Entscheidung gelangt war, die da lautete: Er *würde* Esther zum Essen einladen, er würde mit ihr Kegeln gehen und ihr eine Orchidee kaufen, eine edle purpurrote mit einer lavendelfarbenen Schleife. Und wo, überlegte er, verbrachte man im April seine Flitterwochen? Spätestens im Mai. In Miami? Auf den Bermudas? Genau! »Nein, das habe ich noch nie erwogen. Wieder zu heiraten.«

In Anbetracht ihrer aufmerksamen Körperhaltung hätte man meinen können, Mary O'Meaghan höre Mr. Belli gebannt zu – nur dass ihr Blick umherschweifte, herumirrte, als hielte sie auf einer Party Ausschau nach einem anderen, vielversprechenderen Gesicht. Aus ihrem eigenen Gesicht war die Farbe gewichen; und damit war ein Großteil ihres frischen Zaubers verschwunden. Sie hüstelte.

Er hüstelte. Er lüftete den Hut und sagte: »Es war sehr nett, Sie kennenzulernen, Miss O'Meaghan.«

»Gleichfalls«, sagte sie und stand auf. »Haben Sie etwas dagegen, wenn ich Sie bis zum Tor begleite?«

Er hatte etwas dagegen; denn er wollte allein weiterschlendern, die Würze des frühlingshellen Paradewetters genießen, allein sein mit seinen Gedanken an Esther, dem hoffnungsvollen, reizvollen Gefühl, unsterblich zu sein. »Ist mir ein Vergnügen«, sagte er und passte seinen Schritt ihrem langsameren Tempo und dem leichten Schlingern an, das ihr steifes Bein verursachte.

»*Trotzdem* schien es eine vernünftige Idee zu sein«, sagte sie streitlustig. »Die alte Annie Austin ist der lebende Beweis. Jedenfalls hat keiner eine *bessere* Idee gehabt. Ich meine, alle liegen mir ständig in den Ohren: Du musst heiraten. Seit dem Tag, als Papa starb, sagen meine Schwester und alle: Die arme Mary, was soll bloß aus ihr werden? Kann nicht Schreibmaschine schreiben. Nicht stenographieren.

Mit *dem* Bein und allem kann sie nicht mal als Bedienung gehen. Was wird aus so jemand, einer erwachsenen Frau, die nichts kann, noch nie gearbeitet hat? Die nur gekocht und sich um ihren Vater gekümmert hat. Ständig bekam ich zu hören: Mary, du musst unbedingt heiraten.«

»Das sollten Sie auch. Warum wehren Sie sich dagegen? Ein feiner Mensch wie Sie sollte verheiratet sein. Sie würden einen Mann sehr glücklich machen.«

»Ganz bestimmt. Aber *wen*?« Sie warf die Arme hoch, deutete mit einer Hand auf Manhattan, das ganze Land, die Kontinente dahinter. »Also habe ich mich umgeschaut; ich bin kein träger Typ. Aber mal ehrlich, ganz im Ernst, wie soll man einen Ehemann finden? Wenn man nicht sehr, sehr hübsch ist, keine tolle Tänzerin ist? Sondern nur – na ja, mittelmäßig. So wie ich.«

»Aber ich bitte Sie«, murmelte Mr. Belli. »Sie sind doch nicht mittelmäßig. Könnten Sie nicht etwas aus Ihrem Talent machen? Aus Ihrer Stimme?«

Sie blieb stehen, klappte ihre Handtasche auf und zu. »Machen Sie sich nicht lustig über mich. Bitte nicht. Mein Leben steht auf dem Spiel.« Und sie beteuerte: »Ich *bin* mittelmäßig. Genau wie die alte Annie Austin. Und die sagt, der richtige Ort, um einen Ehemann zu finden – einen anständigen, gutsituierten Mann –, sind die Todesanzeigen.«

Für einen Mann, der sich für einen wandelnden Kompass hielt, machte Mr. Belli mit dem beängstigenden Gefühl Bekanntschaft, sich verirrt zu haben; erleichtert sah er hundert Meter weiter die Tore des Friedhofs vor sich. »Ach ja? Sagt sie das? Die alte Annie Austin?«

»Ja. Und sie ist eine sehr praktisch veranlagte Frau. Sie bringt sechs Personen mit 58 Dollar und 75 Cent in der Woche durch: Essen, Kleidung, alles. Und so, wie sie es mir erklärt hat, hört es sich durchaus *logisch* an. Weil die Todesanzeigen voller unverheirateter Männer sind. Lauter Witwer. Man geht einfach zu der Beerdigung und stellt sich vor, spricht sein Beileid aus. Oder auf den Friedhof: kommt an einem schönen Tag hierher oder geht auf den in Woodlawn, da sind immer Witwer unterwegs. Die Männer denken daran, wie sehr sie das häusliche Leben vermissen und wünschen sich vielleicht, wieder verheiratet zu sein.«

Als Mr. Belli klar wurde, dass sie das ernst meinte, war er entsetzt; aber er war auch belustigt; und er lachte, rammte die Hände in die Manteltaschen und warf den Kopf zurück. Sie begann ebenfalls zu lachen, so dass sie wieder Farbe bekam, sich, aus lauter Übermut, gegen ihn fallen ließ. »Ich sehe ja ein«, sagte sie und umklammerte seinen Arm, »ich sehe ja *selbst* ein, wie grotesk das Ganze ist.« Doch diese Einsicht hielt nicht lange vor; plötzlich wieder ernst, sagte sie: »Aber so hat Annie ihre Ehemänner kennengelernt. Alle beide: erst Mr. Cruikshank und dann Mr. Austin. Es *muss* also eine vernünftige Idee sein. Meinen Sie nicht?«

»O doch, durchaus.«

Sie hob die Schultern. »Aber sie hat nicht besonders gut funktioniert. Bei uns, zum Beispiel. Dabei schienen wir so viel gemeinsam zu haben.«

»Irgendwann klappt es«, sagte er und beschleunigte seine Schritte. »Bei einem vitaleren Burschen.«

»Ich weiß nicht. Ich habe schon tolle Leute kennengelernt. Aber es endet immer wie heute. Wie bei uns...«, sagte sie und ließ den Rest unausgesprochen, denn ein neuer Pilger, der soeben durch die Tore des Friedhofs trat, hatte ihr Interesse geweckt: ein munterer kleiner Mann, der fröhlich vor sich hin pfiff und schwungvollen Schrittes daherkam. Mr. Belli sah ihn ebenfalls, entdeckte das schwarze Band, das um den Ärmel der leuchtend grünen Tweedjacke des Besuchers genäht war, und bemerkte: »Viel Glück, Miss O'Meaghan. Und danke für die Erdnüsse.«

DER THANKSGIVING-GAST

Für Lee

Apropos gemein. Odd Henderson war der gemeinste Mensch, den ich je erlebt habe! Und ich spreche hier von einem zwölfjährigen Jungen, nicht von einem Erwachsenen, der genügend Zeit hatte, eine von Natur aus üble Veranlagung voll zu entfalten. Zumindest war Odd 1932 zwölf, als wir beide Zweitklässler waren und in einer kleinen Landgemeinde in Alabama die Schule besuchten.

Er war groß für sein Alter, ein knochiger Junge mit schmutzig-rötlichen Haaren und schmalen gelben Augen, der seine Klassenkameraden allesamt überragte – was nicht weiter verwunderlich war, da wir Übrigen erst sieben oder acht Jahre alt waren. Odd war in der ersten Klasse zweimal sitzengeblieben und saß damals sein zweites Jahr in der zweiten Klasse ab. Dieser traurige Rekord war nicht auf Dummheit zurückzuführen – Odd war intelligent, »gerissen« ist vielleicht ein besseres Wort –, aber er schlug den übrigen Hendersons nach. Die ganze Familie (insgesamt zehn Personen, den Vater, Dad Henderson, nicht mitgerechnet, der ein Alkoholschmuggler war und gewöhnlich im Gefängnis saß, alle in einem Haus mit vier Zimmern zusammengequetscht, gleich neben einer Kirche der Schwarzen) war eine faule, üble Bande, jederzeit bereit, anderen einen schlechten Dienst zu erweisen; Odd war nicht der Schlimmste des ganzen Haufens, und das, liebe Leute, will etwas heißen.

Viele Kinder in unserer Schule kamen aus Familien, die ärmer waren als die Hendersons; Odd hatte immerhin ein Paar Schuhe, während manche Buben, und auch Mädchen, gezwungen waren, selbst im bittersten Winter barfuß zu gehen – so schwer hatte die Wirtschaftskrise Alabama getroffen. Aber keiner, egal wer, sah so heruntergekommen aus wie Odd – eine spindeldürre, sommersprossige Vogelscheuche in verschwitzten abgelegten Latzhosen, die selbst für einen Sträfling beim Straßenbau entwürdigend gewesen wären. Man hätte Mitleid mit ihm haben können, wenn er nicht so niederträchtig gewesen wäre. Alle Kinder hatten Angst vor ihm, nicht nur wir kleineren, sondern sogar Jungs, die so alt waren wie er und älter.

Niemand suchte je Streit mit ihm, außer einmal ein Mädchen namens Ann »Jumbo« Finchburg, die zufällig der zweite Rabauke im Dorf war. Jumbo, eine kurz geratene, aber kompakte Draufgängerin mit brandgefährlichen Ringergriffen, sprang Odd eines Morgens in der Pause von hinten an, und es dauerte ziemlich lange, ehe drei Lehrer, die sich alle gewünscht haben müssen, die Kombattanten würden sich gegenseitig umbringen, die beiden trennen konnten. Das Ergebnis war quasi ein Unentschieden: Jumbo büßte einen Zahn und die Hälfte ihrer Haare ein und trug eine graue Trübung im linken Auge davon (sie konnte nie mehr klar sehen); zu Odds Verwundungen zählten ein gebrochener Daumen sowie diverse Kratznarben, die ihm bleiben werden bis zu dem Tag, an dem man seinen Sarg schließt. Noch Monate danach versuchte Odd mit allen erdenklichen Tricks, Jumbo zu einer Revanche anzustacheln; doch Jumbo hatte ihre Lektion gelernt und machte einen großen Bogen um ihn. Was ich auch getan hätte, wenn er es zugelassen hätte; aber leider war ich die Zielscheibe von Odds unnachsichtigen Aufmerksamkeiten.

Für die damalige Zeit und die Gegend war ich ziemlich wohlhabend – ich lebte in einem alten Landhaus mit hohen Räumen, das dort lag, wo das Dorf endete und die Farmen und Wälder begannen. Das Haus gehörte entfernten älteren Verwandten, und diese, drei unverheiratete Schwestern und ihr lediger Bruder, hatten mich bei sich aufgenommen, weil es in meiner unmittelbaren Familie ein Durcheinander gab, einen Sorgerechtsstreit, der mich, aus komplizierten Gründen, in diesen etwas exzentrischen Haushalt in Alabama verschlagen hatte. Nicht dass ich dort unglücklich war; tatsächlich gehören viele Momente jener wenigen Jahre sogar zu den glücklichsten meiner ansonsten schwierigen Kindheit, vor allem deshalb, weil die jüngste von diesen Verwandten, eine Frau in den Sechzigern, meine erste Freundin wurde. Da sie selbst ein Kind war (viele hielten sie für weniger als das und sprachen von ihr in einem Ton, als wäre sie die Zwillingsschwester vom guten armen Lester, der in seiner eigenen verwirrten Welt lebte), verstand sie Kinder, und mich verstand sie vollkommen.

Vielleicht war es merkwürdig, dass ein kleiner Junge eine alte Jungfer zum besten Freund hatte, aber weder sie noch ich hatten alltägliche Ansichten oder den üblichen Hintergrund, und so war es unvermeidlich, dass uns, die wir beide einsam waren, schließlich eine Freundschaft ganz besonderer Art verband. Abgesehen von den Stunden, die ich in der Schule verbrachte, waren wir drei, ich und die alte Queenie, unser munterer kleiner Terrier, und Miss Sook, wie meine Freundin von allen genannt wurde, fast immer zusammen. Wir sammelten Kräuter im Wald, gingen an abgelegenen Bächen angeln (mit getrockneten Zuckerrohrstengeln als Angelruten) und suchten ausgefallene Farne und Grünpflanzen, die wir in Blecheimer und Nachttöpfe setzten und zu üppigem Wachstum brachten. Hauptsächlich aber spielte sich unser Leben in der Küche ab – einer Landhausküche, beherrscht von einem großen schwarzen Holzherd, in der es oft dunkel und sonnig zugleich war.

Miss Sook, empfindsam wie eine Mimose, eine Einsiedlerin, die noch nie über die Grenzen des Bezirks hinausgekommen war, war völlig anders als ihr Bruder und ihre Schwestern, Letztere bodenständige, leicht maskuline Damen, die eine Textilwarenhandlung und diverse andere geschäftliche Unternehmen betrieben. Der Bruder, Onkel B., besaß mehrere Baumwollplantagen in der Gegend; da er sich weigerte, ein Auto zu steuern, und jeglichen Kontakt mit mobilen Maschinen ablehnte, benutzte er ein Pferd und ritt den ganzen Tag zwischen seinen Liegenschaften herum. Er war ein freundlicher Mensch, wenn auch ein schweigsamer: Er grunzte ja oder nein und machte eigentlich nie den Mund auf außer zum Essen. Bei jeder Mahlzeit hatte er den Heißhunger eines Grizzlybären nach dem

Winterschlaf, und es war Miss Sooks Aufgabe, ihn satt zu machen.

Unsere Hauptmahlzeit war das Frühstück; Mittagessen, außer sonntags, und Abendbrot waren weniger aufwändige Angelegenheiten und bestanden oft aus Resten vom Morgen. Aber die Frühstücke, die pünktlich um 5.30 Uhr serviert wurden, waren echte Magenfüller. Bis zum heutigen Tag verspüre ich ein nostalgisches Verlangen nach diesen Mahlzeiten in aller Herrgottsfrühe mit Schinken und Brathähnchen, gebratenen Schweinekoteletts, gebratenem Katzenfisch, gebratenem Eichhörnchen (in der entsprechenden Jahreszeit), Spiegeleiern, Maisbrei mit Bratensauce, Augenbohnen, Kohl mit Kohlbrühe und Maisbrot zum Hineinbrocken, weichen Brötchen, schweren Rosinenkuchen, Pfannkuchen und Sirup, Honig in der Wabe, selbstgemachten Marmeladen und Gelees, frischer Milch, Buttermilch, Kaffee mit Zichorie und heiß wie die Hölle.

Die Köchin, begleitet von ihren Gehilfen, Queenie und mir, stand jeden Morgen um vier auf, um den Herd anzuzünden und den Tisch zu decken und alles vorzubereiten. Das frühe Aufstehen war nicht so mühsam, wie es vielleicht klingt; wir waren daran gewöhnt, und im Übrigen gingen wir zu Bett, sobald die Sonne unterging und die Vögel sich in den Bäumen niedergelassen hatten. Außerdem war meine Freundin nicht so zart, wie sie aussah; obwohl sie als Kind kränklich gewesen war und ihre Schultern gekrümmt waren, hatte sie kräftige Hände und robuste Beine. Sie konnte sich in so lebhaftem, zielstrebigem Tempo bewegen, dass die ausgefransten Tennisschuhe, die sie unweigerlich trug, auf dem gewachsten Küchenboden quietschten, und ihr markantes Gesicht mit den leicht plumpen Zügen und den wunderschönen, jugendlichen Augen zeugte von einer Standhaftigkeit, die darauf hindeutete, dass sie mehr das Verdienst eines inneren geistigen Glanzes war als nur der sichtbare Beweis für menschliche Gesundheit.

Nichtsdestoweniger versammelten sich, je nach Jahreszeit und Zahl der Arbeiter, die auf den Plantagen von Onkel B. beschäftigt waren, manchmal bis zu fünfzehn Personen zu diesen frühmorgendlichen Gelagen; die Arbeiter hatten Anspruch auf eine warme Mahlzeit am Tag – das war Teil ihres Lohns. Offiziell kam eine Negerin ins Haus, um beim Geschirrspülen, Bettenmachen, beim Putzen und bei der Wäsche zu helfen. Sie war faul und unzuverlässig, aber ihr Leben lang mit Miss Sook befreundet – was bedeutete, dass meine Freundin nie daran gedacht hätte, sie zu ersetzen, sondern die Arbeit schlicht selbst tat. Sie hackte Brennholz, versorgte eine wahre Menagerie von Hühnern, Truthähnen und Schweinen, schrubbte, staubte ab, besserte die Kleidung von uns allen aus; doch wenn ich aus der Schule kam, war sie immer erpicht darauf, mir Gesellschaft zu leisten – Karten zu spielen oder Pilze suchen zu gehen oder eine Kissenschlacht zu machen oder, wenn wir im schwächer werdenden Nachmittagslicht in der Küche saßen, mir bei den Hausaufgaben zu helfen.

Sie vertiefte sich mit Begeisterung in meine Schulbücher, insbesondere in den Geographie-Atlas (»Oh, Buddy«, konnte sie dann sagen, denn so nannte sie mich, »denk nur – ein See namens Titicaca. Den gibt es tatsächlich irgendwo auf der Welt.«). Meine Schulbildung war auch ihre Schulbildung. Da sie als Kind krank gewesen war, hatte sie fast nie am Unterricht teilgenommen; ihre Handschrift war eine Folge abgehackter Eruptionen, ihre Rechtschreibung eine höchst individuelle und phonetische Angelegenheit. Ich konnte bereits flüssiger lesen und schreiben als sie (obwohl sie es schaffte, jeden Tag einen Bibelabschnitt zu »studieren«, und sich nie »Little Orphan Annie« oder die »Katzenjammer-Kids« entgehen ließ, die Comic-Serien in unserer Lokalzeitung). Sie war unbändig stolz auf »unsere« Zeugnisse (»Du meine Güte, Buddy! Fünf Einser! Sogar im Rechnen. Ich hatte nicht zu hoffen gewagt, dass wir in Rechnen eine Eins bekommen würden.«). Es war ihr ein Rätsel, warum ich die Schule hasste, warum ich morgens manchmal weinte und Onkel B., die entscheidende Stimme im Haus, anflehte, mich daheimbleiben zu lassen.

Natürlich war es nicht so, dass ich die Schule selbst hasste: was ich hasste, war Odd Henderson. Die Torturen, die er sich ausdachte! Beispielsweise lauerte er mir gern im Schatten unter einer Sumpfeiche auf, die eine Ecke des Schulhofs verdüsterte; in der Hand hielt er dann eine Papiertüte, vollgestopft mit stacheligen Kletten, die er auf dem Schulweg gesammelt hatte. Es war zwecklos, vor ihm weglaufen zu wollen, denn er war so schnell wie eine zusammengerollte Schlange; wie eine Klapperschlange stieß er zu, warf mich zu Boden und rieb mir, mit schadenfrohen Schlitzaugen, die Kletten in die Haare. Gewöhnlich scharte sich ein Kreis von Kindern um uns, die kicherten oder zumindest so taten; in Wahrheit fanden sie es nicht komisch;

aber sie hatten Angst vor Odd und wollten es sich nicht mit ihm verderben. Später, im Schutz einer Kabine der Bubentoilette, musste ich dann mühsam die Kletten aus meinen verhedderten Haaren klauben; das dauerte ewig und bedeutete jedes Mal, dass ich das erste Klingeln verpasste.

Unsere Lehrerin in der zweiten Klasse, Miss Armstrong, zeigte Verständnis, da sie ahnte, was los war; aber schließlich brachte mein ständiges Zuspätkommen sie derart auf, dass sie mich vor der ganzen Klasse anschnauzte: »Kommt der feine Herr endlich! Was bildest du dir eigentlich ein! Zwanzig Minuten nach dem Klingeln hier einzutrudeln. Eine halbe Stunde.« Woraufhin ich die Beherrschung verlor; ich deutete auf Odd Henderson und brüllte: »Schreien Sie lieber *den* an! Der ist doch schuld. Der Scheißkerl.«

Ich kannte viele Schimpfwörter, aber selbst ich war entsetzt, als ich das, was ich da gesagt hatte, in der furchtbaren Stille nachhallen hörte und Miss Armstrong, die mit einem schweren Lineal auf mich zukam, sagte: »Streck die Hände aus, Bürschchen. Handflächen nach oben, Bürschchen.« Und während Odd Henderson mit einem schmalen, giftigen Lächeln zusah, drosch sie mit dem Lineal, das Messingkanten hatte, auf meine Hände ein, bis alles vor mir verschwamm.

Es bräuchte eine engbedruckte Seite, um die einfallsreichen Quälereien aufzulisten, die Odd auf Lager hatte, aber was mich am meisten aufbrachte und worunter ich am meisten litt, war das Gefühl ständiger Bedrohung, das er heraufbeschwor. Einmal, als er mich gegen eine Wand gedrückt hatte, fragte ich ihn geradeheraus, was ich ihm denn getan habe, dass er mich nicht leiden könne; plötzlich lockerte er seinen Griff, ließ mich los und sagte: »Du bist ein Schlappschwanz. Ich bring dich bloß auf Vordermann.« Er hatte recht, ich war gewissermaßen ein Schlappschwanz, und als er es aussprach, wurde mir augenblicklich klar, dass ich nichts tun konnte, um seine Meinung zu ändern, sondern mich abhärten musste, diesen Sachverhalt zu akzeptieren und zu verteidigen.

Sobald ich wieder in der friedlichen warmen Küche war, wo Queenie vielleicht gerade an einem alten ausgebuddelten Knochen nagte und meine Freundin an einer Pastete herumwerkelte, glitt die Zentnerlast Odd Henderson glücklicherweise von meinen Schultern. Aber des Nachts tauchten seine schmalen Raubtieraugen nur allzu oft in meinen Träumen auf, während seine hohe, harte Stimme, die Grausamkeiten ankündigte, in meinen Ohren zischelte.

Das Zimmer meiner Freundin lag neben meinem; Schreie, die von meinen unruhigen Albträumen herrührten, weckten sie manchmal; dann kam sie und rüttelte mich aus meinem Odd-Henderson-Wahn. »Schau«, sagte sie und machte eine Lampe an, »du hast sogar Queenie erschreckt. Sie zittert.« Und: »Hast du Fieber? Du bist ja schweißgebadet. Vielleicht sollten wir Doktor Stone holen.« Aber sie wusste genau, dass ich kein Fieber hatte, sie wusste, dass es wegen der Schikanen in der Schule war, denn ich hatte ihr wieder und wieder geschildert, wie Odd Henderson mit mir umsprang.

Doch inzwischen hatte ich aufgehört, darüber zu sprechen, erwähnte nichts mehr davon, weil sie sich weigerte einzuräumen, dass irgendein Mensch so böse sein konnte, wie ich Odd Henderson hinstellte. Die Unschuld, die sich Miss Sook durch Mangel an Erfahrung bewahrt hatte und die sie stets abgeschottet hatte, setzte sie außerstand, etwas so vollkommen Böses zu ermessen.

»Ach«, mochte sie dann sagen, während sie meine eiskalten Hände warmrieb, »er piesackt dich doch nur aus Neid. Weil er nicht so gescheit und so hübsch ist wie du.« Oder weniger spaßend: »Eins darfst du nie vergessen, Buddy, dieser Junge kann nichts dafür, dass er sich so garstig benimmt; er kennt es nicht anders. Die Henderson-Kinder haben es alle sehr schwer. Und das darf man ruhig Dad Henderson anlasten. Ich sage es nicht gern, aber dieser Mann war noch nie etwas anderes als ein Störenfried und ein Dummkopf. Wusstest du, dass Onkel B. ihn einmal ausgepeitscht hat? Hat ihn dabei erwischt, wie er einen Hund schlug, und ihn auf der Stelle ausgepeitscht. Das Beste, was überhaupt passieren konnte, war, dass sie ihn in einem Arbeitslager eingesperrt haben. Aber ich kannte Molly Henderson schon, bevor sie Dad geheiratet hat. Sie war erst fünfzehn oder sechzehn und frisch von irgendwo auf der anderen Seite des Flusses. Sie arbeitete bei Sade Danvers weiter unten an der Straße, ging bei ihr in die Schneiderlehre. Sie kam oft hier vorbei und hat mich im Garten hacken sehen – so ein höfliches Mädchen, mit wunderschönen roten Haaren, und so dankbar für alles; manchmal habe ich ihr einen Strauß Wicken oder eine Kamelie geschenkt, und sie war immer so dankbar. Dann fing sie an, Arm in Arm mit Dad Henderson vorbeizuspazieren – wo er doch so viel älter ist und ein ausgemachter Halunke, ob betrunken oder nüchtern. Nun, der Herr wird schon seine Gründe haben. Aber es ist eine Schande; Molly kann nicht über fünfunddreißig sein und hat keinen einzigen Zahn mehr im Mund und keinen roten Heller. Nur ein Haus voll Kinder, die sie durchbringen muss. Das muss man alles in Betracht ziehen, Buddy also hab Geduld.«

Geduld! Was hatte es für einen Zweck, darüber zu diskutieren? Zu guter Letzt jedoch erkannte meine Freundin den Ernst meiner Verzweiflung. Diese Einsicht kam auf leisen Sohlen und war nicht die Folge nächtlichen Aufschreckens aus bösen Träumen oder flehender Szenen mit Onkel B. Sie kam im Dämmerlicht eines verregneten Novembertages, als wir in der Küche allein am ausgehenden Herdfeuer saßen; das Abendessen war vorbei, das Geschirr aufgeräumt, und Queenie hatte sich auf einem Schaukelstuhl zusammengerollt und schnarchte. Die flüsternde Stimme meiner Freundin drang durch das hüpfende Geräusch, das der Regen auf dem Dach machte, doch in Gedanken war ich bei meinen Nöten und hörte nicht zu, obwohl mir bewusst war, dass sie von Thanksgiving sprach, das nur noch eine Woche entfernt war.

Meine Verwandten hatten nie geheiratet (Onkel B. hätte *beinahe* geheiratet, doch seine Verlobte gab den Ring zurück, als sie merkte, dass eine Verbindung mit ihm bedeutete, das Haus mit drei sehr eigenwilligen alten Jungfern zu teilen); aber sie hatten ausgedehnte familiäre Beziehungen in der ganzen Umgebung aufzuweisen: Vettern und Kusinen en masse und eine Tante, Mrs. Mary Taylor Wheelwright, die hundertdrei Jahre alt war. Da unser Haus das größte war und am günstigsten lag, war es Tradition, dass sich diese Verwandten jedes Jahr an Thanksgiving zu uns auf den Weg machten; obwohl sich selten weniger als dreißig Personen zu diesem Fest einfanden, hatten wir nicht allzu viel Arbeit damit, da wir nur die Räumlichkeiten und die entsprechende Anzahl gefüllter Truthähne stellten.

Die Beilagen brachten die weiblichen Gäste mit, von denen jede ihre besondere Spezialität beisteuerte: Eine Kusine zweiten Grades, Harriet Parker aus Flomaton, machte eine perfekte Götterspeise mit hauchdünnen Orangenscheiben und frisch geraspelter Kokosnuss; Harriets Schwester Alice erschien gewöhnlich mit einer Schüssel pürierter Süßkartoffeln mit Rosinen darin; die Conklin-Sippe, Mr. und Mrs. Bill Conklin und ihre vier hübschen Töchter, brachte immer eine köstliche Auswahl an Gemüsen mit, die im Sommer eingemacht worden waren. Meine Lieblingsspeise war ein kalter Bananenpudding – das streng gehütete Rezept der uralten Tante, die trotz ihrer Betagtheit noch sehr rüstig war; zu unserem Bedauern nahm sie ihr Geheimnis mit ins Grab, als sie 1934 im Alter von einhundertundfünf Jahren starb (und nicht an Altersschwäche; sie wurde auf einer Weide von einem Stier angegriffen und niedergetrampelt).

Über derlei Dinge sann Miss Sook laut nach, während mein Geist durch ein Labyrinth wanderte, das so melancholisch war wie das nasse Dämmerlicht. Plötzlich hörte ich, wie sie mit den Fingerknöcheln auf den Tisch klopfte. »Buddy!«

»Was?«

»Du hörst mir ja gar nicht zu.«

»Entschuldigung.«

»Ich glaube, wir brauchen dieses Jahr fünf Truthähne. Als ich mit Onkel B. darüber sprach, sagte er, in diesem Jahr sollst du sie töten. Und bratfertig machen.«

»Wieso *ich*?«

»Er sagt, ein Junge muss wissen, wie man das macht.«

Schlachten war die Aufgabe von Onkel B. Für mich war es eine Tortur mitanzusehen, wie er ein Schwein schlachtete oder auch nur einem Huhn den Hals umdrehte. Meiner Freundin ging es genauso; weder sie noch ich konnten Gewaltanwendungen ertragen, bei denen mehr Blut floss als beim Erschlagen einer Fliege, und so war ich verblüfft, wie beiläufig sie diese Anordnung weitergab.

»Ich mach's aber nicht.«

Da lächelte sie. »Natürlich nicht. Ich werde Bubber oder einen anderen Farbigen holen. Ihm fünf Cent bezahlen. Aber«, sagte sie, und ihre Stimme senkte sich verschwörerisch, »wir werden Onkel B. in dem Glauben lassen, dass *du* es gemacht hast. Dann freut er sich und sagt nicht mehr, dass es falsch ist.«

»Was ist falsch?«

»Dass wir ständig zusammen sind. Er sagt, du solltest andere Freunde haben, Buben deines Alters. Tja, er hat recht.«

»Ich will aber keinen anderen Freund.«

»Still, Buddy. Sei still. Du warst immer sehr gut zu mir. Ich weiß nicht, was ich ohne dich machen würde. Vermutlich eine verschrobene alte Hexe werden. Aber ich möchte dich glücklich sehen, Buddy. Stark, fähig, in die Welt hinauszuziehen. Und das wirst du niemals, wenn du nicht lernst, Menschen wie Odd Henderson zu akzeptieren und sie dir zum Freund zu machen.«

»Den? Der ist der Letzte auf der Welt, den ich zum Freund haben will.«

»Bitte, Buddy – lade den Jungen zum Thanksgiving-Essen ein.«

Obwohl wir beide uns gelegentlich zankten, hatten wir nie Streit. Zuerst wollte ich einfach nicht glauben, dass ihr Ansinnen mehr war als ein schlechter Witz; aber als ich merkte, dass sie es ernst meinte, wurde mir mit Bestürzung klar, dass wir auf einen handfesten Krach zusteuerten.

»Ich dachte, du bist meine *Freundin*.«

»Das bin ich, Buddy. Ehrlich.«

»Wenn du's wärst, würdest du dir nicht so was ausdenken. Odd Henderson hasst mich. Er ist mein *Feind*.«

»Er kann dich nicht hassen. Er kennt dich nur nicht.«

»Ich hasse ihn jedenfalls.«

»Weil du ihn nicht kennst. Ich möchte doch nur, dass ihr eine Gelegenheit habt, euch ein wenig besser kennenzulernen. Dann hört der ganze Ärger bestimmt auf. Vielleicht hast du ja recht, Buddy, vielleicht werdet ihr niemals Freunde sein. Aber ich bezweifle, dass er dich danach noch piesacken wird.«

»Du verstehst das nicht. Du hast noch nie jemand gehasst.«

»So ist es. Uns wird nur eine begrenzte Zeit auf Erden zugebilligt, und ich möchte nicht, dass der Herr mich meine auf diese Art vergeuden sieht.«

»Das mach ich nicht. Der hält mich doch für verrückt. Nein, so verrückt bin ich nicht.«

Der Regen hatte aufgehört und eine Stille hinterlassen, die sich bedrückend in die Länge zog. Die klaren Augen meiner Freundin betrachteten mich sinnend, als wäre ich eine Spielkarte und sie überlegte sich, wie sie mich ausspielen soll; sie schob sich eine graumelierte Haarsträhne aus dem Gesicht und seufzte. »Dann mache *ich* es. Morgen«, sagte sie, »werde ich meinen Hut aufsetzen und Molly Henderson einen Besuch abstatten.« Diese Erklärung machte ihre Entschlossenheit amtlich, denn ich hatte noch nie erlebt, dass Miss Sook irgendwo einen Besuch plante, nicht nur weil ihr jegliches gesellschaftliches Talent abging, sondern auch weil sie zu bescheiden war, um sich vorzustellen, dass sie willkommen war. »Ich glaube nicht, dass Thanksgiving dort groß gefeiert wird. Vermutlich würde sich Molly sehr freuen, wenn Odd zu uns kommen könnte. Ich weiß ja, dass Onkel B. es nie erlauben würde, aber eigentlich wäre es schön, alle miteinander einzuladen.«

Mein Gelächter weckte Queenie; und nach kurzer Verblüffung lachte auch meine Freundin. Ihre Wangen wurden rosig, und ihre Augen begannen zu leuchten; sie stand auf, umarmte mich und sagte: »Ach, Buddy, ich wusste, dass du mir verzeihen wirst und erkennst, dass meine Idee nicht ganz abwegig ist.«

Sie irrte sich. Meine Belustigung hatte andere Ursachen.

Genau gesagt zwei. Zum einen die Vorstellung, wie Onkel B. für die ganzen streitsüchtigen Hendersons Truthähne tranchiert. Und zum anderen war ich darauf gekommen, dass ich keinen Grund zur Beunruhigung hatte; Miss Sook mochte die Einladung zwar aussprechen, und Odds Mutter mochte sie in seinem Namen auch annehmen, aber Odd selbst würde nicht in einer Million Jahren hier aufkreuzen.

Dazu war er zu stolz. Nur ein Beispiel: Während der Wirtschaftskrise verteilte unsere Schule kostenlos Milch und Sandwiches an alle Kinder, deren Familien zu arm waren, um ihnen Pausenbrote mitzugeben. Aber Odd, so ausgemergelt er auch war, lehnte diese Almosen kategorisch ab; er verzog sich irgendwohin und verschlang eine Hosentasche voll Erdnüsse oder knabberte eine große rohe Rübe. Dieser Stolz war für die Henderson-Brut typisch: Sie mochten stehlen, einem Toten das Gold aus den Zähnen brechen, aber sie hätten nie ein offen angebotenes Geschenk angenommen, denn alles, was nach Mildtätigkeit roch, war für sie eine Beleidigung. Odd würde Miss Sooks Einladung sofort als mildtätige Geste auffassen; oder darin – nicht ganz zu Unrecht – einen Erpressungsversuch sehen, damit er mich in Ruhe ließ.

An dem Abend ging ich leichten Herzens zu Bett, denn ich war überzeugt, dass mir Thanksgiving nicht durch die Anwesenheit eines so unzumutbaren Gastes verdorben würde.

Am nächsten Morgen hatte ich eine böse Erkältung, was durchaus erfreulich war, denn das hieß, keine Schule. Außerdem hieß das, dass ich Feuer in meinem Zimmer haben konnte und Tomatencremesuppe und ungestörte Stunden mit Mr. Micawber und David Copperfield: das Schönste am Kranksein. Es nieselte wieder; aber getreu ihrer Ankündigung holte meine Freundin ihren Hut, ein Wagenrad aus Stroh, garniert mit verschossenen Samtrosen, und machte sich auf den Weg zu den Hendersons. »Ich bin gleich wieder da«, sagte sie. Tatsächlich blieb sie fast zwei Stunden weg. Ich konnte mir nicht vorstellen, dass Miss Sook eine so lange Unterhaltung durchstand, außer mit mir oder sich selbst (sie führte oft Selbstgespräche, eine Angewohnheit auch ganz normaler Einzelgänger); und als sie zurückkam, wirkte sie völlig erschöpft.

Ohne erst ihren Hut und den weiten alten Regenmantel abzulegen, steckte sie mir das Thermometer in den Mund und setzte sich dann ans Fußende des Betts. »Ich mag sie«, sagte sie mit Nachdruck. »Ich habe Molly Henderson schon immer gemocht. Sie tut, was sie nur kann, und das Haus war so sauber wie Bob Spencers Fingernägel« – Bob Spencer, ein baptistischer Geistlicher, der wegen seiner hygienischen Sauberkeit berühmt war – »aber bitterkalt. Kein Wunder, bei einem Blechdach und wenn der Wind durchs Zimmer pfeift und nicht das kleinste Feuerchen im Kamin brennt. Sie bot mir eine Erfrischung an, und ich hätte eine Tasse Kaffee wirklich vertragen können, aber ich habe abgelehnt. Denn ich nehme nicht an, dass sie überhaupt Kaffee im Haus hatte. Oder Zucker.

Ich habe mich geschämt, Buddy. Es tut mir in der Seele weh, wenn ich sehe, wie sich jemand wie Molly abstrampelt. Immer nur Sorgen, nie ein Lichtblick. Ich sage ja nicht, dass der Mensch alles haben soll, was er sich wünscht. Obwohl, wenn ich es mir recht überlege, ich nicht einsehe, was daran falsch sein soll. Du zum Beispiel solltest ein Fahrrad haben, und warum sollte Queenie nicht jeden Tag einen Rinderknochen bekommen? Ja, jetzt ist es mir klar, jetzt verstehe ich: jeder von uns sollte eigentlich alles haben, was er sich wünscht. Ich wette mit dir um einen Zehner, dass der Herr es genau so vorgesehen hat. Aber wenn wir überall um uns herum Menschen sehen, die ihre einfachsten Bedürfnisse nicht befriedigen können, dann schäme ich mich. Nicht wegen mir selbst, denn ich bin, was ich bin, eine alte unbedeutende Frau, die noch nie etwas besessen hat; wenn ich nicht eine Familie hätte, die für mich aufkommt, wäre ich längst verhungert oder im Armenhaus gelandet. Ich schäme mich für all diejenigen unter uns, die ein bisschen mehr haben, während andere gar nichts haben.

Ich erwähnte Molly gegenüber, dass wir hier mehr Steppdecken haben, als wir jemals brauchen werden – auf dem Speicher steht eine Truhe voller Patchworkdecken, die ich als junges Mädchen gemacht habe, als ich selten das Haus verlassen konnte. Aber sie ist mir ins Wort gefallen, hat gesagt, die Hendersons bräuchten nichts, vielen Dank, und alles, was sie wollten, sei, dass man Dad freilässt und heim zu seiner Familie schickt. ›Miss Sook‹, hat sie zu mir gesagt, ›Dad ist ein guter Ehemann, was immer er auch sonst sein mag.‹

Und, Buddy, du täuschst dich bestimmt in dem Jungen. Zumindest teilweise. Molly sagt, dass Odd ihr eine große

Hilfe und ein großer Trost ist. Sich nie beklagt, und wenn sie ihm noch so viel Arbeit aufträgt. Und sie sagt, dass er so gut singt wie die im Radio, und wenn die kleineren Kinder zu viel Radau machen, dann singt er ihnen etwas vor, und sie sind still. Aber leider«, sagte sie klagend, als sie das Thermometer herauszog, »können wir für Menschen wie Molly nicht mehr tun als sie respektieren und in unsere Gebete einschließen.«

Das Thermometer hatte mich am Sprechen gehindert; doch jetzt wollte ich wissen: »Und was ist mit der Einladung?«

»Manchmal«, sagte sie, während sie verkniffen den roten Faden im Glas betrachtete, »glaube ich, dass meine Augen nachlassen. In meinem Alter fängt man an, sich sehr genau umzusehen. Damit man sich daran erinnert, wie Spinnweben wirklich aussehen. Aber um deine Frage zu beantworten, Molly hat sich sehr gefreut zu hören, dass du so viel von Odd hältst, dass du ihn zu Thanksgiving einlädst. Und«, fuhr sie fort, ohne auf mein Stöhnen zu achten, »sie sagte, sie sei sicher, dass er schrecklich gerne kommen werde. Du hast etwas erhöhte Temperatur. Ich nehme an, du kannst damit rechnen, morgen zu Hause zu bleiben. Das müsste dir doch ein Lächeln entlocken! Nun lächle schon, Buddy.«

Wie es sich traf, lächelte ich in den verbliebenen Tagen vor dem großen Festessen ziemlich viel, denn aus meiner Erkältung war Krupp geworden, und ich musste während der ganzen Zeit nicht in die Schule. Ich hatte daher keinen Kontakt mit Odd Henderson und konnte mich somit nicht persönlich von seiner Reaktion auf die Einladung überzeugen; aber ich konnte mir denken, dass er zuerst darüber gelacht und dann ausgespuckt hatte. Die Möglichkeit, dass er tatsächlich auftauchen könnte, machte mir keine Sorgen; sie war so abstrus wie die Vorstellung, Queenie könnte mich anknurren oder Miss Sook könnte mein in sie gesetztes Vertrauen enttäuschen.

Trotzdem blieb Odd präsent, ein rothaariger Schatten auf der Schwelle meiner gehobenen Stimmung. Allerdings beschäftigte mich, wie seine Mutter ihn beschrieben hatte; ich fragte mich, ob es wirklich so war, dass er noch eine andere Seite hatte, dass irgendwo unter dem Bösen ein Körnchen Menschlichkeit steckte. Aber das war ausgeschlossen! Jeder, der *das* glaubte, würde auch die Haustür offenstehen lassen, wenn die Zigeuner kamen! Man brauchte sich ihn doch nur anzuschauen.

Miss Sook wusste, dass mein Krupp nicht so ernst war, wie ich vorgab, und so erlaubte sie mir morgens, wenn die anderen weggegangen waren – Onkel B. auf seine Farmen und die Schwestern in ihre Textilwarenhandlung –, aufzustehen und ihr beim Großputz zu helfen, der dem Thanksgiving-Treffen stets vorausging. Es gab so viel zu tun, genug für ein Dutzend Hände. Wir polierten die Wohnzimmermöbel, das Klavier, den schwarzen Schaukasten (der lediglich ein Fragment der Statue von Robert E. Lee am Stone Mountain enthielt, das die Schwestern von einer Geschäftsreise nach Atlanta mitgebracht hatten), die guten Nussbaum-Schaukelstühle und die überladenen Biedermeiersachen – rieben sie mit Wachs ein, das nach Zitronen duftete, bis das ganze Haus glänzte wie eine Zitronenschale und roch wie eine Zitrusplantage. Vorhänge wurden gewaschen und wieder aufgehängt, Sofakissen aufgeplustert, Teppiche geklopft; überall, wohin man sah, schwebten Sonnenstäubchen und winzige Federchen im funkelnden Novemberlicht, das die hohen Räume durchrieselte. Die arme Queenie wurde in die Küche verbannt, aus Angst, sie könnte ein Hundehaar oder gar einen Floh in den erlauchteren Bereichen des Hauses hinterlassen.

Die heikelste Aufgabe war es, die Servietten und Tafeldecken zu richten, die den Esstisch zieren sollten. Sie hatten der Mutter meiner Freundin gehört, die sie zur Hochzeit geschenkt bekommen hatte; obwohl die Sachen nur ein- bis zweimal im Jahr benutzt wurden, sagen wir zweihundert Mal in den zurückliegenden achtzig Jahren, so waren sie doch achtzig Jahre alt und wiesen gestopfte Stellen und vereinzelte Verfärbungen auf. Vermutlich war es von Anfang an keine gute Qualität gewesen, aber Miss Sook behandelte diese Tischwäsche, als wäre sie von goldenen Händen auf himmlischen Webstühlen gewebt worden: »Meine Mutter hat immer gesagt: ›Vielleicht kommt einmal der Tag, wo wir nur Brunnenwasser und kaltes Maisbrot anbieten können, aber zumindest werden wir es auf anständiger Tischwäsche servieren.‹«

Abends, nach der Hektik des Tages und wenn der Rest des Hauses dunkel war, brannte noch lange eine schwache Lampe, während meine Freundin im Bett saß, auf dem Schoß einen Stapel Servietten, und mit Nadel und Faden kleine Löcher und Risse ausbesserte, die Stirn gerunzelt, die Augen schmerzhaft zusammengekniffen, aber erleuchtet von der Verzückung eines Pilgers, der sich am Ziel seiner strapaziösen Reise einem Heiligtum nähert.

Stunde um Stunde, wenn die zitternden Schläge der fernen Rathausuhr zehn und elf und zwölf verkündeten, wachte ich auf und sah, dass ihre Lampe noch immer brannte, taumelte dann schlaftrunken in ihr Zimmer und sagte vorwurfsvoll: »Du solltest endlich schlafen!«

»Gleich, Buddy. Nur noch einen Moment. Wenn ich daran denke, wie viele Leute kommen, wird mir angst und bange. Dann dreht sich mir alles im Kopf«, sagte sie, hörte auf zu nähen und rieb sich die Augen. »Und ich sehe Sterne.«

Chrysanthemen: manche so groß wie der Kopf eines Säuglings. Büschel zusammengerollter kupferfarbener Blätter mit zuckenden lavendelfarbenen Untertönen. »Chrysanthemen«, bemerkte meine Freundin, als wir durch unseren Garten gingen und, mit Scheren bewaffnet, Jagd auf ausstellungswürdige Blüten machten, »sind wie Löwen. Königliche Wesen. Ich rechne immer damit, dass sie mich *anspringen*. Sich knurrend und brüllend auf mich stürzen.«

Es war die Art von Bemerkung, die manche Leute veranlasste, sich über Miss Sook zu wundern, obwohl ich das erst im Nachhinein verstehe, denn ich wusste immer ganz genau, was sie meinte, und in diesem Fall machten uns ihre Worte, die Vorstellung, all diese knurrenden, hinreißenden, brüllenden Löwen ins Haus zu schleppen und sie in kitschige Vasen zu sperren (unsere abschließende Verschönerungsmaßnahme am Abend vor Thanskgiving), so ausgelassen und übermütig und albern, dass wir bald außer Atem waren.

»Schau dir Queenie an«, sagte meine Freundin, vor lauter Vergnügtheit stotternd. »Schau dir ihre Ohren an, Buddy. Stehen kerzengerade hoch. Sie fragt sich sicher, mit was für armen Irren sie sich da eingelassen hat. Ach, Queenie. Komm her, meine Süße. Du kriegst auch ein in heißen Kaffee getunktes Brötchen.«

Ein aufregender Tag, jenes Thanksgiving. Aufregend auch das Wetter, abwechselnd Schauer und abrupt klarer Himmel, begleitet von blassen Sonnenschüben und plötzlichen Windböen, die an den vom Herbst übrig gebliebenen Blättern rissen.

Die Geräusche im Haus waren ebenfalls herrlich: Töpfe und Pfannen und die ungewohnte und eingerostete Stimme von Onkel B., der in seinem zu engen Sonntagsanzug in der Diele stand und unsere eintreffenden Gäste begrüßte. Einige kamen zu Pferd oder mit Maultierwagen, die meisten in frisch gewaschenen Kleinlastern und klapprigen Autos. Mr. und Mrs. Conklin und ihre vier schönen Töchter fuhren in einem pfefferminzgrünen 1932er Chevrolet vor (Mr. Conklin war wohlhabend; ihm gehörten mehrere Fischkutter, die von Mobile aus operierten), ein Gegenstand, der die brennende Neugier der anwesenden Männer erregte; sie begutachteten ihn und klopften daran herum und nahmen ihn geradezu auseinander.

Die ersten Gäste, die eintrafen, waren Mrs. Mary Taylor Wheelwright und ihre sie begleitenden Vormunde, ein

Enkel und seine Frau. Sie war ein hübsches kleines Ding, die alte Mrs. Wheelwright; ihre Bejahrtheit schien ihr so wenig eine Last zu sein wie das rote Hütchen, das, wie die Kirsche auf einem Vanilleeis, keck auf ihrem milchweißen Haar thronte. »Liebster Bobby«, sagte sie, als sie Onkel B. umarmte, »ich weiß, wir sind eine Idee zu früh da, aber du kennst mich, immer überpünktlich.« Eine durchaus angebrachte Entschuldigung, da es noch nicht einmal neun Uhr war und die Gäste erst kurz vor Mittag erwartet wurden.

Allerdings trafen *alle* früher ein, als wir gedacht hatten – bis auf die Familie Perk McCloud, die auf einer Strecke von dreißig Meilen zweimal eine Reifenpanne hatte und so stinkwütend ankam, insbesondere Mr. McCloud, dass wir um das Porzellan bangten. Die meisten von ihnen lebten das ganze Jahr über an einsamen Orten, wo sie schlecht weg konnten: auf isolierten Farmen, an abgelegenen Bedarfsbahnhöfen und Straßenkreuzungen, in leeren Dörfern am Fluss oder in Baumfällersiedlungen tief drinnen in Kiefernwäldern; somit war es natürlich schiere Ungeduld, die sie veranlasste, zu früh zu kommen, begierig auf ein herzerwärmendes und denkwürdiges Treffen.

Und das war es auch. Vor einiger Zeit erhielt ich einen Brief von einer der Conklin-Schwestern, inzwischen verheiratet mit einem Kapitän zur See und wohnhaft in San Diego; sie schrieb: »In dieser Jahreszeit denke ich oft an dich, wahrscheinlich aufgrund dessen, was sich damals bei einem unserer Thanksgiving-Feste bei euch in Alabama ereignete. Das war, ein paar Jahre bevor Miss Sook starb – könnte es

1933 gewesen sein? Meine Güte, den Tag werde ich nie vergessen!«

Gegen Mittag hätte man keine weitere Person mehr im Wohnzimmer unterbringen können, einem summenden Bienenkorb voll weiblichem Schwatzen und weiblichen Düften: Mrs. Wheelwright roch nach Fliederwasser und Annabel Conklin wie Geranien nach Regen. Der Geruch von Tabak breitete sich von der Veranda aus, wo sich die meisten Männer versammelt hatten, trotz des wechselhaften Wetters, das ständig zwischen feinem Sprühregen und windigen Schauern mit Sonnenschein schwankte. Tabak war in diesem Haus ein Fremdkörper; gewiss, Miss Sook nahm hin und wieder heimlich eine Prise Schnupftabak, eine Vorliebe, die sie unter unbekannter Anleitung entwickelt hatte und über die zu reden sie sich weigerte; ihre Schwestern wären entsetzt gewesen, wenn sie davon gewusst hätten, und Onkel B. ebenfalls, denn er war strikt gegen Genussmittel jedweder Art, da er sie aus moralischen und medizinischen Gründen verurteilte.

Der männliche Duft von Zigarren, das würzige Aroma von Pfeifenrauch, die schildpattartige Schwere, die sie heraufbeschworen, lockten mich ständig aus dem Wohnzimmer hinaus auf die Veranda, obwohl ich das Wohnzimmer vorzog, weil dort die Conklin-Schwestern waren, die abwechselnd auf unserem ungestimmten Klavier spielten und dabei einen talentierten, übermütigen Mangel an Allüren zeigten. Zu ihrem Repertoire gehörte «Indian Love Call» und auch eine Ballade aus dem Kriegsjahr 1918, die Klage eines Kindes, das einen Einbrecher anfleht, Vaters

Orden nicht zu stehlen, die er für Tapferkeit erhielt. Annabel spielte und sang dazu; sie war die Älteste von den Schwestern und die Hübscheste, obwohl die Wahl schwerfiel, denn sie waren wie Vierlinge, nur unterschiedlich groß. Man dachte unwillkürlich an Äpfel, drall und appetitlich, süß, aber angenehm säuerlich; ihre Haare, zu lockeren Zöpfen geflochten, hatten den blauen Schimmer eines gut gestriegelten ebenholzschwarzen Rennpferdes, und wenn sie lächelten, zogen sich gewisse Gesichtszüge, Augenbrauen, Nasen, Lippen, höchst apart nach oben, so dass zu ihrem Liebreiz noch etwas Humorvolles hinzukam. Das Netteste war, dass sie ein wenig mollig waren: »gefällig mollig« beschreibt es exakt.

Gerade als ich Annabel am Klavier zuhörte, und mich prompt in sie verliebte, spürte ich plötzlich Odd Henderson. Ich sage *spürte,* weil ich schon wusste, dass er da war, noch bevor ich ihn sah: Das Gefühl einer drohenden Gefahr, das, sagen wir, einen erfahrenen Holzfäller vor einer bevorstehenden Begegnung mit einer Klapperschlange oder einem Luchs warnt, rüttelte mich auf.

Ich drehte mich um, und da stand der Kerl unter der Wohnzimmertür, halb drinnen, halb draußen. Die anderen sahen vermutlich nur einen schmuddeligen klapperdürren Zwölfjährigen, der irgendwie versucht hatte, dem Anlass gerecht zu werden, indem er seinen wilden Haarschopf gescheitelt und angeklatscht hatte – die feuchten Kammspuren waren noch deutlich zu sehen. Aber für mich war er so unerwartet und Unheil verkündend wie ein Geist, den man aus der Flasche gelassen hat. Was war ich für ein

Dummkopf gewesen, mir einzubilden, dass er nicht auftauchen würde! Nur einem Schwachsinnigen wäre es nicht eingefallen, dass er aus reiner Bosheit kommen würde: aus purer Schadenfreude, mir diesen ungeduldig erwarteten Tag zu verderben.

Odd hatte mich jedoch noch nicht gesehen: Annabel, deren kräftige, akrobatische Finger sich auf den verzogenen Klaviertasten überschlugen, hatte ihn abgelenkt, denn er starrte sie mit offenem Mund und zusammengekniffenen Augen an, als hätte er sie dabei überrascht, wie sie sich unbekleidet unten im Fluss abkühlt. Es war, als betrachtete er einen lange ersehnten Anblick; seine ohnehin roten Ohren waren krebsrot geworden. Das bezaubernde Bild betörte ihn derart, dass ich direkt an ihm vorbeischlüpfen und durch die Diele in die Küche laufen konnte. »Er ist da!«

Meine Freundin war schon seit Stunden mit ihrer Arbeit fertig; außerdem hatte sie zwei farbige Frauen, die mithalfen. Dennoch hatte sie sich, seit das Fest begann, in der Küche versteckt unter dem Vorwand, der verbannten Queenie Gesellschaft zu leisten. In Wahrheit hatte sie Angst, sich unter Menschen zu begeben, selbst wenn es sich um Verwandte handelte, was auch der Grund war, warum sie, trotz ihres Vertrauens auf die Bibel und deren Helden, selten in die Kirche ging. Obwohl sie alle Kinder liebte und sich bei ihnen wohlfühlte, war sie als Kind nicht akzeptabel, und sie selbst konnte sich nicht als Erwachsene ebenbürtig akzeptieren und benahm sich in deren Mitte wie ein unbeholfenes junges Mädchen, stumm und ziemlich erstaunt. Aber Feste *an sich* beflügelten sie; es war zu schade, dass sie nicht unsichtbar an ihnen teilnehmen konnte, denn wie vergnügt wäre sie dann gewesen.

Ich bemerkte, dass die Hände meiner Freundin zitterten; genau wie meine. Ihre übliche Garderobe bestand aus Kattunkleidern, Tennisschuhen und den abgelegten Pullovern von Onkel B.; für festliche Anlässe hatte sie nichts Passendes. An dem Tag steckte sie in etwas, das sie von einer ihrer korpulenteren Schwestern geliehen hatte, einem gruseligen marineblauen Kleid, dessen Besitzerin es seit Menschengedenken bei jeder Beerdigung in der Gegend getragen hatte.

»Er ist da«, teilte ich ihr zum dritten Mal mit. »Odd Henderson.«

»Warum bist du dann nicht bei ihm?«, sagte sie tadelnd. »Das ist sehr unhöflich, Buddy. Er ist dein persönlicher Gast. Du solltest drüben sein und dafür sorgen, dass er alle kennenlernt und sich angenehm unterhält.«

»Das *kann* ich nicht. Ich kann mit dem nicht sprechen.«

Queenie hatte zusammengerollt auf ihrem Schoß gelegen und sich kraulen lassen; meine Freundin stand auf, setzte Queenie auf den Boden, so dass ein marineblauer Bereich voller Hundehaare sichtbar wurde, und sagte: »*Buddy!* Soll das heißen, dass du noch nicht mit ihm gesprochen hast?« Mein unmanierliches Benehmen ließ sie ihre Schüchternheit vergessen; sie nahm mich bei der Hand und bugsierte mich Richtung Wohnzimmer.

Sie hätte sich keine Sorgen um Odds Wohlbefinden zu machen brauchen. Annabel Conklins Liebreiz hatte ihn ans Klavier gelockt. Tatsächlich kauerte er neben ihr auf der

Klavierbank, saß da und betrachtete ihr entzückendes Profil mit Augen, die so trüb waren wie die Glasaugen des ausgestopften Walfischs, den ich im Sommer gesehen hatte, als eine tingelnde Schaubude bei uns Station machte (er wurde als *Der echte Moby Dick* angekündigt, und es kostete fünf Cent, um seine Überreste zu besichtigen – eine Gaunerei!). Was Annabel betraf, die flirtete mit allem, was gehen oder kriechen konnte – nein, das ist unfair, denn es war eigentlich ein Ausdruck von Großherzigkeit, von schlichtem Lebendigsein. Dennoch gab es mir einen Stich, sie mit diesem Maultierschinder schöntun zu sehen.

Mich mitschleifend, ging meine Freundin hin und machte sich bekannt: »Buddy und ich freuen uns so, dass du gekommen bist.« Odd hatte so viel Benehmen wie ein Ziegenbock: Er stand weder auf, noch streckte er die Hand aus, sah sie kaum an und mich überhaupt nicht. Eingeschüchtert, aber unbeirrt sagte meine Freundin: »Vielleicht singt uns Odd etwas vor. Ich weiß, dass er gut singt; seine Mutter hat es mir erzählt. Annabel, Schätzchen, spiel doch etwas, das Odd singen kann.«

Nach nochmaligem Lesen stelle ich fest, dass ich Odd Hendersons Ohren nicht eingehend genug beschrieben habe – ein schwerwiegendes Versäumnis, denn sie sprangen einem wirklich in die Augen, weil sie die reinsten Schalltrichter waren. Doch nun, angesichts von Annabels schmeichelhafter Aufnahme der Bitte meiner Freundin, wurden seine Ohren so knallrot, dass einem die Augen weh taten. Er murmelte etwas, schüttelte verschämt den Kopf; aber Annabel sagte: »Kennst du *I have seen the light?*« Kannte er nicht, aber ihr nächster Vorschlag wurde mit einem bejahenden Grinsen quittiert; jeder Depp hätte gemerkt, dass seine Bescheidenheit bloß gespielt war.

Kichernd schlug Annabel einen vollen Akkord an, und Odd sang mit frühreifer Männerstimme: »*When the red, red robin comes bob, bobbin' along.*« Der Adamsapfel hüpfte in seiner angespannten Kehle auf und ab; Annabels Enthusiasmus wuchs; das schrille Gegacker der Frauen ließ nach, als ihnen der Gesangsvortrag bewusst wurde. Odd war gut, er konnte wirklich singen, und die Eifersucht, die mich packte, besaß genug elektrische Energie, um einen Mörder mittels Stromstoß zu töten. Und ich hatte wirklich Mordgedanken; ich hätte ihn so ungerührt erschlagen können wie eine Stechmücke.

Ein weiteres Mal, und selbst von meiner Freundin unbemerkt, die in die musikalische Darbietung vertieft war, flüchtete ich aus dem Wohnzimmer und suchte Die Insel auf. Diesen Namen hatte ich einem Platz im Haus gegeben, den ich aufsuchte, wenn ich niedergeschlagen oder unerklärlicherweise ausgelassen war oder einfach nur über etwas nachdenken wollte. Dabei handelte es sich um einen riesigen begehbaren Wandschrank hinter unserem einzigen Badezimmer; das Badezimmer selbst, abgesehen von den sanitären Einrichtungen, war wie ein kuscheliger Wintergarten, mit einem zweisitzigen Rosshaarsofa, kleinen Teppichen, einem Sekretär, einem offenen Kamin, diversen gerahmten Reproduktionen beliebter Bilder und jeder Menge Wandkalendern.

Der begehbare Wandschrank hatte zwei kleine Buntglasfenster; rautenförmige Muster aus rosa, bernsteinfarbenem und grünem Licht fielen durch diese Fenster, die in die Wand zum Badezimmer eingelassen waren. Hier und da war die Farbe der Scheiben verblasst oder abgeschlagen; wenn man das Auge an eine der freien Stellen hielt, konnte man erkennen, wer sich im Bad befand. Nachdem ich mich eine Weile dort verkrochen und über den Erfolg meines Feindes gegrübelt hatte, hörte ich plötzlich Schritte: Es war Mrs. Mary Taylor Wheelwright, die vor einem Spiegel stehen blieb, ihr Gesicht mit einer Puderquaste bearbeitete, Rouge auf ihre welken Wangen auftrug und dann, die Wirkung begutachtend, verkündete: »Sehr schön, Mary. Auch wenn Mary das selbst sagt.«

Es ist bekannt, dass Frauen länger leben als Männer; könnte es lediglich größere Eitelkeit sein, die sie durchhalten lässt? Auf jeden Fall heiterte Mrs. Wheelwright meine Stimmung auf, und so beschloss ich, als nach ihrem Weggang eine herzhaft geschwungene Tischglocke durch das Haus schallte, mein Refugium zu verlassen und das Festmahl zu genießen, ohne Rücksicht auf Odd Henderson.

Doch genau da waren wieder Schritte zu hören. Er erschien, jedoch mit weniger mürrischer Miene, als ich ihn je erlebt hatte. Großspurig. Pfeifend. Während er die Hose aufknöpfte und sich mit einem kräftigen Strahl erleichterte, pfiff er weiter vor sich hin, unbekümmert wie ein Eichelhäher auf einem Sonnenblumenfeld. Gerade als er gehen wollte, erregte ein offenes Kistchen auf dem Sekretär seine Aufmerksamkeit. Es war die Zigarrenkiste, in der meine Freundin aus Zeitungen ausgerissene Rezepte und anderen Kram aufbewahrte, aber auch eine Brosche mit einer Kamee, die ihr Vater ihr vor langer Zeit geschenkt hatte. Abgesehen von ihrem sentimentalen Wert hatte die Phantasie meiner Freundin aus der Brosche eine große Kostbarkeit gemacht; wann immer wir uns zu ernsten Klagen gegen ihre Schwestern oder Onkel B. veranlasst sahen, pflegte sie zu sagen: »Mach dir nichts draus, Buddy. Wir verkaufen meine Kamee und gehen fort. Wir fahren mit dem Bus nach New Orleans.« Obwohl wir nie darüber sprachen, was wir tun würden, wenn wir erst in New Orleans waren, oder wovon wir leben würden, wenn das Geld für die Brosche zu Ende ging, träumten wir gerne davon. Vielleicht war uns beiden klar, dass die Brosche nur ein billiges Ding aus dem Kaufhaus war; trotzdem schien sie uns ein Talisman mit echten, wenn auch unerprobten Zauberkräften zu sein: ein Glücksbringer, der uns unsere Freiheit versprach, sollten wir tatsächlich beschließen, unser Glück in sagenhaften Gefilden zu suchen. Daher trug meine Freundin sie nie, denn sie war ein zu großer Schatz, um ihren Verlust oder eine Beschädigung zu riskieren.

Und nun sah ich Odds frevlerische Finger nach ihr greifen, verfolgte, wie er sie in der hohlen Hand hüpfen ließ, sie wieder in die Zigarrenkiste legte und sich zum Gehen wandte. Wieder zurückkam. Diesmal schnappte er sich die Brosche und schob sie rasch in seine Hosentasche. Rasend vor Wut wollte ich instinktiv hinauslaufen und ihn zur Rede stellen; ich glaube, in dem Moment hätte ich Odd zu Boden strecken können. *Aber...* Erinnern Sie sich noch, wie früher, in der guten alten Zeit, Comiczeichner einen

Geistesblitz darstellten, indem sie über dem Kopf der betreffenden Figur eine brennende Glühbirne anbrachten? Genau so war es bei mir: Eine knisternde Glühbirne erhellte plötzlich meinen Verstand. Ihre unerwartete Leuchtkraft rief heiße und kalte Schauer hervor – und unbändiges Lachen. Odd hatte mir das ideale Instrument für meine Rache geliefert, das sämtliche Kletten wiedergutmachen würde.

Im Esszimmer waren lange Tische zu einem T angeordnet worden. Onkel B. saß am oberen Ende in der Mitte, Mrs. Mary Taylor Wheelwright zu seiner Rechten und Mrs. Conklin zu seiner Linken. Odd saß zwischen zwei Conklin-Schwestern, eine davon Annabel, deren Komplimente dafür sorgten, dass er bester Stimmung war. Meine Freundin hatte sich am Fußende des Tisches zu den jüngsten Kindern gesetzt; sie behauptete, diesen Platz deshalb gewählt zu haben, weil er den günstigsten Zugang zur Küche bot, aber der wahre Grund war natürlich, dass sie genau da sitzen wollte. Queenie, die sich irgendwie befreit hatte, war unter dem Tisch – hüpfte, vor Begeisterung zitternd und schwanzwedelnd, zwischen den Beinreihen herum –, doch niemand schien sich daran zu stören, vermutlich weil sie hypnotisiert waren von den noch untranchierten, üppig glänzenden Truthähnen und den verführerischen Düften, die aus Schüsseln mit Okra und Mais, von Zwiebelringen und heißen gefüllten Pasteten aufstiegen.

Auch mir wäre das Wasser im Munde zusammengelaufen, wenn er nicht bei der Aussicht auf totale Rache vor Herzklopfen knochentrocken gewesen wäre. Einen Moment lang, bei einem flüchtigen Blick auf Odd Hendersons gerötetes Gesicht, verspürte ich kurz Gewissensbisse, aber im Grunde hatte ich keine Skrupel.

Onkel B. sprach das Tischgebet. Den Kopf gesenkt, die Augen geschlossen, die schwieligen Hände fromm gefaltet, sprach er: »Gesegnet seist du, o Herr, für die Fülle der Gaben auf unserem Tisch, die Früchte des Feldes, für die wir in diesem schwierigen Jahr heute an Thanksgiving dankbar sein können« – seine Stimme, die so selten zu hören war, krächzte hohl und verstimmt wie eine alte Orgel in einer aufgegebenen Kirche – »Amen.«

Dann, als Stühle gerückt wurden und Servietten raschelten, trat die notwendige Stille ein, auf die ich gewartet hatte. »Jemand hier ist ein Dieb.« Ich sprach klar und deutlich und wiederholte die Anschuldigung in noch gemessenerem Ton: »Odd Henderson ist ein Dieb. Er hat Miss Sooks Brosche gestohlen.«

Servietten schimmerten in reglosen, mitten in der Bewegung erstarrten Händen. Männer hüstelten, die Conklin-Schwestern schnappten im Vierklang nach Luft, und der kleine Perk McCloud junior bekam einen Schluckauf, was bei kleinen Kindern oft passiert, wenn sie einen Schreck bekommen.

Meine Freundin, mit zwischen Vorwurf und Besorgnis schwankender Stimme, sagte: »Buddy meint das nicht so. Er macht nur Spaß.«

»Ich meine es ernst. Wenn du mir nicht glaubst, dann schau in deiner Zigarrenkiste nach. Die Brosche ist nicht mehr da. Odd Henderson hat sie in seiner Hosentasche.«

»Buddy ist sehr krank gewesen«, murmelte sie. »Nimm's ihm nicht übel, Odd. Er weiß nicht, was er sagt.«

Ich sagte: »Schau in deiner Kiste nach. Ich hab gesehen, wie er sie genommen hat.«

Onkel B., der mich mit beunruhigender Frostigkeit anstarrte, wurde aktiv. »Vielleicht solltest du nachsehen«, sagte er zu Miss Sook. »Damit sich die Sache aufklärt.«

Es kam nicht oft vor, dass meine Freundin Anordnungen ihres Bruders missachtete; sie tat es auch diesmal nicht. Aber ihre Blässe, die gedemütigte Haltung ihrer Schultern verrieten, wie widerstrebend sie seiner Anweisung folgte. Sie war nur eine Minute weg, aber es schien eine Ewigkeit zu sein. Feindseligkeit wallte auf und wucherte rund um den Tisch wie eine stachelige Kletterpflanze, die in beängstigendem Tempo in die Höhe schießt – und das Opfer, das in ihren Ranken festsaß, war nicht der Beschuldigte, sondern der Ankläger. Übelkeit krampfte mir den Magen zusammen; Odd dagegen wirkte so unerschütterlich wie ein Leichnam.

Miss Sook kam lächelnd zurück. »Schäm dich, Buddy«, sagte sie tadelnd und drohte mit dem Zeigefinger. »Uns so einen Streich zu spielen. Meine Kamee war genau dort, wo ich sie hingelegt habe.«

Onkel B. sagte: »Buddy, du wirst dich sofort bei unserem Gast entschuldigen.«

»Nein, das braucht er nicht«, sagte Odd Henderson und stand auf. »Er hat die Wahrheit gesagt.« Er kramte in der Hosentasche und legte die Brosche auf den Tisch. »Ich wär froh, wenn ich eine Ausrede hätte. Aber ich hab keine.« Auf dem Weg zur Tür sagte er: »Sie müssen was Besonderes sein, Miss Sook, dass Sie so für mich geschwindelt haben.« Und dann ging der verdammte Kerl einfach hinaus.

Genau wie ich. Nur dass ich rannte. Ich stieß meinen Stuhl zurück, der prompt umfiel. Der Lärm scheuchte Queenie auf; sie schoss unter dem Tisch hervor, bellte und bleckte die Zähne. Und Miss Sook versuchte mich aufzuhalten, als ich an ihr vorbeilief: »Buddy!« Aber ich wollte von ihr *und* von Queenie nichts mehr wissen. Dieser Hund hatte mich angeknurrt, und meine Freundin hatte für Odd Henderson Partei ergriffen, sie hatte gelogen, um seine Haut zu retten, unsere Freundschaft, meine Liebe verraten: Dinge, die ich nie für möglich gehalten hätte.

Unterhalb des Hauses lag Simpsons Weide, eine im hellen Novembergold strahlende Wiese mit rostbraunem Gras. Am Rand der Weide befanden sich ein grauer Schuppen, ein Schweineauslauf, ein eingezäunter Hühnerhof und ein Räucherhaus. In dieses Räucherhaus schlich ich mich, einen schwarzen Raum, der selbst an den heißesten Sommertagen kühl war. Er hatte einen gestampften Lehmboden und einen Räucherofen, der nach verbranntem Hickoryholz und Kreosot roch; an Balken hingen reihenweise Schinken. Es war ein Ort, an dem mir nie ganz wohl war, doch nun schien seine Dunkelheit Schutz zu bieten. Ich warf mich auf den Boden, meine Rippen hoben und senkten sich wie die Kiemen eines gestrandeten Fisches; und es kümmerte mich nicht, dass ich meinen schönen Anzug ruinierte, den mit der langen Hose, als ich mich auf dem Boden in einer schmutzigen Mischung aus Erde und Asche und Schweinefett herumwälzte.

Eins wusste ich genau: Ich würde dieses Haus, diese Gegend verlassen, noch in dieser Nacht. Davonlaufen. Auf einen Güterzug springen und nach Kalifornien gehen.

Davon leben, in Hollywood Schuhe zu putzen. Die Schuhe von Fred Astaire. Von Clark Gable. Oder – vielleicht wurde ich sogar selbst ein Filmstar. So wie Jackie Cooper. Ah, dann würde es ihnen leidtun! Wenn ich reich und berühmt war und mich weigerte, ihre Briefe und wahrscheinlich auch ihre Telegramme zu beantworten.

Plötzlich fiel mir etwas ein, wodurch es ihnen noch mehr leidtun würde. Die Tür zum Schuppen stand offen, und ein Streifen Sonnenschein fiel auf ein Regal mit mehreren Flaschen. Staubige Flaschen mit Totenkopf-Etiketten. Wenn ich aus einer davon trank, dann würden die da oben im Esszimmer, die ganze schlürfende und schlingende Sippschaft, mal merken, *wie* leid einem etwas tun kann. Das war die Sache wert, schon allein um die Zerknirschung von Onkel B. zu beobachten, wenn sie mich kalt und steif auf dem Boden des Räucherhauses fanden; wert, das Klagen der Menschen und Queenies Heulen zu hören, wenn sie meinen Sarg auf dem Friedhof ins kühle Grab senkten.

Der Haken dabei war nur, dass ich in Wahrheit nichts davon sehen oder hören würde: wie denn, wenn ich tot war? Und wenn man die Schuldgefühle und das Bedauern der Trauernden nicht erleben kann, was hat man dann davon, tot zu sein?

Onkel B. musste Miss Sook verboten haben, nach mir

zu suchen, bevor der letzte Gast den Tisch verlassen hatte. Es war später Nachmittag, ehe ich ihre Stimme über die Weide wehen hörte; sie rief leise meinen Namen, klagend wie eine Trauertaube. Ich blieb, wo ich war, und gab keine Antwort.

Queenie war diejenige, die mich fand; sie strich schnüffelnd um die Räucherkammer und kläffte, als sie meinen Geruch auffing, kam dann herein und auf mich zugekrochen und leckte mir die Hand, ein Ohr und eine Wange ab; sie wusste, dass sie mich schändlich behandelt hatte.

Gleich darauf schwang die Tür auf, und es wurde heller. Meine Freundin sagte: »Komm her, Buddy.« Und ich ging nur zu gern zu ihr. Als sie mich sah, lachte sie. »Du meine Güte, Junge. Du siehst aus wie geteert und reif, gefedert zu werden.« Aber es gab keine Vorwürfe oder Bemerkungen wegen meines ruinierten Anzugs.

Queenie trottete los, um die Kühe zu scheuchen; und wir folgten ihr auf die Weide, wo wir uns auf einen Baumstumpf setzten. »Ich habe dir eine Keule aufgehoben«, sagte sie und reichte mir ein Päckchen, das in Wachspapier eingewickelt war. »Und dein Lieblingsstück vom Truthahn. Das Gabelbein.«

Der Hunger, den düsterere Gefühle bis jetzt betäubt hatten, traf mich wie ein Schlag in die Magengrube. Ich nagte die Keule ab, lutschte das zarte Fleisch vom Gabelbein, dem sogenannten Wunschknochen.

Während ich aß, legte Miss Sook den Arm um meine Schultern. »Ich möchte nur das eine sagen, Buddy. Aus zweimal Unrecht wird niemals Recht. Es war Unrecht von ihm, die Kamee zu nehmen. Aber wir wissen nicht, warum er sie genommen hat. Vielleicht wollte er sie ja gar nicht behalten. Wie dem auch sei, es war bestimmt nicht vorher geplant. Und darum ist das, was du getan hast, viel schlimmer: Du hast *geplant,* ihn bloßzustellen. Das war vorsätzlich. Hör mir jetzt gut zu, Buddy: Es gibt nur eine einzige unverzeihliche Sünde – *vorsätzliche Grausamkeit.* Alles andere kann man verzeihen. Aber *das* nie. Verstehst du, was ich sage, Buddy?«

Ich verstand es so halb, aber das Leben hat mich gelehrt, dass sie recht hatte. Damals begriff ich vor allem, dass mein Racheversuch misslungen war und dass darum meine Methode falsch gewesen sein musste. Odd Henderson hatte sich – wieso? warum? – als jemand erwiesen, der mir überlegen war, und noch dazu ehrlicher.

»Nun, Buddy? Hast du das verstanden?«

»In etwa. Zieh«, sagte ich und hielt ihr ein Ende des Gabelknochens hin.

Wir zogen beide, und er brach in der Mitte entzwei; meine Hälfte war größer als ihre, so dass ich mir etwas wünschen durfte. Sie wollte wissen, was ich mir gewünscht hatte.

»Dass du noch meine Freundin bist.«

»Dummerchen«, sagte sie und drückte mich an sich.

»Für immer und ewig?«

»Ich werde nicht immer und ewig hier sein, Buddy. Und du auch nicht.« Ihre Stimme senkte sich wie die Sonne am Horizont hinter der Weide, war einen Moment still und erhob sich dann mit der Kraft einer neuen Sonne. »Ja, für immer und ewig. So Gott will, wirst du noch lange da sein, nachdem ich gegangen bin. Und solange du an mich denkst, werden wir immer zusammen sein…«

Von da an ließ mich Odd Henderson in Ruhe. Er begann, sich mit einem Jungen seines eigenen Alters zu balgen, mit Squirrel McMillan. Und wegen Odds schlechter Noten und seines allgemein schlechten Betragens verweigerte ihm der Schulleiter im Jahr darauf die Teilnahme am Unterricht, so dass er den Winter über als Hilfskraft auf einer Farm arbeitete. Das letzte Mal sah ich ihn, kurz bevor er per Anhalter nach Mobile fuhr, in die Handelsmarine eintrat und verschwand. Das muss in dem Jahr gewesen sein, bevor ich in ein schreckliches Internat mit militärischer Ausbildung verfrachtet wurde, und zwei Jahre vor dem Tod meiner Freundin.

Miss Sook hatte mich in den Garten gerufen; sie hatte eine blühende Chrysanthemenstaude in eine Blechwanne umgepflanzt und brauchte Hilfe, um sie die Treppe hinauf auf die vordere Veranda zu schaffen, wo sie sehr schön aussehen würde. Die Wanne war schwerer als vierzig fette Piraten, und während wir uns ziemlich erfolglos damit abmühten, kam Odd Henderson auf der Straße vorbei. Er blieb am Gartentor stehen, öffnete es dann und sagte: »Lassen Sie mich das machen, Ma'am.« Das Leben auf der Farm hatte ihm ausgesprochen gut getan; er war kräftiger geworden, seine Arme waren sehnig, und seine rötliche Hautfarbe hatte sich zu einem gesunden Braun vertieft. Mühelos hob er die schwere Wanne hoch und stellte sie auf die Veranda.

Meine Freundin sagte: »Ich bin dir sehr verbunden, junger Mann. Das war wirklich nett.«

»Keine Ursache«, sagte er, mich weiter ignorierend.

Miss Sook brach die Stengel der prächtigsten Blüten ab. »Bring die deiner Mutter«, wies sie ihn an und reichte ihm den Strauß. »Und grüße sie herzlich von mir.«

»Vielen Dank, Ma'am. Mach ich.«

»Und, Odd«, rief sie ihm nach, als er längst auf der Straße war, »sei vorsichtig! Das sind nämlich Löwen.« Aber er war bereits außer Hörweite. Wir sahen ihm nach, bis er um eine Biegung verschwand, in Unkenntnis der Bedrohung in seiner Hand, der Chrysanthemen, die glühten, die knurrten und brüllten vor dem Hintergrund der grünlich einfallenden Dämmerung.

WÜSTE

Um fünf Uhr an diesem Winternachmittag hatte sie eine Verabredung mit Dr. Bentsen, früher ihr Psychoanalytiker und derzeit ihr Liebhaber. Als ihre Beziehung vom Analytischen zum Emotionalen übergegangen war, hatte er, aus ethischen Gründen, darauf bestanden, dass sie aufhörte, seine Patientin zu sein. Nicht dass es eine Rolle gespielt hätte. Als Analytiker war er keine große Hilfe gewesen, und als Liebhaber– na ja, sie hatte einmal gesehen, wie er zum Bus rannte, ein zwei Zentner schwerer, eher kleiner, kraushaariger, breithüftiger, kurzsichtiger New Yorker Intellektueller um die Fünfzig, und sie hatte gelacht: Wie konnte sie nur einen Mann lieben, der so griesgrämig, so unförmig war wie Ezra Bentsen? Die Antwort war, dass sie ihn gar nicht liebte; in Wirklichkeit mochte sie ihn nicht. Aber zumindest verband sie ihn nicht mit Resignation und Verzweiflung. Sie fürchtete ihren Mann; vor Dr. Bentsen hatte sie keine Angst. Dennoch war ihr Mann derjenige, den sie liebte.

Sie war reich; auf jeden Fall bekam sie eine stattliche Zuwendung von ihrem Ehemann, der reich war, und konnte sich daher das Ein-Zimmer-Apartment leisten, in dem sie ihren Liebhaber etwa einmal, hin und wieder zweimal in der Woche traf, aber nicht öfter. Sie konnte sich auch die Geschenke leisten, die er bei diesen Gelegenheiten zu erwarten schien. Nicht dass er deren Qualität zu würdigen gewusst hätte: Verdura-Manschettenknöpfe, klassische Paul-Flato-Zigarettenetuis, die obligatorische Cartier-Armbanduhr sowie (vor allen Dingen) ab und zu bestimmte Summen in bar, die er sich von ihr »borgte«.

Ihr selbst hatte er noch nie etwas geschenkt. Doch, einmal: einen spanischen Zierkamm aus Perlmutt, von dem er behauptete, er sei ein Erbstück, habe seiner Mutter gehört. Natürlich konnte sie den Kamm nie tragen, denn sie trug ihr Haar, das flauschig und tabakfarben war, wie eine kindliche Aureole um ihr täuschend naives und jugendliches Gesicht. Dank strenger Diät, privatem Fitnesstraining bei Joseph Pilates und der dermatologischen Bemühungen von Dr. Orentreich sah sie aus wie Anfang zwanzig; sie war sechsunddreißig.

Der spanische Kamm. Ihr Haar. Das erinnerte sie an Jaime Sanchez und etwas, das sich gestern ereignet hatte. Jaime Sanchez war ihr Friseur, und obwohl sie sich erst knapp ein Jahr kannten, waren sie, auf ihre Art, gute Freunde. Sie vertraute ihm manches an; er vertraute ihr wesentlich mehr an. Bis vor kurzem hatte sie Jaime für einen glücklichen, fast im Übermaß gesegneten Menschen gehalten. Er lebte mit einem attraktiven Lover zusammen, einem jungen Zahnarzt namens Carlos. Jaime und Carlos waren in San Juan Schulkameraden gewesen; sie hatten Puerto Rico gemeinsam verlassen, sich erst in New Orleans niedergelassen, dann in New York, und Jaime hatte als Kosmetiker gearbeitet, worin er sehr talentiert war, um Carlos das Zahnmedizinstudium zu ermöglichen. Inzwischen hatte Carlos eine eigene Praxis und einen Patientenkreis aus wohlhabenden Puertoricanern und Schwarzen.

Allerdings war ihr bei ihren letzten Besuchen aufgefallen, dass Jaimes gewöhnlich ungetrübte Augen düster waren, gelblich, als hätte er einen Kater, und dass seine fachmännisch tüchtigen Hände, normalerweise so ruhig und geschickt, ein wenig zitterten.

Gestern, während er ihr Haar nachschnitt, hatte er plötzlich innegehalten und gekeucht, richtig gekeucht – nicht als ob er nach Atem ringe, sondern als würde er gegen einen Schrei ankämpfen.

Sie hatte gesagt: »Was ist los? Alles in Ordnung?«

»Nein.«

Er war zu einem Waschbecken gegangen und hatte sich kaltes Wasser ins Gesicht gespritzt. Während er sich btrocknete, sagte er: »Ich werde Carlos umbringen. Er schwieg, als erwartete er, dass sie ihn nach dem Grund fragte; als sie ihn lediglich anstarrte, fuhr er fort: »Alles Reden ist zwecklos. Er versteht es nicht. Was ich auch sage, er kapiert es nicht. Die einzige Art, an ihn heranzukommen, ist für mich, ihn umzubringen. Dann kapiert er endlich.«

»Ich verstehe kein Wort, Jaime.«

»Habe ich Ihnen mal von Angelita erzählt? Meiner Kusine Angelita? Sie kam vor sechs Monaten hierher. Sie war schon immer in Carlos verliebt. Schon seit sie zwölf war.

Und jetzt ist Carlos in sie verliebt. Er will sie heiraten und einen Stall voll Kinder haben.«

Sie war so peinlich berührt, dass ihr nichts anderes einfiel, als zu fragen: »Ist sie nett?«

»Zu nett.« Er hatte die Schere genommen und wieder zu schneiden begonnen. »Nein, ganz ehrlich. Sie ist ein wunderbares Mädchen, sehr zierlich, wie ein hübscher Papagei, und viel zu nett; ihre Warmherzigkeit kann grausam sein. Dabei begreift sie gar nicht, dass sie grausam ist. Zum Beispiel...« Sie warf einen flüchtigen Blick auf Jaimes Gesicht, das sich im Spiegel über dem Waschbecken bewegte; es war nicht das fröhliche Gesicht, das sie oft bezaubert hatte, sondern das exakte Spiegelbild von Schmerz und Verwirrung. »Angelita und Carlos möchten, dass ich bei ihnen wohne, wenn sie verheiratet sind, wir drei alle zusammen in einer Wohnung. Es war ihre Idee, und Carlos sagt, aber ja, unbedingt!, wir müssen alle zusammenbleiben und dass er und ich von nun an wie Brüder sein werden. Das ist der Grund, warum ich ihn umbringen muss. Er kann mich nicht geliebt haben, wenn er nicht merkt, welche Höllenqualen ich leide. Er sagt: ›Ja, ich liebe dich, Jaime: aber Angelita – das ist etwas anderes.‹ Das ist überhaupt nichts anderes. Man liebt, oder man liebt nicht. Man zerstört, oder man zerstört nicht. Aber das wird Carlos nie begreifen. Nichts dringt zu ihm durch, gar nichts – nur eine Kugel oder ein Rasiermesser.«

Sie wollte lachen; gleichzeitig konnte sie es nicht, weil ihr klar wurde, dass er es ernst meinte, und auch weil sie sehr wohl wusste, wie wahr es war, dass man manche Menschen nur dann dazu bringen konnte, die Wahrheit zu erkennen, dazu bringen konnte zu *begreifen,* wenn man ihnen eine drakonische Strafe auferlegte.

Trotzdem lachte sie, aber auf eine Art, die Jaime nicht als echtes Lachen auffassen würde. Es war so etwas wie ein mitfühlendes Schulterzucken. »Sie könnten nie jemanden umbringen, Jaime.«

Er begann, ihre Haare zu kämmen; er tat es nicht behutsam, aber sie wusste, dass der Zorn, der in den heftigen Bewegungen lag, sich nicht gegen sie, sondern gegen ihn selbst richtete. »Scheiße!« Dann: »Nein. Und das ist der Grund für die meisten Selbstmorde. Jemand tut dir unheimlich weh. Du möchtest ihn umbringen, aber du kannst es nicht. Das ganze Elend nur, weil man ihn liebt, und man kann ihn nicht umbringen, weil man ihn liebt. Also bringt man stattdessen sich selbst um.«

Als sie ging, erwog sie, ihn auf die Wange zu küssen, beließ es jedoch bei einem Händedruck. »Ich weiß, wie abgedroschen das klingt, Jaime. Und im Moment ist es gewiss wenig hilfreich. Aber vergessen Sie nicht – es gibt immer einen anderen. Sie dürfen nur nicht nach der gleichen Person suchen, das ist alles.«

Das Rendezvous-Apartment lag in der East Sixty-fifth Street; an diesem Tag ging sie von ihrem Heim, einem kleinen Stadthaus am Beekman Place, zu Fuß hin. Es war windig, auf dem Bürgersteig lagen noch Schneereste, und das Wetter versprach weitere Schneefälle, aber ihr war angenehm warm in dem Mantel, den ihr Mann ihr zu Weihnachten geschenkt hatte – ein zobelfarbener Wildledermantel mit Zobelfutter.

Ein Vetter hatte das Apartment unter seinem Namen für sie gemietet. Der Vetter, der mit einer Schreckschraube verheiratet war und in Greenwich lebte, besuchte das Apartment manchmal mit seiner Sekretärin, einer dicken Japanerin, die irrsinnige Mengen von Mitsouko an sich schüttete. An diesem Nachmittag roch das ganze Apartment nach dem Parfüm der Dame, woraus sie schloss, dass sich ihr Vetter erst vor kurzem hier verlustiert hatte. Was bedeutete, dass sie das Bett frisch beziehen musste.

Sie tat es und machte sich dann selbst zurecht. Sie legte ein kleines Etui auf den Nachttisch, das in glänzendes türkisblaues Papier eingewickelt war; darin befand sich ein goldener Zahnstocher, den sie bei Tiffany gekauft hatte, ein Geschenk für Dr. Bentsen, denn er hatte unter anderem die unangenehme Angewohnheit, sich ständig in den Zähnen herumzustochern, zu allem Überfluss auch noch mit Papierstreichhölzern. Sie hatte sich gedacht, dass ein goldener Zahnstocher das Ganze etwas weniger unappetitlich machen würde. Sie legte einen Stapel Schallplatten von Lee Wiley und Fred Astaire auf den Plattenspieler, schenkte sich ein Glas kalten Weißwein ein, zog sich nackt aus, ölte sich ein und streckte sich auf dem Bett aus, summte und sang mit dem himmlischen Fred und wartete darauf, den Schlüssel ihres Liebhabers im Türschloss zu hören.

Allem Anschein nach waren Orgasmen qualvolle Momente im Leben von Ezra Bentsen: Er verzerrte das Gesicht, er knirschte mit dem künstlichen Gebiss, er wimmerte wie ein angsterfülltes Kind. Natürlich war sie immer erleichtert, wenn sie das Wimmern hörte; es bedeutete, dass seine schweißgebadete Masse sich bald von ihr herunterwälzen würde, denn er war keiner, der verweilte, zärtliche Komplimente flüsterte: Er wälzte sich einfach herunter. Und heute, nachdem er dies getan hatte, griff er gierig nach dem kleinen blauen Etui, da er wusste, dass es ein Geschenk für ihn war. Nachdem er es geöffnet hatte, grunzte er.

Sie sagte zur Erklärung: »Es ist ein goldener Zahnstocher.«

Er gluckste, ein bei ihm ungewohnter Laut, denn sein Sinn für Humor war nicht sonderlich ausgeprägt. »Irgendwie ganz nett«, sagte er und begann, sich in den Zähnen zu stochern. »Weißt du, was gestern Abend passiert ist? Ich habe Thelma eine gescheuert. Aber wie. Und ihr einen Schlag in den Magen versetzt.«

Thelma war seine Frau; sie war Fachärztin für Kinderpsychiatrie und dem Vernehmen nach eine sehr gute.

»Das Problem mit Thelma ist, dass man nicht mit ihr reden kann. Sie kapiert nichts. Manchmal ist das die einzige Methode, ihr etwas klarzumachen. Ihr eine dicke Lippe zu verpassen.«

Sie musste an Jaime Sanchez denken.

»Kennst du eine Mrs. Roger Rhinelander?«, sagte Dr. Bentsen.

»Mary Rhinelander? Ihr Vater war der beste Freund meines Vaters. Die beiden besaßen zusammen einen Rennstall. Eines ihrer Pferde hat das Kentucky Derby gewonnen. Die arme Mary. Sie hat einen richtigen Mistkerl geheiratet.«

»Das hat sie mir auch gesagt.«

»Ach ja? Ist Mary Rhinelander eine neue Patientin?«

»Eine nagelneue. Komisch. Sie kam mehr oder weniger aus dem gleichen speziellen Grund zu mir wie du; ihre Situation ist praktisch identisch mit deiner.«

Aus dem gleichen speziellen Grund? Eigentlich hatte sie mehrere Probleme, die schließlich zu ihrer Verführung auf Dr. Bentsens Couch beigetragen hatten, wobei das Hauptproblem darin lag, dass sie seit der Geburt ihres zweiten Kindes nicht mehr fähig war, eine sexuelle Beziehung mit ihrem Mann zu haben. Sie hatte geheiratet, als sie vierundzwanzig war; ihr Mann war fünfzehn Jahre älter als sie. Obwohl sie sich häufig gestritten hatten und beide eifersüchtig waren, blieben ihr die ersten fünf Jahre ihrer Ehe als eine ungetrübte Zeit in Erinnerung. Die Schwierigkeiten begannen, als er ein Kind von ihr wollte; wenn sie nicht so in ihn verliebt gewesen wäre, hätte sie niemals zugestimmt – sie hatte Angst vor Kindern gehabt, als sie selbst noch ein Kind war, und sie fühlte sich in Gesellschaft von Kindern unwohl. Aber sie hatte ihm einen Sohn geschenkt, und die Erfahrungen der Schwangerschaft hatten sie traumatisiert: Wenn sie einmal nicht tatsächlich litt, dann bildete sie es sich ein, und nach der Geburt verfiel sie in eine Depression, die über ein Jahr anhielt. Jeden Tag verbrachte sie vierzehn Stunden im Seconal-Schlaf; in den übrigen zehn hielt sie sich wach, indem sie sich mit Amphetaminen vollstopfte. Das zweite Kind, ein weiterer Junge, war ein Unfall unter

Alkoholeinfluss gewesen – obwohl sie den Verdacht hegte, dass in Wahrheit ihr Mann sie überlistet hatte. Sobald sie wusste, dass sie wieder schwanger war, hatte sie auf einer Abtreibung bestanden; er hatte gesagt, wenn sie das tue, werde er sich von ihr scheiden lassen. Nun, das sollte er noch schwer bereuen. Das Kind war zwei Monate zu früh zur Welt gekommen, wäre beinahe gestorben, und sie, aufgrund starker innerer Blutungen, ebenfalls; beide hatten sie während monatelanger Intensivpflege am Rande des Abgrunds geschwebt. Seit damals hatte sie nie wieder ein Bett mit ihrem Mann geteilt; sie wollte, aber sie konnte nicht, denn seine Nacktheit, der Gedanke an seinen Körper in ihrem, löste bodenlose panische Angst aus.

Dr. Bentsen trug dicke schwarze Socken mit Sockenhaltern, die er »beim Akt« nie auszog; als er nun seine Sockenhalter-Beine in eine am Gesäß glänzende Serge-Hose schob, sagte er: »Mal sehen. Heute ist Dienstag. Am Mittwoch haben wir unseren Jahrestag…«

»Unseren Jahrestag?«

»Thelma und ich! Zwanzigsten Hochzeitstag. Ich möchte sie ausführen… Sag mal, was ist derzeit das beste Restaurant?«

»Das ist doch völlig egal. Es ist sehr klein und sehr schick und du würdest dort nie einen Tisch bekommen.«

Sein Mangel an Humor bestätigte sich: »Das ist eine verdammt merkwürdige Antwort. Was soll das heißen, ich würde dort nie einen Tisch bekommen?«

»Genau das, was ich gesagt habe. Der Besitzer brauchte dich nur anzuschauen und wüsste sofort, dass du haarige

Fesseln hast. Es gibt nämlich Leute, die Menschen mit haarigen Fesseln nicht bedienen. Er ist einer von ihnen.«

Dr. Bentsen kannte ihre Angewohnheit, ungewöhnliche Dinge zu sagen, und er hatte gelernt, so zu tun, als wüsste er, was gemeint ist; er wusste so wenig von ihrem Umfeld wie sie von seinem, aber die Wechselhaftigkeit seines Charakters gestattete ihm nicht, es zuzugeben.

»Na dann«, sagte er, »ist dir Freitag recht? Gegen fünf?«

Sie sagte: »Nein, danke.« Er band sich gerade die Krawatte und hielt inne; sie lag noch immer auf dem Bett, unbedeckt, nackt; Fred sang gerade *By myself*. »Nein, danke, mein lieber Dr. Bentsen. Ich glaube nicht, dass wir uns hier noch einmal treffen werden.«

Sie konnte sehen, dass er verdutzt war. Natürlich würde er sie vermissen – sie war sehr schön, sie war rücksichtsvoll, es störte sie nie, wenn er sie um Geld bat. Er kniete sich neben das Bett und streichelte ihre Brüste. Sie bemerkte, dass kalter Schweiß auf seiner Oberlippe lag. »Was soll das? Bist du high? Oder betrunken?«

Sie lachte und sagte: »Das Einzige, was ich trinke, ist Weißwein, und das sehr wenig. Nein, mein Freund. Der Grund ist schlicht, dass du haarige Fesseln hast.«

Wie viele Analytiker nahm Dr. Bentsen alles sehr wörtlich; einen winzigen Moment lang dachte er sogar daran, die Socken auszuziehen und seine Füße zu untersuchen. Beleidigt wie ein Kind sagte er: »Ich hab keine haarigen Fesseln.«

»O doch, das hast du. Genau wie ein Pferd. Alle gewöhnlichen Pferde haben haarige Fesseln. Reinrassige nicht. Die

Fesseln von Zuchtpferden sind glatt und glänzend. Grüß Thelma von mir.«

»Klugscheißer. Bis Freitag?«

Die Astaire-Platte war zu Ende. Sie trank den letzten Schluck Wein.

»Vielleicht. Ich rufe dich an«, sagte sie.

Wie es sich ergab, rief sie ihn nie wieder an und sah ihn auch nie wieder – außer einmal, ein Jahr später, als sie im La Grenouille neben ihm auf einer Polsterbank saß; er aß dort mit Mary Rhinelander zu Mittag, und sie war belustigt, als sie sah, dass Mrs. Rhinelander die Rechnung unterschrieb.

Der versprochene Schneefall hatte eingesetzt, als sie, wiederum zu Fuß, das Haus am Beekman Place erreichte. Die Eingangstür war hellgelb gestrichen und hatte einen Messingklopfer in der Form einer Löwenpranke. Anna, eines der vier irischen Mädchen, die das Personal des Hauses bildeten, machte die Tür auf und berichtete, dass die Kinder, erschöpft von einem Nachmittag auf der Eislaufbahn des Rockefeller Center, bereits gegessen hatten und zu Bett gebracht worden waren.

Gott sei Dank. Nun musste sie nicht die halbe Stunde mit Spielen und Geschichtenerzählen und Gutenachtküssen über sich ergehen lassen, die üblicherweise den Tag ihrer Kinder beendete; sie mochte keine liebevolle Mutter sein, aber sie war eine pflichtbewusste – so wie es ihre eigene Mutter gewesen war. Es war sieben Uhr, und ihr Mann hatte angerufen und mitgeteilt, dass er um halb acht zu Hause sein werde; um acht wollten sie mit den Sylvester

Hales, Freunden aus San Francisco, zu einer Abendgesellschaft gehen. Sie badete, parfümierte sich, um Andenken an Dr. Bentsen zu beseitigen, erneuerte ihr Make-up, wovon sie stets nur sehr sparsam Gebrauch machte, und zog einen grauen Seidenkaftan und graue Seidenpumps mit perlenbesetzten Schnallen an.

Sie posierte gerade in der Bibliothek im ersten Obergeschoss vor dem Kamin, als sie die Schritte ihres Mannes auf der Treppe hörte. Es war eine anmutige Pose, so einladend wie der Raum selbst, ein ungewöhnlicher achteckiger Raum mit zimtfarben lackierten Wänden, einem gelb lackierten Boden. Bücherregalen aus Messing (eine von Billy Baldwin abgeschaute Idee), zwei großen Stauden brauner Orchideen in gelben chinesischen Vasen, ein Marino-Marini-Pferd, das in einer Ecke stand, einem Südsee-Gauguin über dem Kamin und einem dezent flackernden Feuer im Kamin. Glastüren boten Ausblick auf einen im Dunkel liegenden Garten, fallenden Schnee und erleuchtete Schleppkähne, die wie Laternen auf dem East River trieben. Vor dem Kamin stand eine ausladende Couch mit mokkafarbener Samtpolsterung, und vor ihr, auf einem Tisch, der im gleichen Gelbton lackiert war wie der Fußboden, thronte ein mit Eis gefüllter silberner Kübel; darin eingebettet befand sich eine randvolle Karaffe, die mit Pfeffer aromatisierten roten russischen Wodka enthielt.

Ihr Mann zögerte unter der Tür, dann nickte er ihr anerkennend zu: Er gehörte zu den Männern, die die äußere Erscheinung einer Frau wirklich wahrnehmen, mit einem

Blick die ganze Atmosphäre erfassen. Es lohnte sich, sich für ihn schönzumachen, und dies war einer der unbedeutenderen Gründe, warum sie ihn liebte. Ein wesentlicher Grund war, dass er ihrem Vater ähnelte, einem Mann, der der Mann ihres Lebens gewesen war und immer bleiben würde; ihr Vater hatte sich erschossen, obwohl niemand wusste, warum, denn er war ein Gentleman von geradezu abnormaler Diskretion. Bevor das passierte, hatte sie drei Verlobungen gelöst, aber zwei Monate nach dem Tod ihres Vaters lernte sie George kennen und heiratete ihn, weil er sowohl vom Aussehen als auch vom Auftreten her ihrer großen verlorenen Liebe nahekam.

Sie ging durch das Zimmer, um ihrem Mann entgegenzukommen. Sie küsste seine Wange, und das Fleisch unter ihren Lippen war so kalt wie die Schneeflocken vor dem Fenster. Er war kräftig gebaut, irischer Abstammung, schwarzhaarig und grünäugig, stattlich, obwohl er in letzter Zeit beträchtlich Pfunde angesetzt und auch leichte Hängebacken bekommen hatte. Er strahlte eine oberflächliche Vitalität aus; schon deswegen fühlten sich Männer wie Frauen zu ihm hingezogen. Bei genauerer Betrachtung spürte man jedoch eine innere Mattigkeit, das Fehlen von jeglichem echten Optimismus. Seine Frau war sich dessen zutiefst bewusst; wie sollte sie es auch nicht sein? Sie war schließlich der Hauptgrund dafür.

Sie sagte: »Es ist so ein scheußlicher Abend, und du siehst so müde aus. Lass uns zu Hause bleiben und am Kamin essen.«

»Wirklich, Liebling? Du hättest nichts dagegen? Es

scheint mir nur den Hales gegenüber nicht ganz fair zu sein. Obwohl sie eine Fotze ist.«

»*George!* Nicht dieses Wort! Du weißt, wie ich das hasse.«

»Tut mir leid«, sagte er wahrheitsgemäß. Er war immer darauf bedacht, sie nicht zu verletzen, so wie auch sie ihm gegenüber stets darauf achtete: eine Folge des Schweigens, das beide zugleich zusammenhielt und trennte.

»Ich rufe an und sage, dass du eine Erkältung bekommst.«

»Das ist nicht einmal gelogen. Ich glaube, ich bekomme tatsächlich eine.«

Während sie die Hales anrief und mit Anna vereinbarte, dass in einer Stunde eine Suppe und ein Soufflé serviert wurden, kippte er eine tüchtige Portion des scharlachroten Wodkas und spürte, wie er in seinem Magen ein Feuer entzündete; bevor seine Frau zurückkam, schenkte er sich noch einen ordentlichen Schuss ein und streckte sich der Länge nach auf der Couch aus. Sie kniete sich auf den Boden und zog ihm die Schuhe aus und begann seine Füße zu massieren: Bei Gott, *er* hatte *keine* haarigen Fesseln.

Er stöhnte. »Mmmm. Das tut gut.«

»Ich liebe dich, George.«

»Ich liebe dich auch.«

Sie dachte daran, eine Platte aufzulegen, aber nein, das Geräusch des Feuers war alles, was der Raum brauchte.

»George?«

»Ja, Liebling?«

»Woran denkst du?«

»An eine Frau namens Ivory Hunter.«

»Kennst du wirklich jemanden namens Ivory Hunter?«

»Na ja. Das war ihr Künstlername. Sie war mal Varietétänzerin.«

Sie lachte. »Was ist sie, eines deiner College-Abenteuer?«

»Ich kenne sie überhaupt nicht. Ich habe nur einmal von ihr gehört. In dem Sommer nach dem Abschluss in Yale.«

Er schloss die Augen und leerte sein Glas. »In dem Sommer, als ich nach New Mexico und Kalifornien getrampt bin. Erinnerst du dich? Wo ich mir die gebrochene Nase geholt habe. Bei einer Schlägerei in einer Kneipe in Needles, Kalifornien.« Sie mochte seine gebrochene Nase, sie glich die extreme Sanftheit seines Gesichts aus; er hatte einmal davon gesprochen, sie sich nochmals brechen und richten zu lassen, aber sie hatte es ihm ausgeredet. »Es war Anfang September, und das ist immer die heißeste Zeit in Südkalifornien; fast jeden Tag über vierzig Grad. Ich hätte mir den Bus leisten sollen, zumindest für die Fahrt durch die Wüste. Aber da stand ich wie ein Depp, mitten in der Mojavewüste, mit einem fünfundzwanzig Kilo schweren Rucksack auf dem Buckel und schwitzte, bis kein Schweiß mehr in mir war. Ich schwöre dir, es hatte fünfundsechzig Grad im Schatten. Nur dass es nirgendwo Schatten gab. Nur Sand und Mesquitsträucher und den glühend heißen blauen Himmel. Einmal kam ein großer Laster vorbei, der aber nicht anhielt. Er überfuhr lediglich eine Klapperschlange, die gerade über die Straße kroch.

Ich sagte mir immer wieder, dass irgendwo etwas auftauchen musste. Eine Tankstelle. Hin und wieder kamen Autos vorbei, aber ich hätte ebenso gut unsichtbar sein können. Ich fing an, mich selbst zu bedauern, zu verstehen, was es heißt, hilflos zu sein, und zu verstehen, warum es gut ist, dass die Buddhisten ihre jungen Mönche zum Betteln losschicken. Es ist eine Läuterung. Es nimmt den letzten Babyspeck weg.

Und dann traf ich auf Mr. Schmidt. Ich dachte zuerst, es sei eine Fata Morgana. Ein alter, weißhaariger Mann, etwa vierhundert Meter weiter. Er stand am Straßenrand, umgeben von flirrenden Hitzewellen. Als ich näher kam, sah ich, dass er einen Stock hatte und eine pechschwarze Brille trug und angezogen war wie zum Kirchgang – weißer Anzug, weißes Hemd, schwarze Krawatte, schwarze Schuhe.

Ohne zu mir herzuschauen, und als ich noch ein gutes Stück entfernt war, rief er: ›Mein Name ist George Schmidt.‹

Ich sagte: ›Guten Tag, Sir.‹

Er sagte: ›*Ist* es Tag?‹

›Kurz nach drei Uhr nachmittags.‹

›Dann stehe ich hier schon seit zwei Stunden oder länger. Könnten Sie mir bitte sagen, wo ich bin?‹

›In der Mojavewüste. Etwa achtzehn Meilen westlich von Needles.‹

›Also so was‹, sagte er. ›Einen siebzigjährigen blinden Mann in der Wüste auszusetzen. Mit zehn Dollar in der Tasche und nur dem, was ich am Leib trage. Frauen sind wie Fliegen: Sie lassen sich auf Zucker wie auf Scheiße nieder. Ich will nicht behaupten, dass ich Zucker bin, aber jetzt hat sie sich eindeutig für Scheiße entschieden. Mein Name ist George Schmidt.‹

Ich sagte: ›Ja, Sir, das sagten Sie bereits. Ich bin George Whitelaw.‹ Er erkundigte sich, wo ich hinwollte, was ich vorhatte, und als ich sagte, dass ich per Anhalter unterwegs nach New York sei, fragte er mich, ob ich seine Hand halten und ihn ein Stück mitnehmen würde, vielleicht bis wir eine Mitfahrgelegenheit bekamen. Ich vergaß zu erwähnen, dass er einen deutschen Akzent hatte und ungewöhnlich korpulent war, geradezu fett; er sah aus, als hätte er sein Leben lang in der Hängematte gelegen. Aber als ich seine Hand nahm, spürte ich, wie zupackend sie war, welch ungeheure Kraft darin lag. Ich hätte diese Hände nicht um meinen Hals haben mögen. Er sagte: ›Ja, ich habe kräftige Hände. Ich habe fünfzig Jahre als Masseur gearbeitet, die letzten zwölf in Palm Springs. Haben Sie Wasser?‹ Ich gab ihm meine Feldflasche, die noch halb voll war. Und er sagte: ›Sie hat mich hier ohne einen Tropfen Wasser stehen lassen. Das Ganze hat mich völlig überrumpelt. Obwohl es mich eigentlich nicht hätte überraschen dürfen, Wenn man Ivory so gut kennt wie ich. Schließlich ist sie meine Frau. Früher hieß sie Ivory Hunter. War Stripperin; sie ist 1932 auf der Weltausstellung in Chicago aufgetreten; und sie wäre ein Star geworden, wenn diese Sally Rand nicht gewesen wäre. Ivory erfand nämlich den Fächertanz, aber diese Rand hat ihr die Idee geklaut. Sagt Ivory. Wahrscheinlich auch wieder nur so ein Scheiß von ihr. Achtung, Klapperschlange, sie muss irgendwo da drüben sein, ich kann deutlich das Rasseln hören. Ich fürchte mich nur vor zwei Dingen. Vor Schlangen und vor Frauen. Die haben eine Menge gemeinsam. Das eine, was sie gemeinsam haben, ist: Gefährlich sind beide bis zuletzt.‹

Ein paar Autos kamen vorbei, und ich hielt den Daumen hoch, und der alte Mann versuchte sie mit seinem Stock anzuhalten, aber wir gaben wohl ein zu merkwürdiges Paar ab – ein verdreckter junger Bursche in Jeans und ein blinder fetter Mann im Sonntagsstaat. Ich glaube, wir würden heute noch dort stehen, wenn der Fernfahrer nicht gewesen wäre. Ein Mexikaner. Er parkte am Straßenrand und wechselte einen Reifen. Er sprach vielleicht fünf Wörter Englisch, alles unanständige Ausdrücke, aber ich konnte noch ziemlich viel Spanisch von dem Sommer bei Onkel Alvin in Kuba. Der Mexikaner sagte mir, er sei auf dem Weg nach El Paso, und wenn das unsere Richtung sei, seien wir an Bord willkommen.

Aber Mr. Schmidt war nicht gerade scharf darauf. Ich musste ihn praktisch ins Fahrerhaus schleifen. ›Ich hasse Mexikaner. Bin noch nie einem Mexikaner begegnet, der mir sympathisch war. Wenn der Mexikaner da nicht gewesen wäre… Er gerade mal neunzehn und Ivory meiner Schätzung nach, so wie sich ihre Haut anfühlt, eine Frau weit über sechzig. Als ich sie vor ein paar Jahren geheiratet habe, sagte sie, sie sei zweiundfünfzig. Sehen Sie, ich lebte damals in einer Wohnwagensiedlung draußen an der Route 111. In einer dieser Wohnwagensiedlungen zwischen Palm Springs und Cathedral City. Cathedral City! Hört sich nach einer Stadt mit Kathedrale an, dabei ist es nichts weiter als ein elendes Nest aus Bumslokalen und Billardsalons und Schwulenbars. Das Einzige, was sich darüber sagen lässt, ist, dass Bing Crosby dort wohnt. Sofern das etwas zu besagen hat. Jedenfalls, in dem Wohnwagen gleich neben mir wohnt meine Freundin Hulga. Seit dem Tod meiner Frau – sie starb am selben Tag wie Hitler – hatte mich Hulga immer zur Arbeit gefahren; sie arbeitet als Kellnerin in dem jüdischen Club, wo ich der Masseur bin. Alle Kellner und Kellnerinnen im Club sind große blonde Deutsche. Die Juden mögen so was; die halten die Bedienungen schwer auf Trab. Und eines Tages erzählt mir Hulga, dass sie eine Kusine hat, die zu Besuch kommt. Ivory Hunter. Ihren richtigen Namen habe ich vergessen, er stand auf der Heiratsurkunde, aber ich habe ihn vergessen. Sie hatte schon an die drei Ehemänner vorher; wahrscheinlich wusste sie selbst nicht mehr, unter welchem Namen sie geboren war. Jedenfalls erzählt mir Hulga, dass diese Kusine von ihr, diese Ivory, früher eine berühmte Tänzerin war, aber dass sie gerade aus dem Krankenhaus kommt und ihren letzten Mann verloren hat, weil sie ein ganzes Jahr mit Tbc im Krankenhaus war. Darum hatte Hulga sie nach Palm Springs eingeladen. Wegen der Luft. Und weil sie sonst nirgendwo hingehen konnte. Am ersten Abend, als sie da war, lud mich Hulga zu sich ein, und mir gefiel ihre Kusine auf Anhieb; wir haben nicht viel geredet, hauptsächlich Radio gehört, aber Ivory gefiel mir. Sie hatte eine richtig nette Stimme, sehr bedächtig und sanft, sie klang so, wie Krankenschwestern klingen sollten; sie sagte, dass sie weder rauche noch trinke und Mitglied der Gemeinde Gottes sei, genau wie ich. Von da an war ich fast jeden Abend drüben bei Hulga.«»

George zündete sich eine Zigarette an, und seine Frau schenkte ihm Pfefferwodka nach. Zu ihrer Überraschung goss sie auch sich selbst einen ein. Mehrere Dinge an der Geschichte ihres Mannes hatten ihre allgegenwärtige, aber gewöhnlich durch Libridum gedämpfte Besorgnis gesteigert; sie konnte sich nicht vorstellen, wohin seine Reminiszenzen führten, aber sie wusste, dass sie auf etwas hinausliefen, denn George redete selten nur so daher. Er hatte das Jurastudium in Yale als Drittbester seines Jahrgangs abgeschlossen, nie als Anwalt praktiziert, sondern anschließend die Harvard Business School als Bester seines Jahrgangs absolviert; in den zurückliegenden zehn Jahren hatte man ihm ein Ministeramt in Washington angeboten sowie den Botschafterposten in England oder Frankreich oder wo immer er wollte. Was sie jedoch das Bedürfnis nach rotem Wodka verspüren ließ, funkelnd wie ein Rubin im Schein des Feuers, war die beunruhigende Art und Weise, wie George Whitelaw zu Mr. Schmidt geworden war. Ihr Mann war ein hervorragender Imitator; er konnte gewisse Freunde von ihnen mit aufreizender Treffsicherheit nachahmen. Doch in diesem Fall war es kein beiläufiges Imitieren; er schien wie in Trance zu sein, ein Mann, der im Kopf eines anderen gefangen war.

»Ich hatte einen alten Chevy, den niemand mehr gefahren hatte, seit meine Frau tot war. Aber Ivory ließ ihn herrichten, und schon bald war es nicht Hulga, die mich zur Arbeit fuhr und nach Hause brachte, sondern Ivory. Rückblickend ist mir klar, dass das Ganze ein Komplott zwischen Hulga und Ivory war, aber damals reimte ich mir das nicht zusammen. Jeder im Wohnwagenpark und jeder, der sie kennenlernte, alle sagten, was für eine reizende Frau sie sei, große blaue Augen und hübsche Beine. Ich dachte, es sei schlichte Gutherzigkeit, die Gemeinde Gottes – ich dachte, das sei der Grund, warum sie ihre Abende damit verbrachte, für einen blinden Mann zu kochen und ihm den Haushalt zu führen. Eines Abends hörten wir uns im Radio die Hitparade an, und da küsste sie mich und fuhr mit der Hand über mein Bein. Schon bald trieben wir es zweimal am Tag miteinander – einmal vor dem Frühstück und einmal nach dem Abendessen, und ich ein Mann von neunundsechzig! Aber sie schien genauso verrückt auf meinen Schwanz zu sein wie ich auf ihre Fotze...‹«

Sie kippte ihren Wodka ins Kaminfeuer, was die Flammen zischen und auflodern ließ; aber es war ein müßiger Protest: Mr. Schmidt ließ sich keine Vorwürfe machen.

»›O ja, Ivory war von A bis Z eine Fotze. Und zwar in jeder Hinsicht. Es war exakt ein Monat von dem Tag, an dem ich sie kennenlernte, bis zu dem Tag, an dem ich sie heiratete. Sie war nicht viel anders als vorher, sie bekochte mich gut, sie erkundigte sich immer, was bei den Juden im Club los war, und ich war derjenige, der den Sex reduzierte – *stark* reduzierte, bei meinem Blutdruck und allem. Aber sie hat sich nie beschwert. Wir lasen zusammen die Bibel, und Abend für Abend las sie mir aus Zeitschriften vor, guten Zeitschriften wie *Reader's Digest* und der *Saturday Evening Post,* bis ich einschlief. Sie sagte immer, sie hoffe, dass sie vor mir sterben werde, denn sonst wäre sie untröstlich und mittellos. Es stimmte, ich hatte nicht viel zu vererben. Keine Lebensversicherung, nur ein paar Ersparnisse auf der Bank, die ich auf ein gemeinsames Konto übertrug, und ich ließ den Wohnwagen auf sie überschreiben. Nein, ich kann nicht sagen, dass es zwischen uns ein böses Wort gegeben hätte, bis sie dann den großen Krach mit Hulga hatte.

Ich wusste lange nicht, worum es bei dem Streit ging. Ich wusste nur, dass sie nicht mehr miteinander sprachen, und als ich Ivory fragte, was los ist, sagte sie: ›Nichts.‹ Soweit es sie betraf, war zwischen ihr und Hulga nichts vorgefallen: ›Aber du weißt ja, wie viel sie trinkt.‹ Das stimmte. Nun, wie gesagt, Hulga war Kellnerin in dem Club, und eines Tages kommt sie in den Massageraum gestürmt. Ich hatte einen Kunden auf dem Tisch, hatte ihn dort splitterfasernackt liegen, aber das war ihr egal – sie roch wie eine Schnapsbrennerei. Sie konnte kaum mehr stehen. Sie sagte, sie sei gerade gefeuert worden, und plötzlich fängt sie an zu fluchen und pinkeln. Schreit mich an und pinkelt den ganzen Boden voll. Sie sagte, alle im Wohnwagenpark würden über sie lachen. Sie sagte, Ivory sei eine alte Nutte, die sich mir an den Hals geworfen hat, weil sie erledigt war und nichts Besseres finden konnte. Und sie sagte, was für ein Riesentrottel ich sei. Ob ich nicht wisse, dass meine Frau, seit weiß Gott wann, Freddy Feo dumm und dusslig fickt?

Sehen Sie, Freddy Feo war ein herumstreunender junger Mexikaner aus Texas – kam gerade irgendwo aus dem Gefängnis, und der Verwalter der Wohnwagensiedlung hatte ihn in einer der Schwulenbars in Cathedral City aufgegabelt und als Mädchen für alles eingestellt. Ich glaube nicht, dass er hundertprozentig schwul war, weil er es vielen von den alten Mädels in der Gegend für Geld besorgte. Eine davon war Hulga. Sie war total verknallt in ihn. An heißen Abenden saßen er und Hulga oft vor ihrem Wohnwagen in der Hollywoodschaukel und tranken Tequila pur, ohne Zitrone oder sonst was, und er spielte Gitarre und sang schmalzige Lieder. Ivory beschrieb mir die Gitarre, sie war grün, und darauf stand sein Name in Strassbuchstaben. Eins muss ich ihm lassen, der Kerl konnte singen. Aber Ivory behauptete immer, sie könne ihn nicht ausstehen; sie sagte, er sei ein mieser kleiner Schleimer, der Hulga nur ausnehmen wolle. Ich selbst kann mich nicht entsinnen, mehr als ein paar Worte mit ihm gewechselt zu haben, aber ich mochte ihn nicht wegen der Art, wie er roch. Ich habe eine Nase wie ein Spürhund, und ich konnte ihn aus hundert Meter Entfernung riechen, so viel Brillantine hatte er im Haar, und noch etwas anderes, das Evening in Paris heißt, wie Ivory sagte.

Ivory schwor Stein und Bein, dass es nicht wahr ist. *Sie? Sie* und sich von einem dreckigen Mexikaner wie Freddy Feo anfassen lassen? Sie sagte, bloß weil der Typ Hulga abserviert habe, sei sie jetzt stinksauer und eifersüchtig und denke, er bumse alles von Cathedral City bis Indio. Sie sagte, sie fühle sich beleidigt, dass ich derartigen

Lügen Gehör schenke, auch wenn man Hulga eigentlich eher bedauern als schlechtmachen sollte. Und sie zog den Ehering ab, den ich ihr geschenkt hatte – er hatte meiner ersten Frau gehört, aber Ivory sagte, das sei völlig in Ordnung, weil sie wisse, dass ich Hedda geliebt hatte, und das mache das Ganze nur noch schöner–, und gab ihn mir und sagte, wenn ich ihr nicht glaube, da sei der Ring und sie werde den erstbesten Bus nehmen und gehen. Also steckte ich ihn ihr wieder an, und wir knieten uns hin und beteten miteinander.

Ich glaubte ihr; zumindest dachte ich das; aber irgendwie ging es in meinem Kopf immer hin und her – ja, nein, ja, nein. Und Ivory hatte ihre Lockerheit verloren; vorher hatte ihr Körper eine Unbeschwertheit besessen, die genau wie die Unbeschwertheit in ihrer Stimme war. Aber jetzt war alles angespannt – verkrampft wie die Juden im Club, die ständig jammern und schimpfen, weil man ihnen ihre Sorgen nicht wegmassieren kann. Hulga bekam einen Job im Miramar, aber in der Wohnwagensiedlung wandte ich mich immer ab, wenn ich sie kommen roch. Einmal schlich sie sich an und flüsterte: ›Weißt du eigentlich, dass dein liebes Weib dem Schleimer ein Paar goldene Ohrringe geschenkt hat? Aber sein fester Freund erlaubt ihm nicht, dass er sie trägt.‹ Ich weiß nicht. Ivory betete jeden Abend mit mir, der Herr möge uns lange zusammenlassen, gesund an Geist und Körper. Aber mir fiel auf... Nun, an den warmen Sommerabenden, wenn Freddy Feo irgendwo draußen in der Dunkelheit sang und seine Gitarre spielte, machte sie das Radio mitten in Bob Hope oder Edgar Bergen oder sonst wem aus und ging raus und hörte zu. Sie sagte, sie betrachte die Sterne: ›Ich möchte wetten, dass es keinen Ort auf der Welt gibt, wo man die Sterne so gut sehen kann wie hier.‹ Aber plötzlich stellte sich heraus, dass sie Cathedral City und Palm Springs nicht ausstehen kann. Die ganze Wüste, die Sandstürme, die Sommer mit über fünfzig Grad und nichts mit seiner Zeit anfangen können, sofern man nicht reich und im Golfclub ist. Das verkündete sie eines Morgens aus heiterem Himmel. Sie sagte, wir sollten den Wohnwagen nehmen und ihn irgendwo hinbringen, wo es kühler ist. Wisconsin. Michigan. Mir gefiel die Idee; damit erledigten sich meine Vermutungen, dass zwischen ihr und Freddy Feo etwas lief.

Nun, ich hatte im Club einen Kunden, einen Mann aus Detroit, und der sagte, er könnte mir vielleicht eine Stelle als Masseur im Athletic Club in Detroit besorgen; nichts Definitives, nur vielleicht so eine Möglichkeit. Aber das genügte Ivory. In null Komma nichts hat sie den Wohnwagen fertig, den Kram von fünfzehn Jahren weggeworfen, den Chevy fahrbereit und unsere sämtlichen Ersparnisse in Reiseschecks umgetauscht. Gestern Abend hat sie mich von Kopf bis Fuß geschrubbt und mir die Haare gewaschen, und heute Morgen sind wir kurz nach Tagesanbruch losgefahren.

Ich merkte, dass etwas nicht stimmte, und ich hätte auch gewusst, was, wenn ich nicht eingeschlafen wäre, kaum dass wir den Highway erreicht hatten. Sie muss mir Schlaftabletten in den Kaffee getan haben.

Aber als ich aufwachte, da roch ich ihn. Die Brillantine

und das billige Parfüm. Er hatte sich im Wohnwagen versteckt. Hatte sich dort irgendwo zusammengerollt wie eine Schlange. Und ich dachte: Ivory und der Kerl werden mich umbringen und mich den Geiern überlassen. Sie sagte: ›Du bist ja wach, George.‹ An ihrem Ton, der leicht ängstlich war, merkte ich, dass sie wusste, was in meinem Kopf vorging. Dass ich alles erraten hatte. Ich sagte zu ihr, sie solle *sofort* anhalten. Sie wollte wissen, warum. Weil ich pinkeln müsse. Sie hielt an, und ich hörte, dass sie weinte. Als ich ausstieg, sagte sie: ›Du warst immer gut zu mir, George, aber ich wusste nicht, was ich sonst tun soll. Und du hast deinen Beruf. Für dich wird es immer irgendwo einen Platz gehen.‹

Ich bin ausgestiegen und tatsächlich pinkeln gegangen, und während ich dastehe, lässt sie den Motor an und fährt weg. Ich wusste nicht einmal, wo ich bin, bevor Sie kamen, Mister…?‹

›George Whitelaw.‹ Und ich sagte: ›Mein Gott, das ist ja reinster Mord. Einen blinden Mann hilflos mitten in der Wildnis zurückzulassen. Wenn wir in El Paso sind, gehen wir zur Polizei.‹

Er sagte: ›Ach, was. Sie hat schon genug Probleme, auch ohne die Bullen. Sie hat sich für Scheiße entschieden – soll sie sie haben. Ivory ist die in der Wildnis. Außerdem liebe ich sie. Eine Frau kann einem so was antun, und man liebt sie trotzdem.‹«

George schenkte sich Wodka nach; sie legte einen Holzscheit auf, und das jähe Auflodern des Feuers war nur wenig heller als die zornige Röte, die plötzlich ihre Wangen überzog.

»Du meinst, *Frauen* können das«, sagte sie in aggressivem, herausforderndem Ton. »Nur eine Verrückte... Oder glaubst du, dass ich so etwas tun könnte?«

Der Ausdruck in seinen Augen, eine Art visuelles Schweigen, schockierte sie und ließ sie den Blick abwenden, ihre Frage zurückziehen. »Und, was ist aus ihm geworden?«

»Aus Mr. Schmidt?«

»Aus Mr. Schmidt.«

Er zuckte die Schultern. »Das Letzte, was ich von ihm sah, war, wie er in einem Schnellimbiss ein Glas Milch trank, in einer Fernfahrerkneipe außerhalb von El Paso. Ich hatte Glück; ich wurde von einem Laster bis nach Newark mitgenommen. Ich hatte den Mann fast vergessen. Aber seit einigen Monaten stelle ich fest, dass ich immer wieder an Ivory Hunter und George Schmidt denke. Es muss am Alter liegen; ich fange an, mich alt zu fühlen.«

Sie kniete wieder neben ihm nieder; sie hielt seine Hand, verflocht ihre Finger mit seinen. »Mit zweiundfünfzig? Da fühlst *du* dich *alt*?«

Er wurde abwesend; als er sprach, war es das verwunderte Gemurmel eines Mannes, der zu sich selbst spricht. »Ich hatte immer so viel Selbstvertrauen. Wenn ich durch die Straßen ging, fühlte ich so viel *Schwung*. Ich konnte spüren, dass mich die Leute ansahen – auf der Straße, im Restaurant, auf Partys –, mich beneideten, sich fragten, wer das ist. Jedes Mal wenn ich auf eine Party ging, wusste ich, dass ich die Hälfte der Frauen im Raum haben konnte, wenn ich wollte. Aber das ist alles vorbei. Es ist, als wäre der alte George Whitelaw unsichtbar geworden. Kein Kopf dreht sich mehr nach mir um. Letzte Woche habe ich zweimal bei Mimi Stewart angerufen, und sie hat nie zurückgerufen. Ich habe es dir nicht erzählt, aber ich habe gestern bei Buddy Wilson vorbeigeschaut, er gab eine kleine Cocktailparty. Es waren bestimmt zwanzig recht attraktive Frauen da, aber für alle war ich Luft; für sie war ich ein müder alter Mann, der zu viel lächelt.«

Sie sagte: »Aber ich dachte, du bist noch mit Christine zusammen.«

»Ich verrate dir ein Geheimnis. Christine ist mit dem jungen Rutherford aus Philadelphia verlobt. Ich habe sie seit November nicht mehr gesehen. Er ist okay für sie; sie ist glücklich, und ich freue mich für sie.«

»Christine? Welcher von den Rutherfords? Kenyon oder Paul?«

»Der ältere.«

»Also Kenyon. Das hast du gewusst und mir nichts davon gesagt?«

»Es gibt so viel, was ich dir nicht gesagt habe, meine Liebe.«

Doch das stimmte nicht ganz. Denn als sie aufgehört hatten, miteinander zu schlafen, hatten sie begonnen, miteinander über seine Affären zu sprechen – bei ihnen sogar zu kollaborieren. Alice Kent: fünf Monate; beendet, weil sie verlangte, dass er sich scheiden ließ und sie heiratete. Sister Jones: abgebrochen nach einem Jahr, als ihr Mann dahinterkam. Pat Simpson: ein *Vogue*-Modell, das nach Hollywood gegangen war, versprochen hatte zurückzukommen und nie mehr auftauchte. Adele O'Hara: bildschön, eine Alkoholikerin, die unglaubliche Szenen machen konnte; in diesem Fall hatte er selbst Schluss gemacht. Mary Campbell, Mary Chester, Jane Vere-Jones. Andere. Und nun Christine.

Einige hatte er entdeckt; die meisten aber waren »Romanzen«, die sie selbst eingefädelt hatte, Bekannte, die sie ihm vorgestellt hatte, enge Freundinnen, bei denen sie sich darauf verlassen konnte, dass sie ihm ein Ventil boten, ohne jedoch gewisse Grenzen zu überschreiten.

»Tja«, seufzte sie. »Ich glaube, wir können Christine keinen Vorwurf machen. Kenyon Rutherford ist ein ziemlich guter Fang.« Doch ihre Gedanken überschlugen sich, suchend wie die Flammen, die zwischen den Holzscheiten züngelten: ein Name, um die Leere zu füllen. Alice Combs: verfügbar, aber zu fad. Charlotte Finch: zu reich, und George fühlte sich kastriert durch Frauen – oder Männer, was das anbelangte –, die reicher waren als er. Oder diese Ellison? Die distinguierte Mrs. Harold Ellison, die gerade wegen einer schnellen Scheidung in Haiti war…

Er sagte: »Hör auf, die Stirn zu runzeln.«

»Tu ich doch gar nicht.«

»Das bedeutet nur mehr Silikon, mehr Rechnungen von Orentreich. Ich möchte lieber die menschlichen Fältchen sehen. Es kommt nicht darauf an, wessen Schuld es ist. Wir alle lassen einander gelegentlich in der Wüste stehen, ohne je zu wissen, warum.«

Ein Echo, hallende Höhlen: Jaime Sanchez und Carlos und Angelita; Hulga und Freddy Feo und Ivory Hunter und Mr. Schmidt; Dr. Bentsen und George, George und sie selbst, Dr. Bentsen und Mary Rhinelander...

Er drückte leicht ihre ineinander verflochtenen Finger, legte die andere Hand unter ihr Kinn und zwang sie, ihm in die Augen zu sehen. Er hob ihre Hand an die Lippen und küsste die Innenfläche.

»Ich liebe dich, Sarah.«

»Ich liebe dich auch.«

Aber die Berührung seiner Lippen, die darin enthaltene Bedrohung, ließ sie erstarren. Unten konnte sie Silber auf einem Tablett klirren hören: Anna und Margaret kamen mit dem Abendimbiss die Treppe herauf.

»Ich liebe dich auch«, sagte sie noch einmal mit vorgetäuschter Schläfrigkeit, und mit gespielter Mattigkeit ging sie die Vorhänge zuziehen. Zugezogen verbarg die schwere Seide den nächtlichen Fluss und die erleuchteten Boote darauf, so schneeverhangen, dass sie so zart waren wie die Zeichnung einer Winternacht auf einem japanischen Rollbild.

»George?« Eine dringende Bitte, bevor die irischen Mädchen mit den Tabletts kamen, auf denen sie geschickt ihre Gaben balancierten: »Bitte, Liebling. Uns fällt bestimmt jemand ein.«

WEIHNACHTEN MIT VATER

Für Gloria Dunphy

Zunächst ein kurzes autobiographisches Vorwort. Meine Mutter, die außergewöhnlich intelligent war, war das schönste Mädchen in Alabama. Alle sagten das, und es stimmte; und als sie sechzehn war, heiratete sie einen achtundzwanzigjährigen Geschäftsmann, der aus einer guten Familie in New Orleans kam. Die Ehe dauerte ein Jahr. Meine Mutter war zu jung, um eine Mutter oder eine Ehefrau zu sein; sie war auch zu ehrgeizig – sie wollte aufs College gehen und einen Beruf ausüben. Also verließ sie ihren Mann; und was mich selbst anbelangte, so übergab sie mich der Obhut ihrer großen Familie in Alabama.

Im Laufe der Jahre sah ich den einen oder den anderen Elternteil nur selten. Mein Vater war in New Orleans beschäftigt, und meine Mutter machte nach dem College-Abschluss in New York Karriere. Soweit es mich betraf, war das kein unangenehmer Zustand. Ich war glücklich, da, wo ich war. Ich hatte viele nette Verwandte, Tanten und Onkel und Vettern und Kusinen, insbesondere *eine* Verwandte, eine ältere, weißhaarige, leicht verkrüppelte Frau namens Sook. Miss Sook Faulk. Ich hatte noch andere Freunde, aber sie war bei weitem meine beste Freundin.

Sook war diejenige, die mir vom Weihnachtsmann erzählte, seinem wallenden Bart, seinem roten Gewand, seinem klingelnden Schlitten voller Geschenke, und ich glaubte ihr, so wie ich auch glaubte, dass alles der Wille Gottes war, oder des Herrn, wie Sook ihn immer nannte. Wenn ich mir die Zehe anstieß oder vom Pferd fiel oder am Bach einen ordentlichen Fisch fing – kurz, ob gut oder schlecht, alles war der Wille des Herrn. Und das sagte Sook auch, als sie die beängstigende Nachricht aus New Orleans erhielt: Mein Vater wollte, dass ich dort hinkam und Weihnachten bei ihm verbrachte.

Ich weinte. Ich wollte nicht fahren. Ich hatte noch nie das kleine, abgelegene Dorf in Alabama verlassen, das von Wäldern und Farmen und Flüssen umgeben war. Ich war noch nie schlafen gegangen, ohne dass Sook mir mit den Fingern durch das Haar fuhr und mir einen Gutenachtkuss gab. Außerdem hatte ich Angst vor Fremden, und mein Vater war ein Fremder. Ich hatte ihn einige Male gesehen, erinnerte mich aber nur dunkel an ihn; ich hatte keine Ahnung, wie er war. Aber wie Sook sagte: »Es ist der Wille des Herrn. Und wer weiß, Buddy, vielleicht siehst du dort Schnee.«

Schnee! Bis ich selbst lesen konnte, las Sook mir viele Geschichten vor, und in fast allen schien eine Menge Schnee vorzukommen. Rieselnde, glitzernde, fabelhafte Flocken. Das war etwas, wovon ich träumte: etwas Magisches und Mysteriöses, das ich unbedingt sehen und fühlen und anfassen wollte. Natürlich hatte ich noch nie Schnee erlebt, genauso wenig wie Sook; wie sollten wir auch, wenn wir in einer heißen Gegend wie Alabama lebten? Ich weiß nicht, wie sie darauf kam, dass ich in New Orleans Schnee sehen würde, denn New Orleans ist sogar noch heißer. Egal. Sie versuchte nur, mir Mut zu machen, bevor es auf die Reise ging.

Ich bekam einen neuen Anzug. Am Revers war ein Zettel mit meinem Namen und meiner Adresse befestigt. Für den Fall, dass ich mich verirrte. Ich musste nämlich alleine reisen, wissen Sie. Mit dem Bus. Nun, alle dachten, dass mir mit meinem Schildchen nichts passieren konnte. Alle, außer mir. Ich hatte eine Todesangst; und eine Stinkwut. War aufgebracht über meinen Vater, diesen Fremden, der mich zwang, mein Zuhause zu verlassen und an Weihnachten von Sook getrennt zu sein.

Es war eine Reise von vierhundert Meilen, so ungefähr. Mein erster Halt war in Mobile. Dort stieg ich in einen anderen Bus und fuhr ewig und noch länger durch Sumpfland und an Küsten entlang, bis wir in einer lauten Stadt ankamen, in der überall Straßenbahnen klingelten und die voller gefährlicher, fremdländisch aussehender Menschen war.

Das war New Orleans.

Und plötzlich, als ich aus dem Bus stieg, riss mich ein Mann in seine Arme, drückte mir fast die Luft ab; er lachte, er weinte – ein großer, gutaussehender Mann, der lachte und weinte. Er sagte: »Kennst du mich nicht mehr? Kennst du deinen Daddy nicht mehr?«

Ich war sprachlos. Ich sagte kein Wort, bis wir schließlich in einem Taxi saßen, und ich fragte: »Wo ist er?«

»Wer denn?«

»Der Schnee.«

»Welcher Schnee?«

»Ich dachte, es gibt hier viel Schnee.«

Er sah mich seltsam an, dann lachte er. »In New Orleans hat es noch nie Schnee gegeben. Nicht dass ich wüsste. Aber horch mal. Hörst du den Donner? Es wird bestimmt regnen!«

Ich weiß nicht, was mir mehr Angst machte, der Donner, das zischende Zucken der Blitze, das folgte – oder mein Vater. Als ich an dem Abend zu Bett ging, regnete es noch immer. Ich sprach mein Nachtgebet und betete, dass ich bald wieder daheim bei Sook sein würde. Ich wusste nicht, wie ich jemals einschlafen sollte, ohne dass Sook mir einen Gutenachtkuss gab. Ich konnte tatsächlich nicht einschlafen, und so begann ich mir zu überlegen, was mir der Weihnachtsmann bringen würde. Ich wünschte mir ein Messer mit Perlmuttgriff. Und ein Puzzle mit vielen Teilen. Einen Cowboyhut mit dem dazugehörenden Lasso. Und ein Luftgewehr, um Spatzen zu schießen. (Jahre später, als ich dann ein Luftgewehr hatte, schoss ich eine Spottdrossel und eine Virginische Wachtel, und ich werde nie vergessen, welche Reue ich empfand, welchen Kummer; ich habe nie wieder etwas getötet, und jeden Fisch, den ich fing, habe ich wieder ins Wasser geworfen.) Und ich wünschte mir einen Kasten Buntstifte. Und vor allen Dingen ein Radio, aber ich wusste, dass das unmöglich war: Ich kannte keine zehn Personen, die ein Radio hatten. Sie dürfen nicht vergessen, dass das während der Wirtschaftskrise war, und unten in den Südstaaten waren Häuser mit Radios oder Kühlschränken eine Rarität.

Mein Vater hatte beides. Er schien alles zu haben – ein Auto mit einem Klappsitz hinten, ganz zu schweigen von dem hübschen alten rosa Haus im French Quarter mit schmiedeeisernen Balkons und einem versteckten Innenhof voll bunter Blumen und einem Kühle verbreitenden Brunnen in der Form einer Meerjungfrau. Und er hatte ein halbes Dutzend, sagen wir lieber ein ganzes Dutzend Freundinnen. Genau wie meine Mutter hatte auch mein Vater nicht wieder geheiratet; aber sie hatten beide hartnäckige Verehrer und Verehrerinnen und traten schließlich, bereitwillig oder nicht, doch wieder vor den Traualtar – mein Vater sogar sechsmal.

Sie sehen also, dass er ein einnehmendes Wesen gehabt haben muss; und tatsächlich schien er die meisten Menschen für sich einzunehmen – alle außer mir. Der Grund war, dass er mich so furchtbar in Verlegenheit brachte, mich ständig mitschleppte, damit ich seine Freunde kennenlernte, von seinem Bankier bis hin zu dem Friseur, der ihn jeden Tag rasierte. Und natürlich seine sämtlichen Freundinnen. Und das Schlimmste daran: Die ganze Zeit drückte er mich und küsste mich ab und gab mit mir an. Mir war das furchtbar peinlich. Schon allein deshalb, weil es nichts gab, womit man hätte angeben können. Ich war ein typischer Junge vom Land. Ich glaubte an Jesus und sprach brav meine Gebete. Ich wusste, dass es den Weihnachtsmann gibt. Und daheim in Alabama trug ich, außer um in die Kirche zu gehen, nie Schuhe, ob Winter oder Sommer.

Es war die reinste Tortur, in diesen fest geschnürten, höllisch heißen, bleischweren Schuhen durch die Straßen von

New Orleans geschleift zu werden. Ich weiß nicht, was schlimmer war – die Schuhe oder das Essen. Daheim war ich Brathähnchen und Kohl und Wachsbohnen und Maisbrot und andere tröstliche Dinge gewohnt. Aber die Restaurants in New Orleans! Ich werde nie meine erste Auster vergessen, es war, als schlittere ein böser Traum meine Kehle hinunter; es dauerte Jahrzehnte, ehe ich wieder eine aß. Und was die scharfe kreolische Küche betraf – schon bei dem Gedanken daran bekomme ich Sodbrennen. Nein, Herrschaften, ich sehnte mich nach weichen Brötchen frisch aus dem Backofen und nach Milch direkt von der Kuh und selbstgemachtem Sirup gleich aus dem Einer.

Mein armer Vater hatte keine Ahnung, wie unglücklich ich war, zum einen, weil ich mir nichts anmerken ließ, ihm ganz bestimmt nichts davon sagte; zum anderen, weil er es, trotz des Protests meiner Mutter, bewerkstelligt hatte, über Weihnachten ausnahmsweise das Sorgerecht für mich zu bekommen.

So sagte er: »Mal ehrlich. Möchtest du nicht gern hier bei mir in New Orleans leben?«

»Ich kann nicht.«

»Was heißt, du kannst nicht?«

»Ich vermisse Sook. Ich vermisse Queenie; das ist unser kleiner Terrier, ein komischer kleiner Hund. Aber wir haben sie sehr lieb.«

Er sagte: »Und mich hast du nicht lieb?«

Ich sagte: »Doch.« Aber in Wahrheit hatte ich, abgesehen von Sook und Queenie und ein paar Verwandten und einem Foto meiner wunderschönen Mutter neben meinem Bett, keine richtige Vorstellung, was Liebe eigentlich ist.

Ich fand es bald heraus. Als wir am Tag vor Weihnachten durch die Canal Street gingen, blieb ich plötzlich abrupt stehen, wie hypnotisiert von einem Wunderding, das ich im Schaufenster eines großen Spielwarengeschäfts entdeckte. Es war ein wirklichkeitsgetreues Flugzeug und so groß, dass man sich hineinsetzen und es wie ein Fahrrad mit Pedalen fortbewegen konnte. Es war grün und hatte einen roten Propeller. Ich war überzeugt, dass es, wenn man schnell genug in die Pedale trat, in die Luft steigen und fliegen würde! Also das wäre wirklich toll! Ich konnte meine Verwandten schon unten auf der Erde stehen sehen, während ich zwischen den Wolken herumflog. Und auch noch grün! Ich musste lachen; konnte nicht aufhören zu lachen. Es war das erste Mal, dass ich etwas tat, was meinen Vater zuversichtlicher dreinblicken ließ, obwohl er nicht wusste, was ich so komisch fand.

An dem Abend betete ich, dass mir der Weihnachtsmann dieses Flugzeug brachte.

Mein Vater hatte schon einen Weihnachtsbaum gekauft, und wir verbrachten längere Zeit in einem Kaufhaus, um auszusuchen, womit wir ihn schmücken wollten. Dann beging ich einen Fehler. Ich legte ein Foto meiner Mutter unter den Baum. Sobald mein Vater es sah, wurde er blass und begann zu zittern. Ich wusste nicht, was ich tun sollte. Aber er. Er ging zu einem Schränkchen und holte ein hohes Glas und eine Flasche heraus. Ich kannte die Flasche, weil alle meine Onkel in Alabama viele solcher Flaschen hatten. Geschmuggelter Schnaps, denn es war während der Prohibition. Er füllte das hohe Glas und leerte es praktisch in einem Zug. Danach war es, als ob das Bild nicht mehr da wäre.

Und so wartete ich ungeduldig auf Heiligabend und das immer wieder aufregende Erscheinen des dicken Weihnachtsmanns. Natürlich hatte ich noch nie einen schwer bepackten, klingelnden, schmerbäuchigen Riesen durch den Kamin herunterplumpsen und fröhlich seine reichen Gaben unter den Weihnachtsbaum legen sehen. Mein Vetter Billy Bob, der ein mieser kleiner Wicht war, aber einen Verstand wie eine Faust aus Eisen hatte, sagte, das sei ausgemachter Quatsch, den Weihnachtsmann gebe es gar nicht.

»So ein Blödsinn!«, sagte er. »Wer an den Weihnachtsmann glaubt, der glaubt auch, dass ein Maultier ein Pferd ist.« Der Streit fand auf dem kleinen Platz vor dem Gerichtsgebäude statt. Ich sagte: »*Es gibt den Weihnachtsmann, weil das, was er macht, der Wille des Herrn ist, und was der Wille des Herrn ist, ist die Wahrheit!*« Billy Bob spuckte nur aus und zog ab: »Tja, anscheinend haben wir einen Pfaffen in der Familie.«

Ich schwor mir immer, an Heiligabend nicht einzuschlafen, denn ich wollte die tänzelnden Hufe der Rentiere auf dem Dach hören und unten am Kamin stehen und dem Weihnachtsmann die Hand schütteln. Und an dem Heiligabend, von dem ich hier berichte, erschien mir nichts leichter, als wach zu bleiben.

Das Haus meines Vaters hatte drei Stockwerke und sieben Zimmer, mehrere davon riesig, insbesonders die drei, die in den Innenhof führten: ein Salon, ein Esszimmer und ein Musikzimmer für die, die gern tanzten und Karten spielten. Die beiden Stockwerke darüber waren mit zierlichen Balkons versehen, durch deren dunkelgrüne schmiedeeiserne Geländer sich Bougainvilleen und wehende Ranken scharlachroter Spinnenorchideen schlangen – Letztere eine Pflanze, die aussieht, als würden Eidechsen ihre roten Zungen hervorschnellen lassen. Es war die Art von Haus, die am besten durch lackierte Fußböden und etwas Korbgeflecht hier, etwas Samt da zur Geltung kommt. Man hätte es für das Haus eines reichen Mannes halten können; aber eigentlich war es das Heim eines Mannes mit einem Drang nach Eleganz. Für einen armen (aber glücklichen) barfüßigen Jungen aus Alabama war es ein Rätsel, wie mein Vater es schaffte, dieses Verlangen zu befriedigen.

Aber es war kein Rätsel für meine Mutter, die nach dem College-Abschluss ihren ganzen Südstaaten-Charme und all ihre Magnolien-Reize einsetzte, um in New York den passenden Mann zu finden, der sich Appartements am Sutton Place und Zobelmäntel leisten konnte. Nein, die Geldquellen meines Vaters waren ihr bekannt, obwohl sie erst Jahre später darüber sprach, nachdem sie längst meterweise Perlenschnüre für ihren in Zobel gehüllten Hals erworben hatte.

Sie war mich in einem versnobten Internat in New England besuchen gekommen (wo mein Schulgeld von ihrem reichen und großzügigen Ehemann bezahlt wurde), und ich sagte etwas, das sie in Rage brachte; sie schrie: »Du weißt nicht, wovon er so gut lebt? Jachten chartert und durch die griechische Inselwelt kreuzt? Von seinen *Weibern!* Du hast sie doch selbst gesehen. Alles Witwen. Alle reich. *Sehr* reich. Und alle viel älter als er. Zu alt, als dass irgendein normaler junger Mann sie heiraten würde. Darum bist du sein einziges Kind. Und darum werde ich nie wieder ein Kind bekommen – ich war zu jung, um Kinder zu bekommen, aber er war ein Rohling, er hat mich kaputt gemacht, er hat mich zugrunde gerichtet...«

Just a gigolo, everywhere I, go, people stop und stare... Moon, moon over Miami... This is my first affair, so please be kind... Hey, mister, can you spare a dime?... Just a gigolo, everywhere I go, people stop and stare...

Während sie sprach (und ich nicht hinzuhören versuchte, denn indem sie mir sagte, dass meine Geburt ihr Leben ruiniert hatte, ruinierte *sie* meines), gingen mir die ganze Zeit diese oder ähnliche Schlager im Kopf herum. Sie halfen mir, meine Mutter nicht zu hören, und sie riefen Erinnerungen an das merkwürdige, beunruhigende Fest wach, das mein Vater an jenem Heiligabend in New Orleans gegeben hatte.

Der ganze Innenhof war voller Kerzen, genau wie die drei Räume, die sich zu ihm öffneten. Die meisten Gäste waren im Salon versammelt, wo ein dezentes Feuer im Kamin den Weihnachtsbaum funkeln ließ; aber viele andere tanzten im Musikzimmer und im Innenhof zur Musik eines aufziehbaren Grammophons. Nachdem ich den Gästen vorgestellt worden war und diese viel Getue um mich gemacht hatten, wurde ich nach oben geschickt; aber von der Terrasse, draußen vor meiner mit Fensterläden versehenen Schlafzimmertür, konnte ich das ganze Fest verfolgen, die ganzen Paare tanzen sehen. Ich verfolgte, wie mein Vater mit einer graziösen Dame um den Teich tanzte, der den Meerjungfrauenbrunnen umgab. Sie war wirklich graziös und trug einen Hauch von einem silbernen Kleid, das im Kerzenlicht schimmerte; aber sie war alt – mindestens zehn Jahre älter als mein Vater, der damals fünfunddreißig war.

Mir wurde plötzlich bewusst, dass mein Vater bei weitem der jüngste auf seinem Fest war. Keine der Damen, so reizend sie auch waren, war jünger als die gertenschlanke Tänzerin in dem fließenden silbernen Kleid. Genauso verhielt es sich bei den Männern, von denen furchtbar viele süßlich riechende Havannazigarren rauchten; mehr als die Hälfte von ihnen hätte dem Alter nach der Vater meines Vaters sein können.

Dann sah ich etwas, das mich aufschreckte. Mein Vater und seine agile Partnerin hatten tanzend eine Nische erreicht, die von scharlachroten Spinnenorchideen überwuchert war; und sie umarmten und küssten sich. Ich war so bestürzt, ich war so *wütend,* dass ich in mein Zimmer rannte, mich aufs Bett warf und die Decke über den Kopf zog. Was wollte mein gutaussehender junger Vater bloß mit einer alten Frau wie der! Und warum gingen die ganzen Leute da unten nicht nach Hause, damit der Weihnachtsmann kommen konnte? Ich lag stundenlang wach und wartete, dass sie sich endlich verabschiedeten, und nachdem mein Vater zum letzten Mal gute Nacht gesagt hatte, hörte ich ihn die Treppe heraufkommen und meine Tür aufmachen, um nach mir zu sehen; aber ich gab vor zu schlafen.

Mehrere Dinge geschahen, die mich die ganze Nacht wach hielten. Erstens die Schritte, das Geräusch meines Vaters, der schwer atmend treppauf und treppab lief. Ich musste unbedingt feststellen, was er da trieb. Also versteckte ich mich auf dem Balkon zwischen den Bougainvilleen. Von dort hatte ich freie Sicht auf den Salon und den Weihnachtsbaum und den Kamin, in dem noch immer ein Feuerchen brannte. Außerdem konnte ich meinen Vater sehen. Er kroch unter dem Weihnachtsbaum herum und stapelte Päckchen. Sie waren in violettes Papier eingewickelt, in rotes und goldenes und weißes und blaues, und sie raschelten, wenn er sie hin und her schob. Mir war schwindelig, denn was ich sah, zwang mich, alles zu überdenken. Wenn diese Geschenke für mich bestimmt waren, dann waren sie ganz offensichtlich nicht vom Herrn bestellt und vom Weihnachtsmann geliefert worden, o nein, sondern Geschenke, die gekauft und eingepackt worden waren von meinem Vater. Was bedeutete, dass mein gemeiner Vetter Billy Bob und andere gemeine Kinder wie er nicht gelogen hatten, als sie mich hänselten und sagten, dass es den Weihnachtsmann gar nicht gibt. Aber der schlimmste Gedanke war: Hatte Sook die Wahrheit gekannt und mich angelogen? Nein, Sook würde mich niemals anlügen. Sie *glaubte* daran. Es war nur so, dass – na ja, sie war zwar schon über sechzig, aber in mancher Hinsicht war sie mindestens so ein Kind wie ich.

Ich sah zu, bis mein Vater mit allem fertig war und die Kerzen, die noch brannten, ausgeblasen hatte. Ich wartete, bis ich sicher war, dass er im Bett lag und fest schlief. Dann schlich ich hinunter in den Salon, wo es noch immer nach Gardenien und Havannazigarren stank.

Ich setzte mich hin und dachte: Jetzt werde ausgerechnet *ich* Sook die Wahrheit sagen müssen. Verärgerung, eine seltsame Böswilligkeit, machte sich in mir breit: Sie war nicht gegen meinen Vater gerichtet, obwohl am Ende er darunter zu leiden hatte.

Als der Morgen dämmerte, untersuchte ich die Anhänger, die an allen Päckchen befestigt waren. Auf allen stand: »Für Buddy.« Auf allen, außer einem, auf dem »Für Evangelina« stand. Evangelina war eine ältere Farbige, die den ganzen Tag Coca-Cola trank und fast drei Zentner wog; sie war die Haushälterin meines Vaters – und bemutterte ihn auch. Ich beschloss, die Päckchen aufzumachen: Schließlich war Weihnachtsmorgen, ich war wach, warum also nicht? Ich will mich nicht damit aufhalten, zu schildern, was darin war: nur Hemden und Pullover und ähnlich langweiliges Zeug. Das Einzige, was mir imponierte, war eine wirklich tolle Kinderpistole. Ich verfiel auf die Idee, dass es lustig wäre, meinen Vater zu wecken, indem ich sie abfeuerte. Und das tat ich. *Peng. Peng. Peng.*

Er kam mit wildem Blick aus seinem Zimmer gerast.

Peng. Peng. Peng.

»Buddy! Was zum Teufel treibst du da:«

Peng. Peng. Peng.

»Hör auf damit!«

Ich lachte. »Schau mal, Daddy. Schau mal, was mir der Weihnachtsmann für schöne Sachen gebracht hat.«

Wieder ruhig geworden, kam er in den Salon und umarmte mich. »Gefällt dir, was der Weihnachtsmann dir gebracht hat?«

Ich lächelte ihn an. Er lächelte mich an. Der kurze zärtliche Moment zerstob, als ich sagte: »Ja. Aber was schenkst *du* mir, Daddy?« Sein Lächeln verschwand. Seine Augen zogen sich argwöhnisch zusammen – man merkte genau, dass er dachte, ich wolle ihn auf den Arm nehmen. Doch dann wurde er rot, als schämte er sich dessen, was er dachte. Er tätschelte meinen Kopf und hüstelte und sagte: »Tja, ich dachte, ich warte damit und lass dich dein Geschenk selbst aussuchen. Was hättest du denn gern?«

Ich rief ihm das Flugzeug ins Gedächtnis, das wir in dem Spielwarengeschäft in der Canal Street gesehen hatten. Sein Gesicht wurde lang. O ja, er erinnerte sich an das Flugzeug und wie teuer es war. Nichtsdestoweniger saß ich am nächsten Tag in eben diesem Flugzeug und träumte, ich flöge hinauf in den Himmel, während mein Vater einen Scheck für den überglücklichen Verkäufer ausstellte. Es hatte eine Debatte darüber gegeben, das Flugzeug nach Alabama schicken zu lassen, aber ich blieb eisern – ich bestand darauf, dass es mit mir im Bus reiste, den ich nachmittags um zwei Uhr nehmen sollte. Der Verkäufer regelte die Sache, indem er bei der Busgesellschaft anrief, wo man ihm sagte, dass das ohne weiteres möglich sei.

Aber noch war ich New Orleans nicht los. Das Problem war eine große silberne Taschenflasche mit geschmuggeltem Schnaps; vielleicht lag es an meiner Abreise, auf jeden Fall hatte mein Vater schon den ganzen Tag über kräftig gebechert, und auf dem Weg zum Busbahnhof machte er mir richtig Angst, als er mein Handgelenk packte und harsch flüsterte: »Ich lass dich nicht gehen. Ich lass dich nicht wieder zu diesen Verrückten in dem verrückten Haus gehen. Ich seh doch, was die mit dir machen. Sechs Jahre alt, fast sieben, und glaubt an den Weihnachtsmann! Alles nur deren Schuld, die ganzen versauerten alten Jungfern mit ihren Bibeln und ihren Stricknadeln, die ganzen versoffenen Onkel. *Hör* auf mich, Buddy. Es gibt keinen Gott! Es *gibt* keinen Weihnachtsmann.« Er drückte mein Handgelenk inzwischen so fest, dass es weh tat. »Manchmal, o Gott, manchmal glaube ich, deine Mutter und ich, wir sollten uns alle beide umbringen, dass wir das zugelassen haben…« (*Er* brachte sich nicht um, aber meine Mutter: Sie hat sich vor dreißig Jahren für den Seconal-Weg entschieden.) »Gib mir einen Kuss. Bitte. Bitte. Gib mir einen Kuss. Sag deinem Daddy, dass du ihn lieb hast.« Aber ich konnte nicht sprechen. Ich hatte eine Todesangst, ich könnte meinen Bus verpassen. Und ich machte mir Sorgen wegen meines Flugzeugs, das auf dem Dach des Taxis festgebunden war. »Sag es. Sag: ›Ich hab dich lieb.‹ Sag es. Bitte, Buddy. Sag es.«

Zu meinem Glück war der Taxifahrer ein gutherziger Mensch. Denn ohne seine Hilfe, und die Hilfe einiger tüchtiger Gepäckträger und eines freundlichen Polizisten, weiß ich nicht, was passiert wäre, als wir den Bahnhof erreichten. Mein Vater war so unsicher auf den Beinen, dass er kaum gehen konnte, aber der Polizist redete ihm gut zu, beruhigte ihn, half ihm, aufrecht zu stehen, und der Taxifahrer versprach, ihn wohlbehalten nach Hause zu bringen.

Doch mein Vater wollte nicht gehen, bevor er gesehen hatte, wie mich die Gepäckträger in den Bus setzten.

Sobald ich im Bus war, kauerte ich mich auf einem Platz zusammen und schloss die Augen. Ich fühlte einen ganz sonderbaren Schmerz. Einen furchtbaren Schmerz, der überall weh tat. Ich dachte, wenn ich meine schweren Stadtschuhe ausziehe, diese Folterwerkzeuge, würde die Qual nachlassen. Ich zog sie aus, aber der mysteriöse Schmerz blieb. In gewisser Weise ist er bis heute nicht verschwunden, wird auch nie verschwinden.

Zwölf Stunden später lag ich daheim im Bett. Das Zimmer war dunkel. Sook saß neben mir, schaukelte in einem Schaukelstuhl, und das Geräusch war so beruhigend wie Meereswellen. Ich hatte versucht, ihr alles zu erzählen, was passiert war, und hörte erst auf, als ich so heiser war wie ein heulender Hund. Sie fuhr mir mit den Fingern durch das Haar und sagte: »Natürlich gibt es den Weihnachtsmann. Es ist nur so, dass eine Person allein gar nicht alles tun kann, was der Weihnachtsmann zu tun hat. Darum hat der Herr diese Aufgabe auf uns alle verteilt. Und darum ist jeder Mensch der Weihnachtsmann. Ich. Du. Sogar dein Vetter Billy Bob. Und jetzt schlafe. Zähl Sterne. Denk an etwas ganz Leises. So wie Schnee. Es tut mir leid, dass du keinen gesehen hast. Aber gerade jetzt fällt Schnee durch die Sterne...« Sterne funkelten, Schnee wirbelte in meinem Kopf; das Letzte, woran ich mich erinnerte, war die friedvolle Stimme des Herrn, der mir etwas auftrug, das ich tun musste. Und am nächsten Tag tat ich es. Ich ging mit Sook zum Postamt und kaufte eine Postkarte. Diese Postkarte existiert bis heute. Man fand sie im Bankschließfach meines Vaters, als er letztes Jahr starb. Und das hatte ich ihm geschrieben: *Hallo Daddy, mir gehts gut dir hofentlich auch und ich kann mein Flugseug schon so schnell faren das ich bald im Himmel bin also halt die Augen offen und ja ich hab dich lieb, Buddy.*

EDITORISCHER NACHWEIS

DIE WÄNDE SIND KALT
Orig.: The Walls Are Cold · Copyright © 1943 by Truman Capote · Deutsche Erstveröffentlichung

EIN EIGENER NERZ
Orig.: A Mink of One's Own · Copyright © 1944 by Truman Capote · Deutsche Erstveröffentlichung

DER STAND DER DINGE
Orig.: The Shape of Things · Copyright © 1944 by Truman Capote · Deutsche Erstveröffentlichung

EINE FLASCHE VOLL SILBER
Orig.: Jug of Silver · Copyright © 1945 and Copyright renewed 1973 by Truman Capote

MIRIAM
Orig.: Miriam · Copyright © 1945 by Truman Capote

WIE ICH DIE SACHE SEHE
Orig.: My Side of the Matter · Copyright © 1945 and Copyright renewed 1973 by Truman Capote

PREACHERS BEGEGNUNG
Orig.: Preacher's Legend · Copyright © 1945 by Truman Capote · Deutsche Erstveröffentlichung

BAUM DER NACHT
Orig.: A Tree of Night · Copyright © 1945 and Copyright renewed 1973 by Truman Capotc

DER KOPFLOSE FALKE
Orig.: The Headless Hawk · Copyright © 1946 and Copyright renewed 1973 by Truman Capote

DIE TÜR FÄLLT ZU
Orig.: Shut a Final Door · Copyright © 1947 and Copyright renewed 1974 by Truman Capote

KINDERGEBURTSTAG
Orig.: Children an Their Birthdays · Copyright © 1948 and Copyright renewed 1976 by Truman Capote

DER SCHWARZE MANN
Orig.: Master Misery · Copyright © 1949 and Copyright renewed 1976 by Truman Capote

DAS SCHNÄPPCHEN
Orig.: The Bargain · Copyright © 2004 by the Truman Capote Literary Trust · Deutsche Erstveröffentlichung in Buchform

DIE DIAMANTGITARRE
Orig.: A Diamond Guitar · Copyright © 1950 and Copyright renewed 1977 by Truman Capote

EIN HAUS AUS BLUMEN
Orig.: House of Flowers · Copyright © 1951 and Copyright renewed 1979 by Truman Capote

WEIHNACHTSERINNERUNGEN
Orig.: A Christmas Memory · Copyright © 1956 and Copyright renewed 1984 by Truman Capote

WEGE INS PARADIES

Orig.: Among the Paths to Eden · Copyright © 1960 by Truman Capote, Copyright renewed 1988 by Alan U. Schwartz

DER THANKSGIVING-GAST

Orig.: The Thanksgiving Visitor · Copyright © 1967 by Truman Capote, Copyright renewed 1995 by Alan U. Schwartz

WÜSTE

Orig.: Mojave · Copyright © 1975 by Truman Capote, Copyright renewed 2003 by Alan U. Schwartz ·Deutsche Erstveröffentlichung

WEIHNACHTEN MIT VATER

Orig.: One Christmas · Copyright © 1982, 1983 by Truman Capote

TRUMAN CAPOTES NEU EDIERTE WERKE IN DER ACHTBÄNDIGEN ZÜRCHER AUSGABE

Sommerdiebe
Roman, 160 Seiten
übersetzt von Heidi Zerning

Andere Stimmen, andere Räume
Roman, 256 Seiten
übersetzt von Heidi Zerning

Baum der Nacht
Erzählungen, 548 Seiten
übersetzt von Ursula-Maria Mössner

Die Grasharfe
Roman, 192 Seiten
übersetzt von Annemarie Seidel und Friedrich Podszus,
neu durchgesehen von Birgit Krückels

Frühstück bei Tiffany
Roman, 128 Seiten
übersetzt von Heidi Zerning

Die Hunde bellen
Reportagen und Porträts, 960 Seiten
übersetzt von Marcus Ingendaay

Kaltblütig
Roman, 544 Seiten
übersetzt von Thomas Mohr

Erhörte Gebete
Roman, 208 Seiten
übersetzt von Heidi Zerning

Werkausgabe
alle 8 Bände im Schmuckschuber

»Warum müssen wir seine Bücher noch lesen?
Ganz einfach: weil sie genial sind.« *Neue Zürcher Zeitung*

KEIN & ABER
www.keinundaber.ch